자바 프로그래밍
for **Beginner**

우재남 지음

HB 한빛아카데미
Hanbit Academy, Inc.

지은이 우재남 5288893@hanafos.com

서강대학교에서 정보시스템 전공으로 석사 학위를 취득한 후 다양한 IT 관련 분야에서 실전 경험을 쌓고 여러 대학에서 프로그래밍, 데이터베이스 등의 과목을 강의했다. 공간 정보와 IT 융합 학문인 유시티 분야의 공학박사 학위를 취득했으며, 현재 디티솔루션에서 공간데이터베이스연구소장으로 재직 중이다. 대학과 삼성, LG, 현대 등의 기업에서 IT 전문 분야를 강의하고 있으며, 다양한 IT 실무 경험과 관련 지식을 독자와 수강생에게 최대한 쉽고 빠르게 전달하는 것을 모토로 강의 및 집필 중이다.

집필 및 번역 작업을 한 저서는 다음과 같다.

《C 언어 for Beginner(개정3판)》, 《Android Studio를 활용한 안드로이드 프로그래밍(개정3판)》, 《파이썬 for Beginner》, 《SWEDU 파이썬》, 《GOOD JAVA》, 《이것이 오라클이다》, 《이것이 Windows Server다》, 《이것이 우분투 리눅스다》, 《이것이 SQL Server다》, 《이것이 MySQL이다》, 《뇌를 자극하는 Windows Server 2012 R2》, 《이것이 리눅스다》, 《Head First HTML and CSS(개정판)》

자바 프로그래밍 for Beginner

초판발행 2018년 11월 10일
3쇄발행 2021년 01월 25일

지은이 우재남 / **펴낸이** 전태호
펴낸곳 한빛아카데미(주) / **주소** 서울시 서대문구 연희로2길 62 한빛아카데미(주) 2층
전화 02-336-7112 / **팩스** 02-336-7199
등록 2013년 1월 14일 제2017-000063호 / **ISBN** 979-11-5664-406-4 93000

책임편집 변소현 / **기획** 김미정 / **진행** 김예원
디자인 표지 박정화 내지 김연정 / **전산편집** 김정하 / **제작** 박성우, 김정우
영업 이윤형, 길진철, 김태진, 김성삼, 이정훈, 임현기, 이성훈, 김주성 / **영업기획** 김호철, 주희

이 책에 대한 의견이나 오탈자 및 잘못된 내용에 대한 수정 정보는 아래의 홈페이지나 이메일로 알려주십시오.
잘못된 책은 구입하신 서점에서 교환해 드립니다. 책값은 뒤표지에 표시되어 있습니다.
홈페이지 www.hanbit.co.kr / **이메일** question@hanbit.co.kr

지금 하지 않으면 할 수 없는 일이 있습니다.
책으로 펴내고 싶은 아이디어나 원고를 메일(**writer@hanbit.co.kr**)로 보내주세요.
한빛아카데미(주)는 여러분의 소중한 경험과 지식을 기다리고 있습니다.

C 언어를 배우지 않은,
프로그래밍 초보자를 위한 JAVA 책

이 책을 집필하면서 필자가 프로그래밍 언어를 처음 만났을 때를 다시 떠올려봤습니다. 난생처음 보는 이상한 문장들을 마주하고는 '뭐 이렇게 어려운 게 다 있지?'라고 생각했던 기억이 납니다. 지금 여러분도 이 책을 훑어보면서 똑같은 생각을 했을지도 모르겠습니다.

하지만 IT 입문자가 반드시 거쳐야 하는 것이 JAVA나 C와 같은 프로그래밍 언어입니다. JAVA나 C는 모든 운동선수가 필수적으로 갖춰야 할 '체력'과 같습니다. 체력이 좋은 선수는 어떤 종목을 하더라도 금방 적응해서 좋은 결과를 얻을 수 있듯이, 프로그래밍 언어에 익숙해진다면 나중에 어떤 IT 관련 분야를 접하더라도 쉽고 빠르게 익힐 수 있습니다.

필자 역시 몇 줄 안 되는 프로그램 코드가 오류 없이 돌아가고, 빈 화면에 결과가 나타나는 경험을 수없이 반복하고 나니, 이제는 데이터베이스, 알고리즘, 운영체제, 네트워크 등 IT 분야의 어떤 종목도 별로 어렵지 않고 처음 보는 내용도 쉽게 느껴집니다.

이 책은 처음 프로그래밍 언어를 접하는 독자를 위해 필자의 초보 시절을 떠올리며 이야기를 풀어나가듯 집필했습니다. 꼭 알아야 할 개념을 엄선하여 예제와 함께 구성했으며, 중요한 내용은 약간의 응용과 퀴즈 형식을 통해 계속 등장시켜 독자의 뇌리에 새겨질 수 있도록 했습니다. 그래서 머리만 복잡하게 만드는 것들은 되도록 간략하게 다루거나 과감히 생략했습니다.

최대한 쉽고 재미있게 쓰고자 했으니, 모든 JAVA 문법을 배워야만 프로그램을 짤 수 있다는 생각은 버리고 일단 프로그램을 입력하고 실행해보는 것부터 시작하면 됩니다. 필자가 그랬던 것처럼 여러분도 프로그래밍의 재미에 푹 빠지기를 간절히 기대합니다. 나아가 그러한 경험을 토대로 진정한 IT 전문가로 거듭난다면 제게는 더없는 기쁨과 보람이 될 것입니다.

필자의 《IT CookBook, C 언어 for Beginner》(초판 2008, 개정판 2014, 개정3판 2018)는 많은 교수님과 학생들에게 관심과 사랑을 받았습니다. 그리고 JAVA 프로그래밍 책을 집필해달라는 많은 독자들의 꾸준한 요청으로 이 책을 출간하게 되었습니다. 대부분의 JAVA

책이 C 언어나 다른 언어에 어느 정도 익숙한 사람을 대상으로 한다면, 이 책은 다른 프로그래밍 언어를 배우지 않고 처음 프로그래밍을 학습하는 독자를 위한 것입니다. 따라서 책의 앞부분에서는 프로그래밍 입문자가 가장 어려워하는 객체지향의 개념을 최대한 배제하고 입문용 프로그래밍 언어 관점에서 구성했습니다.

이미 JAVA를 공부해본 독자라면 JAVA의 가장 큰 특징인 객체지향의 색깔이 나타나지 않아서 의아해할 수 있겠지만, 프로그래밍 언어를 처음 접하는 사람에게는 프로그래밍의 개념을 잡는 데 좋은 학습 방법이 될 것입니다. 기본적인 프로그래밍 언어에 어느 정도 익숙해진 다음, 책의 중반부 이후에 객체지향의 특징과 개념을 소개함으로써 자연스럽게 JAVA를 익힐 수 있도록 했습니다. 그리고 이 책을 학습한 프로그래밍 입문자가 충분히 완성할 수 있는 수준의 '실전 프로젝트'를 마지막에 실어 본문의 세분된 내용을 종합적으로 응용해볼 수 있도록 했습니다. 이를 통해 독자들은 JAVA뿐 아니라 다른 프로그래밍 언어도 어렵지 않게 익힐 수 있는 능력을 지니게 될 것입니다.

책이 나오기까지 물심양면으로 지원해주신 한빛아카데미(주) 임직원 여러분께 감사의 말씀을 드립니다. 특히 배용석 이사님과 김현용 팀장님, 그리고 책을 개발·편집해준 김미정 차장님께 감사드립니다. 그리고 제가 열심히 강의하고 집필할 수 있도록 조언과 충고를 해주시는 주위의 교수님들께도 이 자리를 빌려 다시 한 번 고마운 마음을 전합니다. 끝으로 함께하는 것만으로도 즐겁고 행복한 가족에게 무한한 사랑을 보냅니다.

2019년이 얼마 남지 않은 어느 날 새벽녘에

저자 우재남

개정판 안내

이 책은 2016년 2월에 출간된 《GOOD JAVA》의 개정판입니다.

강의 보조 자료

한빛아카데미 홈페이지에서 '교수회원'으로 가입하신 분은 인증 후 교수용 강의 보조 자료를 제공받을 수 있습니다. 한빛아카데미 홈페이지 상단의 〈교수전용공간〉 메뉴를 클릭하세요.

http://www.hanbit.co.kr/academy

예제 소스

실습에 필요한 자료는 아래 주소에서 내려받을 수 있습니다.

http://www.hanbit.co.kr/src/4406

연습문제 해답 안내

본 도서는 대학 강의용 교재로 개발되었으므로 연습문제 해답은 제공하지 않습니다.

실습 환경

이 책의 실습에 필요한 환경은 다음과 같습니다.

- **운영체제 : 64bit Windows 7 이후**(32bit Windows도 실습 가능)
- **개발도구 : JDK 11, 이클립스 4.9 / JDK 8, 이클립스 4.9**(32bit Windows의 경우)

이 책의 내용

❶ JAVA 언어 맛보기(1~2장)

- JAVA의 개요와 특징
- JAVA 프로그래밍 개발 환경
- JAVA 맛보기 프로그램 만들기

❷ JAVA 언어 기본(3~10장)

- 변수와 데이터 형식
- 연산자, 조건문, 반복문, 배열
- 문자열과 메소드, 예외 처리

❸ JAVA 고급 개념(11~14장)

- 객체지향 프로그래밍의 개념
- 클래스, 상속, 인스턴스, 메소드
- GUI 프로그래밍

❹ JAVA 실전 프로젝트(15장)

- 친구 연락처 관리 프로그램
- 사진 처리 프로그램

이 책은 프로그래밍을 처음 접하는 독자를 위한 기본서입니다. 좀 더 쉽게 학습 방향을 잡고 기본을 다지며 실력을 기를 수 있도록 다양한 학습 장치로 구성되어 있습니다. 이 책이 제안하는 다음과 같은 4단계 학습법을 통해 학습 능률을 배가하길 바랍니다.

1 단계
워밍업 본격적으로 학습을 시작하기 전에 그 장에서 배울 내용을 알려주고 학습 방향을 제시합니다.

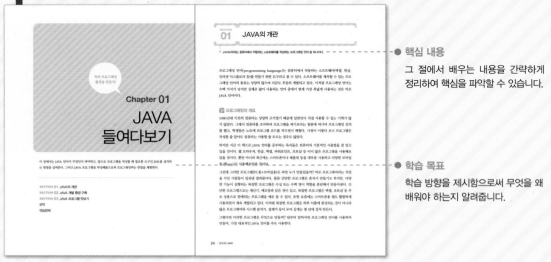

● **핵심 내용**
그 절에서 배우는 내용을 간략하게 정리하여 핵심을 파악할 수 있습니다.

● **학습 목표**
학습 방향을 제시함으로써 무엇을 왜 배워야 하는지 알려줍니다.

2 단계
기본기 다지기 실습을 통해 개념을 이해하고, 다양한 예제 모음을 통해 실력을 키웁니다.

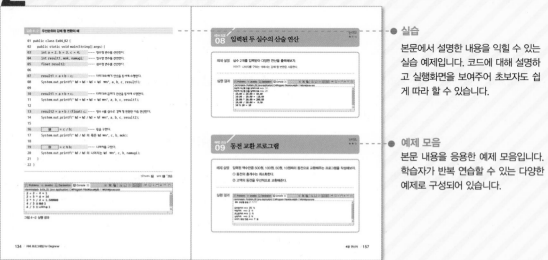

● **실습**
본문에서 설명한 내용을 익힐 수 있는 실습 예제입니다. 코드에 대해 설명하고 실행화면을 보여주어 초보자도 쉽게 따라 할 수 있습니다.

● **예제 모음**
본문 내용을 응용한 예제 모음입니다. 학습자가 반복 연습할 수 있는 다양한 예제로 구성되어 있습니다.

3단계
이해력 점검하기 장별 요약과 연습문제를 통해 배운 내용을 정리하고 문제 해결력을 기릅니다.

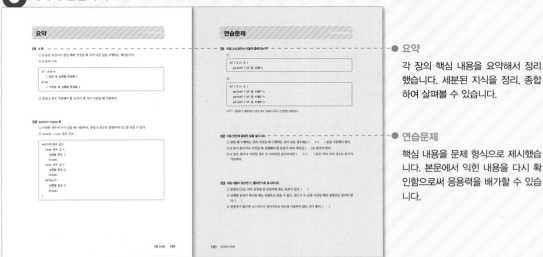

● **요약**

각 장의 핵심 내용을 요약해서 정리했습니다. 세분된 지식을 정리, 종합하여 살펴볼 수 있습니다.

● **연습문제**

핵심 내용을 문제 형식으로 제시했습니다. 본문에서 익힌 내용을 다시 확인함으로써 응용력을 배가할 수 있습니다.

4단계
응용력 기르기 앞에서 배운 내용을 종합적으로 적용해볼 수 있는 프로젝트를 통해 실전 감각을 기릅니다.

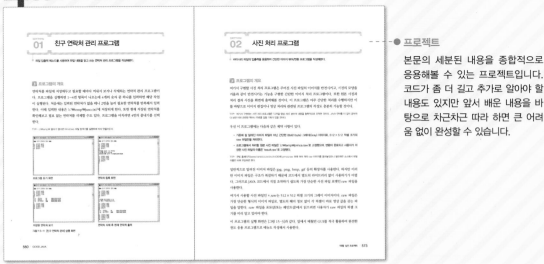

● **프로젝트**

본문의 세분된 내용을 종합적으로 응용해볼 수 있는 프로젝트입니다. 코드가 좀 더 길고 추가로 알아야 할 내용도 있지만 앞서 배운 내용을 바탕으로 차근차근 따라 하면 큰 어려움 없이 완성할 수 있습니다.

목차

Chapter 01 JAVA 들여다보기 23

이 장에서는 JAVA 언어가 무엇인지 파악하고, 앞으로 프로그램을 작성할 때 필요한 도구인 JDK를 설치하는 방법을 살펴본다. 그리고 JAVA 프로그램을 작성해봄으로써 프로그래밍하는 방법을 체험한다.

SECTION 01 JAVA의 개요 · 24
1 프로그래밍의 개요 · 24
2 JAVA 언어의 개요 · 25
3 JAVA 언어의 특징 · 28
4 JAVA 가상 머신 · 31

SECTION 02 JAVA 개발 환경 구축 · 32
1 JDK 11 설치 · 32
2 환경 변수 설정 · 36

SECTION 03 JAVA 프로그램 맛보기 · 41
1 HelloJava 프로그램 작성 · 41
2 HelloJava 프로그램 뜯어보기 · 46

요약 · 48
연습문제 · 50

실/습/목/차

실습 1-1 처음으로 만드는 JAVA 프로그램 · 43
실습 1-2 처음으로 만드는 JAVA 프로그램(다시 보기) · 46

1장에서 JAVA가 무엇인지 대략적으로 파악하고 컴파일러 프로그램을 설치해보았다. 또한 프로그램을 어떻게 작성하고 실행하는지 간략하게 다루었다. 이 장에서는 그보다 한발 더 나아가 어느 정도 완성된 프로그램을 만들어보자.

SECTION 01 실무에서 사용하는 JAVA 개발 환경 · 52

1 이클립스 설치 · 53

SECTION 02 JAVA 프로그램 작성 · 58

1 프로젝트 생성 · 59

2 프로그램 코딩 · 61

3 빌드(=컴파일+링크) · 65

4 실행 · 65

SECTION 03 계산기 프로그램 · 67

1 값을 입력받는 Scanner 클래스 · 67

2 이클립스 사용법 · 73

예제 모음 · 77

요약 · 82

연습문제 · 83

┌ 실 / 습 / 목 / 차 ─────────────────────

실습 2-1   두 번째 프로그램 작성 · 63

실습 2-2   소스코드 수정하기(키보드로 값을 입력받음) · 68

실습 2-3   소스코드 수정하기(도움말 출력) · 71

이 장에서는 JAVA의 문법을 차근차근 익혀보자. 필자 역시 문법에 치우치는 것을 그리 좋아하지 않으니 문법은 간단히 설명하고 예제를 통해 이해할 수 있도록 진행해나갈 것이다. 독자들도 직접 코딩을 하면서 따라오다 보면 고급 프로그래머에 한 발짝 다가가게 될 것이다.

SECTION 01 **System.out의 기본** · 86

1 System.out.printf( ) 메소드의 기본적인 사용법 · 86

2 정수 외에 자주 사용되는 서식 · 90

SECTION 02 **System.out.printf( ) 메소드의 서식 지정** · 93

1 자릿수를 맞춘 출력 · 93

2 다양한 기능의 서식 문자 · 95

SECTION 03 **변수** · 97

1 변수의 선언 · 97

2 변수에 값을 대입하는 방법 · 99

SECTION 04 **데이터 형식과 배열** · 106

1 비트, 바이트, 진수 · 106

2 2진수 변환 연습 · 110

3 숫자 데이터 형식 · 112

4 문자형 데이터 형식 · 115

예제 모음 · 122

요약 · 127

연습문제 · 128

┌─ 실/습/목/차 ────

실습 3-1   System.out.printf( ) 메소드 사용 예 1 · 88

실습 3-2   System.out.printf( ) 메소드 사용 예 2 · 88

실습 3-3   서식을 사용한 출력의 예 1 · 90

실습 3-4   서식을 사용한 출력의 예 2 · 91

실습 3-5   다양한 서식 활용 예 1 · 93

실습 3-6   다양한 서식 활용 예 2 · 95

실습 3-7   변수에 값을 대입 · 100

실습 3-8   변수에 변수를 대입 1 · 101

실습 3-9   변수에 변수를 대입 2 · 102

실습 3-10   소수점이 없는 정수형 · 112

실습 3-11   소수점이 있는 실수형 · 114

실습 3-12   문자형 변수 사용 예 1 · 116

실습 3-13   문자형 변수 사용 예 2 · 118

실습 3-14   불형 사용 예 · 119

실습 3-15   문자열 사용 예 · 120

JAVA를 사용한다면 당연히 많은 계산을 하게 되는데, 이때 연산자를 이용한다. 이 장에서는 산술 연산자를 비롯해 증감 연산자, 관계 연산자, 논리 연산자, 비트 연산자를 살펴볼 것이다. 이러한 내용은 다른 장에서도 많이 사용되는 것이니 잘 익혀둔다.

SECTION 01 **산술 연산자** · 132

1 기본적인 연산자 · 132

2 우선순위와 강제 형 변환 · 133

3 대입 연산자와 증감 연산자 · 137

SECTION 02 **관계 연산자** · 140

SECTION 03 **논리 연산자** · 143

SECTION 04 **비트 연산자** · 146

1 비트 논리곱 연산자 & · 146

2 비트 논리합 연산자 | · 148

3 비트 배타적 논리합 연산자 ^ · 149

4 비트 부정 연산자 ~ · 151

5 왼쪽 시프트 연산자 《 · 152

6 오른쪽 시프트 연산자 》 · 153

SECTION 05 **연산자 우선순위** · 156

예제 모음 · 157

요약 · 162

연습문제 · 164

┌ 실 / 습 / 목 / 차 ┐

실습 4-1 산술 연산자 사용 예 · 132

실습 4-2 우선순위와 강제 형 변환의 예 · 134

실습 4-3 증감 연산자와 대입 연산자 · 137

실습 4-4 증감 연산자 사용 예 · 139

실습 4-5 관계 연산자 사용 예 · 141

실습 4-6 논리 연산자 사용 예 1 · 143

실습 4-7 논리 연산자 사용 예 2 · 144

실습 4-8 비트 논리곱 연산자 사용 예 · 147

실습 4-9 비트 논리합 연산자 사용 예 · 148

실습 4-10 비트 배타적 논리합 연산자 사용 예 · 149

실습 4-11 비트 연산에 마스크를 사용한 예 · 150

실습 4-12 비트 부정 연산자 사용 예 · 152

실습 4-13 왼쪽 시프트 연산자 사용 예 · 153

실습 4-14 오른쪽 시프트 연산자 사용 예 · 154

실습 4-15 왼쪽, 오른쪽 시프트 연산자 사용 예 · 155

지금까지 배운 프로그램은 main( ) 메소드 내의 첫 줄부터 순차적으로 실행되었다. 만약 실행 순서를 바꾸거나 특정 부분을 반복하려면 어떻게 해야 할까? 이때는 조건문을 사용한다. 이 장에서는 조건문 가운데 if 문과 switch 문에 대해 알아보자.

SECTION 01 if 문 · 168

1 기본 if 문 · 168
2 if~else 문 · 171

SECTION 02 중첩 if 문 · 175

SECTION 03 switch~case 문 · 179

예제 모음 · 184
요약 · 189
연습문제 · 190

━ 실/습/목/차 ━

실습 5-1 기본 if 문 사용 예 1 · 168
실습 5-2 기본 if 문 사용 예 2 · 169
실습 5-3 기본 if 문 사용 예 3 · 170
실습 5-4 if~else 문 사용 예 · 172
실습 5-5 중괄호를 사용한 if~else 문 사용 예 1 · 173
실습 5-6 중괄호를 사용한 if~else 문 사용 예 2 · 174
실습 5-7 중첩 if 문 사용 예 1 · 175
실습 5-8 중첩 if 문 사용 예 2 · 176
실습 5-9 switch~case 문 사용 예 1 · 179
실습 5-10 switch~case 문 사용 예 2 · 182

반복문은 동일한 기능이나 문장을 반복해서 실행하는 프로그램을 만들 때 사용하는 매우 효율적인 구문이다. JAVA 에서 가장 많이 사용하는 구문 중 하나로서 특히 활용도가 높은 for 문의 동작과 사용법에 대해 살펴보자.

SECTION 01 **단순 for 문** · 194

1 for 문의 개념 · 194
2 for 문의 활용 · 196

SECTION 02 **중첩 for 문** · 211

1 중첩 for 문의 개념 · 211
2 중첩 for 문의 활용 · 215

SECTION 03 **기타 for 문** · 219

1 여러 개의 초깃값과 증감식을 사용하는 for 문 · 219
2 초깃값과 증감식이 없는 for 문 · 220

예제 모음 · 224
요약 · 228
연습문제 · 229

┌─ 실 / 습 / 목 / 차 ─

실습 6-1 같은 문장을 반복해서 출력 · 194
실습 6-2 기본 for 문 사용 예 · 195
실습 6-3 for 문과 중괄호 사용 예 · 200
실습 6-4 for 문 사용 예 1 · 201
실습 6-5 for 문 사용 예 2 · 202
실습 6-6 for 문을 사용하지 않고 합계 구하기 · 203
실습 6-7 for 문을 사용하여 합계 구하기 1 · 204
실습 6-8 for 문을 사용하여 합계 구하기 2 · 205
실습 6-9 for 문을 사용하여 합계 구하기 3 · 206
실습 6-10 for 문을 사용하여 합계 구하기 4 · 207
실습 6-11 for 문을 사용하여 합계 구하기 5 · 208
실습 6-12 for 문을 사용한 구구단 프로그램 · 209
실습 6-13 중첩 for 문 사용 예 1 · 212
실습 6-14 중첩 for 문 사용 예 2 · 215
실습 6-15 중첩 for 문 사용 예 3 · 217
실습 6-16 다양한 for 문의 형태 1 · 219
실습 6-17 다양한 for 문의 형태 2 · 221
실습 6-18 다양한 for 문의 형태 3 · 222

Chapter 07 반복문의 심화, while 문 233

6장에서 기본적인 반복문으로 for 문을 다루었다. 이제 for 문이 등장하는 프로그램에는 자신 있을 것이다. 이 장에서는 for 문과 비슷한 기능을 하는 while 문과 do~while 문에 대해 알아본다. 그리고 프로그램의 흐름을 조절하는 다양한 구문도 살펴볼 것이다.

SECTION 01 while 문 · 234

1 while 문의 비교 · 234
2 무한 루프를 위한 while 문 · 237

SECTION 02 do~while 문 · 241

SECTION 03 기타 제어문 · 244

1 반복문을 탈출하는 break 문 · 244
2 반복문으로 다시 돌아가는 continue 문 · 248
3 다중 반복문의 지정된 위치로 이동하는 break 레이블문 · 249
4 현재 메소드를 불렀던 곳으로 돌아가는 return 문 · 252

예제 모음 · 254
요약 · 259
연습문제 · 260

┌ 실 / 습 / 목 / 차 ─

실습 7-1   for 문을 while 문으로 바꾸기 1 · 235
실습 7-2   for 문을 while 문으로 바꾸기 2 · 236
실습 7-3   while 문의 무한 루프 만들기 · 238
실습 7-4   무한 루프를 활용한 계산기 · 239
실습 7-5   do~while 문 사용 예 1 · 241
실습 7-6   do~while 문 사용 예 2 · 242
실습 7-7   break 문 사용 예 1 · 244
실습 7-8   break 문 사용 예 2 · 245
실습 7-9   break 문 사용 예 3 · 247
실습 7-10   continue 문 사용 예 · 248
실습 7-11   다중 반복문의 무한 루프 · 249
실습 7-12   break 레이블문 사용 예 · 251
실습 7-13   return 문 사용 예 · 252

배열은 실무에서 JAVA 프로그래밍을 할 때 필수적으로 사용되는 중요한 개념이다. 배열이 없었다면 반복적인 작업을 일일이 수행하는 수고를 피할 수 없었을 것이다. 배열은 JAVA 외의 다른 프로그래밍 언어에서도 중요하게 쓰이는 개념이므로 기초를 탄탄히 다져야 한다.

SECTION 01 **배열의 이해** · 264

1 배열을 사용하는 이유 · 264
2 배열의 활용 범위 · 268

SECTION 02 **2차원 배열** · 276

1 2차원 배열의 개념 · 276
2 2차원 배열의 초기화 · 279
3 배열 크기의 동적 할당 · 280
4 3차원 이상의 배열 · 281

SECTION 03 **배열의 활용 : 스택** · 283

1 스택의 개념 · 283
2 배열로 스택 만들기 · 283

예제 모음 · 291
요약 · 296
연습문제 · 297

┌─ 실 / 습 / 목 / 차 ─

실습 8-1 여러 개의 변수 값을 선언하여 출력 · 264
실습 8-2 배열에 값을 대입하여 출력 · 267
실습 8-3 for 문으로 배열의 첨자 활용 예 · 269
실습 8-4 배열의 초기화 1 · 271
실습 8-5 배열의 초기화 2 · 273
실습 8-6 배열의 크기 계산 · 274
실습 8-7 2차원 배열 사용 예 1 · 277
실습 8-8 2차원 배열 사용 예 2 · 278
실습 8-9 2차원 배열의 초기화 · 279
실습 8-10 2차원 배열의 동적 할당 · 280
실습 8-11 스택 구현 1 · 285
실습 8-12 스택 구현 2 · 287

이 장에서는 JAVA에서 다루는 문자열과 문자열 메소드에 대해 학습한 뒤, JAVA뿐 아니라 대부분의 프로그래밍 언어에서 중요하게 사용되는 개념인 메소드(함수)에 대해 상세히 알아본다. 그리고 프로그램의 효율성을 높여주는 메소드의 개념을 파악하고, 사용 범위와 관계된 전역변수와 지역변수에 대해서도 살펴볼 것이다. 또한 메소드를 사용할 때 반드시 알아야 하는 반환 값과 매개변수도 다룬다.

SECTION 01 **문자열** · 302

1 문자열 메소드의 개념 · 302

2 문자열 메소드의 종류 · 302

SECTION 02 **메소드** · 313

1 메소드의 개념 · 313

2 메소드의 모양과 활용 · 320

SECTION 03 **지역변수와 전역변수** · 325

SECTION 04 **메소드의 반환 값과 매개변수** · 328

1 반환 값 유무에 따른 메소드 구분 · 328

2 매개변수 전달 방법 · 330

예제 모음 · 337

요약 · 342

연습문제 · 344

─ 실 / 습 / 목 / 차 ─

실습 9-1 length( ) 메소드 사용 예 1 · 302

실습 9-2 length( ) 메소드 사용 예 2 · 303

실습 9-3 startsWith( ), endsWith( ) 사용 예 · 305

실습 9-4 indexOf( ), lastIndexOf( ) 사용 예 · 306

실습 9-5 문자열 처리 메소드 활용 예 · 307

실습 9-6 toUpperCase( ), toLowerCase( ), trim( ) 사용 예 · 308

실습 9-7 모든 공백 없애기 · 309

실습 9-8 compareTo( ), contains( ) 사용 예 · 309

실습 9-9 ==와 equals( )의 비교 · 310

실습 9-10 직접 커피를 타는 과정 · 314

실습 9-11 메소드를 사용하여 [실습 9-10] 변경하기 · 317

실습 9-12 여러 명의 주문을 받도록 [실습 9-11] 변경하기 · 319

실습 9-13 본격적으로 메소드 사용하기 · 321

실습 9-14 계산기 메소드 사용 예 · 323

실습 9-15 지역변수와 전역변수의 비교 · 326

실습 9-16 반환 값 유무에 따른 메소드 비교 · 329

실습 9-17 매개변수 전달 방법(값의 전달) · 331

실습 9-18 매개변수 전달 방법(주소의 전달) · 332

실습 9-19 매개변수 전달 방법 비교 · 334

프로그램을 작성하다 보면 오류가 발생하고 오류를 수정해야만 프로그램이 정상적으로 작동할 수 있다. 이러한 오류를 JAVA나 운영체제가 아닌 프로그래머가 직접 처리하는 것을 예외 처리라고 한다. 이 장에서는 예외 처리에 대해 설명한 다음, 키보드와 화면에서 입력 및 출력을 하는 표준 입출력과 하드디스크에서 파일을 읽어오거나 저장해야 하는 파일 입출력을 살펴볼 것이다.

SECTION **01 예외 처리** · 350

1 오류의 종류 · 350

2 예외 처리의 기본 형식 · 351

3 예외 처리의 전체 형식 · 352

4 오류 메시지 출력 · 353

5 오류 메시지 직접 만들기 · 355

SECTION **02 표준 입출력** · 356

1 표준 출력 : System.out.printf( ) · 356

2 표준 입력 : Scanner · 358

3 하나의 문자 입력 : System.in.read( ) · 360

SECTION **03 파일 입출력** · 363

1 파일 입출력의 기본 과정 · 364

2 파일을 이용한 입력 · 364

3 파일을 이용한 출력 · 371

예제 모음 · 379

요약 · 384

연습문제 · 386

┌ 실 / 습 / 목 / 차 ┐

실습 **10-1** 예외 처리의 기본 예 · 352

실습 **10-2** 예외 처리의 전체 예 · 353

실습 **10-3** 오류 내용의 출력 예 · 354

실습 **10-4** 오류 메시지 직접 만들기 · 355

실습 **10-5** 서식화된 출력 메소드 사용 예 · 357

실습 **10-6** 표준 입력 사용 예 · 358

실습 **10-7** next( )의 작동 예 · 360

실습 **10-8** System.in.read( ) 사용 예 · 361

실습 **10-9** 파일을 이용한 입력 1 · 366

실습 **10-10** 파일을 이용한 입력 2 · 367

실습 **10-11** 파일을 이용한 입력 3 · 368

실습 **10-12** Scanner를 이용한 입력 · 370

실습 **10-13** 파일을 이용한 출력 1 · 371

실습 **10-14** 파일을 이용한 출력 2 · 373

실습 **10-15** 파일을 이용한 출력 3 · 375

실습 **10-16** 명령 프롬프트에서 파라미터 전달받기 · 377

JAVA 언어의 가장 큰 특징인 객체지향 프로그래밍에 대해 살펴보자. JAVA를 적극적으로 활용하려면 객체지향적인 특징을 잘 이해하고 프로그래밍에 적용해야 한다. 객체지향 프로그래밍은 대규모 소프트웨어 개발에 적합한 프로그래밍 기법으로, JAVA는 대표적인 객체지향 프로그래밍 언어 중 하나이다. 이는 단순한 개념이 아니라 초보자의 입장에서는 어렵게 느껴질 수도 있으므로 11장과 12장에 걸쳐 객체지향 프로그래밍의 개념과 기법을 차근차근 살펴볼 것이다.

SECTION 01 **클래스** · 390

1 클래스의 개념 · 390

2 클래스의 실제 코딩 · 395

3 필드와 메소드에 대한 접근 제한 · 398

SECTION 02 **생성자** · 406

1 생성자의 기본 · 406

2 메소드 오버로딩 · 409

SECTION 03 **인스턴스 변수와 클래스 변수** · 413

1 인스턴스 변수 · 413

2 클래스 변수 · 414

3 인스턴스 메소드와 클래스 메소드 · 416

예제 모음 · 418

요약 · 424

연습문제 · 428

실 / 습 / 목 / 차

실습 11-1 자동차 클래스 생성 및 사용 예 1 · 395

실습 11-2 자동차 클래스 생성 및 사용 예 2 · 398

실습 11-3 private 접근 제어 수식어 사용 예 · 400

실습 11-4 public 접근 제어 수식어 사용 예 · 403

실습 11-5 private, public 접근 제어 수식어 활용 예 · 404

실습 11-6 생성자 사용 예 1 · 407

실습 11-7 생성자 사용 예 2 · 408

실습 11-8 메소드 오버로딩 1 · 410

실습 11-9 메소드 오버로딩 2 · 411

실습 11-10 클래스 변수 활용 예 · 415

실습 11-11 클래스 메소드 활용 예 · 416

11장에서는 클래스의 개념을 파악하고 그 용도를 살펴보았다. 이 장에서는 클래스의 상속에 대해 알아본 다음 오버라이딩, 추상 클래스, 인터페이스 등 객체지향 프로그래밍을 위한 응용 학습을 할 것이다.

SECTION 01 **클래스의 상속** • 432

1 상속의 개념 • 432
2 생성자의 상속 • 436
3 상속의 제한과 오버라이딩 • 439

SECTION 02 **추상 클래스** • 447

1 추상 클래스 • 447
2 추상 메소드 • 449

SECTION 03 **인터페이스** • 453

1 인터페이스의 개념 • 453
2 인터페이스 구현 • 454
3 다중 상속 • 455
3 일반 클래스, 추상 클래스, 인터페이스의 비교 • 458

예제 모음 • 460

요약 • 465

연습문제 • 468

실 / 습 / 목 / 차

실습 12-1 클래스 상속의 예 • 434
실습 12-2 생성자 호출 순서의 예 • 436
실습 12-3 여러 생성자 호출의 예 • 437
실습 12-4 상속을 제한하는 private의 예 • 439
실습 12-5 상속을 허용하는 protected의 예 • 441
실습 12-6 메소드 오버라이딩의 예 • 443
실습 12-7 final 사용 예 • 445
실습 12-8 추상 클래스의 예 1 • 448
실습 12-9 추상 클래스의 예 2 • 451
실습 12-10 인터페이스의 예 • 454
실습 12-11 인터페이스 다중 상속의 예 • 457

지금까지는 텍스트 환경에서 값을 입력하고 결과를 확인했는데, 이 장에서는 GUI 환경에서 프로그램을 작성하는 방법을 알아볼 것이다. 대표적인 GUI 응용 프로그램으로는 Windows의 메모장, 계산기, 그림판 등을 들 수 있으며, 스윙을 통해 이와 비슷한 Windows용 응용 프로그램을 제작하는 방법을 학습할 것이다. 이 장에서 다루는 레이아웃, 컴포넌트, 이벤트 처리, 메뉴, 툴바 등은 실무에서 응용할 수 있는 것이다.

SECTION 01 **GUI 화면 구성** · 472

1 기본 GUI 화면 · 472

2 레이아웃 · 474

3 컴포넌트 · 483

SECTION 02 **GUI 이벤트 처리** · 493

1 이벤트 처리의 기본 · 493

2 이벤트의 종류 · 496

SECTION 03 **GUI 메뉴와 툴바** · 501

1 메뉴 · 501

2 툴바 · 504

예제 모음 · 508

요약 · 515

연습문제 · 518

실 / 습 / 목 / 차

실습 13-1 기본 GUI 화면 · 473

실습 13-2 FlowLayout의 예 · 475

실습 13-3 BorderLayout의 예 · 477

실습 13-4 GridLayout의 예 · 479

실습 13-5 CardLayout의 예 · 480

실습 13-6 레이아웃이 없는 Windows의 예 · 482

실습 13-7 스윙 컴포넌트 사용 예 · 485

실습 13-8 JToggleButton, JButton, JCheckBox, JRadioButton 사용 예 · 487

실습 13-9 JTextField, JTextArea, JPasswordField 사용 예 · 489

실습 13-10 JList, JComboBox 사용 예 · 491

실습 13-11 이벤트 처리의 예 1 · 494

실습 13-12 이벤트 처리의 예 2 · 496

실습 13-13 이벤트 처리의 예 3 · 498

실습 13-14 메뉴 구현 · 502

실습 13-15 툴바 구현 · 505

이 장에서는 본격적으로 고급 프로그래밍을 배우기 위해 알아둬야 할 몇 가지 내용을 소개할 것이다. 초보자에게는 아직 어려울 수 있지만 실무에서는 자주 사용하는 개념이니 잘 이해해야 한다.

SECTION 01 **패키지** · 522

1 패키지 생성 · 522

2 다른 패키지의 클래스 활용 · 525

3 import 문 · 528

SECTION 02 **JAVA 클래스 라이브러리** · 530

1 JAVA 패키지 · 530

2 래퍼 클래스 · 531

3 Math 클래스 · 534

SECTION 03 **스레드** · 537

1 스레드의 개념 · 537

2 스레드 구현 · 537

3 인터페이스를 이용한 스레드 구현 · 541

예제 모음 · 544

요약 · 551

연습문제 · 554

┌ 실 / 습 / 목 / 차

실습 14-1   pack1 패키지의 Car.java · 526

실습 14-2   pack2 패키지의 Car.java · 527

실습 14-3   pack2 패키지의 Car를 상속받은 Truck 클래스 1 · 527

실습 14-4   pack2 패키지의 Car를 상속받은 Truck 클래스 2 · 528

실습 14-5   래퍼 클래스 활용 예 · 533

실습 14-6   Math 클래스 활용 예 · 534

실습 14-7   일반 프로그램에서 3대의 자동차 작동하기 · 537

실습 14-8   스레드로 3대의 자동차 작동하기 · 540

실습 14-9   Runnable 인터페이스로 3대의 자동차 작동하기 · 542

Chapter 15 실전 프로젝트 557

이 장에서는 지금까지 단편적으로 배웠던 내용을 종합하여 2개의 프로젝트를 수행할 것이다. 앞에서 다룬 실습보다 코드가 더 길지만 대부분 이미 배운 내용이므로 차근차근 살펴보면 문제없이 프로젝트를 수행할 수 있을 것이다.

SECTION 01 **친구 연락처 관리 프로그램** · 558

1 프로그램의 개요 · 558

2 프로그램 구현 방법 · 559

3 프로그램 코딩 · 559

SECTION 02 **사진 처리 프로그램** · 572

1 프로그램의 개요 · 572

2 프로그램 구현 방법 · 574

3 프로그램 코딩 : 전체 틀 작성 · 575

4 프로그램 코딩 : 영상 처리 핵심 알고리즘 구현 · 582

찾아보기 · 593

JAVA 프로그래밍
환경을 만들자!

Chapter 01

JAVA
들여다보기

이 장에서는 JAVA 언어가 무엇인지 파악하고, 앞으로 프로그램을 작성할 때 필요한 도구인 JDK를 설치하는 방법을 살펴본다. 그리고 JAVA 프로그램을 작성해봄으로써 프로그래밍하는 방법을 체험한다.

SECTION 01 JAVA의 개요
SECTION 02 JAVA 개발 환경 구축
SECTION 03 JAVA 프로그램 맛보기
요약
연습문제

JAVA의 개요

JAVA(자바)는 컴퓨터에서 작동하는 소프트웨어를 작성하는 프로그래밍 언어 중 하나이다.

프로그래밍 언어(programming language)는 컴퓨터에서 작동하는 소프트웨어(엑셀, 한글, 인터넷 익스플로러 등)를 만들기 위한 도구라고 볼 수 있다. 소프트웨어를 제작할 수 있는 프로그래밍 언어의 종류는 상당히 많으며 지금도 꾸준히 개발되고 있다. 이처럼 프로그래밍 언어는 수백 가지가 넘지만 실제로 많이 사용되는 언어 중에서 현재 가장 폭넓게 사용되는 것은 바로 JAVA 언어이다.

1 프로그래밍의 개요

1980년대 이전의 컴퓨터는 상당히 고가였기 때문에 일반인이 직접 사용할 수 있는 기회가 많지 않았다. 그래서 컴퓨터를 조작하여 프로그램을 짜기보다는 칠판에 써가며 프로그래밍 강의를 했고, 학생들은 노트에 프로그램 코드를 적으면서 배웠다. 사정이 이렇다 보니 프로그램은 작성할 줄 알아도 컴퓨터는 사용할 줄 모르는 경우도 많았다.

하지만 지금 이 책으로 JAVA 언어를 공부하는 독자들은 컴퓨터의 기본적인 사용법을 잘 알고 있을 것이다. 웹 브라우저, 한글, 엑셀, 파워포인트, 포토샵 등 이미 많은 프로그램을 사용해보았을 것이다. 뿐만 아니라 최근에는 스마트폰이나 태블릿 등을 대부분 사용하고 다양한 모바일용 앱(app)도 이용해보았을 것이다.

그런데 그러한 프로그램(PC용+모바일용)은 과연 누가 만들었을까? 바로 프로그래머라는 직업을 가진 사람들이 일궈낸 결과물이다. 물론 간단한 프로그램은 혼자서 만들기도 하지만, 다양한 기능이 실행되는 복잡한 프로그램은 수십 또는 수백 명이 역할을 분담해서 만들어낸다. 간단한 프로그램으로는 계산기, 메모장과 같은 것이 있고, 복잡한 프로그램은 엑셀, 포토샵 등 주로 상용으로 판매되는 프로그램을 예로 들 수 있다. 또한 요즘에는 스마트폰용 앱도 활발하게 사용되면서 계속 개발되고 있다. 이처럼 복잡한 프로그램은 하루 이틀에 완성되는 것이 아니라 많은 프로그래머와 시스템 분석가, 설계가 등이 모여 길게는 몇 년에 걸쳐 만든다.

그렇다면 이러한 프로그램은 무엇으로 만들까? 답부터 말하자면 프로그래밍 언어를 사용하여 만들며, 가장 대표적인 JAVA 언어를 주로 사용한다.

| 프로그래머 | 프로그램 코드 | 다양한 응용 프로그램 |

그림 1-1 프로그래밍의 개념

물론 JAVA 외에도 C, C++, C#, Basic, Perl, Lisp 등 많은 프로그래밍 언어가 있으며, 이것들은 각각의 특징에 맞게 잘 응용되고 있다. 옛날식 건물을 짓는 데는 목재가 어울리고 현대식 건물을 짓는 데는 벽돌이 어울리듯이, Windows용 응용 프로그래밍에는 주로 C나 C++가 사용되고 실무의 서버용 응용 프로그램 및 안드로이드용 앱에는 JAVA 언어가 가장 많이 사용되고 있다(꼭 그런 것은 아니고 예외도 있다).

2 JAVA 언어의 개요

JAVA 언어는 1991년에 선마이크로시스템스(Sun Microsystems) 사에서 제임스 고슬링 (James Gosling)이 주도하여 냉장고, TV 등의 가전제품에서 사용될 운영체제를 개발하는 것을 목표로 시작되었다. 처음에는 JAVA라는 이름이 사용되지 않았고 오크(Oak) 또는 그린 (Green)이라는 이름으로 불리다 나중에 JAVA로 바뀌었다.

JAVA 이전에 C, C++ 등 다양한 언어가 존재했으나 가전제품을 만들기 위해 다음과 같은 내용을 충족하는 프로그래밍 언어가 필요해졌다.

- 가전제품의 종류 및 제조사가 다양할 수밖에 없으므로 각 플랫폼에 독립적이어야 한다.
- 가전제품은 재부팅하기가 어려우므로 새로운 언어는 더욱 안정적이어야 하며, 특히 동적 메모리 할당과 수거가 자동으로 수행되어야 한다.
- 네트워크에서 자동으로 내려받는 과정이 필요하며, 이때 악성 코드가 침투할 수 없도록 포인터의 개념을 없애야 한다.

당시에는 이와 같은 조건을 충족시키는 언어가 없었고 그 필요성에 의해 JAVA가 개발되었다. JAVA의 첫 번째 정식 버전인 JAVA 1.0은 1995년에 공개되었다. 선마이크로시스템스가 JAVA를 공개하면서 내세운 표어는 'Write Once, Run Anywhere'로, 여기에는 한 번 코드를 작성하면 어떤 운영체제에서도 잘 작동하는 JAVA의 특징이 나타나 있다. 이어지는 그림을 통해 JAVA의 특징을 자세히 확인해보자.

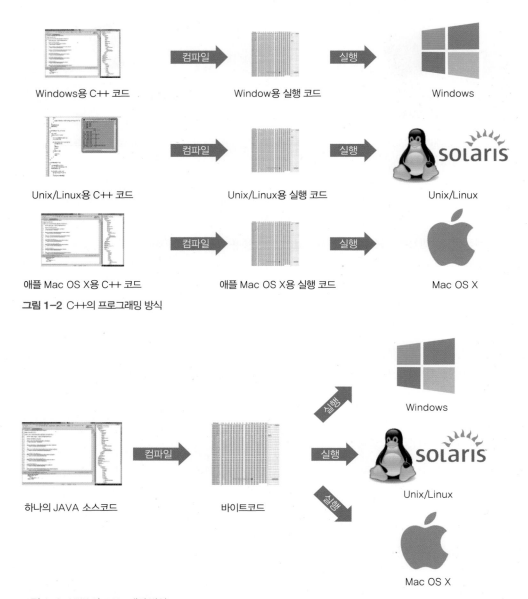

그림 1-2 C++의 프로그래밍 방식

그림 1-3 JAVA의 프로그래밍 방식

[그림 1-2]를 보자. C, C++ 등의 기존 언어에서는 각 운영체제별로 서로 다른 코드를 만들고 별도로 컴파일해야만 실행할 수 있었다. 하지만 [그림 1-3]의 JAVA는 하나의 JAVA 코드만 만들면 모든 운영체제에서 동일하게 실행할 수 있다. 동일한 프로그램은 운영체제에 관계없이 실행하는 것이 최근 동향이므로 JAVA는 이런 면에서 상당히 경제적이고 효율적이다.

메/멘/토 퀴/즈   JAVA는 한 번만 코딩하면 모든 운영체제에서 동일하게 실행할 수 있다. (O, ×)

1990년대에는 웹이 보급되면서 HTML로 홈페이지를 만드는 것이 상당히 유행했다. 그러나 HTML은 동적인 홈페이지를 만드는 데 적당하지 않았다. 예를 들어 화면을 마우스로 클릭하면 화면이 움직이는 것과 같은 살아 있는 홈페이지를 만들기가 어려웠다. 반면에 JAVA로는 웹 페이지 안에서 동작하는 JAVA 애플릿(applet)을 만들 수 있었는데, 애플릿은 웹 페이지 안에서 실행됨으로써 HTML의 정적인 화면을 동적으로 만들어주어 JAVA의 인기가 더욱 높아졌다. JAVA 애플릿은 웹 브라우저에서 다운로드가 완료되어야 실행되기 때문에 속도가 느리다는 단점이 있었지만, 웹 브라우저에서 별도의 프로그램을 실행하는 개념이어서 초창기 웹에서는 크게 환영을 받았다.

TIP/ 애플릿(applet)은 응용 프로그램을 의미하는 application과 작다는 의미의 let을 합성한 용어로, JAVA로 작성한 작은 소프트웨어라고 보면 된다. JAVA 애플릿은 주로 웹 서버에 등록해놓고 HTML 페이지에서 〈APPLET〉 태그로 경로를 지정하면 웹 브라우저에서 작동되도록 설계되었다. 하지만 보안에 취약하기 때문에 JAVA 애플릿을 통해 해킹 시도가 많이 일어나는 부작용이 있었다.

표 1-1 JAVA 버전의 변천사

JAVA 버전	발표 일자	지원 만료일	비고
JDK 1.0	1996년 1월		JAVA 1이라고도 부름.
JDK 1.1	1997년 2월		JAVABeans, JDBC 등이 추가됨.
J2SE 1.2	1998년 12월		JAVA 2라고도 부르며, JDK 대신에 버전 이름을 J2SE(JAVA 2 Platform, Standard Edition)라고 명명함.
J2SE 1.3	2000년 5월		HotSpot JVM이 포함됨.
J2SE 1.4	2002년 2월		IPV6를 지원함.
J2SE 5.0	2004년 9월		내부 버전은 1.5이지만 이때부터 5.0 버전이라 명명함.
JAVA SE 6	2006년 12월	2018년 12월	J2SE 대신에 JAVA SE라 명명하고 버전에서 .0 숫자를 떼어냄.
JAVA SE 7	2011년 7월	2022년 7월	프로그래밍 과정을 단순화하고 JVM의 성능을 대폭 향상함.
JAVA SE 8	2014년 3월	2025년 3월	람다식(lambda expression)을 지원하고, 32bit를 지원하는 마지막 버전임.
JAVA SE 9	2017년 9월	2018년 3월	non-LTS. 이후로는 64bit만 지원함.
JAVA SE 10	2018년 3월	2018년 9월	non-LTS. 로컬 형식 추론, 가비지 수집과 관련해 개선됨.
JAVA SE 11	2018년 9월	2026년 9월	LTS(Long Term Support) 버전임.
JAVA SE 12	2019년 3월	2019년 9월	non-LTS.

TIP/ 오라클(Oracle)은 Java SE 8 버전까지는 10년 이상 기술 지원을 제공하고 있다. 그래서 Java SE 8 버전은 2025년 3월까지 기술 지원이 제공된다. 그러나 Java SE 9부터는 짧은 기술 지원 기간(6개월)인 non-LTS와 긴 기술 지원인 LTS로 나눠서 버전을 발표하고 있다. 긴 기술 지원을 제공받기 위해서는 Java SE 8과 Java SE 11 버전을 사용하는 것이 바람직하다. 하지만, 기술 지원이 만료될 뿐 실제 사용에는 모든 버전이 큰 문제가 없다.

[표 1-1]에 JAVA 버전의 변천사를 개략적으로 정리했다. 선마이크로시스템스가 2010년 1월 오라클(Oracle)에 합병됨으로써 JAVA SE 7부터는 오라클 웹사이트(http://java.oracle.com)

에서 내려받을 수 있다. 현재 JAVA는 JAVA SE(Standard Edition), JAVA EE(Enterprise Edition), JAVA ME(Micro Edition)의 세 가지 버전으로 나뉜다. 이 책에서는 JAVA SE 11을 기준으로 실습을 진행하며, JAVA 8로 실습해도 무방하다.

JAVA가 우리나라의 실무 현장에서 주목받기 시작한 것은 기업용 인터넷의 보급과 맞물려 있다. 1990년대 후반에 기업용 웹 애플리케이션 개발이 급증하면서 JAVA 언어가 대부분의 기업, 은행, 관공서의 웹 애플리케이션 개발 언어로 채택되었으며, 그 이후로 지금까지 대부분의 웹 애플리케이션은 주로 JAVA 언어를 사용한다고 보면 된다. 또한 2008년 이후 안드로이드 스마트폰이 폭발적으로 사용되었고, 안드로이드용 앱을 작성하는 언어로 JAVA가 채택됨으로써 스마트폰부터 데스크톱용 응용 프로그램, 그리고 대규모 기업 환경의 서버 응용 프로그램에 이르기까지 폭넓게 가장 많이 사용되는 프로그래밍 언어로 자리 잡았다.

> 메/멘/토 퀴/즈 JAVA의 세 가지 분류는 JAVA ☐☐, JAVA ☐☐, JAVA ☐☐이다.

③ JAVA 언어의 특징

JAVA 언어 이전에 가장 많이 쓰인 객체지향 언어는 C++였다. C++는 여러 가지 면에서 장점이 많은데, 너무 복잡하고 직접 메모리를 관리하는 기법을 사용함으로써 프로그램에 심각한 버그가 생기는 문제점을 원천적으로 가지고 있었다. 그래서 JAVA는 C++의 객체지향적인 장점을 그대로 가져오면서 동시에 C++의 여러 가지 문제점을 보완하여 만들어졌다.

TIP/ C++를 공부한 후에 JAVA를 공부한다면 지금 설명하는 JAVA의 특징이 잘 이해될 것이다. 하지만 이 책은 C나 C++ 학습 경험이 별로 없다는 것을 전제로 구성되었으므로 지금 얘기하는 JAVA의 특징이 생소하게 느껴질 것이다. JAVA의 특징을 잘 이해하는 것이 JAVA 언어를 학습하는 전제 조건은 아니므로 이해되지 않으면 그냥 넘어가도 괜찮다. JAVA를 어느 정도 학습한 다음 JAVA의 특징 부분을 다시 읽어본다면 자연스럽게 받아들여질 것이다.

간결한 프로그래밍 문법을 제공한다

JAVA는 다른 프로그래밍 언어와 비교하여 문법이 쉽기 때문에 프로그래밍 초보자가 배우기에 적절하다. JAVA는 문법은 쉬운데 많은 기능을 제공하므로 더욱 가치가 빛나는 언어이다. 물론 문법이 쉽다고 고급 프로그래밍이 간단해지는 것은 아니지만, 문법의 복잡함 때문에 프로그램이 복잡해지는 것을 최소화할 수 있다.

또한 C, C++의 강력한 장점이자 문제점으로 꼽히는 포인터를 과감히 없앴으며, 메모리 관리를 가비지 컬렉터(garbage collector)가 전담함으로써 프로그래머가 메모리에 대해 고민하지 않고 프로그래밍 로직에 집중할 수 있게 되었다.

이식성이 매우 좋다

[그림 1-3]에 나타나 있듯이 JAVA 소스코드는 한 번만 작성해놓으면 다양한 운영체제에서 실행할 수 있다. 이렇게 다양한 환경에서 실행되는 것을 '이식성'이 좋다고 한다. 다음 그림은 [그림 1-3]을 좀 더 상세하게 표현한 것이다.

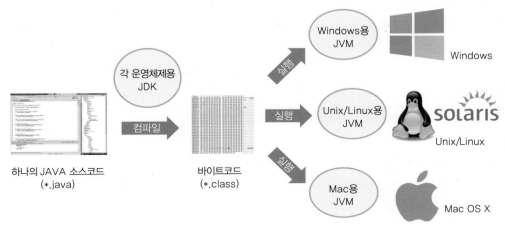

그림 1-4 이식성이 좋은 JAVA 코드

앞으로 작성할 JAVA 프로그램의 코드는 확장명을 *.java로 저장한다. 이 코드는 메모장이나 이클립스(Eclipse) 등의 텍스트 에디터로 작성할 수 있다. 작성된 소스코드를 javac.exe로 컴파일하면 바이트코드가 생성된다. 바이트코드는 확장명이 *.class인데 사람은 이 파일의 내용을 읽을 수 없다. 바이트코드는 모든 운영체제에서 실행이 가능하지만, 운영체제에 JAVA 가상 머신인 JVM(Java Virtual Machine)이 미리 설치되어 있어야 한다. JVM은 오라클에서 무료로 배포하고 있다.

TIP/ 초창기에 JAVA를 사용할 때는 컴퓨터마다 JVM을 설치해야 하는 것에 대한 거부감(?)이 있어서 모든 컴퓨터에서 JAVA 바이트코드(*.class)를 실행할 수 없었다. 하지만 요즘은 JVM을 컴퓨터에 필수적인 프로그램으로 여긴다. 일반적으로 JVM은 JRE(JAVA runtime environment)라고 부르며, 프로그래머가 아닌 사람들은 그냥 'JAVA 소프트웨어'라고 한다. 즉 JDK(JAVA development kit)는 프로그래머가 JAVA 프로그램을 작성하기 위한 컴파일러와 JRE를 포함하고 있으며, 컴파일된 JAVA 바이트코드를 실행하기 위한 JRE(=JVM)만 설치되어 있으면 된다.

완전한 객체지향 언어이다

JAVA는 기존 C 언어에서 사용하는 구조적인 프로그래밍 기법을 그대로 지원한다. 나아가 현재 실무에서 사용되는 객체지향 프로그래밍 기법을 100% 지원한다.

TIP/ 구조적 프로그래밍(structured programming)의 개념은 1970년대에 정립되어 지금까지도 많이 사용되고 있다. 특히 C 언어가 구조적 프로그래밍의 대표 주자라고 불린다. 하지만 구조적 프로그래밍은 현대의 복잡한 대규모 프로그래밍을 하기에 적절하지 않아 객체지향 프로그래밍(object oriented programming, OOP) 이론이 소개되었다. 객체지향은 1990년대에 많은 발전을 이루고 지금까지 가장 많이 사용되는 프로그래밍 기법으로 인정되고 있다. 실무에서는 C++와 더불어 JAVA가 객체지향적인 프로그래밍 언어로 가장 많이 활용된다.

객체지향의 개념은 클래스(class), 추상화(abstraction), 캡슐화(encapsulation), 다형성(polymorphism), 상속(inheritance) 등 다양한 용어와 개념을 통해 완성된다. 객체지향에 대해서는 11장 이후부터 상세하게 다룰 것이다.

멀티스레드 프로그래밍을 지원한다

JAVA는 하나의 프로세스(process) 안에서 여러 개의 스레드(thread)가 동시에 작동되도록 프로그래밍할 수 있다. 스레드는 작은 프로세스라고 생각하면 된다. 이렇게 동시에 작동되는 스레드를 작성하면 병렬 처리가 가능해짐으로써 복잡한 대용량 작업을 빠른 시간 내에 처리할 수 있다. JAVA는 자체 API에서 멀티스레드 프로그래밍(multi thread programming)을 지원하기 때문에 프로그래머들이 비교적 쉽게 병렬 프로그래밍을 할 수 있다.

다양한 응용 프로그램을 작성할 수 있다

HWP, 알집, 엑셀 등과 같이 일반 컴퓨터에서 작동하는 '데스크톱 응용 프로그램', 웹 브라우저에서 다운로드된 후 작동하는 '애플릿', 웹 서버에서 작동하는 'JSP(JAVA Server Pages)' 또는 '서블릿(survlet)', TV나 냉장고 등의 가전제품에서 작동하는 '임베디드 프로그램', 안드로이드 스마트폰이나 태블릿에서 작동하는 '모바일 앱'을 JAVA로 작성할 수 있다. 현재 사용되는 대부분의 IT 환경에서 작동하는 응용 프로그램을 작성할 수 있다고 보면 된다.

TIP/ C, C++와 비교하여 JAVA는 하드웨어를 직접 제어하는 프로그램을 작성하는 것이 상당히 제한적이다. 그래서 하드웨어를 직접 제어하기 위해 C, C++와 JAVA를 혼용해서 프로그램을 작성하기도 한다.

많은 오픈 소스 라이브러리가 있다

JAVA는 외부의 다양한 오픈 소스 라이브러리(open source library)를 사용할 수 있다. 이는 JAVA 개발자가 그만큼 세계적으로 많다는 것을 의미한다. 수많은 프로젝트에서 이러한 라이브러리를 오픈 소스로 제공하기 때문에 구현하고자 하는 고급 기능을 누구나 가져와서 사용할 수 있다. 또한 다양한 오픈 소스 프로젝트는 일회성 제공에 그치는 것이 아니라 커뮤니티를 통해 체계적인 소스 관리와 업그레이드가 이뤄지고 있다. 실무에서 JAVA 언어를 많이 사용하는 가장 큰 이유 중 하나는 이러한 오픈 소스 라이브러리를 사용하여 자신의 고급 기능을 빠른 기간 내에 안정적으로 구현할 수 있다는 것이다. 대표적인 오픈 소스 라이브러리로는 Apache Commons, Google Guava, Lucene, Spring, Hadoop, Cassandra 프로젝트 등이 있다.

TIP/ 유명한 오픈 소스 라이브러리를 다루는 방법은 이에 대한 책이 따로 출간될 정도로 방대하다. 이 책의 범위를 벗어나므로 다루지는 않겠지만, 고급 JAVA 프로그래머가 되기 위해서는 이러한 오픈 소스 라이브러리도 별도로 공부해야 한다.

그림 1-5 JAVA를 지원하는 다양한 오픈 소스 프로젝트

메/멘/토 퀴/즈
① JAVA는 이식성이 나쁘다. (O, ×)
② JAVA로 모바일용 앱도 작성할 수 있다. (O, ×)
③ JAVA는 오픈 소스 라이브러리가 많다. (O, ×)

4 JAVA 가상 머신

[그림 1-4]를 통해 JAVA 가상 머신(이후로 JVM)의 역할을 간단히 소개했다. 여기서는 JVM의 역할을 자세히 살펴보자. JVM은 Windows, Unix/Linux, Mac 등 운영체제에 상관없이 한 번 작성한 JAVA 코드를 동일하게 작동시키는 핵심적인 역할을 한다.

JVM에서 '가상 머신(=가상 컴퓨터)'은 실제로는 소프트웨어로 설치되고 작동된다. 이때 Windows에는 Windows용 JVM을, Unix/Linux에는 Unix용 또는 Linux용 JVM을, Mac에는 Mac용 JVM을 설치해야 한다.

TIP/ 이렇게 모든 운영체제에서 작동하는 것을 '플랫폼에 독립적이다'라고 표현하기도 한다.

JVM은 오라클 홈페이지에서 무료로 배포하고 있으며, JAVA와 관련된 프로그램을 실행하면 자동으로 다운로드 후 설치되기도 한다. JVM의 역할을 하는 소프트웨어를 JAVA 소프트웨어 또는 JRE(JAVA runtime environment)라고 한다. JRE는 [그림 1-4]의 JAVA 바이트코드를 실행하기 위해 먼저 설치되어야 한다. JAVA 초창기에는 이처럼 JRE를 모든 컴퓨터에 설치해야 하는 것에 대해 부정적인 시각도 있었지만, 지금은 컴퓨터에 설치하는 백신, 압축 프로그램, 웹 브라우저 등과 같은 기본적인 프로그램으로 인식되고 있다. 오늘날에는 JAVA로 작성된 프로그램이 별 거부감 없이 사용되고 있는 것이다.

SECTION
02

JAVA 개발 환경 구축

JDK를 설치함으로써 JAVA 개발 환경을 구축하자.

이 절에서는 Windows 환경에서 JAVA 개발 환경을 구축해본다. 우선 JDK(JAVA development kit)를 설치하고, 다음 장에서는 JAVA 개발 환경으로 가장 많이 사용되는 이클립스를 추가로 설치한다.

1 JDK 11 설치

JAVA 개발 환경인 JAVA SE development kit 11(JDK 11)을 설치해보자. JDK 11의 설치는 다른 Windows용 응용 프로그램과 마찬가지로 쉽다. 먼저 자신의 Windows가 64비트인지, 32비트인지 확인해야 한다.

Windows 플랫폼 확인

❶ Windows 7의 [시작]–[컴퓨터]에서 마우스 오른쪽 버튼을 클릭하고 [속성]을 선택한다 (Windows 10에서는 [시작]에서 마우스 오른쪽 버튼을 클릭하고 [시스템]을 선택한다). '시스템 종류'에서 현재 운영체제가 64비트인지 32비트인지 확인할 수 있다.

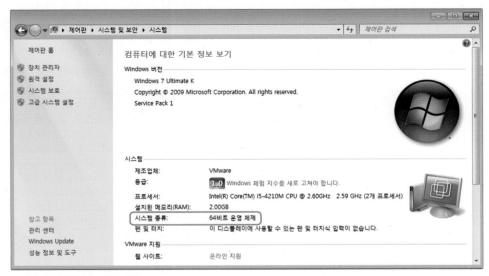

그림 1-6 64비트/32비트 확인

JDK 11 다운로드

❷ 웹 브라우저를 실행하여 http://java.oracle.com에 접속하고 'Software Downloads'의
[Java SE]를 클릭한다.

그림 1-7 JDK 11 다운로드 1

❸ 'Java SE 11 (LTS)' 아래쪽의 [Oracle JDK DOWNLOAD]를 클릭하여 다운로드한다.

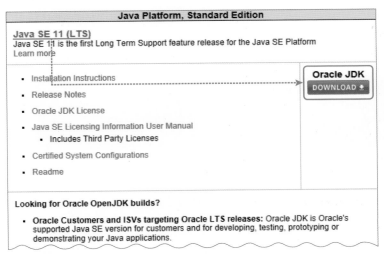

그림 1-8 JDK 11 다운로드 2

TIP/ 오라클(Oracle)에서는 2019년 1월부터 모든 JDK의 상업적 사용을 유료화 했다. 라이선스에 문제가 없는 무료 JDK를
사용하려면 http://jdk.java.net/11/ 또는 이 책의 예제 소스(http://www.hanbit.co.kr/src/4406)와 함께 제공하는 OpenJDK
11(openjdk-11_windows-x64_bin.zip, 178MB)을 사용한다. C:₩Program Files₩Java₩jdk-11₩ 폴더를 생성한 뒤 그 안에
서 압축을 풀면 된다. 이후에는 36쪽의 '2. 환경 변수 설정'부터 진행하면 책과 동일하게 학습할 수 있다.

❹ 'Accept License Agreement'를 체크한 후, 앞에서 확인한 자신의 Windows가 64비트라면 Windows용(jdk-11_windows-x64_bin.exe)을 다운로드 한다. 32비트 Windows 사용자라면 이전 화면에서 Java SE 8 버전(파일명 : jdk-8u181-windows-i586.exe)을 다운로드 한다.

TIP/ 라이선스가 무료인 32bit용 OpenJDK 8(java-1.8.0-openjdk-1.8.0.181-1.b13.ojdkbuild.windows.x86.msi)은 https://github.com/ojdkbuild/ojdkbuild/ 또는 이 책의 예제소스(http://www.hanbit.co.kr/src/4406)에서 제공하는 것을 사용하면 된다.

Java SE Development Kit 11

You must accept the Oracle Technology Network License Agreement for Oracle Java SE to download this software.

○ Accept License Agreement   ● Decline License Agreement

Product / File Description	File Size	Download
Linux	147.37 MB	⬇jdk-11_linux-x64_bin.deb
Linux	154.06 MB	⬇jdk-11_linux-x64_bin.rpm
Linux	171.43 MB	⬇jdk-11_linux-x64_bin.tar.gz
macOS	166.17 MB	⬇jdk-11_osx-x64_bin.dmg
macOS	166.54 MB	⬇jdk-11_osx-x64_bin.tar.gz
Solaris SPARC	186.79 MB	⬇jdk-11_solaris-sparcv9_bin.tar.gz
Windows	150.96 MB	⬇jdk-11_windows-x64_bin.exe
Windows	170.97 MB	⬇jdk-11_windows-x64_bin.zip

그림 1-9 JDK 11 다운로드 3

JDK 11 설치

❺ 다운로드한 파일을 실행한다. 잠시 기다린 다음 [Next]를 클릭한다.

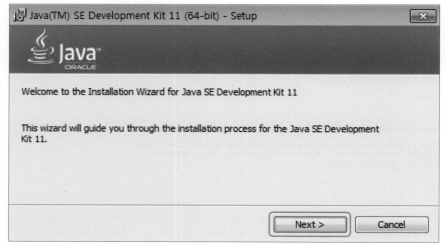

그림 1-10 JDK 11 설치 1

❻ 설치 경로를 지정하는 창이 나오는데 디폴트로 두고 [Next]를 클릭한다. 필요하다면 설치 경로를 바꿔도 된다.

TIP/ 이 경로는 잠시 후에 사용해야 하므로 잘 기억해둔다.

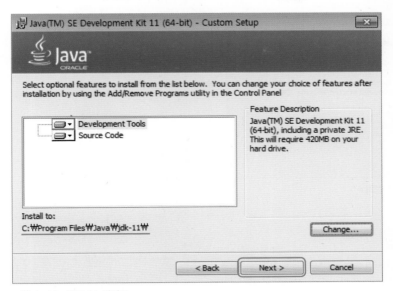

그림 1-11 JDK 11 설치 2

❼ 잠시 동안 설치가 진행된다. 만약 진행 중에 '보안 경고' 창이 나오면 [예]를 클릭한다.

TIP/ 만약 JDK 8을 설치 중이라면 JDK 설치가 완료된 후 JRE를 설치하는 창이 나온다. 디폴트 값으로 두고 [다음]을 클릭한다.

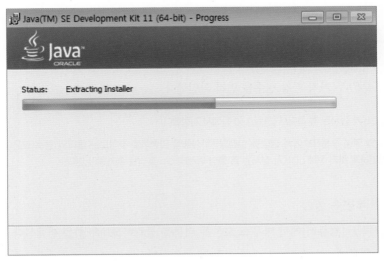

그림 1-12 JDK 11 설치 3

❽ 설치가 모두 완료되면 [Close]를 클릭하여 설치를 완료한다.

그림 1-13 JDK 11 설치 4

저자
한마디 **JDK와 JRE**

JAVA 개발 도구인 JDK와 JAVA 실행 환경인 JRE를 명확
히 구분해보자. JAVA 프로그램을 작성하고 컴파일하는 데
는 JDK가 필요하지만, JAVA를 실행하는 데는 JRE가 필요
하다. 따라서 그림과 같이 JDK에는 JRE가 포함되어 있다.
만약 JAVA를 개발하지 않고 컴파일된 결과(*.class)만 실
행하려면 JRE만 설치하면 된다. 참고로 JDK 11에는 JRE
가 포함되어 있지 않다.

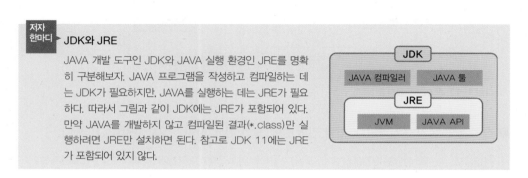

2 환경 변수 설정

JDK를 설치하고 좀 더 편리하게 개발 환경을 구축하려면 Windows의 환경 변수를 몇 가지 추
가해야 한다. 다음과 같은 두 가지 환경 변수를 먼저 확인한다.

- JAVA_HOME : JDK가 설치된 홈 폴더로 [그림 1-11]에서 지정했다.
- Path : Windows의 명령 프롬프트에서 명령을 실행할 때 실행할 명령어를 찾아보는 폴더의 경로 모음이다.
  JAVA 컴파일을 간편하게 하기 위해 JDK가 설치된 홈 폴더 아래의 bin 폴더를 추가해야 한다.

JAVA_HOME 환경 변수 생성

❶ Windows 7의 [시작]−[컴퓨터]에서 마우스 오른쪽 버튼을 클릭하고 [속성]을 선택한다. 그
리고 '시스템' 창의 왼쪽에 있는 [고급 시스템 설정]을 클릭한다.

TIP/ Windows 10은 [시작]−[Windows 시스템]−[제어판]을 선택한 후 [시스템 및 보안]−[시스템]을 선택하면 된다.

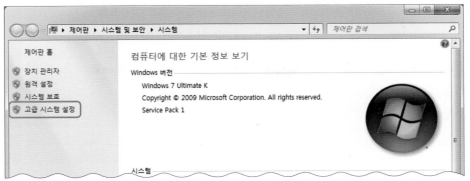

그림 1-14 고급 시스템 설정

❷ '시스템 속성' 창에서 [고급] 탭을 클릭한 다음 아래쪽의 [환경 변수]를 클릭한다.

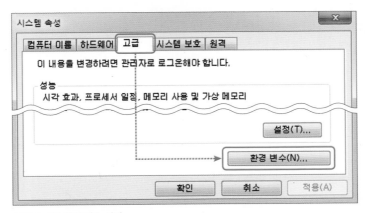

그림 1-15 환경 변수 설정

❸ '환경 변수' 창에서 아래쪽 '시스템 변수'의 [새로 만들기]를 클릭한다.

그림 1-16 JAVA_HOME 환경 변수 등록 1

❹ '새 시스템 변수' 창에서 변수 이름에 'JAVA_HOME'을, 변수 값에 JDK가 설치된 경로(필자의 경우 C:₩Program Files₩Java₩jdk-11)를 입력하고 [확인]을 클릭한다.

그림 1-17 JAVA_HOME 환경 변수 등록 2

TIP/ JAVA 설치 경로를 정확하게 하려면 Windows의 파일 탐색기를 실행하여 해당 경로로 이동한 후 주소 표시줄의 내용을 복사해서 사용하면 편리하다.

❺ JAVA_HOME 환경 변수가 등록된 것을 확인한다.

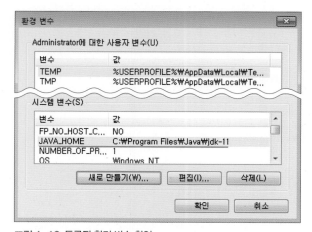

그림 1-18 등록된 환경 변수 확인

Path 환경 변수에 JDK 실행 파일 폴더의 경로 추가

❻ 이번에는 '시스템 변수' 중 'Path'를 선택하고 [편집]을 클릭한다.

그림 1-19 Path 환경 변수에 경로 추가 1

❼ '시스템 변수 편집' 창에서 변수 값의 맨 뒤에 세미콜론(;)을 붙인다. 다음에 JDK의 실행 파일이 들어 있는 폴더의 경로(필자의 경우 %JAVA_HOME%\bin)를 제일 앞에 추가하고 세미콜론(;)으로 구분한 뒤 [확인]을 연속 클릭해서 열린 창을 모두 닫는다.

```
%JAVA_HOME%\bin;기존 경로들
```

TIP/ Windows 10은 [환경 변수 편집] 창이 나오는데 [새로 만들기]를 클릭한 후 %JAVA_HOME%\bin을 추가하면 된다. 그리고 [위로 이동]을 클릭해서 제일 위로 이동시킨다.

그림 1-20 Path 환경 변수에 경로 추가 2

설정된 내용 확인

❽ Windows의 [시작]–[모든 프로그램]–[보조 프로그램]–[명령 프롬프트]를 실행하여 다음 명령을 차례로 수행하고 설정된 내용을 확인한다.

TIP/ Windows 10은 [시작]에서 마우스 오른쪽 버튼을 클릭한 후 [Windows PowerShell(관리자)]를 선택해서 파워셸을 열고 'cmd' 명령을 입력하면 명령 프롬프트로 변경된다. 자주 사용할 수 있으니 방법을 기억해 놓자.

```
javac -version → JAVA 컴파일러 버전
java -version → JRE 버전
echo %JAVA_HOME% → JAVA_HOME 환경 변수 확인
echo %Path% → Path에 설정된 경로 확인
```

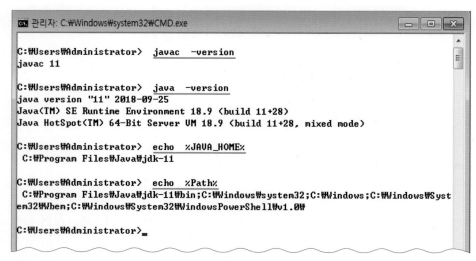

그림 1-21 설정된 내용 확인

이렇게 해서 JAVA를 개발할 수 있는 기본적인 환경을 완성했다. 이제 JAVA와 관련된 문법을 배워서 코딩한 다음, 소스코드를 컴파일하고 실행하면 된다.

메/멘/토 퀴/즈 　JAVA 개발 환경과 관련된 Windows 환경 변수 2개는 □□□□_□□□□, □□□□이다.

JAVA 프로그램 맛보기

JAVA 프로그램을 작성하고 컴파일 및 실행하는 방법을 익혀보자.

실무에서 사용할 만한 JAVA 프로그램을 완성하기 위해서는 오랜 시간을 투자하여 공부해야 한다. 하지만 그러려면 너무 지루하니 아주 간단한 JAVA 프로그램을 작성해서 컴파일하고 실행하는 실습을 해보자. 아무리 복잡한 프로그램이라도 여기서 해보는 방식과 크게 다르지 않으니 방법을 잘 익혀둬야 한다.

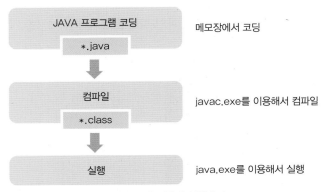

그림 1-22 JAVA 프로그램의 코딩, 컴파일, 실행 순서

1 HelloJava 프로그램 작성

화면에 '안녕? Java ~~'를 출력하는 프로그램을 작성해보자.

코딩을 위한 사전 준비

❶ 먼저 Windows의 파일 탐색기에서 파일 확장명이 보이도록 설정한다. Windows 7의 파일 탐색기를 실행하여 메뉴 중 [구성]–[폴더 및 검색 옵션]을 선택한다.

TIP/ Windows 10에서는 파일 탐색기 메뉴에서 [보기]–[옵션]–[폴더 및 검색 옵션 변경]을 선택한다.

그림 1-23 파일 확장명 보이기 1

❷ '폴더 옵션' 창의 [보기] 탭을 클릭하여 '알려진 파일 형식의 파일 확장명 숨기기'의 체크를 지우고 [확인]을 클릭한다.

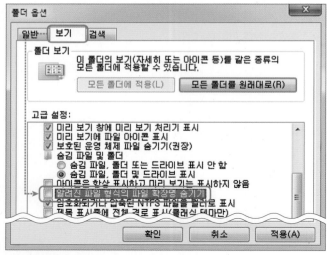

그림 1-24 파일 확장명 보이기 2

❸ 앞으로 JAVA 코드를 계속 작성할 것이니 폴더를 미리 생성해서 관리하는 것이 좋다. 파일 탐색기에서 C 드라이브(또는 다른 드라이브) 아래에 'CookJava' 폴더, 계속해서 하위에 'Chapter01' 폴더, 그 아래에 'HelloJava' 폴더까지 생성한다. 그러면 지금 작업할 폴더는 C:₩CookJava₩Chapter01₩HelloJava₩가 된다.

TIP/ 만약 실습실에서 수업 중이라면 여러 명이 같은 컴퓨터를 사용하므로 폴더를 구분하는 것이 좋다. 이런 경우에는 'CookJava(우재남)'과 같이 자신의 이름을 넣어 폴더를 생성하면 편리하다.

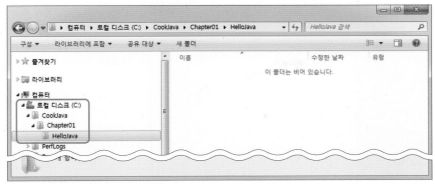

그림 1-25 작업할 폴더 생성

JAVA 프로그램 코딩

❹ Windows의 [시작]-[모든 프로그램]-[보조 프로그램]-[메모장]을 실행한다(⊞+R 키를 눌러 '실행' 창이 나오면 'notepad'를 입력해도 된다). 다음 코드를 입력한다. 특히 JAVA는 대문자와 소문자를 명확하게 구분하므로 글자가 틀리지 않도록 주의한다(각 행 앞의 01, 02,…는 행 번호이므로 입력하지 않는다).

실습 1-1	처음으로 만드는 JAVA 프로그램

```
01 public class HelloJava
02 {
03    public static void main (String[] args)
04    {
05        System.out.println("안녕? Java ~~");  ----- System.out.println()은 화면에 내용을 출력한다.
06    }
07 }
```

JAVA를 처음 접한다면 코드가 생소해 보일 것이다. 각 예약어에 대해 완전히 이해하려면 상당한 사전 지식이 필요하다. 설명은 잠시 미뤄두고 핵심인 5행에 대해서만 먼저 살펴보면 '안녕? Java ~~'를 화면에 출력하라는 의미이다.

❺ 코딩한 글자에 이상이 없다면 메모장 메뉴의 [파일]-[저장]을 선택하여 C:₩CookJava₩Chapter01₩HelloJava₩ 폴더에 HelloJava.java로 저장한다. 저장이 완료되면 메모장을 닫는다.

TIP/ 주의할 점은 코드 1행의 HelloJava와 저장하는 파일명 HelloJava.java가 동일해야 한다는 것이다. 대문자, 소문자까지 동일해야 하니 꼼꼼히 확인한다.

그림 1-26 파일 저장

JAVA 컴파일

❻ Windows의 [시작]-[모든 프로그램]-[보조 프로그램]-[명령 프롬프트]를 실행한다(⊞
+ R 키를 눌러 '실행' 창이 나오면 'cmd'를 입력해도 된다). 그리고 아래 명령어로 일단 앞
에서 코딩한 JAVA 소스 폴더로 이동하여 파일을 확인한다.

```
CD ₩ ➡ C:₩로 이동
CD CookJava ➡ 해당 폴더로 이동
CD Chapter01 ➡ 해당 폴더로 이동
CD HelloJava ➡ 해당 폴더로 이동
DIR ➡ 파일 목록 확인
```

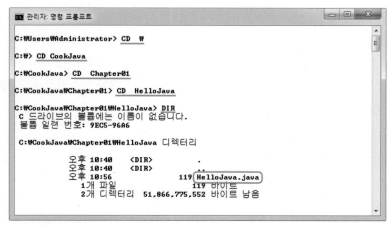

그림 1-27 파일 확인

❼ 컴파일 명령어인 JAVAC.EXE로 HelloJava.java 소스코드를 컴파일한다. 소스코드에 특별한 문제가 없다면 아무 메시지도 나오지 않는다. 그리고 파일 목록을 확인하면 결과 파일인 HelloJava.class 파일이 보일 것이다.

TIP/ JAVAC.EXE 파일은 C:\Program Files\Java\jdk-11\bin 폴더에 있다. 이 폴더를 앞에서 환경 변수 Path에 추가했기 때문에 JAVAC.EXE가 현재 폴더에 없어도 실행되는 것이다. 참고로 Windows의 실행 명령은 대문자와 소문자를 구분하지 않는다. 즉 JAVAC.EXE와 javac.exe가 동일하게 인식된다. 또한 실행 파일(*.EXE)에서 확장명을 빼고 파일명인 JAVAC만 입력해도 실행된다.

```
JAVAC HelloJava.java → 소스코드 컴파일
DIR
```

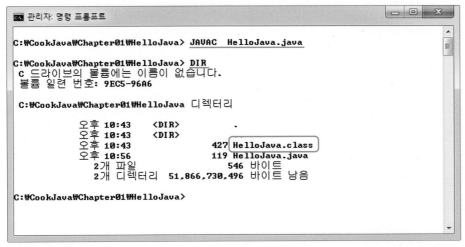

그림 1-28 컴파일

TIP/ HelloJava.class 파일이 [그림 1-4]에 표현된 바이트코드 파일이다. 이 파일은 어떤 운영체제에서도 실행이 가능하다.

프로그램 실행

❽ 이제 바이트코드인 HelloJava.class를 실행 명령인 JAVA.EXE로 실행해보자. 주의할 점은 확장명 .class는 붙이지 말고 실행해야 한다는 것이다.

```
JAVA HelloJava → 바이트코드 실행
```

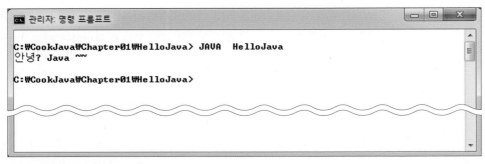

그림 1-29 실행 및 결과 확인

'안녕? Java ~~'가 화면에 출력되고 JAVA 프로그램의 개발 과정 모두가 정상적으로 종료되었다. 비록 7행의 간단한 프로그램이지만 앞으로 수십, 수백 행의 프로그램을 만들어보면서 실력이 점점 향상될 것이다.

2 HelloJava 프로그램 뜯어보기

앞에서 성공적으로 작성한 HelloJava.java 파일의 내용을 좀 더 자세히 살펴보자. 짧은 코드이지만 기본적인 틀은 앞으로 작성할 긴 코드와 차이가 없다.

HelloJava 분석

HelloJava.java 코드를 다시 살펴보자.

실습 1-2　처음으로 만드는 JAVA 프로그램(다시 보기)

```
01 public class HelloJava
02 {
03    public static void main (String[] args)
04    {
05       System.out.println("안녕? Java ~~");
06    }
07 }
```

1행의 public class HelloJava에서 public class는 예약어로 일단은 항상 동일하게 쓰는 것이라고 기억해두자. HelloJava는 클래스 이름으로, 파일 이름인 HelloJava.java에서 .java를 제외한 것과 동일해야 한다. 아직 클래스라는 용어가 생소하게 느껴질 텐데, 클래스는 JAVA 프로그램을 구성하는 가장 기본 단위이다. 하나의 JAVA 프로그램은 여러 개의 클래스로 만들 수 있으며, [실습 1-2]는 하나의 클래스로 JAVA 프로그램을 작성한 경우이다. 앞으로 이 책에서 JAVA 프로그램을 작성할 때 HelloJava 부분만 계속 바꾸면서 프로그램을 만들 것이다.

1행의 HelloJava 클래스는 2행의 시작 중괄호({)부터 7행의 종료 중괄호(})까지 그 본체(body)를 이룬다. 3행의 public static void main (String[] args)는 JAVA 프로그램의 핵심 명령어를 코딩할 메인 메소드(method)이다. 처음에는 이 3행 부분이 조금 길어서 JAVA가 어렵게 느껴질 수 있지만, 이 행은 거의 변화 없이 동일하게 사용되므로 앞으로 자주 보면 익숙해질 것이다. 3행의 메소드는 4행의 시작 중괄호({)부터 6행의 종료 중괄호(})까지가 범위이며, 이 안에 JAVA 프로그램을 작성한다. 즉 이 예제는 5행의 한 줄만 코딩되어 있는 것으로 '안녕? Java ~~'를 출력하게 된다. 앞으로 이 한 줄짜리를 수십에서 수백 줄의 JAVA 코드로 변경해볼 것이다.

JAVA 프로그램 작성 틀

앞에서 설명이 좀 길었는데 결국 다음과 같은 JAVA 프로그램의 작성 틀을 기억하라는 뜻이다.

```
public class 클래스이름
{
   public static void main (String[] args)
   {
      여기에 JAVA 프로그램 코딩;
   }
}
```

당분간은 위에서 색깔로 표시한 부분만 변경하면서 JAVA 프로그램을 작성할 것이다. 다른 부분은 나중에 천천히 설명할 것이며 우선은 그냥 똑같이 쓰면 된다. '클래스이름'은 앞에서 언급했듯이 파일명과 동일하게 작성하고, '여기에 JAVA 프로그램 코딩' 부분에 작성하고자 하는 JAVA 문법을 채워넣는다.

TIP/ 이 시점에서 모든 부분(특히 3행)을 설명할 수도 있으나 JAVA 프로그래밍을 이제 막 시작하는 독자에게는 오히려 장황한 설명이 실력 향상에 걸림돌이 될 수 있다. 3행의 public, static, void, String, args 등에 대해서는 앞으로 자세히 설명할 테니 조금만 기다리기 바란다.

자, 2장부터 본격적으로 JAVA의 세계에 뛰어들어보자.

요약

01 프로그래밍의 개요

계산기, 메모장, 엑셀 등의 프로그램은 프로그래밍 언어를 사용하여 만들며, 가장 대표적인 JAVA 언어를 주로 사용한다.

02 JAVA 언어의 개요

JAVA 언어는 1991년에 선마이크로시스템스 사에서 제임스 고슬링이 주도하여 냉장고, TV 등의 가전제품에서 사용될 운영체제를 개발하는 것을 목표로 시작되었다.

03 JAVA의 프로그래밍 방식

JAVA는 하나의 JAVA 코드만 만들면 모든 운영체제에서 동일하게 실행할 수 있다.

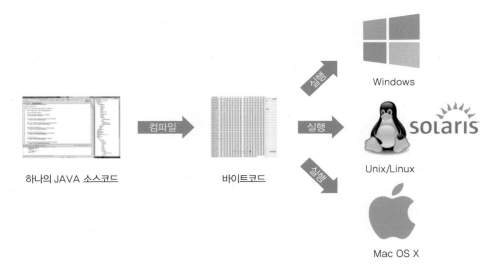

04 JAVA 언어의 특징

① 간결한 프로그래밍 문법을 제공한다.

② 이식성이 매우 좋다.

③ 완전한 객체지향 언어이다.

④ 멀티스레드 프로그래밍을 지원한다.

⑤ 다양한 응용 프로그램을 작성할 수 있다.

⑥ 많은 오픈 소스 라이브러리가 있다.

05 JAVA 개발 환경

JDK에는 JRE가 포함되어 있다.

06 Windows 환경 변수

JAVA와 관련된 Windows 환경 변수는 JAVA_HOME과 Path이다.

07 JAVA 프로그램의 코딩, 컴파일, 실행 순서

JAVA 프로그램의 코딩, 컴파일, 실행 순서는 다음 그림과 같다.

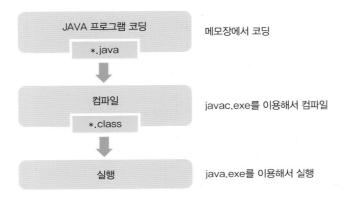

08 화면에 '안녕? Java ~~'를 출력하는 프로그램

```
01 public class HelloJava
02 {
03   public static void main (String[] args)
04   {
05     System.out.println("안녕? Java ~~");
06   }
07 }
```

연습문제

01 다음 설명에 맞는 용어를 고르시오.

> 프로그램   프로그래머   프로그래밍 언어

① 컴퓨터에서 작동하는 소프트웨어를 만들기 위한 도구

② 엑셀, 웹 브라우저, 포토샵 등을 지칭

③ 프로그램을 만드는 직업을 가진 사람

02 가전제품에 사용되는 JAVA에 대한 설명 중 틀린 것을 모두 고르시오.

① 다양한 제조사와 종류를 고려해야 했다.

② 각 플랫폼에 종속적이다.

② 안정적이며, 동적 메모리 할당을 수행할 필요가 있다.

④ 네트워크에서 자동으로 내려받으므로 포인터 개념을 적극 활용해야 한다.

03 JAVA 언어의 특징에 대한 설명 중 틀린 것을 모두 고르시오.

① 간결한 프로그래밍 문법을 제공한다.

② 종속성이 매우 좋다.

③ 완전한 절차지향 언어이다.

④ 멀티스레드 프로그래밍을 지원한다.

⑤ 다양한 응용 프로그램을 작성할 수 있다.

⑥ 많은 오픈 소스 라이브러리가 있다.

04 다음 중 틀린 것을 고르시오.

① JDK 11은 64비트만 지원한다.

② 32비트 운영체제에 64비트 JAVA를 설치할 수 있다.

③ JDK 8을 설치하면 JRE도 설치된다.

④ JAVA를 개발할 목적이 아니라면 JRE만 설치해도 된다.

⑤ JAVA_HOME 환경 변수에는 JRE가 설치된 폴더를 지정한다.

05 다음과 같은 결과를 출력하는 JAVA 프로그램을 작성하시오.

> 안녕하세요?
> Java는 좋은 언어입니다.

백문이 불여일견,
일단 프로그램을
짜보자!

Chapter 02

JAVA 프로그래밍 시작하기

1장에서 JAVA가 무엇인지 대략적으로 파악하고 컴파일러 프로그램을 설치해보았다. 또한 프로그램을 어떻게 작성하고 실행하는지 간략하게 다루었다. 이 장에서는 그보다 한발 더 나아가 어느 정도 완성된 프로그램을 만들어보자.

SECTION 01 실무에서 사용하는 JAVA 개발 환경
SECTION 02 JAVA 프로그램 작성
SECTION 03 계산기 프로그램
예제 모음
요약
연습문제

실무에서 사용하는 JAVA 개발 환경

실무에서 개발할 때 사용되는 이클립스를 설치하고 활용해보자.

1장에서 메모장을 이용하여 JAVA를 코딩했다. 이렇게 메모장으로도 간단한 프로그램을 작성할 수 있지만 실무 환경에서 수백, 수천 행의 코드를 메모장으로 작성하는 것은 현실적으로 어렵다. 그러므로 실무에서 JAVA를 개발할 때는 전용 툴(tool)을 사용하는데, 다양한 JAVA 개발 툴 중에서도 이클립스(Eclipse)가 가장 많이 사용되고 있다.

이클립스는 JAVA 프로그램을 작성하도록 도와주는 편리하고 강력한 기능을 많이 가지고 있으며 무료로 사용할 수 있다. 또한 사용법도 어렵지 않아서 대부분의 JAVA 프로그래머가 이용하는 개발 툴이다. JAVA 프로그램을 작성하는 것을 요리에 비유하자면 메모장은 아이스박스 수준이고 이클립스는 최신 고급형 냉장고라고 보면 된다.

아이스박스(메모장)

고급 냉장고(이클립스)

그림 2-1 메모장과 이클립스의 비교

셰프(JAVA 프로그래머)가 되려면 당연히 아이스박스(메모장)보다는 고급 냉장고(이클립스)를 사용하는 것이 효율적이다. 물론 고급 냉장고(이클립스)만 있다고 셰프(JAVA 프로그래머)가 저절로 되는 것은 아니며, 요리(JAVA 프로그램)를 만들기 위한 기술을 하나씩 익혀나가야 할 것이다. 이 책을 공부하는 것도 결국은 JAVA 프로그래머가 되기 위함이므로 실무에서 사용되는 이클립스를 설치하고 사용해보자.

1 이클립스 설치

이클립스를 다운로드한 후 개발을 편리하게 하기 위해 코드의 행 번호가 표시되도록 하거나 폰트를 변경하는 등 이클립스의 설정을 몇 가지 확인해본다.

이클립스 다운로드하고 설치하기

❶ 웹 브라우저에서 http://www.eclipse.org/downloads/packages/release/2018-09/r/ 에 접속하여 'Eclipse IDE for Java Developers' 오른쪽의 [64bit]를 클릭한다. 미러사이트가 열리면 다운로드 모양의 아이콘을 클릭하여 이클립스를 다운로드한다.

TIP/ JDK 11은 64bit용만 제공하므로 이클립스도 64bit를 사용해야 한다. 32bit JDK 8을 사용 중이라면 32bit용 이클립스를 다운로드해서 사용해야 책과 동일하게 학습할 수 있다. 이클립스 최신 버전을 사용해도 되지만 이클립스를 처음 사용한다면 필자와 동일하게 4.9 (2018-09) 버전을 사용하길 권장한다.

그림 2-2 이클립스 다운로드

❷ 다운로드한 파일의 이름은 eclipse-java-2018-09-win32-x86_64.zip이다.

저자 한마디 **이클립스 배포판 버전**

이클립스는 다양한 언어의 프로그래밍을 지원하는, 세계적으로 널리 사용되는 통합 개발 환경으로 특히 JAVA 언어 및 안드로이드 개발에 필수적인 도구이다. 이클립스는 오픈 소스로 공개되어 라이선스 비용을 지불하지 않고 자유롭게 사용할 수 있다. 이클립스 배포판은 이름이 붙어서 계속 배포되었는데 이를 [표 2-1]에 정리했다. 참고로, 이클립스 4.9부터 Java 11을 지원한다.

표 2-1 이클립스 배포판

배포판 이름	버전	배포 일자
Callisto	3.2	2006년 6월
Europa	3.3	2007년 6월
Ganymede	3.4	2008년 6월
Galileo	3.5	2009년 6월
Helios	3.6	2010년 6월
Indigo	3.7	2011년 6월
Juno	4.2	2012년 6월
Kepler	4.3	2013년 6월
Luna	4.4	2014년 6월
Mars	4.5	2015년 6월
Neon	4.6	2016년 6월
Oxygen	4.7	2017년 6월
Photon	4.8	2018년 6월
	4.9	2018년 9월

❸ 파일 탐색기를 실행하여 다운로드한 파일을 선택하고, 마우스 오른쪽 버튼을 클릭한 다음
[압축 풀기]를 선택하여 압축을 푼다.

그림 2-3 이클립스 설치 1

❹ 압축이 풀린 폴더 안의 'eclipse' 폴더를 통째로 C:₩ 폴더로 옮긴다. 이동하고 나면 C:₩
eclipse₩eclipse.exe 파일이 보이는데 이것이 이클립스의 실행 파일이다. 이 파일을 바탕
화면에 바로가기 아이콘으로 만들어둔다.

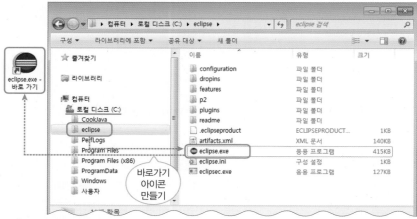

그림 2-4 이클립스 설치 2

❺ 이클립스를 실행하기 위해 바탕화면의 바로가기 아이콘을 더블클릭한다. 잠시 동안 이클립스
로고 화면이 나온다.

그림 2-5 이클립스 로고

❻ 'Select a directory as workspace' 창에서 C:\CookJava\라고 직접 써서 변경한 후 [Launch]를 클릭한다.

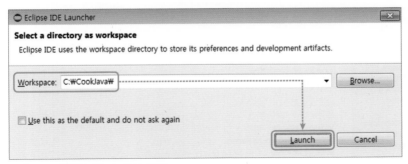

그림 2-6 이클립스 워크스페이스 지정

TIP/ 실습실에서 한 대의 컴퓨터를 여러 명이 사용하는 경우, 워크스페이스를 C:\CookJava(자기이름)\[예 : C:\CookJava(우재남)\]와 같이 지정하면 각 사람이 자신의 워크스페이스에서 작업할 수 있다. 그리고 이클립스를 실행할 때마다 'Workspace Launcher' 창에 자신의 워크스페이스를 지정하면 된다.
'Use this as the default and do not ask again'을 체크하면 다음부터는 'Workspace Launcher' 창이 나타나지 않는데, 이 창이 다시 나타나게 하려면 C:\eclipse\configuration\.settings\org.eclipse.ui.ide.prefs 파일을 메모장에서 열고 'SHOW_WORKSPACE_SELECTION_DIALOG=false' 부분의 false를 true로 바꾼다.

❼ 이클립스 초기 화면이 나온다.

그림 2-7 이클립스 초기 화면

TIP/ 'An internal error occurred during ～～' 오류 메시지가 나오면 메뉴에서 [Window]-[Preferences]를 선택한 뒤 왼쪽 트리에서 [General]-[News]를 클릭하고 오른쪽의 [Enable automatic news polling]의 체크를 끈다. [Apply and Close]를 눌러 적용시킨다.

개발이 편리하도록 이클립스 설정 변경하기

❶ 행 번호 보이게 하기 : 앞으로 코딩할 소스의 행 번호가 보이도록 설정해보자. Eclipse 메뉴의 [Window]-[Preferences]를 선택하고 왼쪽 트리에서 [General]-[Editors]-[Text Editors]를 선택하여 오른쪽의 'Show line numbers'가 체크되어 있는지 확인한다. 체크되어 있지 않으면 체크를 한다.

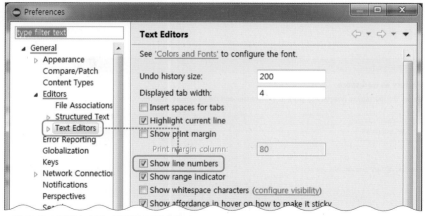

그림 2-8 이클립스 설정 : 행 번호 보이게 하기

❷ 폰트 변경하기 : 편집기의 폰트를 변경하려면 왼쪽 트리의 [General]-[Appearance]-[Colors and Fonts]를 선택한다. 오른쪽 트리의 [Basic]-[Text Font]를 선택하고 [Edit]를 클릭한 다음 원하는 글꼴, 크기 등을 선택하고 [확인]을 클릭한다. 그리고 [OK]를 클릭하여 'Preferences' 창을 종료한다.

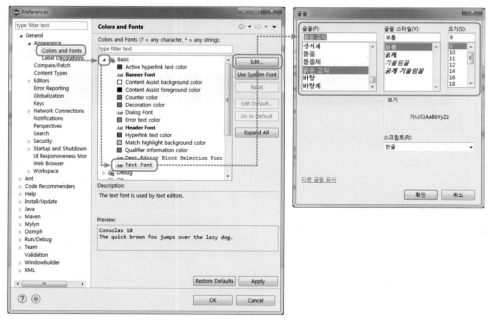

그림 2-9 이클립스 설정 : 폰트 변경하기

❸ 자동 빌드 기능 끄기 : 이클립스는 기본적으로 코드를 입력한 후 자동으로 빌드(컴파일)되도록 설정되어 있는데 이 기능을 꺼보자. 메뉴에서 [Project]-[Build Automatically]를 선택하고 체크되어 있는 것을 해제한다.

그림 2-10 이클립스 설정 : 자동 빌드 기능 끄기

❹ 초기 Welcome 화면은 필요 없으니 오른쪽 아래의 'Always show Welcome at start up'
의 체크를 끄고 'Welcome' 옆의 [×]를 클릭하여 창을 닫는다.

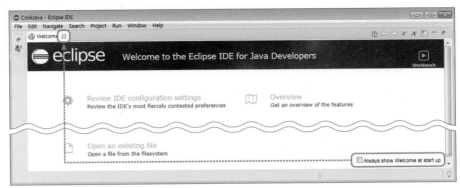

그림 2-11 Welcome 화면 닫기

❺ 다음과 같은 프로젝트 창이 나오는데 앞으로는 주로 이 화면에서 JAVA 프로그래밍을 할 것
이다. 일단 이클립스를 종료한다.

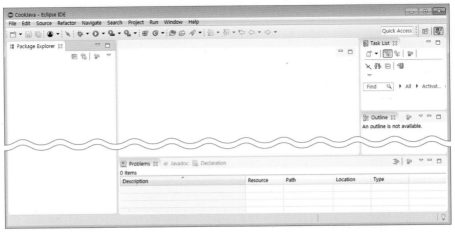

그림 2-12 초기 이클립스 화면

SECTION 02 JAVA 프로그램 작성

프로그램을 작성하려면 이클립스를 실행한 다음 JAVA용 새 프로젝트를 생성하고 소스 파일을 추가한다.

사람에 따라 차이가 있겠지만, 혼자서 JAVA 언어를 사용하여 제대로 된 프로그램을 만들려면 최소한 한 달이나 그 이상의 시간을 투자해야 가능하다. 생각보다 많은 시간이 걸리기 때문에 학습이 지루하거나 부담스럽게 느껴질 수도 있을 것이다. 하지만 축구 선수를 꿈꾸는 사람이라고 축구의 규정이나 테크닉을 모두 알아야 하는 것은 아니다. 한 번쯤은 무작정 공을 몰고 뛰어보는 것도 좋은 시작이 될 수 있다.

1장에서는 '안녕? Java ~~'를 출력하는 아주 간단한 프로그램을 작성했는데 이번에는 좀 더 그럴듯한(?) 프로그램을 만들어보자. 이쯤에서 의아해하는 독자가 있을 것이다. '이제 겨우 컴파일러를 설치하고, 뭔지 모르지만 간단한 프로그램을 하나 따라 해 본 것뿐인데 벌써 프로그램을 짠다니… 문법부터 제대로 배워야 하는 것 아닌가?'라고 생각할 수 있다.

문법을 제대로 배워야 프로그램을 짤 수 있는 기본적인 능력이 갖춰진다는 것은 맞는 말이다. 하지만 초보에 가까운 독자들에게 이 책을 배우면서 과연 무엇을 할 수 있는지 먼저 감을 잡아보라는 의미에서 조금 그럴듯한 프로그램의 작성을 제시하는 것이다. 그러니 지금 작성하는 프로그램을 완전히 이해하지 못하더라도 잘 따라만 간다면 이 장의 목표는 충분히 달성하는 셈이다.

여기서는 더하기, 빼기, 곱하기, 나누기가 실행되는 간단한 계산기 프로그램을 작성할 것이다.

저자 한마디 ▶ 프로젝트란?

단순한 JAVA 프로그램을 작성한다면 1장의 HelloJava.java처럼 소스 하나만 작성하고 컴파일과 실행을 하면 된다. 하지만 이클립스로 JAVA 프로그래밍을 하려면 단순히 소스 파일만 필요한 것이 아니라 '프로젝트'라는 것을 먼저 생성해야 한다. 프로젝트는 우리가 지금 공부하는 JAVA 언어뿐만 아니라 고급 프로그래밍에서 중요한 개념이다. 비록 여기서 이 프로젝트의 기능을 100% 사용하지는 않겠지만, 훗날 고급 프로그래밍을 하게 될 때를 위해 미리 사용법을 익혀두는 것도 좋을 것이다. 프로젝트의 개념은 오른쪽 그림과 같이 여러 개의 JAVA 프로그램을 담아놓는 그릇이라고 볼 수 있다. 물론 하나의 프로젝트에 JAVA 소스 파일이 하나만 있어도 된다. 우리는 프로젝트를 사용하기는 하지만 그 자체가 중요한 것은 아니니 잘 이해되지 않더라도 일단은 넘어가고 이어지는 실습을 따라 해보자.

프로젝트

JAVA 소스 1

JAVA 소스 2

JAVA 소스 3

다시 얘기하지만 프로그램 문법은 신경 쓰지 말고 전반적으로 프로그램을 작성하는 순서에 집중해서 실습해야 한다.

우선 1장에서 보았던 [그림 1-22]의 프로그램 작성 순서를 떠올려보자. 그때는 순서가 'JAVA 프로그램 코딩→컴파일→실행'이었다. 그런데 이번에는 메모장 대신에 이클립스를 사용할 것이므로 맨 앞에 '프로젝트 생성'이 추가되어 다음과 같은 순서로 프로그램을 만들 것이다.

그림 2-13 이클립스를 사용한 JAVA 프로그램 작성 순서

1 프로젝트 생성

여기서는 이클립스를 활용하여 새로운 방법으로 JAVA 프로그램을 작성해보자. 이번 프로젝트의 이름은 'Chapter02'로 한다.

❶ 바탕화면의 이클립스 바로가기 아이콘을 더블클릭하거나 C:₩eclipse₩eclipse.exe 파일을 더블클릭하여 이클립스를 실행한다.

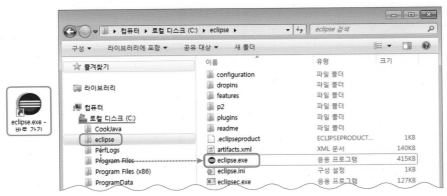

그림 2-14 이클립스 실행

❷ 'Select a directory as workspace' 창에서 C:₩CookJava₩를 확인하고 [Launch]를 클릭한다.

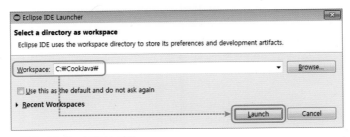

그림 2-15 워크스페이스 확인

❸ 프로젝트를 생성하기 위해 메뉴의 [File]-[New]-[Java Project]를 선택한다.

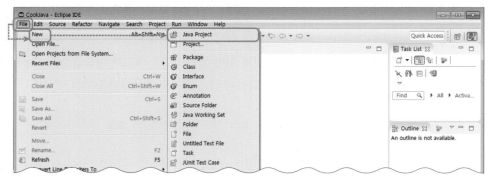

그림 2-16 새 프로젝트 생성

❹ 'Create a Java Project' 창의 'Project name'에 프로젝트 이름(Chapter02)을 입력하고 하위 호환성을 위해 'Use an execution environment JRE:'를 'JavaSE-1.8'로 선택한 후 [Next]를 클릭한다.

TIP/ 앞으로 각 장마다 프로젝트를 1개씩 만들 것이다. 2장이므로 프로젝트 이름을 'Chapter02'로 했다. 참고로 프로젝트 이름(=모듈 이름)은 원칙적으로 소문자로 시작하는 게 좋지만 이 책에서는 가독성을 위해 대문자로 시작한다.

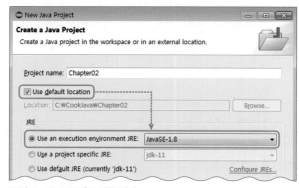

그림 2-17 프로젝트 이름 입력

❺ 'Java Settings' 창에서는 특별히 변경할 것이 없다. [Finish]를 클릭한다.

그림 2-18 JAVA 설정 창

❻ 최종적으로 다음과 같이 왼쪽 'Package Explorer'에 Chapter02 프로젝트가 생성되었다.
앞으로 프로젝트를 추가로 생성하면 계속 쌓이게 된다.

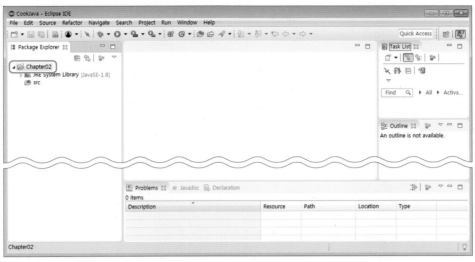

그림 2-19 생성된 프로젝트

2 프로그램 코딩

❶ 왼쪽 'Package Explorer'의 프로젝트 이름(Chapter02) 아래 'src' 폴더에서 마우스 오른쪽
버튼을 클릭하고 [New]–[Class]를 선택한다.

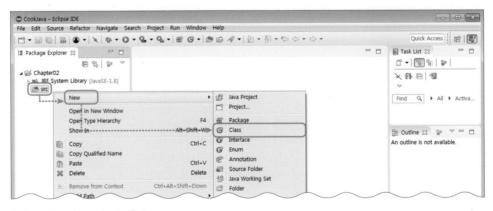

그림 2-20 JAVA 소스코드 추가 1

❷ 'Java Class' 창에서 'Name'에 JAVA 소스코드의 이름을 입력하는데 여기서는 'Ex02_01'
(2장의 첫 번째 실습이라는 의미)이라고 입력한다. 그리고 아래쪽의 'public static void
main(String[ ] args)'에 체크하고 [Finish]를 클릭한다.

그림 2-21 JAVA 소스코드 추가 2

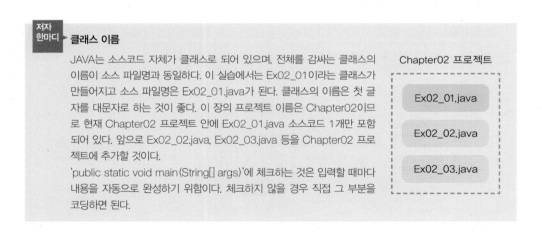

❸ 오른쪽 코드 편집 창에 100과 50의 더하기, 빼기, 곱하기, 나누기를 수행하는 프로그램을
코딩해보자.

TIP/ 코드를 모두 입력한 다음 Ctrl + Shift + F 를 동시에 누르면 코드가 보기 좋게 정렬된다. 편리한 기능이니 잘 기억해둔다. 단,
코드에 오류가 있으면 정렬되지 않을 수 있다.

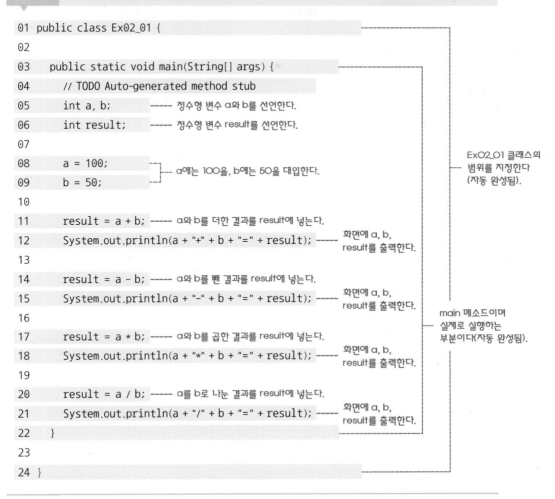

```
01  public class Ex02_01 {
02
03      public static void main(String[] args) {
04          // TODO Auto-generated method stub
05          int a, b;        ----- 정수형 변수 a와 b를 선언한다.
06          int result;      ----- 정수형 변수 result를 선언한다.
07
08          a = 100;         ┐
09          b = 50;          ┘ a에는 100을, b에는 50을 대입한다.
10
11          result = a + b;  ----- a와 b를 더한 결과를 result에 넣는다.
12          System.out.println(a + "+" + b + "=" + result);   화면에 a, b, result를 출력한다.
13
14          result = a - b;  ----- a와 b를 뺀 결과를 result에 넣는다.
15          System.out.println(a + "-" + b + "=" + result);   화면에 a, b, result를 출력한다.
16
17          result = a * b;  ----- a와 b를 곱한 결과를 result에 넣는다.
18          System.out.println(a + "*" + b + "=" + result);   화면에 a, b, result를 출력한다.
19
20          result = a / b;  ----- a를 b로 나눈 결과를 result에 넣는다.
21          System.out.println(a + "/" + b + "=" + result);   화면에 a, b, result를 출력한다.
22      }
23
24  }
```

Ex02_01 클래스의 범위를 지정한다 (자동 완성됨).

main 메소드이며 실제로 실행하는 부분이다(자동 완성됨).

❹ 틀린 글자가 없는지 확인한 후 메뉴의 [File]-[Save All]을 선택하여 입력한 내용을 저장한다. [실습 2-1]에는 처음 보는 내용이 많을 텐데 하나씩 살펴보자. 우선 변수의 개념을 짚고 넘어가자면, 변수는 간단히 말해 '값을 저장하는 그릇 또는 방'이라고 볼 수 있다.

[실습 2-1]에 대해 빗대어 설명하면, 5행과 6행에서 각각 a, b, result라는 이름을 가진 그릇 3개를 준비한다.

그릇 : a　　　　그릇 : b　　　　그릇 : result

8행과 9행에서 그릇 a에는 100을, 그릇 b에는 50을 넣는다.

11행에서 그릇 a의 값과 그릇 b의 값을 더한 결과를 그릇 result에 넣는다.

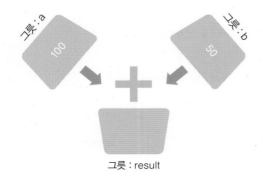

앞서 언급했듯이 12행의 System.out.println()은 괄호 안의 내용을 화면에 출력하라는 의미이다. System.out.println()은 결과를 출력하기 위해 사용하는 메소드로서 앞으로 프로그래밍을 하면서 수없이 사용하게 될 것이다. 그런데 () 안의 내용을 계산한 다음 출력하므로 괄호 안에서는 a 변수의 내용과 "+" 문자열을 연산자(+)로 합친다. 즉 100과 +를 합쳐서 "100+"라는 문자열을 만들어내는 것이다. 결국 화면에는 '100+50=150'이라는 문자열이 출력된다.

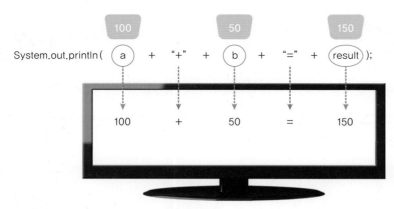

그림 2-22 System.out.println()이 출력하는 내용

나머지 14~21행 역시 연산자만 다를 뿐 같은 개념이다.

3 빌드(=컴파일+링크)

❶ 작성한 프로그램을 [Ctrl]+[S]를 눌러 저장한 후에 빌드해보자. 메뉴에서 [Project]-[Build All]을 선택한다.

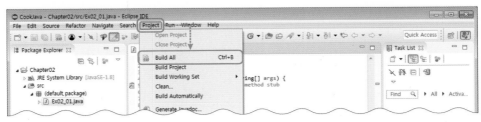

그림 2-23 프로젝트의 빌드

❷ 아래쪽의 [Problems] 탭을 클릭했을 때 특별한 오류 메시지가 없다면 코드에 오류가 없다는 의미이다.

TIP/ 여기서 JRE 관련 경고(Warning) 메시지가 나올 수 있는데 무시해도 된다. JDK 11에는 JRE가 포함되지 않은데 우리는 하위 호환성 때문에 프로젝트의 JRE 환경을 1.8 버전으로 설정했기 때문이다.

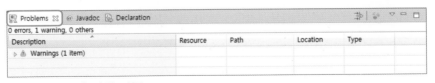

그림 2-24 프로젝트의 빌드 성공

❸ 만약 실패가 나오면 소스코드에서 틀린 부분을 수정하고 다시 빌드해야 한다.

4 실행

[Ctrl]+[F11]을 눌러 실행한다. 아래쪽의 [Console] 탭에 더하기, 빼기, 곱하기, 나누기의 결과가 나온 것을 확인할 수 있다.

그림 2-25 실행 결과

저자 한마디 ▶ 실행 방법

프로젝트를 실행하는 방법은 다음과 같이 네 가지가 있는데 어떤 방법을 사용해도 된다.

❶ Ctrl + F11 누르기

❷ 이클립스 메뉴의 [Run]−[Run] 선택하기

❸ 이클립스 아이콘 중 [Run] 아이콘 클릭하기

❹ 명령 프롬프트에서 C:\CookJava\프로젝트이름\bin\ 폴더로 이동하여 'Java 클래스이름'으로 실행하기

▶ **직접 풀어보기 2−1**

[실습 2−1]을 수정하여 1234와 456의 덧셈, 뺄셈, 곱셈, 나눗셈 결과를 확인해보자.

HINT/ 변수 a와 b에 대입하는 값을 변경한다.

메/멘/토 퀴/즈 | 화면에 무언가를 출력할 때 사용하는 메소드는 _____( )이다.

저자 한마디 ▶ 프로젝트 폴더

이클립스로 생성한 프로젝트 폴더를 확인해보면 Chapter02 프로젝트는 C:\CookJava\ Chapter02\ 폴더 안에 관련된 파일이 모두 들어간다. JAVA 코드는 프로젝트 폴더의 src 폴더에 들어가고, 컴파일된 결과인 바이트코드에 해당하는 *.class 파일은 bin 폴더에 들어간다.

계산기 프로그램

좀 더 실무 프로그램에 가깝게 사용자가 입력하는 모든 숫자가 계산되도록 수정해보자. 키보드로 값을 입력하려면 Scanner 클래스를 사용한다.

조금 전에 작성한 프로그램이 아무 이상 없이 실행되기는 했지만 프로그램이라 하기에는 뭔가 부족하다. 이번에는 100과 50을 고정적으로 계산하는 것이 아니라 사용자가 직접 입력한 두 숫자의 덧셈, 뺄셈, 곱셈, 나눗셈을 수행하도록 프로그램을 수정해보자.

우선 고려해야 할 부분은 [실습 2-1]의 8행과 9행의 변수 a, b 값이다. [실습 2-1]과 같이 소 스코드에서 직접 값을 변경하면 값이 바뀔 때마다 빌드(=컴파일+링크)를 다시 해야 한다.

[실습 2-1] 프로그램을 판매한다고 생각해보자. [실습 2-1]에서 완성된 실행 파일(Ex02_01. class)은 100과 50에 대한 계산 결과이다. 그런데 구매자가 200과 100의 계산 결과를 요청한 다면 프로그램을 수정하고 빌드한 다음 새로 생성된 바이트코드(Ex02_01.class)를 다시 주어 야 할 것이다. 즉 새로운 값을 계산할 때마다 이 과정을 반복해야 한다는 얘기이다. 그러므로 소스코드를 수정하는 방법 대신 다른 방법을 알아야 한다.

1 값을 입력받는 Scanner 클래스

변수 내용을 매번 미리 입력해두는 [실습 2-1]과 달리 실행할 때마다 키보드로 입력하면 어떨 까? 'a에 100을 넣는다' 대신 'a에 키보드로 입력한 값을 넣는다', 'b에 50을 넣는다' 대신 'b에 키보드로 입력한 값을 넣는다'라는 개념을 적용하는 것이다. 이렇게 하면 사칙연산이 가능한 프 로그램이 될 것이다.

그림 2-26 사용자가 직접 값을 입력하는 프로그램

Scanner 클래스를 활용하여 변수의 값을 입력받도록 프로그래밍을 작성해보자. 필요에 따라서 변수에 정수, 실수, 문자 등을 입력할 수 있다. JAVA 소스코드를 새로 추가한 다음 코드를 통해 확인해본다.

❶ 왼쪽 'Package Explorer'의 프로젝트 이름(Chapter02) 아래 'src' 폴더에서 마우스 오른쪽 버튼을 클릭하고 [New]-[Class]를 선택한다.

❷ 'Java Class' 창에서 'Name'에 JAVA 소스코드의 이름을 입력하는데 이번에는 'Ex02_02' (2장의 두 번째 실습이라는 의미)라고 입력한다. 그리고 아래쪽의 'public static void main(String[ ] args)'에 체크하고 [Finish]를 클릭한다.

그림 2-27 JAVA 소스코드 추가

❸ 값을 입력받는 Scanner 클래스를 활용해보자. [실습 2-1]과 동일하게 코딩한 다음 [실습 2-1]의 8, 9행을 [실습 2-2]의 9~11행으로 수정한다. 그런데 Scanner에 빨간 줄이 생길 것이다. 이는 프로그램이 Scanner에 대해 이해하지 못하기 때문이므로 관련 패키지나 클래스를 임포트해야 한다. 1행을 직접 입력하거나 Ctrl+Shift+O를 누르면 자동으로 1행이 완성된다.

실습 2-2 소스코드 수정하기(키보드로 값을 입력받음)

```
01  import java.util.Scanner;
02  public class Ex02_02{
03
```

```
04    public static void main(String[] args) {
05        // TODO Auto-generated method stub
06        int a, b;
07        int result;
08
09        Scanner s = new Scanner(System.in);    ----- 문자나 숫자를 입력받기 위한 Scanner 클래스를
                                                        사용한다(뒤에서 다룸).
10        a = s.nextInt();    ----- 키보드로 a에 들어갈 값을 입력받는다.
11        b = s.nextInt();    ----- 키보드로 b에 들어갈 값을 입력받는다.
12
13        result = a + b;
14        [          ] (a + "+" + b + "=" + result);
15
16        ~~ 이하는 [실습 2-1]의 14~21행과 동일함 ~~
   ⋮
23    }
   ⋮
26 }
```

정답 ˙ System.out.println

TIP/ 아직은 Scanner 클래스의 정확한 사용법을 몰라도 괜찮다. 키보드로 변수에 값을 입력받기 위해 준비해야 하는 절차라고 생각하면
된다. 참고로 스캐너는 별도로 닫지 않아도 프로그램이 끝나면 닫힌다. 직접 닫아주려면 코드 제일 마지막에 s.close( ) 행을 추가하면 된다.

❹ Ctrl + F11 을 눌러 빌드 및 실행을 동시에 한다. 그리고 아래쪽 [Console]을 클릭하면 커서만
깜박거리는 것을 확인할 수 있다.

그림 2-28 실행 결과

❺ 숫자 하나를 입력하고 Enter 를 누른다. 그리고 다시 숫자 하나를 입력하고 Enter 를 누른다.

그림 2-29 숫자 입력과 실행 결과

결과를 보면 첫 번째 입력한 100은 변수 a에 들어가는 값이고, 두 번째 입력한 50은 변수 b 에 들어가는 값임을 알 수 있다. 즉 s.nextInt()의 위치에서 커서가 깜박거리면서 변수 a에 들어갈 값이 입력되기를 기다린다. 초보자라면 하얀 화면에 커서만 깜박이니 뭘 해야 할지 난감하겠지만 프로그램은 의도한 대로 잘 작성되었다.

메/멘/토/퀴/즈 | 키보드로 정수 값을 입력받는 메소드는 s.☐☐☐☐☐☐☐( )이다.

❻ 좀 더 쉬운 방법으로 클래스를 추가해보자. 앞의 Ex02_02.java를 복사하여 Ex02_03.java 를 만든 다음 수정하면 된다. 왼쪽 'Package Explorer'의 'Ex02_02.java'에서 마우스 오른 쪽 버튼을 클릭하고 [Copy]를 선택하여 복사해놓는다.

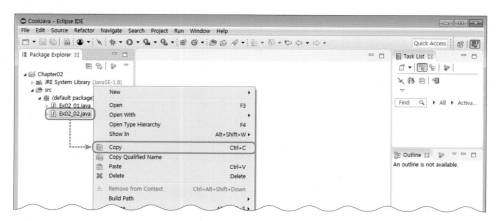

그림 2-30 JAVA 소스코드 복사 1

❼ 'Package Explorer'의 'src'에서 마우스 오른쪽 버튼을 클릭하여 [Paste]를 선택한다. 새로 운 이름으로 'Ex02_03'을 입력하고 [OK]를 클릭한다.

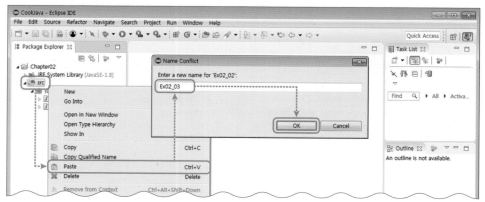

그림 2-31 JAVA 소스코드 복사 2

❽ 'Package Explorer'를 확인해보면 Ex02_03.java가 추가되어 있으며, 더블클릭하여 코드를 보면 클래스 이름도 Ex02_03으로 변경되어 있을 것이다.

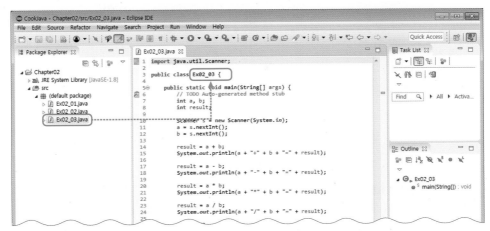

그림 2-32 JAVA 소스코드 복사 3

❾ 10행과 12행을 다음과 같이 수정한다.

소스코드 수정하기(도움말 출력)

```
01  import java.util.Scanner;
02  public class Ex02_03 {
03
04    public static void main(String[] args) {
05      // TODO Auto-generated method stub
06      int a, b;
07      int result;
08
09      Scanner s = new Scanner(System.in);
10      System.out.print("첫번째 계산할 값을 입력하세요 ==>");
11      a = s.[        ]();
12      System.out.print("두번째 계산할 값을 입력하세요 ==>");
13      b = s.[        ]();
14
15      result = a + b;
16      ~~~ 이하는 [실습 2-2]의 14~26행과 동일함 ~~~
        ⋮
```

┈ 도움말을 화면에 출력한다.

정답: nextInt

❿ 다시 Ctrl + F11을 눌러 빌드 및 실행을 동시에 한다. 이제 화면에 계산할 값을 입력하라는 안내 문구가 뜨며, 원하는 값을 입력하여 계산할 수 있다.

그림 2-33 최종 실행 결과

저자 한마디 ▶ 저장, 빌드, 실행을 한 번에 하기

코드를 수정한 후 다시 실행하기 위해 Ctrl + F11을 누르면 변경된 코드를 저장할 것인지 묻는 대화 상자가 나타난다.

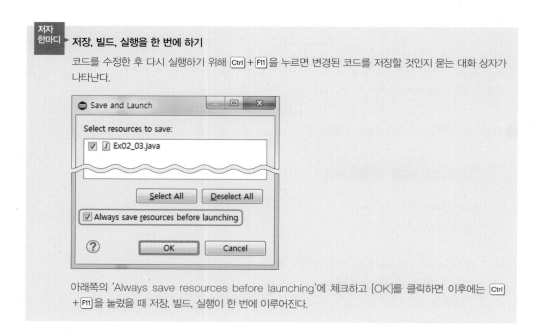

아래쪽의 'Always save resources before launching'에 체크하고 [OK]를 클릭하면 이후에는 Ctrl + F11을 눌렀을 때 저장, 빌드, 실행이 한 번에 이루어진다.

조금 그럴듯한 프로그램을 작성해보았다. 물론 아직은 소스코드의 내용을 완전히 이해하지 못할 것이다. 앞으로도 반복해서 설명하겠지만 지금까지의 내용을 잘 기억해두면 많은 도움이 될 것이다. [실습 2-3]까지 완성했다면 실전에 가까운 프로그램을 작성할 준비를 마친 것이다. 다음 장부터는 JAVA 언어의 문법을 차근차근 익히고, 앞으로 계속 이용할 이클립스의 몇 가지 사용법을 더 살펴본다.

▶ 직접 풀어보기 2-2

값을 3개 입력받아 덧셈과 곱셈을 수행하도록 [실습 2-3]을 수정해보자.

HINT/ 새로운 변수 c를 변수 a, b와 동일하게 사용한다.

2 이클립스 사용법

이클립스 사용법을 몇 가지 더 알아보자. 여기서 알려주는 것은 이 책 전체에 걸쳐 자주 사용되므로 잘 익혀두기 바란다.

❶ 열려 있는 JAVA 코드 창의 작은 [×]를 눌러 소스 파일을 닫는다.

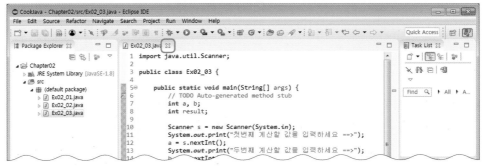

그림 2-34 열린 JAVA 소스 파일 닫기

❷ 다시 JAVA 소스 파일을 열려면 'Package Explorer'에서 소스 파일을 더블클릭한다.

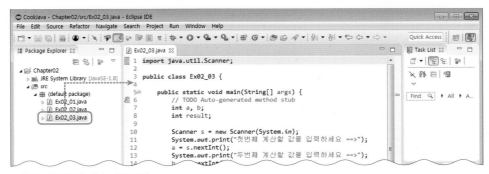

그림 2-35 JAVA 소스 파일 열기

❸ 'Package Explorer'에서 다른 소스 파일을 더블클릭하면 여러 개가 탭으로 구분되어 열린다.

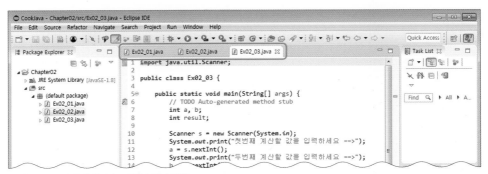

그림 2-36 여러 개의 소스 파일이 열린 상태

❹ 열려 있는 소스 파일을 한꺼번에 닫으려면 메뉴에서 [File]-[Close All]을 선택한다.

그림 2-37 열린 파일 모두 닫기

❺ 프로젝트 자체를 닫으려면 'Package Explorer'의 프로젝트(예 : Chapter02)에서 마우스 오른쪽 버튼을 클릭하여 [Close Project]를 선택한다. 프로젝트 아이콘이 닫힌 모양으로 바뀐다.

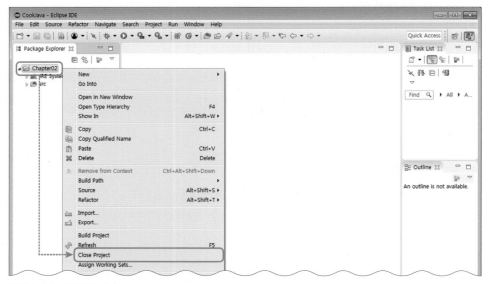

그림 2-38 프로젝트 닫기

❻ 다시 프로젝트를 열려면 'Package Explorer'에서 닫힌 프로젝트를 더블클릭한다.

그림 2-39 프로젝트 다시 열기

❼ 'Package Explorer'에서 프로젝트를 완전히 제거하려면 'Package Explorer'의 프로젝트 (예 : Chapter02)에서 마우스 오른쪽 버튼을 클릭하여 [Delete]를 선택하고 [Ok]를 클릭한다. 이때 'Delete project contents on disk (cannot be undone)'에 체크하면 프로젝트와 소스 파일이 완전히 삭제되므로 특별한 경우가 아니라면 체크하지 않도록 주의한다.

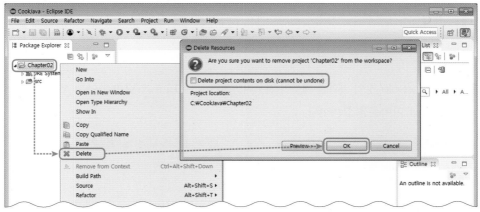

그림 2-40 'Package Explorer'에서 프로젝트 제거

❽ 닫은 프로젝트를 다시 가져오려면 'Package Explorer'의 빈 곳에서 마우스 오른쪽 버튼을 클릭하여 [Import]를 선택한 다음, 'Import' 창에서 [General]-[Existing Projects into Workspace]를 선택하고 [Next]를 클릭한다.

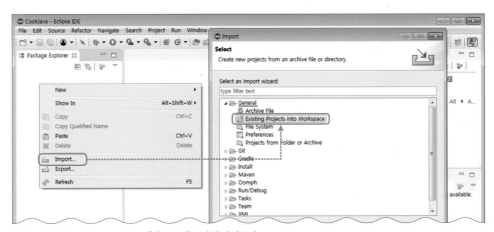

그림 2-41 'Package Explorer'에 프로젝트 다시 가져오기 1

❾ 'Import Projects'에서 'Select root directory' 부분의 [Browse...]를 클릭하여 가져오고자 하는 프로젝트의 폴더(예 : C:₩CookJava₩Chapter02)를 선택하고 [Finish]를 클릭한다. 선택한 프로젝트가 'Package Explorer'에 다시 나타날 것이다.

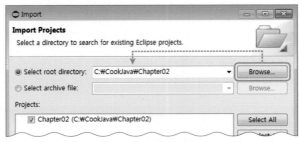
그림 2-42 'Package Explorer'에 프로젝트 다시 가져오기 2

❿ 아래쪽 'Console' 창의 결과를 깨끗이 지우려면 'Remove Launch'나 'Remove All Terminated Launches' 아이콘을 클릭한다.

그림 2-43 콘솔 깨끗이 지우기

⓫ 'Package Explorer'에서는 여러 개의 프로젝트를 생성하거나 가져오기 하여 사용할 수도 있다.

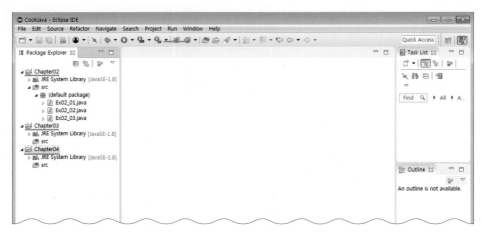
그림 2-44 여러 개의 프로젝트가 열린 상태

이러한 이클립스 사용법이면 앞으로 이 책의 실습을 하기에 충분하며 더 필요한 기능이나 내용은 그때그때 설명할 것이다.

01 숫자 4개를 더하는 프로그램

난이도
★★☆

예제 설명 숫자 4개를 입력받아 그 합을 구하는 프로그램을 작성해보자.

실행 결과

```
Problems  @ Javadoc  Declaration  Console ☒
<terminated> Problem_01 [Java Application] C:₩Program Files₩Java₩jdk-11₩bin₩javaw.exe
첫번째 계산할 값을 입력하세요 ==>100
두번째 계산할 값을 입력하세요 ==>200
세번째 계산할 값을 입력하세요 ==>300
네번째 계산할 값을 입력하세요 ==>400
100+200+300+400=1000
```

02 if 문을 활용한 계산기

난이도
★★★

예제 설명 덧셈, 뺄셈, 곱셈, 나눗셈 중 하나를 선택하여 계산하는 프로그램을 if 문을 사용하여 작성해보자. 5장에서 배울 if 문이 벌써 나와서 어렵게 느껴지겠지만 직접 코딩하고 실행해보자.

실행 결과

```
Problems  @ Javadoc  Declaration  Console ☒
<terminated> Problem_02 [Java Application] C:₩Program Files₩Java₩jdk-11₩bin₩javaw.exe
첫번째 계산할 값을 입력하세요 ==>1000
<1>덧셈 <2>뺄셈 <3>곱셈 <4>나눗셈 ==> 2
두번째 계산할 값을 입력하세요 ==>122
1000-122=878
```

03 오류 없는 계산기

난이도
★★★

예제 설명   [예제 모음 2]는 0으로 나누면 오류가 발생하는데 이러한 오류가 없도록 해보자. 그리고 연산자를 직접 기호(+, −, *, /)로 입력하고, 나머지 값 연산자인 %도 계산되게 한다.

실행 결과

```
Problems  @ Javadoc  Declaration  Console ☒              ■ ✖ ✖ | ▨ ▨ ▨ | ▨ ▨ ▨ | ▨ ▨ ▾ ▨ ▾ ▾ ▢ □
<terminated> Problem_03 [Java Application] C:₩Program Files₩Java₩jdk-11₩bin₩javaw.exe
첫번째 계산할 값을 입력하세요 ==> 100
+ - * / % ==> /
두번째 계산할 값을 입력하세요 ==> 0
0으로 나누면 안됩니다.
```

01 --

```
01  import java.util.Scanner;
02
03  public class Problem_01 {
04      public static void main(String[] args) {
05
06          int a, b, c, d;              ----- 입력받을 변수 4개를 선언한다.
07          int result;
08
09          Scanner s = new Scanner(System.in);
10          System.out.print("첫번째 계산할 값을 입력하세요 ==>");
11          a = s.nextInt();
12          System.out.print("두번째 계산할 값을 입력하세요 ==>");
13          b = s.nextInt();                                      키보드로 변수 a, b, c, d에
14          System.out.print("세번째 계산할 값을 입력하세요 ==>");     값을 입력한다.
15          c = s.nextInt();
16          System.out.print("네번째 계산할 값을 입력하세요 ==>");
17          d = s.nextInt();
18
19          result = a + b + c + d;  ----- 변수 a, b, c, d의 값을 모두 더해 변수 result에 넣는다.
20          System.out.println(a + "+" + b + "+" + c + "+" + d + "=" + result);
21      }                                          변수 a, b, c, d와 result를 화면에 출력한다.
22  }
```

02 --

```
01  import java.util.Scanner;
02
03  public class Problem_02 {
04      public static void main(String[] args) {
05
06          int a, b;
07          int result;              ----- 계산 방식을 선택할 변수를 선언한다.
```

```
08      int k;
09
10      Scanner s = new Scanner(System.in);
11      System.out.print("첫번째 계산할 값을 입력하세요 ==>");
12      a = s.nextInt();          ----- 계산할 숫자를 입력한다.
13      System.out.print("<1>덧셈 <2>뺄셈 <3>곱셈 <4>나눗셈 ==> ");
14      k = s.nextInt();          ----- 연산자를 선택한다. 1은 덧셈, 2는 뺄셈, 3은 곱셈, 4는 나눗셈이다.
15      System.out.print("두번째 계산할 값을 입력하세요 ==>");
16      b = s.nextInt();          ----- 계산할 숫자를 입력한다.
17
18      if (k == 1) {
19         result = a + b;
20         System.out.println(a + "+" + b + "=" + result);     ─── 입력한 k가 1이면 덧셈을 수행한다.
21      }
22      if (k == 2) {
23         result = a - b;
24         System.out.println(a + "-" + b + "=" + result);     ─── 입력한 k가 2이면 뺄셈을 수행한다.
25      }
26      if (k == 3) {
27         result = a * b;
28         System.out.println(a + "*" + b + "=" + result);     ─── 입력한 k가 3이면 곱셈을 수행한다.
29      }
30      if (k == 4) {
31         result = a / b;
32         System.out.println(a + "/" + b + "=" + result);     ─── 입력한 k가 4이면 나눗셈을 수행한다.
33      }
34   }
35 }
```

03

```
01 import java.io.IOException;   ----- IOException 클래스를 임포트한다(입력 예외 처리를 위함).
02 import java.util.Scanner;
03
04 public class Problem_03 {
05    public static void main(String[] args) throws IOException {  ──┐
06                                                                   throws IOException은 입력 오류 방지를 위한 문법이다(뒤에서 다룸).
```

```java
07    int a, b;
08    int result;
09    char k;                       ----- 연산자를 입력받을 변수를 문자형으로 선언한다.
10
11    Scanner s = new Scanner(System.in);
12    System.out.print("첫번째 계산할 값을 입력하세요 ==> ");
13    a = s.nextInt();
14    System.out.print("+ - * / % ==> ");
15    k = (char) System.in.read();  ----- 연산자를 입력한다.
16    System.out.print("두번째 계산할 값을 입력하세요 ==> ");
17    b = s.nextInt();
18
19    if (k == '+') {
20      result = a + b;
21      System.out.println(a + "+" + b + "=" + result);
22    }
23    if (k == '-') {
24      result = a - b;
25      System.out.println(a + "-" + b + "=" + result);
26    }
27    if (k == '*') {
28      result = a * b;
29      System.out.println(a + "*" + b + "=" + result);
30    }
31    if (k == '/') {
32      if (b != 0) {
33        result = a / b;
34        System.out.println(a + "/" + b + "=" + result);
35      } else
36        System.out.println("0으로 나누면 안됩니다.");
37    }
38    if (k == '%') {
39      if (b != 0) {
40        result = a % b;
41        System.out.println(a + "%" + b + "=" + result);
42      } else
43        System.out.println("0으로 나누면 나머지 값이 안됩니다.");
44    }
45  }
46 }
```

31~37: 0으로 나누면 처리하지 않고 오류 메시지를 보여준다.

38~44: 0으로 나누어 나머지 값을 구하면 처리하지 않고 오류 메시지를 보여준다.

요약

01 이클립스를 활용한 프로그램 작성 순서

02 변수의 개념

변수는 '값을 저장하는 그릇'과 비슷한 개념으로, 한 번 들어간 값은 다른 값이 들어오기 전까지 그대로 유지된다.

03 Scanner 클래스

키보드를 통해 값을 입력할 때 사용하는 클래스이다. nextInt( ) 메소드를 이용하여 정수 값을 입력받는다.

04 System.in.read( ) 메소드

문자 하나를 입력받을 때 사용한다.

01 다음 소스코드를 보고 빈칸에 알맞은 말을 넣으시오.

```
a = 500;
b = 400;
result = a + b;
```

변수 a에는 (   )이/가 남고, 변수 b에는 (   )이/가 남고, 변수 result에는 (   )이/가 남는다.

02 다음 빈칸에 알맞은 말을 넣으시오.

값을 입력받기 위한 클래스는 (   )이고, 메소드는 (   )를 사용한다.

03 변수 a와 b의 곱셈 결과를 출력하는 문장을 완성하시오(출력 화면 : 10*20=200).

```
a = 10;
b = 20;
System.out.println(        );
```

04 다음 문장은 화면에 무엇을 출력하는가?

```
System.out.println( 1 + 2 + 3 + (1+2+3) );
```

05 다음 소스코드의 출력 결과는 무엇인가?

```
int a, b, result;
a = 500;
b = 1000;

result = a - b;
System.out.println(result);
```

06 다음과 같이 출력되도록 프로그램을 작성하시오([예제 모음 1] 참조).

HINT/ 입력하는 메소드 nextInt( )와 출력하는 메소드 System.out.println( )을 사용한다.

변수는
무언가를 담는
그릇이다.

Chapter 03

변수와
데이터 형식

이 장에서는 JAVA의 문법을 차근차근 익혀보자. 필자 역시 문법에 치우치는 것을 그리 좋아하지 않으니 문법은 간단히 설명하고 예제를 통해 이해할 수 있도록 진행해나갈 것이다. 독자들도 직접 코딩을 하면서 따라오다 보면 고급 프로그래머에 한 발짝 다가가게 될 것이다.

SECTION 01 System.out의 기본
SECTION 02 System.out.printf( ) 메소드의 서식 지정
SECTION 03 변수
SECTION 04 데이터 형식과 배열
예제 모음
요약
연습문제

System.out의 기본

System.out은 지정된 서식으로 화면에 보여주는 역할을 한다.

화면에 내용을 출력해주는 System.out에는 대표적으로 다음과 같은 세 가지 메소드가 있다.

- System.out.println() : 괄호 안의 내용을 출력한 후 한 행을 띈다.
- System.out.print() : 괄호 안의 내용을 출력한 후 한 행을 띄지 않고 유지한다.
- System.out.printf() : 서식을 지정해서 출력할 수 있다.

System.out은 작성한 프로그램이 어떻게 돌아가는지 확인할 수 있게 해 주며, 앞으로 작성할 프로그램에 빠지지 않고 나올 것이다.

TIP/ System.out은 클래스 변수이고, print() 등은 이에 포함된 메소드이다. 이를 제대로 이해하기 위해서는 아직 배우지 않은 객체지향 프로그래밍 개념이 필요하다. 하지만 이 책은 프로그래밍 입문자를 위한 것이므로 객체지향 프로그래밍은 후반부인 11장부터 다룰 것이다. 간혹 어려운 용어나 개념이 나오더라도 이 책 전반부의 프로그래밍을 하는 데 꼭 이해해야 하는 것은 아니니 일단은 넘어간다. 이 책 후반부의 객체지향 관련 부분에서 상세히 배우게 될 것이다.

2장에서 System.out.println() 메소드를 여러 번 사용해보아 어느 정도 익숙해졌을 것이다. System.out.print()는 System.out.println()과 동일하지만 행이 넘어가지 않을 뿐이다. 이 장에서는 System.out.printf() 메소드의 기본적인 사용법을 다시 살펴보고, 좀 더 보기 좋게 출력하기 위해 서식을 지정하는 방법에 대해서도 알아보자.

1 System.out.printf() 메소드의 기본적인 사용법

먼저 2장에서 여러 번 다뤘던 System.out.println() 문을 다시 살펴보자.

```
System.out.println("안녕하세요?");
System.out.println("Java입니다.");
```

실행 결과 ▶

안녕하세요?
Java입니다.

이번에는 System.out.print() 문으로 출력한 결과를 살펴보자.

```
System.out.print("안녕하세요?");
System.out.print("Java입니다.");
```

실행 결과 ▶

안녕하세요?Java입니다.

동일한 결과이지만 System.out.print()는 행을 넘기지 않고 이어서 출력한다.

다음으로 서식을 지원하는 System.out.printf() 문을 살펴보자. 큰따옴표(" ") 안의 내용을 출력한다는 의미이며 실행 결과는 다음과 같다. 이렇게 큰따옴표만 사용하면 System.out.print()와 동일한 역할을 한다는 것을 알 수 있다.

```
System.out.printf("안녕하세요?");
```

실행 결과 ▶ 안녕하세요?

TIP/ println()에서 ln은 line feed의 약자로 행을 넘긴다는 의미이다. System.out.printf()에서 f는 format의 약자로 서식을 지정한다는 의미이다.

이번에는 아래 두 코드의 실행 결과를 예상해보자.

```
System.out.printf("100");
```

실행 결과 ▶ 100

```
System.out.printf("%d", 100);
```

실행 결과 ▶ 100

두 코드의 실행 결과로 출력된 100은 동일해 보이지만 사실은 완전히 다른 결과이다. 첫 번째 System.out.printf("100")의 결과로 나온 100은 숫자 100을 나타내는 것이 아니라 글자 100(일영영)이다. 즉 System.out.printf()의 큰따옴표 안에 있는 것이 '글자'든 '숫자 형태의 글자'든 무조건 글자로 취급된다.

반면에 두 번째 System.out.printf("%d", 100)의 결과로 나온 100은 숫자 100을 의미한다. 서식(%d)이 지정된 '숫자'는 그대로 숫자의 의미를 지닌다. 서식에 대해서는 잠시 뒤에 살펴보고, 다음 실습을 코딩한 뒤 그 결과를 예측해보자.

실습 3-1 **System.out.printf() 메소드 사용 예 1**

```
01  public class Ex03_01 {
02    public static void main(String[] args) {
03      System.out.printf("100+100");        ----- 모두 글자로 취급한다.
04      System.out.printf("\n");             ----- System.out.printf()는 행이 넘어가지 않으므로 강제로
                                                   행이 넘어가게 한다.
05      System.out.printf("%d", 100 + 100);  ----- 숫자를 계산해서 결과를 출력한다.
06      System.out.printf("\n");             ----- System.out.printf()는 행이 넘어가지 않으므로 강제로
                                                   행이 넘어가게 한다.
07    }
08  }
```

```
Problems   @ Javadoc   Declaration   Console ☒              ■ ✕ ※ | ▤ ▦ ▨ | ▣ ▤ | ┌ ▭ ▾ ▭ ▾ ▭ ▭
<terminated> Ex03_01 [Java Application] C:\Program Files\Java\jdk-11\bin\javaw.exe
100+100
200
```

그림 3-1 실행 결과

예상한 결과인가? 3행에는 글자 그대로 '100+100'이 출력되고, 5행에는 숫자 100과 숫자 100을 더한 결과인 '200'이 출력되었다.

System.out.printf() 메소드의 서식을 정확히 이해하고 넘어가자. 우선 서식은 앞에 %가 붙는다. [실습 3-1]에서 5행의 "%d"는 정수(decimal)를 의미하며, 서식의 개수와 큰따옴표 뒤에 나오는 숫자(또는 문자)의 개수가 같아야 한다.

다음 실습에서 무엇이 문제인지 생각해보자.

실습 3-2 **System.out.printf() 메소드 사용 예 2**

```
01  public class Ex03_02 {
02    public static void main(String[] args) {
03      System.out.printf("%d", 100, 200);   ----- %d는 1개, 숫자는 2개이다.
04      System.out.printf("\n");
05      System.out.printf("%d  %d", 100);    ----- %d는 2개, 숫자는 1개이다.
06      System.out.printf("\n");
07    }
08  }
```

그림 3-2 실행 결과

3행에는 %d가 하나밖에 없는데 숫자가 2개(100, 200)이고, 5행에는 %d가 2개인데 숫자는 하나(100)뿐이다. 3행의 경우 2개의 숫자를 출력하려면 %d가 2개, 숫자도 이어서 2개여야 한다. 그러므로 3행은 다음과 같이 고쳐야 한다.

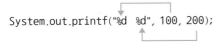

```
System.out.printf("%d  %d", 100, 200);
```

그림 3-3 서식과 숫자의 대응

5행은 %d를 하나 삭제해야 올바른 표현이 된다. 그대로 두면 두 번째 %d는 대응할 것이 없어서 인자(parameter)의 개수가 틀리기 때문에 오류가 발생한다.

▶ **직접 풀어보기 3-1**

100과 200을 더한 결과가 나올 수 있도록 %d를 3개 사용하여 System.out.printf() 문을 만들어보자. 또한 나눗셈 결과도 나오게 해보자. 즉 다음과 같이 출력되게 한다.

```
100+200=300
100/200=0.5
```

저자 한마디 ▷ 오류의 확인과 수정

JAVA는 오류가 발생하면 대부분 그 이유와 오류가 발생한 행까지 알려준다. [실습 3-2]에서 발생한 오류를 보면 원인과 행 번호인 5행까지 표시되어 있는데, 오류 행 번호를 클릭하면 바로 소스코드의 행으로 이동한다. 앞으로 오류를 이렇게 확인하면 좀 더 수월하게 문제를 해결할 수 있을 것이다.

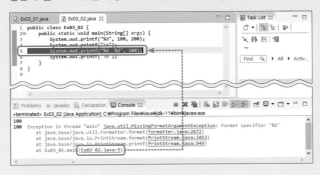

2 정수 외에 자주 사용되는 서식

이제 정수의 출력에 대해 어느 정도 감을 잡았으리라 생각한다. 하지만 숫자는 정수만 있는 것이 아니다. 다음 실습의 출력 결과를 예상해보자.

실습 3-3   서식을 사용한 출력의 예 1

```
01  public class Ex03_03 {
02    public static void main(String[] args) {
03      System.out.printf("%d / %d = %d", 100, 200, 0.5);  ----- %d가 3개, 숫자도 3개이다.
04      System.out.printf("\n");
05    }
06  }
```

```
Problems  @ Javadoc  Declaration  Console ✕
<terminated> Ex03_03 [Java Application] C:\Program Files\Java\jdk-11\bin\javaw.exe
100 / 200 = Exception in thread "main" java.util.IllegalFormatConversionException: d != java.lang.Double
        at java.base/java.util.Formatter$FormatSpecifier.failConversion(Formatter.java:4426)
        at java.base/java.util.Formatter$FormatSpecifier.printInteger(Formatter.java:2938)
        at java.base/java.util.Formatter$FormatSpecifier.print(Formatter.java:2892)
        at java.base/java.util.Formatter.format(Formatter.java:2673)
        at java.base/java.io.PrintStream.format(PrintStream.java:1053)
        at java.base/java.io.PrintStream.printf(PrintStream.java:949)
        at Ex03_03.main(Ex03_03.java:3)
```

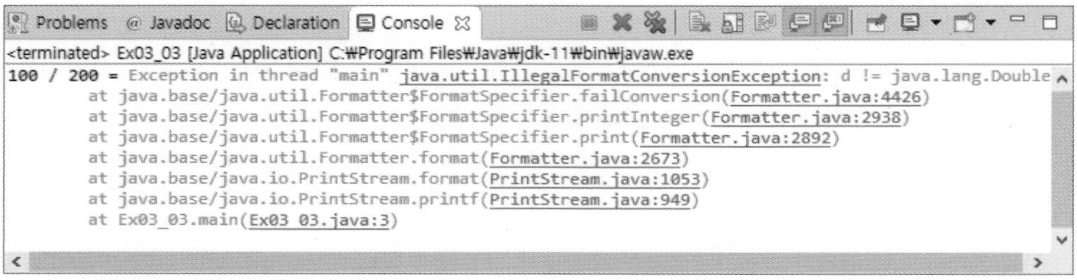

그림 3-4 실행 결과

100/200=0.5를 기대했지만 0.5를 출력해야 하는 부분에서 오류가 발생했다. 이유는 무엇일까? 세 번째 숫자 0.5는 실수(소수점이 있는 수)이지만 보여주는 방식이 정수(소수점이 없는 수)이기 때문이다. 즉 결과를 출력하는 서식에 정수형(%d)을 사용했기 때문이다.

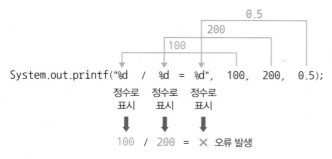

그림 3-5 서식과 숫자의 불일치 상황

[그림 3-5]를 통해 살펴보면, 100과 200은 출력되지만 마지막 0.5에 대응되는 서식이 정수를 표현하는 %d인데 0.5는 실수이므로 오류가 발생한다. 따라서 결과로 출력되는 값에 따라 서식을 다르게 해야 한다. System.out.printf()에서 사용할 수 있는 대표적인 서식은 다음과 같다.

표 3-1 System.out.printf()의 대표적 서식

서식	설명	값의 예
%d, %x, %o	정수(10진수, 16진수, 8진수)	10, 100, 1234
%f	실수(소수점이 있는 수)	0.5 , 1.0 , 3.14
%c	문자. 반드시 한 글자이고 작은따옴표(' ')로 묶여 있어야 함	'a', 'b', 'F'
%s	문자열. 한 글자 이상이고 큰따옴표(" ")로 묶여 있어야 함	"안녕", "abcdefg", "a"

이때 문자와 문자열은 구분할 필요가 있다. 문자는 반드시 작은따옴표(' ') 안에 한 글자만 들어 있어야 하고, 문자열은 큰따옴표(" ") 안에 한 글자 이상이 들어 있어야 한다.

TIP/ 문자열에 대해서는 할 얘기가 많은데 뒤에서 자세히 설명하겠다.

그렇다면 우리가 원하는 결과가 나오도록 [실습 3-3]의 어디를 고쳐야 할지 감을 잡았을 것이다.

▶ 직접 풀어보기 **3-2**

[실습 3-3]이 제대로 출력되도록 수정한 다음 빌드하고 실행해보자.

이제 다양한 서식을 응용하여 출력할 수 있어야 한다.

실습 3-4 **서식을 사용한 출력의 예 2**

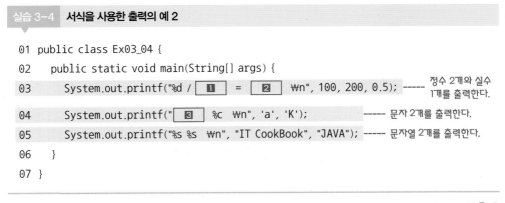

```
01  public class Ex03_04 {
02      public static void main(String[] args) {
03          System.out.printf("%d /  ①  =  ②  \n", 100, 200, 0.5); ----- 정수 2개와 실수 1개를 출력한다.
04          System.out.printf("  ③  %c \n", 'a', 'K'); ----- 문자 2개를 출력한다.
05          System.out.printf("%s %s \n", "IT CookBook", "JAVA"); ----- 문자열 2개를 출력한다.
06      }
07  }
```

정답 ① %d ② %f ③ %c

```
 Problems   @ Javadoc   Declaration  □ Console ☒
<terminated> Ex03_04 [Java Application] C:\Program Files\Java\jdk-11\bin\javaw.exe
100 / 200 =  0.500000
a K
IT CookBook JAVA
```

그림 3-6 실행 결과

3행에서는 0.5를 출력하기 위해 %f를 사용했는데 출력한 결과는 0.5가 아니라 0.500000이다.

결과가 나오기는 했지만 조금 만족스럽지 못하다. 같은 값이라도 그다지 보기 좋지 않다. 이와 관련된 내용도 이 장의 후반부에서 더 자세히 살펴보겠다.

메/멘/토 퀴/즈	정수, 실수, 문자, 문자열을 구분해보자. 3( ) 3.0( ) '3'( ) "3"( ) "3.0"( )

System.out.printf() 메소드의 서식 지정

System.out.printf() 메소드는 처리한 결과를 화면에 출력할 때 다양한 화면 출력 방법을 제공한다.

JAVA에서 처리한 결과를 화면에 출력하지 않고 끝낸다면 사용자는 이 프로그램이 어떤 일을 했는지 알 수 없을 것이다. System.out.printf() 메소드로 무언가를 출력할 때, 아무렇게나 보이기보다는 사용자가 원하는 서식대로 보기 좋게 출력되는 것이 더 바람직할 것이다. 여기서는 자릿수에 맞춰서 결과를 출력하는 방식과 다양한 기능의 서식 문자에 대해 살펴보자.

1 자릿수를 맞춘 출력

숫자를 출력할 때 숫자의 서식을 지정해서 출력할 수 있다. 실습을 통해 자릿수를 맞추는 방법을 알아보자.

실습 3-5 다양한 서식 활용 예 1

```
01 public class Ex03_05 {
02    public static void main(String[] args) {
03        System.out.printf("%d\n", 123);
04        System.out.printf("%5d\n", 123);          정수형 서식을 활용했다.
05        System.out.printf("%05d\n", 123);
06
07        System.out.printf("%f\n", 123.45);
08        System.out.printf("%7.1f\n", 123.45);     실수형 서식을 활용했다.
09        System.out.printf("%7.3f\n", 123.45);
10
11        System.out.printf("%s\n", "Hi~Java");      문자열형 서식을 활용했다.
12        System.out.printf("%10s\n", "Hi~Java");
13    }
14 }
```

그림 3-7 실행 결과

소스코드와 실행 결과를 확인해보면 서식을 쉽게 이해할 수 있을 것이다. 정수형 데이터의 출력을 위한 3~5행은 [그림 3-8]과 같이 나타낼 수 있다.

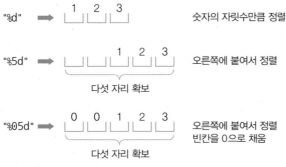

그림 3-8 정수형 데이터 서식 지정

실수형 데이터의 서식 지정은 [그림 3-9]와 같다. 두 번째 %7.1f의 경우 소수점을 포함한 전체는 일곱 자리를 확보하고 소수점 아래는 한 자리만 차지한다는 의미이다. 그러므로 소수점 위 정수 부분은 다섯 자리 숫자가 된다.

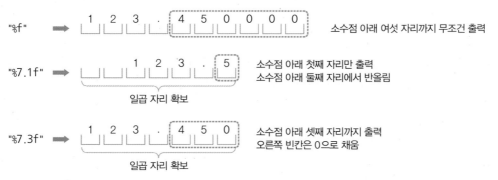

그림 3-9 실수형 데이터 서식 지정

문자열형 데이터의 서식도 오른쪽에 맞춰서 출력된다.

그림 3-10 문자열형 데이터 서식 지정

2 다양한 기능의 서식 문자

앞에서 줄바꿈 역할을 하는 \n의 기능을 살펴보았으며 그 외에 가끔 사용되는 서식 문자는 [표 3-2]와 같다. 서식 문자의 특징은 앞에 \를 붙인다는 것이다[이를 탈출(escape) 문자라고도 한다].

표 3-2 그 외 다양한 서식 문자

서식 문자	설명	비고
\n	새로운 줄로 이동	Enter 키를 누른 효과
\t	다음 탭으로 이동	Tab 키를 누른 효과
\b	뒤로 한 칸 이동	Back Space 키를 누른 효과
\r	줄의 맨 앞으로 이동	Home 키를 누른 효과
\\	\ 출력	
\'	' 출력	
\"	" 출력	

실습 3-6 다양한 서식 활용 예 2

```
01  public class Ex03_06 {
02    public static void main(String[] args) {
03      System.out.printf("\n줄바꿈\n연습 \n");
04      System.out.printf("\t탭키\t연습 \n");
05      System.out.printf("이것을\r덮어씁니다 \n");
06      System.out.printf("글자가 \"강조\"되는 효과 \n");
07      System.out.printf("\\\\\\ 역슬래시 세개 출력 \n");
08    }
09  }
```

→ 다양한 서식 문자를 사용했다.

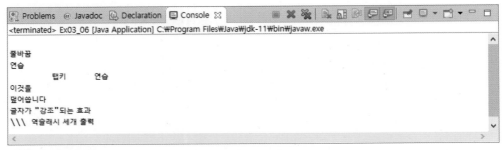

그림 3-11 실행 결과

3행의 줄바꿈은 많이 사용해보았으니 쉽게 이해할 수 있을 것이다. 4행의 ₩t는 [Tab] 키에 지정된 만큼의 간격을 벌려준다. 5행에서는 '이것을'이 출력되었다가 ₩r을 만나서 다시 처음 위치로 돌아간 다음 '덮어씁니다'를 출력하므로 결국 '이것을'이 지워진다. 6행에서는 " "를 출력한다. 7행은 역슬래시(\) 하나를 출력하려면 ₩를 두 번 써야 한다는 것을 보여준다.

변수

변수는 어떤 값을 저장하기 위한 메모리 공간이다.

변수는 어떤 값을 저장하기 위한 메모리 공간이다. 조금 어렵게 느껴진다면 그냥 '그릇'이라고 생각해도 괜찮다. 이 절에서는 변수를 선언하여 사용하는 방법을 좀 더 구체적으로 살펴보고, 변수에 값을 대입할 때 주의해야 할 점에 대해서도 다룰 것이다.

1 변수의 선언

변수의 선언은 요리를 할 때 그릇을 준비하는 것과 같다. JAVA 프로그램을 작성하려면 먼저 변수를 선언해야 하며, 그릇의 종류에 국그릇, 밥그릇, 접시 등이 있는 것처럼 변수의 종류도 다양하다.

우선 소수점이 없는 값과 소수점이 있는 값을 담는 변수를 선언한다.

```
int a;
double b;
```

위의 두 문장을 다음 그림과 같이 생각해보자. 새로운 그릇(변수)이 2개 있고 그릇(변수) 안에 정수와 실수를 담을 수 있다.

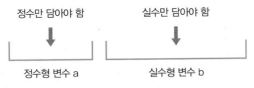

정수만 담아야 함　　　　실수만 담아야 함

정수형 변수 a　　　　실수형 변수 b

그림 3-12 정수형 변수와 실수형 변수의 간단한 개념

그런데 그림을 자세히 보니 변수 a보다 변수 b의 크기가 더 크다. 이는 밥그릇과 국그릇의 크기가 다르듯이 정수형 변수와 실수형 변수의 크기가 다르기 때문이다.

TIP/ 정수형 int는 4byte, 실수형 float는 4byte, 실수형 double은 8byte이다. [그림 3-12]는 실수형이 double이라고 가정한 상태이다. 데이터 형식의 크기는 잠시 후에 다시 정리하겠다.

이 외에도 변수를 선언하는 방식은 다양하다. 변수의 종류가 같은 경우에는 각각의 변수를 개별적으로 선언하거나 쉼표를 사용하여 연속적으로 선언한다. 예를 들어 정수형 변수 a, b는 다음과 같이 선언한다.

이번에는 정수형 변수 a, 실수형 변수 b, 정수형 변수 c, 실수형 변수 d를 선언하는 방식을 살펴보자. 기본적으로 ❶과 같은 방식이 있으며 ❷와 같이 두 문장으로 줄일 수도 있다. 변수를 선언할 때 선언하는 순서는 상관이 없지만, 소스코드 한 줄에 한 종류의 데이터 형식만 선언해야 하므로 ❸과 같은 방식으로는 불가능하다.

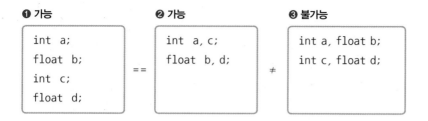

정수와 실수 외에도 많은 데이터 형식이 있는데 나머지 데이터 형식은 다음 절에서 자세히 설명할 것이다. 여기서는 변수에 값을 대입하는 방법을 알아보자.

메/멘/토 퀴/즈 정수형 변수 a, b, c를 한 줄에 선언해보자.

int □ ; □□□ b; □□□ □ ;

저자 한마디 ─ 세미콜론(;)으로 문장 구분하기

한 줄에 하나의 데이터 형식만 선언할 수 있다고 했는데, 엄밀하게 말하면 '한 줄'이 아니라 '한 문장'이라고 해야 옳다. ❷는 올바른 형식이다. 세미콜론(;)으로 구분한 것은 완전히 분리된 문장으로 취급하기 때문에 아래 ❶과 ❷는 동일한 의미이다.

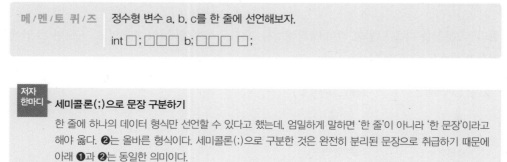

2 변수에 값을 대입하는 방법

변수(그릇)에 값(음식)을 대입하는 방법은 다음과 같다.

기본적인 값 대입

변수 a에 100을, 변수 b에 123.45를 대입해보자. 이를 그림으로 표현하면 다음과 같다.

100	123.45
변수 a	변수 b

그림 3-13 정수형 변수와 실수형 변수에 값을 대입

100은 정수, 123.45는 실수이므로 정수형 변수 a와 실수형 변수 b를 선언하고 그곳에 값을 넣으려면 다음과 같이 입력한다(❶). 이때 변수를 선언한 뒤 값을 대입해도 되고, 변수를 선언하는 것과 동시에 값을 대입해도 된다(❷). ❷와 같이 선언과 동시에 값을 대입하면 프로그램이 좀 더 간결해 보이는 효과가 있다.

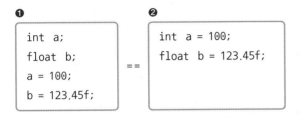

❶
```
int  a;
float  b;
a = 100;
b = 123.45f;
```

==

❷
```
int  a = 100;
float  b = 123.45f;
```

TIP/ 실수형인 float에 값을 대입할 때는 숫자의 맨 뒤에 float를 의미하는 'f'를 붙여야 한다.

만약 변수 a, b가 모두 정수형 변수라면 다음과 같이 한 줄로 해결할 수도 있다. 결과가 동일하므로 어느 것을 사용해도 상관없다.

```
int  a;
int  b;
a = 100;
b = 200;
```

==

```
int  a = 100, b = 200;
```

변수에 값을 대입할 때는 지정된 데이터 형식만 대입해야 한다. 다음 실습과 같은 경우, 실행은 되지만 기대하는 정확한 결과를 얻을 수 없다.

```
01  public class Ex03_07 {
02    public static void main(String[] args) {
03      int a;                  ----- 정수형 변수 a를 선언했다.
04      float b;                ----- 실수형 변수 b를 선언했다.
05
06      a = (int) 123.45f;      ----- 정수형 변수에 실수를 대입했다. → 바람직하지 않다. 오류를 방지하기 위해
                                      (int)를 붙여서 정수로 변환했다.
07      b = 200;                ----- 실수형 변수에 정수를 대입했다. → 바람직하지 않다.
08
09      System.out.printf("a의 값 ==> %d \n", a);
10      System.out.printf("b의 값 ==> %f \n", b);
11    }
12  }
```

```
Problems  @ Javadoc  Declaration  Console 
<terminated> Ex03_07 [Java Application] C:\Program Files\Java\jdk-11\bin\javaw.exe
a의 값 ==> 123
b의 값 ==> 200.000000
```

그림 3-14 실행 결과

잘 실행되었다. 하지만 6행에서 정수형 변수 a에 실수 123.45를 대입하려 했는데, 정수형 변수에 실수를 대입하면 오류가 발생하므로 (int)를 붙여서 정수로 변환했다. 결국 123.45에서 0.45가 떨어져나간 123만 a에 대입되었다. 이는 6행에서 [그림 3-15]와 같이 처리되었기 때문이다.

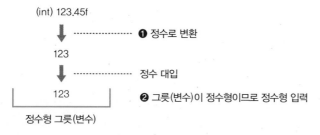

그림 3-15 정수형 변수에 실수를 대입할 때의 처리 방식

TIP/ (int)와 같은 것을 캐스팅 연산자라고 하며, 잠깐 데이터 형식을 변경하는 기능을 한다.

실수(123.45)를 대입하더라도 그것을 담는 그릇(변수)은 정수형이므로, 정수형으로 변환한 다음 정수(123)를 저장해야 한다. 결국 6행의 변수 a에는 123만 들어가게 된다.

다음으로 7행을 보면 실수형 변수에 정수를 담았을 때 [그림 3-16]과 같이 처리된다.

```
200
  ↓ ............... ❶ 정수 대입
200.00          ❷ 그릇(변수)이 실수형이므로 실수로 변함
실수형 그릇(변수)
```

그림 3-16 실수형 변수에 정수를 대입할 때의 처리 방식

대입된 정수(200)가 실수(200.00)로 변했다. 200이나 200.00이나 각각 정수, 실수라는 것만 다를 뿐 값의 크기에는 차이가 없으므로 문제가 생기지 않는다. 하지만 변수의 데이터형과 실제 값의 종류가 다른 것은 그리 바람직하지 않으니 정수형 변수에는 정수를, 실수형 변수에는 실수를 대입하자. 즉 7행은 다음과 같이 고치는 것이 좋다.

```
b = 200.0f;
또는
b = (float)200;
```

다양한 값의 대입 방법

이번에는 변수에 값을 대입하는 것이 아니라 변수에 변수를 대입하는 방식을 살펴보자.

실습 3-8 **변수에 변수를 대입 1**

```
01  public class Ex03_08 {
02      public static void main(String[] args) {
03          int a, b;              ----- 정수형 변수가 2개이다.
04          float c, d;            ----- 실수형 변수가 2개이다.
05
06          a = 100;               ----- a에 정수 100을 대입한다.
07              1                  ----- b에 a 값을 대입한다.
08
09          c = 111.1f;            ----- c에 실수 111.1을 대입한다.
10              2                  ----- d에 c 값을 대입한다.
11
12          System.out.printf("a, b의 값 ==> %d , %d \n", a, b);
13          System.out.printf("c, d의 값 ==> %5.1f , %5.1f \n", c, d);
14      }
15  }
```

정답: **1** b = a; **2** d = c;

TIP/ 실수는 float와 double이 있는데, 9행에서 숫자 뒤에 f를 붙이지 않으면 float가 아닌 double형으로 인식하여 오류가 발생한다.

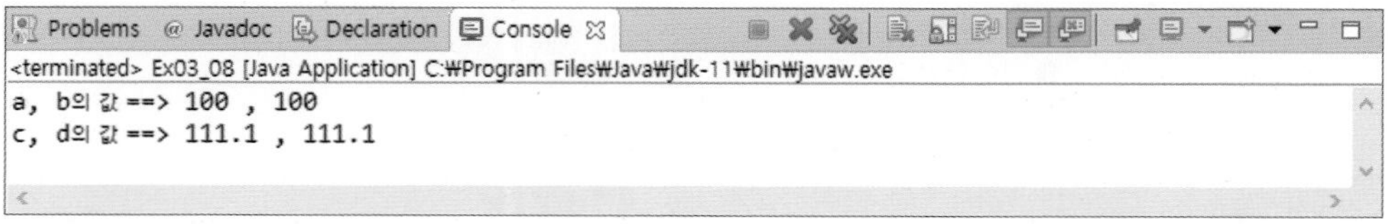

```
Problems   @ Javadoc   Declaration   Console ✕
<terminated> Ex03_08 [Java Application] C:\Program Files\Java\jdk-11\bin\javaw.exe
a, b의 값 ==> 100 , 100
c, d의 값 ==> 111.1 , 111.1
```

그림 3-17 실행 결과

6행에서 정수형 변수 a에 100을 대입했다. 그런데 7행에서는 정수형 변수 b에 값 대신 a를 대입하여 [그림 3-18]과 같이 처리된다.

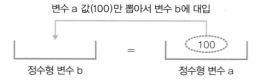

그림 3-18 변수에 변수를 대입할 때의 처리 방식

즉 오른쪽에 있는 변수 a가 가지고 있는 값인 100이 변수 b에 들어간다. 결국 변수 a와 b는 같은 값인 100을 가지므로 12행에서 같은 값을 출력한다. 13행의 실수도 같은 방식으로 결과를 출력한다. [실습 3-9]에서 복습해보자.

실습 3-9   변수에 변수를 대입 2

```
01  public class Ex03_09 {
02     public static void main(String[] args) {
03        int a, b, c, d;
04
05        a = 100 + 100;           ----- a에 두 숫자의 계산 결과를 대입한다.
06        b = a + 100;             ----- b에 변수와 숫자의 계산 결과를 대입한다.
07        c = a + b - 100;         ----- c에 변수의 계산 결과와 숫자의 계산 결과를 대입한다.
08        [ ❶ ]                   ----- d에 a, b, c의 덧셈 결과를 대입한다.
09        System.out.printf("a, b , c , d 의 값 ==> %d , %d , %d , %d \n", a, b, c, d);
10
11        [ ❷ ]                   ----- a, b, c, d에 모두 같은 값 100을 대입한다(한 문장으로 처리).
12        System.out.printf("a, b , c , d 의 값 ==> %d , %d , %d , %d \n", a, b, c, d);
13
14        a = 100;
15        a = a + 200;             ----- 자신의 a 값과 200을 더한 값을 다시 a에 대입한다.
16        System.out.printf("a 의 값 ==> %d \n", a);
17     }
18  }
```

정답: ❶ d = a + b + c; ❷ a = b = c = d = 100;

그림 3-19 실행 결과

5~8행은 변수에 값을 대입하는 다양한 방법을 보여준다. 5행에서는 연산 결과를 변수에 대입했다.

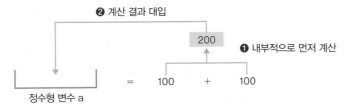

그림 3-20 숫자끼리의 계산 결과를 대입하는 방식

6행에서는 변수 a의 값과 숫자 100의 연산 결과를 변수 b에 대입했다.

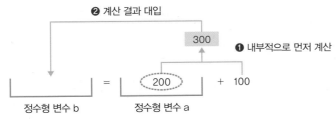

그림 3-21 변수와 숫자의 계산 결과를 대입하는 방식

7행과 8행도 비슷한 과정을 거친다.

▶ 직접 풀어보기 3-3

　　[실습 3-9]의 7행과 8행이 어떻게 처리되는지 그림으로 그려보자.

11행은 좀 낯설어 보일 것이다. 대입 연산자(=)는 맨 뒤부터 처리되며 다음과 같이 풀어 쓸 수 있다.

```
a = b = c = d = 100;
```

==

```
d = 100;
c = d;
b = c;
a = b;
```

즉 d에 100을 넣고 d의 값(100)을 c에, c의 값(100)을 b에, b의 값(100)을 a에 대입한다는 의미이다. 한 가지 기억해야 할 점은 바로 전 단계(5~8행)의 a, b, c, d에는 각각 200, 300, 400, 900이라는 값이 들어 있지만 그 값들을 무시하고 새로운 값으로 덮어쓴다는 것이다.

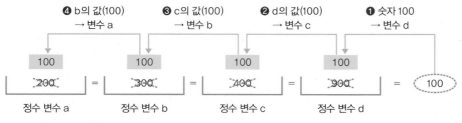

그림 3-22 연속된 값의 대입 방식

[그림 3-22]를 보면 대입 연산자(=)는 오른쪽에서 왼쪽 방향(←)으로 진행한다는 것을 알 수 있다. 그러므로 변수 a, b, c, d에는 모두 100이 대입된다.

15행은 자신의 값으로 연산을 한 다음 다시 자신에게 값을 넣는다. 이는 자신의 값으로 연산할 때 사용하는 방법이다.

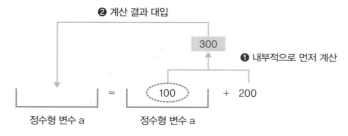

그림 3-23 자신의 값에 계산 결과를 대입하는 방식

메/멘/토 퀴/즈 ① 실수형 변수 a, b, c를 선언하고 a=b=c=123.45f; 문장을 실행하면 a, b, c에는 각각 어떤 값이 들어가는가?
② 정수형 변수 a, b, c를 선언하고 a=b=c=(int)123.45f; 문장을 실행하면 a, b, c에는 각각 어떤 값이 들어가는가?

대입 연산자와 변수의 위치

지금까지 변수에 값을 대입하는 방법을 살펴보면서 직접 언급하지는 않았지만 꼭 지켰던 규칙이 하나 있다. 바로 '대입 연산자(=)를 사용하면 오른쪽의 것이 왼쪽에 대입된다'는 규칙이다. 이 규칙은 잘 생각해보면 대입 연산자(=)의 왼쪽에는 반드시 무엇을 담을 수 있는 그릇, 즉 변수만 올 수 있다는 것을 의미한다. [그림 3-20], [그림 3-21], [그림 3-22], [그림 3-23]을 보면 모두 맨 왼쪽에 변수(그릇)가 있다.

다음은 틀린 문장이다. 오른쪽의 값 100(생선)을 왼쪽 그릇에 담아야 하는데 왼쪽에는 변수(그릇)가 없기 때문이다.

```
10 = 100;
```

그림 3-24 왼쪽에 값을 넣을 그릇이 없는 경우

위 문장은 다음과 같이 바꿔야 한다(a는 정수형 변수).

```
a = 100;
```

그림 3-25 왼쪽에 값을 넣을 그릇이 있는 경우

그리고 '대입 연산자(=)의 오른쪽에는 상수(숫자), 변수, 계산 값이 모두 올 수 있다'는 규칙도 적용되었다. 결론적으로 대입 연산자의 왼쪽에는 '변수'만 올 수 있고, 오른쪽에는 무엇이든(값, 변수, 계산 값, 메소드 등) 올 수 있다.

메/멘/토/퀴/즈 ① 3+4=7; 수식은 가능하다. (O, X)
② System.out.printf("3")=4; 수식은 가능하다. (O, X)

데이터 형식과 배열

데이터 형식은 그릇(변수)의 종류 또는 음식(값)의 종류를 뜻한다. 그릇의 종류에 국그릇, 밥그릇, 접시 등이 있듯이 변수의 종류도 다양하다.

데이터 형식을 알려면 몇 가지 기본적인 개념이 필요하다. 이 절에서는 비트(bit), 바이트(byte), 진수의 개념을 파악한 다음, 숫자를 입력할 수 있는 숫자형 데이터 형식과 문자를 입력할 수 있는 문자형 데이터 형식의 종류 및 사용법에 대해 살펴보자.

1 비트, 바이트, 진수

JAVA를 사용하는 데는 비트와 바이트 단위에 대한 기본적인 이해와 더불어 진수에 대한 이해도 필요하다. 비트는 컴퓨터에서 표현하는 가장 작은 단위로, 0과 1만 존재하므로 하나의 비트로 두 가지를 표현할 수 있다.

비트

비트는 전기 스위치와 비슷한 개념이다. 전기 스위치에 OFF와 ON만 있듯이 비트에도 0(OFF)과 1(ON)만 존재한다. 예를 들어 1비트는 전기 스위치가 하나인 것이고, 2비트는 전기 스위치가 2개인 것이다. 그렇다면 2개의 전기 스위치로 표현할 수 있는 가짓수는 몇 개일까?

전기 스위치	의미	2진수	10진수
	꺼짐, 꺼짐	00	0
	꺼짐, 켜짐	01	1
	켜짐, 꺼짐	10	2
	켜짐, 켜짐	11	3

그림 3-26 2개의 전기 스위치와 2진수, 10진수의 비교

2개의 전기 스위치(2비트)로는 네 가지를 표현할 수 있는데, 이를 2진수로 나타내면 각각 00, 01, 10, 11이고 10진수로 나타내면 0, 1, 2, 3이다. 이를 통해 다음을 유추할 수 있다.

n개의 전기 스위치로 표현할 수 있는 가짓 수 = 2^n

즉 3비트로 표현할 수 있는 가짓수는 2^3=8개이고, 4비트로 표현할 수 있는 가짓수는 2^4=16개이다.

진수

지금까지 언급한 비트를 진수로 표현한다면 2진수의 숫자 표기와 일치한다. 우리가 현재 사용하는 것은 10진수이다. 10진수는 10개의 숫자(0~9)로 모든 수를 표현한다. 그래서 '9' 다음에 더 이상 표현할 숫자가 없으니 앞의 한 자리를 올리고 가장 작은 수인 0을 넣어 '10'을 만든다. 마찬가지로 2진수는 2개의 숫자(0, 1)로 모든 수를 표현하며 10진수, 2진수, 16진수를 비교하면 다음과 같다. 익숙하게 사용할 수 있도록 기억해두면 도움이 될 것이다.

표 3-3 10진수, 2진수, 16진수의 변환

10진수(0~9)	2진수(0, 1)	16진수(0~F)
00	0000	0
01	0001	1
02	0010	2
03	0011	3
04	0100	4
05	0101	5
06	0110	6
07	0111	7
08	1000	8
09	1001	9
10	1010	A
11	1011	B
12	1100	C
13	1101	D
14	1110	E
15	1111	F

TIP/ 보기 좋게 하기 위해 10진수 0은 00으로, 2진수 0은 0000으로 자릿수를 맞춰서 나타냈다. 또한 8진수도 사용할 수 있는데 활용도가 비교적 낮다.

계산법은 의외로 간단하다. 예를 들어 10진수의 0은 2진수의 0000과 동일하고, 10진수의 1은 2진수의 0001과 동일하다. 그런데 2부터는 좀 다르다. 10진수에는 2를 표현할 수 있는 '2'

라는 숫자가 있지만 2진수에는 2라는 숫자가 없으므로, 2진수 '0001'에서 한 자리를 올리고 가장 작은 숫자(0)를 넣어 '0010'으로 표현한다. 마찬가지로 3의 경우 10진수로는 '3'이지만 2진수로는 '0010'에 '1'을 더한 '0011'이다. 이런 방식으로 10진수와 2진수를 변환할 수 있다.

16진수를 표현하는 방식도 이와 비슷하다. 16진수는 0~F의 총 16가지 숫자로 표현되는데, 16진수가 필요한 것은 2진수의 네 자리와 16진수의 한 자리가 딱 맞아떨어지기 때문이다. [표 3-3]을 보면 알 수 있듯이 10진수는 10을 표현하는 데 두 자리가 필요하지만, 16진수의 경우에는 'A'라는 문자 하나로 10을 나타낼 수 있다. 즉 10진수의 '10'은 16진수의 'A', 10진수의 '11'은 16진수의 'B', 이런 식으로 생각하면 된다. 아직은 낯설겠지만 앞으로 자주 보게 될 테니 자연스럽게 익숙해질 것이다.

TIP/ 10이라는 숫자의 경우 이것이 10진수인지, 2진수인지, 16진수인지 알 수 없다. 그래서 진수를 구분할 필요가 있을 때 2진수는 10_2, 10진수는 10_{10}, 16진수는 10_{16}과 같이 표기하기도 한다.

바이트

비트와 더불어 JAVA에서 가장 많이 사용되는 단위는 바이트이다. 바이트는 8개의 비트가 합쳐진 것이라고 생각하면 된다. 비트와 바이트의 크기에 따른 숫자의 범위는 다음과 같다.

표 3-4 비트와 바이트의 크기에 따른 숫자의 범위

비트 수	바이트 수	표현 개수	2진수	10진수	16진수
1		$2^1=2$	0~1	0~1	0~1
2		$2^2=4$	0~11	0~3	0~3
4		$2^4=16$	0~1111	0~15	0~F
8	1	$2^8=256$	0~11111111	0~255	0~FF
16	2	$2^{16}=65536$	0~11111111 11111111	0~65535	0~FFFF
32	4	2^{32}=약 42억	0~…	0~약 42억	0~FFFF FFFF
64	8	2^{64}=약 1800경	0~…	0~약 1800경	0~…

2진수와 16진수를 비교해보면 2진수의 '1111'이 16진수의 'F'에 해당되어 네 자리마다 딱 맞아떨어진다. 즉 0과 1이 너무 많아서 알아보기 힘든 2진수를 16진수로 깔끔하게 표현할 수 있다.

이제 진수 변환에 대해 알아보자. 먼저 2진수를 10진수로 변환하는 방법을 살펴보면, [그림 3-27]은 2진수 '1001 0011'을 10진수로 변환하는 과정이다.

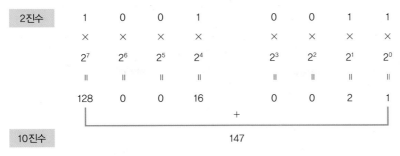

그림 3-27 2진수를 10진수로 변환하는 방법

위 그림을 통해 쉽게 이해할 수 있을 것이다. 2진수를 10진수로 바꾸려면 2진수의 맨 뒤에서 부터 각 자리에 해당하는 가중치인 2^0, 2^1, 2^2, … 을 곱한 다음 각 자리의 결과를 모두 합하면 된다.

이번에는 2진수를 16진수로 변환한 후 10진수로 변환해보자.

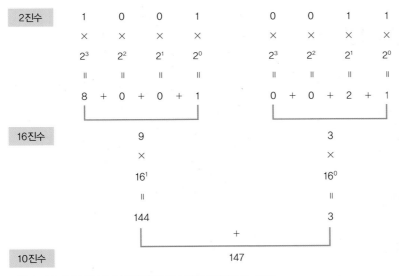

그림 3-28 2진수를 16진수로 변환한 후 10진수로 변환하는 방법

2진수의 네 자리는 16진수의 한 자리이므로 1001은 16진수로 9이고 0011은 16진수로 3이며 결국 16진수 93이 된다. 이 16진수를 10진수로 바꾸려면 맨 뒤에서부터 각 자리에 해당하는 가중치인 16^0, 16^1을 곱한 다음 각 자리의 결과를 모두 합한다. 이 정도면 16진수, 2진수, 10진 수의 관계가 이해될 것이다.

메/멘/토 퀴/즈	① 16진수 3A를 2진수로 바꾸면?
	② 2진수 1010 1111을 16진수로 바꾸면?

이번에는 반대로 10진수를 2진수로 변환해보자. 이 또한 별로 어렵지 않다. 10진수를 계속 2로 나눠나가면서 그 몫과 나머지를 구하면 된다. 예를 들어 10진수 13을 2진수로 변환하면 다음과 같다.

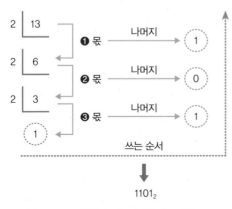

그림 3-29 10진수를 2진수로 변환하는 방법

처음에 13을 2로 나누면 몫은 6, 나머지는 1이다. 여기서 6을 다시 2로 나누면 몫은 3, 나머지는 0이고, 다시 3을 2로 나누면 몫은 1, 나머지는 1이다. 이 마지막 몫과 나머지 값들을 나열하면 2진수가 된다.

> **메 / 멘 / 토 퀴 / 즈**　10진수 20을 2진수로 변환하면?

16진수도 2진수로 변환할 수 있다. 16진수라는 것을 나타내기 위해 13_{16}과 같이 표현했다.

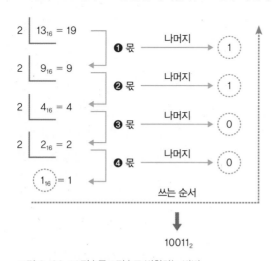

그림 3-30 16진수를 2진수로 변환하는 방법

TIP/ JAVA에서 16진수를 표현할 때는 숫자 앞에 '0x' 또는 '0X'를 붙이면 된다. 예를 들어 'a = 10'은 a에 10진수 10을 대입하라는 것이지만, 'a = 0x10'은 16진수 10(일영이라 읽으며 10진수로는 16이다)을 대입하라는 의미이다.

13_{16}을 10진수로 바꾸면 19이며, 이것을 2로 나누면 몫은 9, 나머지는 1이다. 이후 10진수와 동일하게 계산하면 13_{16}은 2진수 10011_2이 된다. 그런데 더 간단한 방법이 있다. 16진수 한 자리는 2진수 네 자리에 해당하므로 자릿수를 잘라서 계산하는 것이다. 다음 변환표를 익히면 16진수와 2진수 사이의 변환을 빠르게 할 수 있다.

표 3-5 16진수와 2진수 변환표

16진수	2진수	16진수	2진수
0	0000	8	1000
1	0001	9	1001
2	0010	A	1010
3	0011	B	1011
4	0100	C	1100
5	0101	D	1101
6	0110	E	1110
7	0111	F	1111

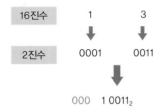

그림 3-31 16진수를 2진수로 변환하는 간편한 방법 1

[그림 3-31]과 같이 각 자릿수를 2진수로 변환한 다음 그 결과를 나열하기만 하면 2진수로 변환된다. 맨 앞의 000은 없어도 되므로 떼어버렸다. 이런 방법으로 긴 16진수를 2진수로 간편하게 변환할 수 있다.

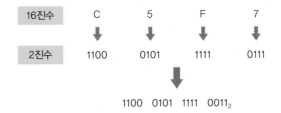

그림 3-32 16진수를 2진수로 변환하는 간편한 방법 2

TIP/ 16진수 $C5F7_{16}$을 10진수로 바꾸면 50679이지만 필요한 경우가 아니면 굳이 10진수로 계산하지 않아도 된다.

메/멘/토 퀴/즈   16진수 F7A를 2진수로 변환하면?

3 숫자 데이터 형식

앞에서도 언급했지만 숫자형 데이터 형식은 소수점이 있는지에 따라 크게 정수형과 실수형으로 나눌 수 있다. 이러한 정수형과 실수형은 다시 조금씩 다른 데이터 형식으로 구분된다.

소수점이 없는 정수형

정수형 데이터 형식은 다음과 같이 네 가지 종류로 구분할 수 있다.

표 3-6 정수형 데이터 형식

정수형 데이터 형식	의미	크기	값의 범위
byte	아주 작은 정수형	1바이트	$-2^7(-128) \sim 2^7-1(127)$
short	작은 정수형	2바이트	$-2^{15}(-32768) \sim 2^{15}-1(32767)$
int	정수형	4바이트	-2^{31}(약 -21억) $\sim 2^{31}-1$(약 21억)
long	큰 정수형	8바이트	-2^{63}(약 -900경) $\sim 2^{63}-1$(약 900경)

TIP/ char형은 유니코드(영어, 한글, 한자, 아랍어 등이 모두 정의됨)를 정의하기 위해 2바이트가 할당되어 있다. 그런데 유니코드 문자의 코드 값이 0~65535로 정의되어 있어서 char를 정수형으로 0~65535로 사용해도 된다.

JAVA는 정수형 중에서 int형을 기본 정수형으로 취급한다. 정수형은 말 그대로 소수점이 없는 데이터를 입력하는 데 사용되는 데이터 형식이다. 나이, 연도, 통장 잔고 등은 소수점을 사용하지 않기 때문에 정수형으로 사용할 수 있다. 예를 들어 나이의 데이터 형식은 byte, short, int, long 중에서 int를 사용할 수 있다. 하지만 나이가 127을 넘지는 않을 것이므로 4바이트를 차지하는 int형보다는 1바이트만 차지하는 byte형으로 하는 것이 가장 효율적이다. 저장 공간을 적게 사용하기 때문이다. 효율성은 실무 프로그램을 작성할 때 고려해야 할 사항이지만 미리 알아두는 것이 좋다.

long형은 상당히 큰 수에 사용하는데, 예를 들어 은행의 통장 잔고는 21억이 넘는 경우도 있으므로 long형으로 지정하는 것이 바람직하다.

정수형의 몇 가지 예를 살펴보자.

실습 3-10　소수점이 없는 정수형

```
01  public class Ex03_10 {
02      public static void main(String[] args) {
03          int a=100, b=200;      ----- 정수형 변수 a와 b에 값을 지정한다.
04          float result;          ----- 실수형 변수 result를 선언한다.
05
```

```
06        result = a / b;      ------ a를 b로 나눈 다음 결과를 실수형 변수 result에 대입한다(0.5를 예상).
07
08        System.out.printf ("%f  ₩n", result);
09    }
10 }
```

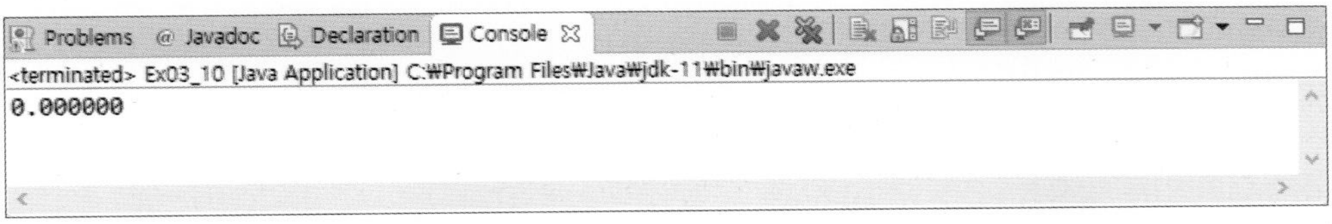

Problems
Javadoc
Declaration
Console
<terminated> Ex03_10 [Java Application] C:₩Program Files₩Java₩jdk-11₩bin₩javaw.exe
0.000000

그림 3-33 실행 결과

[실습 3-10]은 100을 200으로 나눈 값을 출력하는 프로그램이다. 100을 200으로 나눈 값은 0.5이므로 결과 값을 넣을 변수 result를 실수로 선언했다. 하지만 결과는 0.000000이 나왔는데 왜 그럴까?

그 이유는 정수끼리 연산을 수행하면 그 결과도 정수가 되기 때문이다. 즉 6행의 a/b는 100/200으로 100과 200이 모두 정수이므로 그 결과 역시 실수 0.5가 아니라 소수점이 떨어져나간 정수 0이 된 것이다. 따라서 6행의 result에는 0의 실수 값인 0.0이 저장된다.

❷ 계산 결과 대입
0
❶ 정수끼리의 연산이므로 결과가 정수임
0.0
=
100
/
200
실수형 변수 result
정수형 변수 a
정수형 변수 b

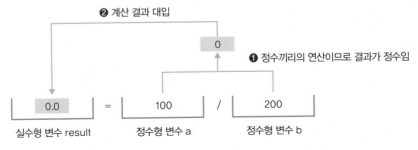

그림 3-34 정수의 연산 결과

즉 숫자 연산은 다음과 같은 규칙을 따른다. 실수가 하나라도 들어 있으면 그 결과는 실수가 된다는 사실을 꼭 기억하기 바란다.

```
정수  +, -, *, /  정수 = 정수
정수  +, -, *, /  실수 = 실수
실수  +, -, *, /  실수 = 실수
```

다음의 연산 결과는?

        1+2.0=(   )   2/3=(   )   10/3=(   )   10.0/3=(   )

▶ 직접 풀어보기 **3-4**

[실습 3-3]이 제대로 출력되도록 수정한 다음 빌드하고 실행해보자.

HINT/ a 또는 b의 데이터 형식을 하나만 바꾼다.

소수점이 있는 실수형

소수점을 가진 실수형 데이터 형식의 종류는 다음과 같이 세 가지가 있다.

표 3-7 실수형 데이터 형식

실수형 데이터 형식	의미	크기	값의 범위
float	실수형	4바이트	약 $-3.4 \times 10^{38} \sim 3.4 \times 10^{38}$
double	큰 실수형	8바이트	약 $-1.79 \times 10^{308} \sim 1.79 \times 10^{308}$

JAVA는 실수형 중에서 double형을 기본 실수형으로 취급한다. 그래서 3.14라고 쓰면 double형 값으로 인식하고, 이 값을 float형으로 만들려면 숫자 뒤에 float를 의미하는 'f'를 붙여야 하므로 3.14f가 된다. float형과 double형을 구분해서 사용해야 하는 경우는 그리 흔치 않지만 아예 없는 것은 아니다. 예를 들어 공학 계산 등과 같이 정밀한 소수점 계산이 필요할 때는 float형보다는 double형을 사용한다. float형은 대개 소수점 아래 일곱 자리까지 정밀도를 유지하지만, double형은 소수점 아래 열다섯 자리 정도까지 정밀도를 표현할 수 있다.

실습 3-11   **소수점이 있는 실수형**

```
01  public class Ex03_11 {
02      public static void main(String[] args) {
03          float a = 0.12345678901234567890012345f;  ----- float형 변수 a에 정밀도 25자리를 입력했다.
04          double b = 0.12345678901234567890012345;   ----- double형 변수 b에 정밀도 25자리를 입력했다.
05
06          System.out.printf("%30.25f \n", a);
07          System.out.printf("%30.25f \n", b);
08      }
09  }
```

그림 3-35 실행 결과

결과를 확인해보면 float형은 결과가 소수점 아래 일곱 자리까지는 잘 나왔으나 그 이후에는 엉뚱한 값이 나왔다. 즉 일곱 자리까지만 신뢰할 수 있고 그 이후의 값은 출력되더라도 신뢰할 수 없는 값이다. 이와 달리 double형은 열다섯 자리까지 입력한 값이 그대로 출력되었다. 드물기는 하지만 이렇게 소수점 아래 일곱 자리 이상의 정밀도가 필요하다면 double형을 사용해야 한다.

> 메 / 멘 / 토 퀴 / 즈   float, double은 각각 ☐, ☐ 바이트이다.

4 문자형 데이터 형식

일반 글자를 표현할 수 있는 데이터 형식에는 문자형과 문자열이 있다. 문자열은 별도의 데이터 형식이 아니며 문자 집합 정도로 생각하면 된다.

아스키코드와 유니코드

문자를 이해하기 전에 먼저 아스키코드(ASCII)에 대해 알아둬야 한다. 아스키코드는 컴퓨터에서 표현하는 문자(특히 키보드에 있는 영문, 기호, 숫자 등)를 0~127에 대응시킨 코드라고 할 수 있다. 가장 활용 빈도가 높은 아스키코드는 다음과 같다.

표 3-8 아스키코드

아스키코드	10진수	16진수
0~9	48~57	0x30~0x39
A~Z	65~90	0x41~0x5A
a~z	97~122	0x61~0x7A

아스키코드의 0~127은 기본적으로 알파벳만 해당되며 한글은 해당되지 않는다. 영문 하나를 표현하는 데는 1바이트면 충분하지만, JAVA는 문자형인 char에 2바이트를 할당하기 때문에 아스키코드도 2바이트를 사용한다.

코드표를 모두 외울 필요는 없지만 숫자 0은 48, 대문자 A는 65, 소문자 a는 97이라는 것을 기억해두면 유용하다. 이를 바탕으로 나머지도 쉽게 유추할 수 있기 때문이다. 예를 들어 F는 A

로부터 다섯 번째 자리이므로 65+5=70이라는 것을 알 수 있다.

여기서 조금 헷갈리는 개념이 있다. a가 97이라고 했는데 이것은 무슨 의미일까? JAVA에서는 숫자를 문자로 표현하기도 한다. 즉 정수형 97을 문자형으로 표현하면 a가 된다는 뜻이다. 따라서 아래 두 문장은 동일하다.

char ch = 'a';	==	char ch = 97 ;

이에 대해서는 잠시 뒤에 좀 더 살펴보겠다.

한편 문자에는 영문과 숫자뿐 아니라 한글, 중국어, 아랍어 등도 있는데 이와 같은 많은 종류의 문자를 표현하기 위한 것이 유니코드이다. JAVA의 문자형 char는 유니코드를 표현하기 위해 2바이트를 할당하므로 $0 \sim 2^{16}-1$(즉 $0 \sim 65535$)의 범위를 표현할 수 있다.

한 글자를 표현하는 문자형

문자형은 문자 또는 기호 하나를 저장하는 형식을 말한다. 한 글자를 위한 문자형 데이터 형식은 다음과 같다.

표 3-9 문자형 데이터 형식

문자형 데이터 형식	의미	크기	값의 범위
char	문자형 또는 정수형	2바이트	$0 \sim 2^{16}-1$ (65535)

char형에는 문자뿐만 아니라 값의 범위에 해당하는 정수를 대입할 수 있다. 즉 char형을 2바이트 크기의 정수형으로 취급해도 상관없다는 의미이다. 즉 char형의 크기가 2바이트(=16비트)이므로 표현할 수 있는 글자 수는 65536가지이고, 값의 범위는 $0 \sim 65535$이다. 따라서 아스키코드표의 $0 \sim 127$을 비롯해 한글, 중국어, 아랍어 등을 모두 표현할 수 있다.

실습 3-12 문자형 변수 사용 예 1

```
01  public class Ex03_12 {
02      public static void main(String[] args) {
03          char a, b, c, d, e;                      ----- 문자형 변수 5개를 선언한다.
04
05          a = 'A';                                 ----- 문자형 변수 a에 'A'를 대입한다.
06          System.out.printf(" %c \t", a);          ----- 문자형 변수 a를 문자형과 정수형으로 출력한다.
07          System.out.printf(" %d \n", (int) a);
08
09          b = 'a';                                 ----- 문자형 변수 b에 'a'를 대입한다.
```

```
10      c = (char) (b + 1);                    ----- 문자형 변수 b에 1를 더하여 문자형 변수 c에 대입한다.
                                                      결과는 char로 캐스팅한다.
11      System.out.printf(" %c \t", b);
12      System.out.printf(" %c \n", c);
13
14      d = 90;                                 ----- 문자형 변수 d에 숫자 90을 대입한다.
15      System.out.printf(" %c \n", d);
16
17      d = '가';                                ----- 문자형 변수 d에 한글을 대입한다.
18      e = (char) (d + 1);                     ----- 문자형 변수 e에 1를 더하여 문자형 변수 c에 대입한다.
                                                      결과는 char로 캐스팅한다.
19      System.out.printf(" %d \t", (int) d);
20      System.out.printf(" %c \n", e);
21  }
22 }
```

```
Problems  @ Javadoc  Declaration  Console ✕
<terminated> Ex03_12 [Java Application] C:\Program Files\Java\jdk-11\bin\javaw.exe
A        65
a        b
Z
44032    각
```

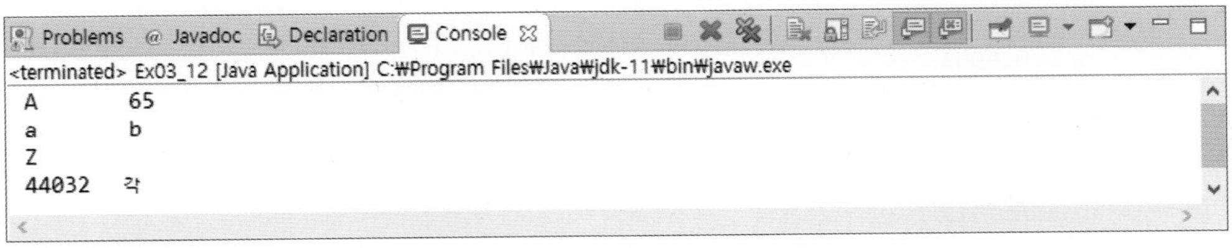

그림 3-36 실행 결과

3행에서 5개의 문자형 변수를 선언했다. 5행에서 변수 a에 문자 'A'를 입력하고 6행에서 문자를 출력했다. 그런데 7행에서 문자형 변수 a를 정수형으로 출력하니 65가 나왔다. 'A'와 65는 동일한 값이지만 어떤 출력 서식을 사용하느냐에 따라 다른 값이 출력된다.

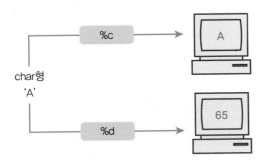

그림 3-37 서식에 따라 다른 출력 결과

9행에서는 변수 b에 문자 'a'를 대입하고, 10행에서는 변수 c에 '변수 b의 값+1'을 대입했다. 그런데 변수 b에는 문자 'a'가 들어 있지만 이는 숫자 97과 동일하므로, 여기에 1를 더한 값인 98이 변수 b에 들어간다. 이를 12행에서 문자형으로 출력하면 문자 'b'가 된다.

14행에서도 d가 문자형 변수이지만 숫자 90을 넣을 수도 있다. 숫자 90은 문자 'Z'와 동일하므로 결국 변수 d에 'Z'를 입력한 것과 같은 효과를 낸다. 그 결과 'Z'가 출력되었다. 17행에서 변수 d에 한글 '가'를 대입하고 19행에서 정수로 출력하니 한글 '가'는 44032 코드 값인 것이 확인된다. 18행에서 변수 d에 1을 증가시키고 20행에서 출력하여 '각'이 출력되었다.

메/멘/토 퀴/즈 | 10진수 65는 아스키코드 A를 의미한다. 10진수 75는 아스키코드 □를 의미한다.

실습 3-13 **문자형 변수 사용 예 2**

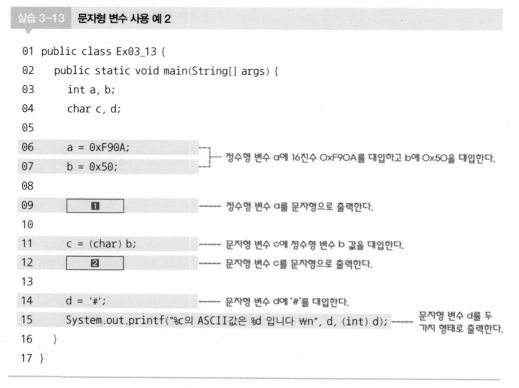

```
01  public class Ex03_13 {
02      public static void main(String[] args) {
03          int a, b;
04          char c, d;
05
06          a = 0xF90A;                                     정수형 변수 a에 16진수 0xF90A를 대입하고 b에 0x50을 대입한다.
07          b = 0x50;
08
09          [ 1 ]                                          정수형 변수 a를 문자형으로 출력한다.
10
11          c = (char) b;                                  문자형 변수 c에 정수형 변수 b 값을 대입한다.
12          [ 2 ]                                          문자형 변수 c를 문자형으로 출력한다.
13
14          d = '#';                                       문자형 변수 d에 '#'를 대입한다.
15          System.out.printf("%c의 ASCII값은 %d 입니다 \n", d, (int) d);    문자형 변수 d를 두 가지 형태로 출력한다.
16      }
17  }
```

정답: 1 System.out.printf("%c \n", a); 2 System.out.printf("%c \n", c);

그림 3-38 실행 결과

6행과 7행에서는 a와 b에 16진수 값을 대입하기 위해 0x 형식을 사용했다. 즉 0x를 앞에 붙이면 10진수가 아니라 16진수가 된다. 9행에서 정수형 변수 a를 문자형으로 출력하여 0xF90A의 아스키코드 값인 한자 金이 출력되었다. 즉 정수형 변수(int)도 문자형으로 출력할 수 있다.

11행에서는 정수형 변수 b의 값을 문자형 변수 c에 입력했다. 데이터 형식이 서로 다르므로 (char)로 캐스팅했다. 14행과 15행은 '#'의 아스키코드 값을 알아보기 위한 내용이다. 문자형 변수 d는 문자형과 정수형으로 모두 출력할 수 있다는 것을 알 수 있다.

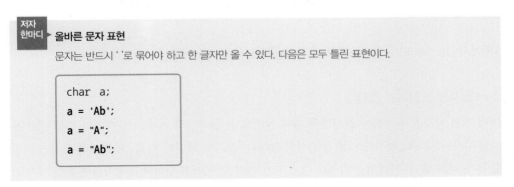

저자 한마디 ▶ 올바른 문자 표현

문자는 반드시 ' '로 묶어야 하고 한 글자만 올 수 있다. 다음은 모두 틀린 표현이다.

```
char  a;
a = 'Ab';
a = "A";
a = "Ab";
```

참과 거짓을 표현하는 불(Boole)

불형(Boolean type)은 참(true)나 거짓(false)만 저장할 수 있으며 논리형이라고도 부른다.

표 3-10 문자형 데이터 형식 boolean

문자형 데이터 형식	의미	크기	값의 범위
boolean	참, 거짓을 저장	1바이트	true, false만 저장

실제로 참을 1, 거짓을 0으로 취급하면 1바이트(=8비트)가 아닌 1비트만으로도 표현이 가능하지만, JAVA는 최소 접근 단위가 1바이트이므로 크기는 1바이트를 사용한다.

실습 3-14   불형 사용 예

```
01  public class Ex03_14 {
02     public static void main(String[] args) {
03         boolean boo1, boo2;                        ----- 불형 변수 2개를 선언한다.
04
05         boo1 = true;                               ----- boo1 변수에 true를 대입한다.
06         System.out.printf("%s \n", boo1);          ----- boo1 변수를 출력한다.
07
08         boo2 = (10 == 20);                         ----- boo2 변수에 10과 20을 비교한 결과를 대입한다.
09         System.out.printf("%s \n", boo2);          ----- boo2 변수를 출력한다.
10     }
11  }
```

그림 3-39 실행 결과

8행에서 (10 == 20)은 '10과 20이 같다'의 결과이므로 true 또는 false가 반환된다.

여러 글자를 표현하는 문자열

여러 개의 글자를 저장하는 문자열에 대해 살펴보자. 문자열의 개념은 '문자형의 집합'이고 '문자열'이라는 데이터 형식은 따로 존재하지 않는다. 문자형 데이터 형식 char는 한 글자만 저장할 수 있다고 했다. 따라서 문자열은 한 문자가 여러 개 이어진 것이라고 생각하면 된다.

표 3-11 문자형 데이터 형식 string

문자형 데이터 형식	의미	크기	값의 범위
String	문자열	(입력한 글자 수 × 2) 바이트	저장되는 모든 값은 글자로 저장됨

문자열은 데이터 형식으로 지원되지 않고 String 클래스로 사용할 수 있다. 원칙적으로 데이터 타입은 아니지만 데이터 타입처럼 자주 사용해야 하므로 미리 알아두는 것이 좋다.

실습 3-15   문자열 사용 예

```
01  public class Ex03_15 {
02      public static void main(String[] args) {
03          String str1 = "IT CookBook 입니다.";        ----- str1 문자열 변수를 선언하고, 선언과 동시에
                                                              값을 입력한다.
04          String str2 = "10";                         ┐---- str2, str3 문자열 변수를 선언하고 각각에
05          String str3 = "20";                         ┘     문자열 "10"과 "20"을 대입한다.
06
07          str1 = "Java 입니다. ";                      ----- str1 문자열 변수에 값을 대입한다.
08
09          System.out.printf("%s \n", str1);           ----- str1을 출력한다.
10          System.out.printf("%s \n", str2 + str3);    ----- str2와 str3의 합계를 출력한다.
11      }
12  }
```

그림 3-40 실행 결과

3행에서 문자열의 선언과 동시에 값을 입력하고, 7행에서는 그 값을 변경했다. 9행에서는 최종적으로 입력된 'Java 입니다.'만 출력했다. 4, 5행에서는 str2와 str3에 10과 20을 대입했다. 그리고 10행에서는 1020이 출력되었는데, 이는 문자열이 숫자 10처럼 보이지만 모두 글자 10으로 취급되기 때문이다.

메/멘/토 퀴/즈   String 형식으로 "123"+"456"의 결과는 (   )이다.

예제 모음
04 정수형을 출력하는 프로그램

난이도
★ ☆ ☆

예제 설명 정수형 숫자를 하나 입력받고 10진수, 16진수, 8진수로 출력하는 프로그램을 작성해보자.

실행 결과

```
Problems  @ Javadoc  Declaration  Console ☒        ■ ✖ ✖ | ▣ ▣ | ▣ | ▣ ▣ | ☞ ▣ ▾ ▣ ▾ ▭ ▭
<terminated> Problem_04 [Java Application] C:\Program Files\Java\jdk-11\bin\javaw.exe
정수를 입력하세요 ==>  9999
10진수 ==>  9999
16진수 ==>  270F
8진수 ==>  23417
<
```

예제 모음
05 입력하는 정수의 진수 결정

난이도
★ ★ ★

예제 설명 10진수, 16진수, 8진수 중 어떤 진수의 값을 입력할지 결정하고, 해당 숫자를 입력한 다음
입력한 수를 10진수, 16진수, 8진수로 출력하는 프로그램을 작성해보자.

실행 결과

```
Problems  @ Javadoc  Declaration  Console ☒        ■ ✖ ✖ | ▣ ▣ | ▣ | ▣ ▣ | ☞ ▣ ▾ ▣ ▾ ▭ ▭
<terminated> Problem_05 [Java Application] C:\Program Files\Java\jdk-11\bin\javaw.exe
입력진수 결정 <1>10 <2>16 <3>8 : 2
값 입력 : FF
10진수 ==> 255
16진수 ==> FF
8진수 ==> 377
<
```

예제 모음

06 데이터형의 크기 확인

난이도
★ ★ ☆

예제 설명   각 데이터형의 크기(bit)를 확인하는 프로그램을 작성해보자.

- -

실행 결과

```
Problems  @ Javadoc  Declaration  Console 
<terminated> Problem_06 [Java Application] C:\Program Files\Java\jdk-11\bin\javaw.exe
byte 형의 크기          ==> 8
short 형의 크기         ==> 16
int 형의 크기           ==> 32
long 형의 크기          ==> 64
float 형의 크기         ==> 32
double 형의 크기        ==> 64
char 형의 크기          ==> 16
```

예제 모음

07 입력된 문자열을 거꾸로 출력

난이도
★ ★ ★

예제 설명   문자열을 입력받고, 입력받은 문자열의 순서를 거꾸로 출력해보자(아직 배우지 않은 내용이
나오지만 미리 살펴본다).

- -

실행 결과

```
Problems  @ Javadoc  Declaration  Console 
<terminated> Problem_07 [Java Application] C:\Program Files\Java\jdk-11\bin\javaw.exe
문자열을 입력 ==> IT CookBook Java
avaJ kooBkooC TI
```

04

```java
01  import java.util.Scanner;
02
03  public class Problem_04 {
04    public static void main(String[] args) {
05      int data;                                    ----- 정수형 변수를 선언한다.
06      Scanner s = new Scanner(System.in);
07      System.out.print("정수를 입력하세요 ==> ");
08      data = s.nextInt();                          ----- 키보드로 정수를 입력받는다.
09
10      System.out.printf("10진수 ==> %d ₩n", data);    10진수(%d), 16진수(%X), 8진수(%o)
11      System.out.printf("16진수 ==> %X ₩n", data);    를 출력한다.
12      System.out.printf("8진수 ==> %o ₩n", data);
13    }
14  }
```

05

```java
01  import java.util.Scanner;
02
03  public class Problem_05 {
04    public static void main(String[] args) {
05      Scanner s = new Scanner(System.in);
06      int type, data = 0;
07      String str;
08
09      System.out.printf("입력 진수 결정 <1>10 <2>16 <3>8 : ");
10      type = s.nextInt();           ----- 키보드로 1~3 중 하나를 입력받는다.
11
12      System.out.printf("값 입력 : ");
13
```

```java
14        if (type == 1) {
15            str = s.next();
16            data = Integer.parseInt(str, 10);
17        }
18
19        if (type == 2) {
20            str = s.next();
21            data = Integer.parseInt(str, 16);
22        }
23
24        if (type == 3) {
25            str = s.next();
26            data = Integer.parseInt(str, 8);
27        }
28
29        System.out.printf("10진수 ==> %d \n", data);
30        System.out.printf("16진수 ==> %X \n", data)
31        System.out.printf("8진수 ==> %o \n", data);
32    }
33 }
```

입력 값이 1이면 10진수를 입력받는다. s.next()는 문자열을 입력받고 Integer. parseInt(str, 10)은 문자열을 10진수로 변환한다(10진수는 생략해도 된다).

입력 값이 2이면 16진수를 입력받는다. s.next()는 문자열을 입력받고 Integer. parseInt(str, 16)은 문자열을 16진수로 변환한다.

입력 값이 3이면 8진수를 입력받는다. s.next()는 문자열을 입력받고 Integer. parseInt(str, 8)은 문자열을 8진수로 변환한다.

각 진수로 변환한 데이터 값을 10진수, 16진수, 8진수로 출력한다.

06

```java
01 public class Problem_06 {
02    public static void main(String[] args) {
03        System.out.printf("byte 형의 크기\t\t ==> %d\n", Byte.SIZE);
04        System.out.printf("short 형의 크기\t\t ==> %d\n", Short.SIZE);
05        System.out.printf("int 형의 크기\t\t ==> %d\n", Integer.SIZE);
06        System.out.printf("long 형의 크기\t\t ==> %d\n", Long.SIZE);
07        System.out.printf("float 형의 크기\t\t ==> %d\n", Float.SIZE);
08        System.out.printf("double 형의 크기\t\t ==> %d\n", Double.SIZE);
09        System.out.printf("char 형의 크기\t\t ==> %d\n", Character.SIZE);
10    }
11 }
```

각 데이터 형식 래퍼 클래스의 size 필드를 통해 데이터형의 크기를 비트 단위로 출력한다(래퍼 클래스는 14장에서 다룬다).

07

```
01  import java.util.Scanner;
02
03  public class Problem_07 {
04    public static void main(String[] args) {
05      Scanner s = new Scanner(System.in);
06      String str;                                    ----- 문자열을 입력받을 str 배열을 준비한다.
07      int i;                                         ----- 반복문에서 사용할 첨자를 준비한다.
08
09      System.out.print("문자열을 입력 ==> ");
10      str = s.nextLine();                            ----- 문자열을 입력받는다.
11
12      for (i = str.length() - 1; i >= 0; i—) {
13        System.out.printf("%c", str.charAt(i));
14      }
15      System.out.printf("\n");
16    }
17  }
```

str 배열에 들어 있는 문자열을 맨 뒤부터
맨 앞까지 출력한다. 결국 입력한 순서의
반대로 출력된다. str.length()는 문자열의
길이를 반환하고, str.charAt(위치)는
위치의 한 글자를 반환한다.

요약

01 System.out.printf( ) 메소드

① 화면에 무언가를 출력하는 역할을 한다.

② 형식은 printf("서식", 인자들…)이다.

③ 정수는 %d, 실수는 %f, 문자는 %c, 문자열은 %s 서식을 사용한다.

02 System.out.printf( ) 메소드의 서식

① 서식에 '%5d'와 같이 사용하면 다섯 자리로 정수를 출력한다.

② 서식에 '%7.3f'와 같이 사용하면 전체 일곱 자리에 소수점 아래 세 자리의 실수를 출력한다.

③ 새로운 줄로 이동하는 '₩n', 다음 탭으로 이동하는 '₩t', 역슬래시(\)를 출력하는 '₩₩' 등의 서식 문자가 존재한다.

03 변수에 값을 대입하는 방법

10=100과 같이 왼쪽에 상수가 오면 안 되고, a=100과 같이 왼쪽에는 반드시 변수가 와야 한다. 또한 오른쪽은 상수, 변수, 계산 값 등 무엇이든 상관없다.

04 데이터 형식

① 컴퓨터에서 내부적으로 사용되는 진수는 2진수이며, 2진수 네 자리를 묶은 것이 16진수이다.

② 정수 데이터 형식에는 byte, short, int, long 등이 있다.

③ 실수 데이터 형식에는 float, double 등이 있다.

④ 문자 데이터 형식에는 char를 사용하고, 여러 글자를 저장하는 문자열 데이터 형식에는 String을 사용한다.

⑤ 참과 거짓을 표현하는 논리형에는 boolean을 사용한다.

연습문제

01 다음 빈칸에 알맞은 말을 넣으시오.

① System.out.printf() 메소드의 서식은 앞에 %가 붙는다. 그리고 %d는 (   )를 의미하고, %f는
(   )를 의미한다.

② 정수를 표현하기 위한 서식으로는 10진수를 나타내는 (   ), 16진수를 나타내는 (   ), 8진수
를 나타내는 (   )가 있다.

HINT/ %d, %f는 숫자를 출력하고, 진수에는 %x, %d, %o 등을 사용한다.

02 다음 문장이 정상적으로 출력되도록 빈칸에 알맞은 말을 넣으시오.

```
System.out.printf("   ①   /   ②   =   ③   ", 100, 200, 0.5);
```

HINT/ 정수와 실수를 출력하는 방식의 차이를 생각해본다.

03 다음 문제에 답하시오.

① 16진수 123을 10진수로 바꾸면?

② 아스키코드 A는 10진수로 65이다. 그렇다면 J는 16진수로 몇인가?

③ 한 글자를 저장하는 데는 (   )형을 사용하고, 여러 글자를 저장하는 데는 (   )형을 사용한다.

HINT/ 진수 변환 방법과 아스키코드표를 참조한다.

04 다음 중에서 골라 빈칸에 알맞은 말을 넣으시오.

```
\n          \t          \\          \r          \b
```

① 역슬래시(\)를 출력하게 해주는 (   )

② 뒤로 한 칸 옮기는 (   )

② 새로운 줄로 바꾸는 (   )

④ 줄의 맨 앞으로 옮기는 (   )

⑤ 다음 탭 위치로 옮기는 (   )

05 다음 소스코드의 실행 결과는 무엇인가?

①

```
System.out.printf("111");
System.out.printf("111+222");
System.out.printf("%d", 111+222);
```

②

```
float a = 123.45f;
System.out.printf("%08.3f", a);
```

③

```
float a = 123.45f , b ;
int c;
c = (int) a ;
b = c ;
System.out.printf("%6.2f", b);
```

HINT/ 문자열은 그대로 출력하고 수식은 계산한 다음 출력한다.

06 다음을 실행한 후의 변수 c 값은 무엇인가?

```
float a;
int b;
float c;
a = 123.45f;
b = (int)a;
c = b;
```


07 다음 중 틀린 것을 모두 고르시오.

```
int a, b, c;
```

① a = 10;   ② c = b = a;   ③ 20 = c;   ④ 30 = 30;   ⑤ c = c;

08 다음과 같이 출력되도록 프로그램을 작성하시오([예제 모음 5] 참조).

```
Problems  @ Javadoc  Declaration  Console ✕          ■ ✕ ✕ | ▣ ▣ ▣ ▣ ▣ | ▱ ▣ ▾ ▱ ▾ ▭ □
<terminated> Quiz03_08 [Java Application] C:₩Program Files₩Java₩jdk-11₩bin₩javaw.exe
16진수를 입력하세요 :  EE
입력한 16진수는 10진수로 238  입니다.
```

09 다음 프로그램의 실행 결과는 무엇인가?

①

```
01  public class Exam {
02    public static void main(String[] args) {
03      int a = (int) 111.22;
04      float b = 300f;
05
06      System.out.printf("a의 값 ==> %d ₩n", a);
07      System.out.printf("b의 값 ==> %f ₩n", b);
08    }
09  }
```

②

```
01  public class Exam {
02    public static void main(String[] args) {
03      int a = 0x41, b = 0x61;
04      int tol;
05      tol = b - a;
06
07      System.out.printf("%c를 소문자로 표시하면 %c이며 ₩n", 'K', 'K' + tol);
08      System.out.printf("%c를 대문자로 표시하면 %c이며 ₩n", 'z', 'z' - tol);
09    }
10  }
```

연산자는
쉽지만 중요하다.

Chapter 04
연산자

JAVA를 사용한다면 당연히 많은 계산을 하게 되는데, 이때 연산자를 이용한다. 이 장에서는 산술 연산자를
비롯해 증감 연산자, 관계 연산자, 논리 연산자, 비트 연산자를 살펴볼 것이다. 이러한 내용은 다른 장에서
도 많이 사용되는 것이니 잘 익혀둔다.

SECTION 01 산술 연산자
SECTION 02 관계 연산자
SECTION 03 논리 연산자
SECTION 04 비트 연산자
SECTION 05 연산자 우선순위
예제 모음
요약
연습문제

산술 연산자

산술 연산자는 더하기, 빼기, 곱하기, 나누기 등의 기호를 말한다. 산술 연산자는 JAVA에서 처리해야 할 가장 기본적인 계산을 위한 연산자이므로 꼭 알아둬야 한다.

JAVA에서 기본적인 계산을 할 때는 산술 연산자를 사용한다. 산술 연산자는 우리가 일상에서 사용하는 더하기(+), 빼기(−), 곱하기(*), 나누기(/)가 대표적이고 그 외에도 몇 가지가 더 있다. 2개 이상의 산술 연산자가 동시에 나와 어떤 연산자를 먼저 계산할지 결정할 때 '우선순위'라는 개념을 적용한다.

1 기본적인 연산자

JAVA에서 사용되는 기본적인 산술 연산자는 다음과 같다.

표 4-1 산술 연산자의 종류

산술 연산자	설명	사용 예	
=	대입	a=3	정수 3을 a에 대입한다.
+	더하기	a=5+3	5와 3을 더한 값을 a에 대입한다.
−	빼기	a=5−3	5에서 3을 뺀 값을 a에 대입한다.
*	곱하기	a=5*3	5와 3을 곱한 값을 a에 대입한다.
/	나누기	a=5/3	5를 3으로 나눈 값을 a에 대입한다.
%	나머지 값	a=5%3	5를 3으로 나눈 뒤 나머지 값을 a에 대입한다.

나누기(/)와 나머지 값(%) 정도만 주의하면 쉽게 이해할 수 있는 내용이다. 실습을 통해 확인해보자.

실습 4-1 산술 연산자 사용 예

```
01  public class Ex04_01 {
02     public static void main(String[] args) {
03        int a, b = 5, c = 3;
04
05        a = b + c;          ----- b와 c를 더하기 연산 하여 a에 대입한다.
```

```
06        System.out.printf(" %d + %d = %d  ₩n", b, c, a);
07
08        a = b - c;          ----- b와 c를 빼기 연산 하여 a에 대입한다.
09        System.out.printf(" %d - %d = %d  ₩n", b, c, a);
10
11        a = b * c;          ----- b와 c를 곱하기 연산 하여 a에 대입한다.
12        System.out.printf(" %d * %d = %d  ₩n", b, c, a);
13
14        a = b / c;          ----- b와 c를 나누기 연산 하여 a에 대입한다.
15        System.out.printf(" %d / %d = %d  ₩n", b, c, a);
16
17        a = b % c;          ----- b와 c를 나누기 연산 하여 나머지 값을 a에 대입한다.
18        System.out.printf(" %d %% %d = %d  ₩n", b, c, a);
19    }
20 }
```

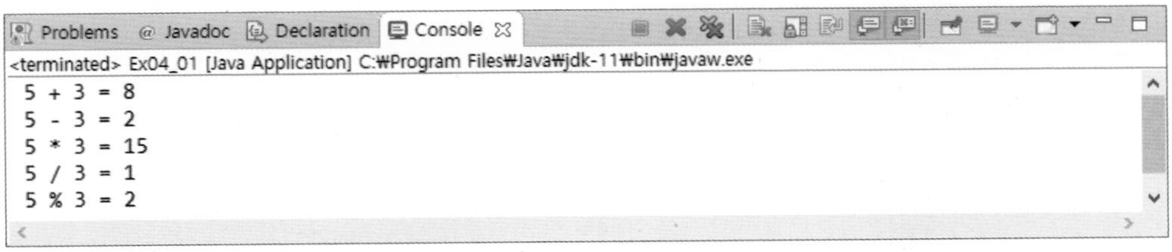
Problems
@ Javadoc
Declaration
Console
<terminated> Ex04_01 [Java Application] C:₩Program Files₩Java₩jdk-11₩bin₩javaw.exe
5 + 3 = 8
5 - 3 = 2
5 * 3 = 15
5 / 3 = 1
5 % 3 = 2

그림 4-1 실행 결과

14행에서 5를 3으로 나누면 약 1.6667이 나와야 하는데 1만 나왔다. 이는 앞에서도 말했지만 정수끼리의 연산 결과는 정수가 되기 때문이다. 즉 5(정수)/3(정수)의 결과는 실수(1.6667)에서 소수점 아래가 떨어져나간 정수(1)가 되는 것이다. 나머지 연산자(%)는 5를 3으로 나눈 뒤 남은 나머지를 구한다.

▶ 직접 풀어보기 **4-1**

14, 15행의 결과가 실수가 되도록 프로그램을 수정해보자([실습 4-2] 참조).

2 우선순위와 강제 형 변환

다음 실습을 통해 어떤 연산자가 먼저 계산되는지를 살펴보자. 또한 강제로 데이터의 형을 변환하는 강제 형 변환(casting)에 대해 이해하고, 강제 형 변환을 하는 이유를 명확히 알아본다.

실습 4-2 우선순위와 강제 형 변환의 예

```
01 public class Ex04_02 {
02    public static void main(String[] args) {
03       int a = 2, b = 3, c = 4;          ----- 정수형 변수를 선언한다.
04       int result1, mok, namugi;         ----- 정수형 변수를 선언한다.
05       float result2;                    ----- 실수형 변수를 선언한다.
06
07       result1 = a + b - c;              ----- 더하기와 빼기 연산을 동시에 수행한다.
08       System.out.printf(" %d + %d - %d = %d  \n", a, b, c, result1);
09
10       result1 = a + b * c;              ----- 더하기와 곱하기 연산을 동시에 수행한다.
11       System.out.printf(" %d + %d * %d = %d \n", a, b, c, result1);
12
13       result2 = a * b / (float) c;      ----- 정수 c를 실수로 강제 형 변환한 다음 연산한다.
14       System.out.printf(" %d * %d / %d = %f \n", a, b, c, result2);
15
16       [    1    ] = c / b;              ----- 몫을 구한다.
17       System.out.printf(" %d / %d 의 몫은 %d \n", c, b, mok);
18
19       [    2    ] = c % b;              ----- 나머지를 구한다.
20       System.out.printf(" %d / %d 의 나머지는 %d  \n", c, b, namugi);
21    }
22 }
```

정답_ 1 mok 2 namugi

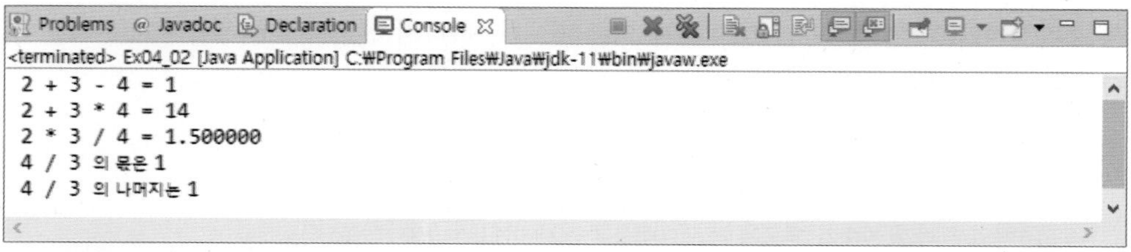
Problems @ Javadoc Declaration Console
<terminated> Ex04_02 [Java Application] C:\Program Files\Java\jdk-11\bin\javaw.exe
2 + 3 - 4 = 1
2 + 3 * 4 = 14
2 * 3 / 4 = 1.500000
4 / 3 의 몫은 1
4 / 3 의 나머지는 1

그림 4-2 실행 결과

간단한 연산자 우선순위

[실습 4-2]의 3행과 4행에서는 정수형 변수를 선언하고, 5행에서 실수형 결과를 저장할 실수형 변수 result2를 선언했다. 그리고 7행에서 덧셈과 뺄셈이 연속해서 나오는데, 이때 둘 중 어떤 것이 먼저 계산될까? 다음 두 가지 가운데 어떤 방식으로 계산될지 생각해보자.

```
❶ result1 = (a + b) - c;
❷ result1 = a + (b - c);
```

답은 ❶번이지만, 덧셈과 뺄셈은 계산되는 순서(연산자 우선순위)가 동일하므로 어떤 것을 먼저 계산하든 결과가 동일하다. 괄호가 없으면 왼쪽에서 오른쪽 방향으로 계산한다.

이번에는 덧셈과 곱셈이 같이 있는 10행을 보자. 무엇을 먼저 계산하느냐에 따라 결과가 다르게 나온다.

```
❶ result1 = (a + b) * c; ➡ (2 + 3) * 4 ➡ 5 * 4 ➡ 20
❷ result1 = a + (b * c); ➡ 2 + (3 * 4) ➡ 2 + 12 ➡ 14
```

실행 결과는 ❷번의 결과인 14이다. 이렇게 나오는 것은 덧셈(또는 뺄셈)과 곱셈(또는 나눗셈)이 같이 나오는 경우에는 곱셈(또는 나눗셈)을 먼저 계산한 다음 덧셈(또는 뺄셈)을 계산하기 때문이다. 즉 괄호가 없어도 ❷번과 같은 순서로 계산되어 14가 나오는 것이다.

이처럼 산술 연산자는 괄호가 가장 우선이고 곱셈(또는 나눗셈)이 그다음, 덧셈(또는 뺄셈)이 가장 마지막으로 수행된다. 덧셈(또는 뺄셈)끼리 또는 곱셈(또는 나눗셈)끼리의 연산은 왼쪽에서 오른쪽으로 진행된다. 그 외의 연산자 우선순위는 이 장의 끝에서 다시 살펴보겠다.

저자 한마디 **괄호를 사용한 연산자 우선순위**

덧셈, 뺄셈, 곱셈, 나눗셈이 함께 나와 연산자 우선순위가 혼란스러울 때는 괄호를 사용한다. 무조건 괄호가 우선이므로 계산이 수월할 것이다. 다음 두 가지 예는 동일한 결과를 출력하지만 두 번째가 더 나은 코딩이라고 할 수 있다.

```
❶ a = b + c * d ;
❷ a = b + (c * d);
```

메/멘/토/퀴/즈 덧셈, 뺄셈, 곱셈, 나눗셈 중에서 □□, □□□의 우선순위가 높다.

데이터형의 강제 형 변환

[실습 4-2]의 13행에는 강제로 데이터형을 변환하는 방식이 적용되어 있다. 먼저 곱셈과 나눗셈은 연산자 우선순위가 동일하므로 왼쪽에서 오른쪽으로 계산한다. 만약 강제 형 변환을 사용하지 않으면 [그림 4-3]과 같은 결과가 나올 것이다.

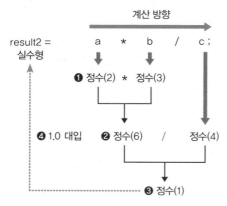

그림 4-3 형 변환을 하지 않았을 때의 결과

연산자 우선순위에 의해 왼쪽의 a*b가 먼저 계산되어 그 결과는 6이다. 그리고 6을 c 값인 4
로 나누면 1.5인데, 6과 4가 정수이므로 정수끼리의 연산은 정수가 되어 결국 최종 계산 결과
(❸)는 정수 1이다. 이것을 실수형 변수 result2에 넣어도 1.0이 될 뿐 기대한 결과인 1.5가 되
지 않는다. 실수인 1.5로 결과가 계산되도록 하려면 13행에서 c를 실수형으로 강제로 바꿔주
면 된다. 이렇게 강제로 형 변환을 하기 위해 변수 또는 상수 앞에 (형 이름)을 쓰는데, 이 경우
에는 (float)를 써서 변수 c를 실수형으로 잠깐 변환했다. 그러면 [그림 4-4]와 같이 '정수/실수
=실수'로 계산하여 14행에서 1.5가 출력된다.

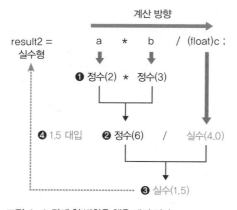

그림 4-4 강제 형 변환을 했을 때의 결과

이와 반대로 실수형을 정수형으로 변환하는 경우에는 (int)를 앞에 붙이면 된다. 이렇게 강제
형 변환을 해주는 (float)와 (int)를 캐스트(cast) 연산자라고 이미 언급했다.

[실습 4-2]의 16행과 19행에서는 '정수/정수=정수'의 특성을 활용하여 몫과 나머지를 계산한
다. 즉 어떤 숫자를 나눈 값에서 소수점을 떼어내면 몫이 되기 때문에 16행에서 3/2=1.5가 아
니라 3/2=1로 몫이 계산된다. 19행에서는 나머지 연산자를 사용했다.

3 대입 연산자와 증감 연산자

JAVA에서는 대입 연산자(=) 외에도 +=, −=, *=, /=, %= 등이 있다. 또한 1씩 증가시키는 역할을 하는 ++ 연산자와 1씩 감소시키는 역할을 하는 −− 연산자도 있다. [표 4-2]에 대입 연산자와 증감 연산자를 정리했다.

표 4-2 대입 연산자와 증감 연산자의 종류

연산자	설명	사용 예	
+=	대입 연산자	a+=3	a=a+3과 동일하다.
−=	대입 연산자	a−=3	a=a−3과 동일하다.
*=	대입 연산자	a*=3	a=a*3과 동일하다.
/=	대입 연산자	a/=3	a=a/3과 동일하다.
%=	대입 연산자	a%=3	a=a%3과 동일하다.
++	증가 연산자	a++ 또는 ++a	a+=1 또는 a=a+1과 동일하다.
−−	감소 연산자	a−− 또는 −−a	a−=1 또는 a=a−1과 동일하다.

첫 번째 대입 연산자인 a+=3은 a에 3을 더하여 다시 a에 넣으라는 의미로, 이는 a=a+3과 동일한 식이다. 나머지 −=, *=, /=, %=도 마찬가지이다. 연산자 a++ 또는 ++a는 a 값을 1 증가시키라는 것이다. 이는 a=a+1과 같은 의미로, 표현이 간결하여 a=a+1보다 자주 사용된다.

실습 4-3   증감 연산자와 대입 연산자

```
01  public class Ex04_03 {
02      public static void main(String[] args) {
03          int a = 10;
04
05          a++;                ----- a=a+1과 동일하다.
06          System.out.printf(" a ++ ==> %d \n", a);
07
08          a--;                ----- a=a-1과 동일하다.
09          System.out.printf(" a -- ==> %d \n", a);
10
11          a += 5;             ----- a=a+5와 동일하다.
12          System.out.printf(" a += 5 ==> %d \n", a);
```

```
13
14        a -= 5;                ----- a=a-5와 동일하다.
15        System.out.printf(" a -= 5 ==> %d \n", a);
16
17        a *= 5;                ----- a=a*5와 동일하다.
18        System.out.printf(" a *= 5 ==> %d \n", a);
19
20        a /= 5;                ----- a=a/5와 동일하다.
21        System.out.printf(" a /= 5 ==> %d \n", a);
22
23        a %= 5;                ----- a=a%5와 동일하다.
24        System.out.printf(" a %%= 5 ==> %d \n", a);
25    }
26 }
```

```
Problems  @ Javadoc  🔍 Declaration  🖥 Console ⌗
<terminated> Ex04_03 [Java Application] C:₩Program Files₩Java₩jdk-11₩bin₩javaw.exe
 a ++ ==> 11
 a -- ==> 10
 a += 5 ==> 15
 a -= 5 ==> 10
 a *= 5 ==> 50
 a /= 5 ==> 10
 a %= 5 ==> 0
```

그림 4-5 실행 결과

결과를 보면 a는 10에서 시작하여 프로그램이 진행될수록 값이 누적된다.

다음으로 a++와 ++a의 차이점을 살펴보자.

- a++(후치 증가 연산자) : a가 있고, a 값을 1 증가시킨다.
- ++a(전치 증가 연산자) : a 값을 1 증가시키고, a가 있다.

둘 다 a에 1을 증가시키는 결과를 가져오지만, [실습 4-4]를 살펴보면 차이점이 있다는 것을 알 수 있다.

▶ 직접 풀어보기 4-2
    [실습 4-3]의 +, −, *, /가 실수로 처리되도록 수정해보자.

```
01  public class Ex04_04 {
02    public static void main(String[] args) {
03      int a = 10, b;
04
05      b = a++;              ----- b=a를 수행한 다음 a를 1 증가시킨다.
06      System.out.printf(" %d ₩n", b);
07
08      [          ]          ----- a를 1 증가시킨 다음 b=a를 수행한다.
09      System.out.printf(" %d ₩n", b);
10    }
11  }
```

정답: b = ++a;

```
🔲 Problems  @ Javadoc  🔲 Declaration  🔲 Console ✕           ■ ✖ ✖ | 🔳 🔳 🔳 🔳 🔳 | 🔳 🔳 ▾ 🔳 ▾ ⌐ ⌐
<terminated> Ex04_04 [Java Application] C:₩Program Files₩Java₩jdk-11₩bin₩javaw.exe
 10
 12
```

그림 4-6 실행 결과

5행과 8행의 구문은 다음 그림과 같이 각각 다르게 작동한다.

그림 4-7 a++와 ++a의 차이

[그림 4-7]에서 보듯이 b=a++는 b=a를 수행한 다음 a++를 수행한다. 즉 b에 10이 들어가고 나서 a가 11로 증가한다. 또한 b=++a는 ++a를 수행한 다음 b=a를 수행한다. 즉 a를 12로 증가시키고 나서 b에 넣는다.

TIP/ ++a를 전치 증가 연산자, --a를 전치 감소 연산자, a++를 후치 증가 연산자, a--를 후치 감소 연산자라고 한다.

메/멘/토 퀴/즈   a에 -10이 들어 있을 때 a++를 수행하면 (   )이 되고, 그 결과에 다시 a--를 수행하면 (   )이 된다.

SECTION 02 관계 연산자

두 값을 비교하는 관계 연산자의 결과는 항상 참이나 거짓으로 표현된다.

관계 연산자(비교 연산자)는 어떤 것이 큰지, 작은지, 같은지를 비교하는 것으로 그 결과는 참이나 거짓이다. 그래서 주로 조건문(if)이나 반복문(for, while)에서 사용되며 단독으로 사용되는 경우는 드물다. 일반적으로 참은 true로 나타내고 거짓은 false로 나타낸다.

TIP/ 조건문인 if는 5장에서, 반복문인 for와 while은 6, 7장에서 자세히 다룰 것이다.

$$a < b = \begin{cases} \text{참} : \text{true} \\ \text{거짓} : \text{false} \end{cases}$$

그림 4-8 관계 연산자의 기본 개념

[그림 4-8]의 관계 연산자는 변수 a에 들어 있는 값이 변수 b에 들어 있는 값보다 작으면 참이고, 그렇지 않으면 거짓이라는 의미이다. 프로그램에 사용할 수 있는 관계 연산자의 종류는 다음과 같다.

표 4-3 관계 연산자의 종류

관계 연산자	의미	설명
==	같다.	두 값이 동일하면 참이다.
!=	같지 않다.	두 값이 다르면 참이다.
>	크다.	왼쪽이 크면 참이다.
<	작다.	왼쪽이 작으면 참이다.
>=	크거나 같다.	왼쪽이 크거나 같으면 참이다.
<=	작거나 같다.	왼쪽이 작거나 같으면 참이다.

```
01  public class Ex04_05 {
02    public static void main(String[] args) {
03      int a = 100, b = 200;
04
05      System.out.printf(" %d  == %d 는  %s  이다.\n", a, b, a == b);
06      System.out.printf(" %d  != %d 는  %s  이다.\n", a, b, a != b);
07      System.out.printf(" %d  > %d 는  %s  이다.\n", a, b, a > b);
08      System.out.printf(" %d  < %d 는  %s  이다.\n", a, b, a < b);
09      System.out.printf(" %d  >= %d 는  %s  이다.\n", a, b, a >= b);
10      System.out.printf(" %d  <= %d 는  %s  이다.\n", a, b, a <= b);
11
12      System.out.printf(" %d  = %d 는  %s  이다.\n", a, b, a = b);
13    }
14  }
```

같다, 같지 않다, 크다, 작다, 크거나 같다, 작거나 같다의 관계 연산자를 실행한다.

대입 연산자를 실행한다.

```
 Problems  @ Javadoc  Declaration  Console ✕
<terminated> Ex04_05 [Java Application] C:\Program Files\Java\jdk-11\bin\javaw.exe
100   == 200 는 false  이다.
100   != 200 는 true   이다.
100   >  200 는 false  이다.
100   <  200 는 true   이다.
100   >= 200 는 false  이다.
100   <= 200 는 true   이다.
100   =  200 는 200    이다.
```

그림 4-9 실행 결과

5행은 100이 200과 같다는 것이므로 결과가 거짓(false)이고 6~10행도 참(true) 또는 거짓 (false)이 나온다. 그런데 12행의 끝을 주의해서 보자. 12행과 같이 사용하는 경우는 드물지만 프로그래머들이 자주 하는 실수이기도 하다. 12행은 5행처럼 값이 같은지 여부를 확인하기 위해 == 연산자를 사용하려다가 실수로 =를 입력한 경우이다. ==와 =는 완전히 다른 것으로, ==는 값이 같은지를 확인하는 관계 연산자이고, =는 오른쪽의 값을 왼쪽에 대입하는 대입 연산자이다.

메 / 멘 / 토 퀴 / 즈　관계 연산자에는 '같다'를 의미하는 ☐☐, '같지 않다'를 의미하는 ☐☐, '크거나 같다'를 의미하는 ☐☐, '작거나 같다'를 의미하는 ☐☐ 등이 있다.

그렇다면 어떻게 해서 '100=200는 200이다.'가 출력되는지 그림을 통해 살펴보자.

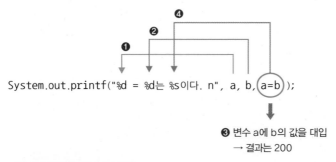

❸ 변수 a에 b의 값을 대입
→ 결과는 200

그림 4-10 대입 연산자의 작동

❶의 a에는 현재 100이 들어 있으므로 첫 번째 %d에는 100이 대응된다. ❷의 b에는 현재 200이 들어 있으므로 두 번째 %d에는 200이 대응된다. ❸의 a=b는 b의 값을 a에 대입하라는 의미이다. 따라서 현재 b에 200이 들어 있으므로 a에도 200이 대입되어 a=b의 위치에 200이라는 값이 들어간다. ❹의 a=b의 결과는 200이므로 %s에는 200이 대응되어 결국 '100=200는 200이다.'가 출력된다. 이런 실수를 하지 않도록 =와 ==의 사용에 주의해야 한다.

논리 연산자

두 가지 이상의 조건을 표현하는 경우에는 논리 연산자를 사용한다.

논리 연산자는 주로 여러 가지 조건을 복합해서 사용하는데, 이때 &&(그리고), ||(또는), !(부정) 연산자를 사용한다. 예를 들어 a라는 값이 100과 200 사이여야 하면 'a는 100보다 크다. 그리고 a는 200보다 작다.'라고 표현하며, JAVA에서는 이를 다음과 같이 표현한다.

```
(a>100) && (a<200)
```

위 식이 참이 되려면 (a>100)도 참이고 (a<200)도 참이어야 한다. 즉 두 조건을 모두 만족하여 a가 100과 200 사이에 있어야 참이 된다. [표 4-4]에 논리 연산자의 종류를 정리했다.

표 4-4 논리 연산자의 종류

논리 연산자	의미	설명	사용 예
&&	~이고, 그리고(AND)	둘 다 참이어야 참이다.	(a>100) && (a<200)
||	~이거나, 또는(OR)	둘 중 하나만 참이어도 참이다.	(a==100) || (a==200)
!	~아니다, 부정(NOT)	참이면 거짓이고, 거짓이면 참이다.	!(a<100)

표 4-5 true, false 표

A	B	A && B	A || B	!A
true	true	true	true	false
true	false	false	true	false
false	true	false	true	true
false	false	false	false	true

실습 4-6   논리 연산자 사용 예 1

```
01 public class Ex04_06 {
02    public static void main(String[] args) {
03       int a = 99;
04
```

```
05        System.out.printf(" AND 연산 : %s \n", (a >= 100) && (a <= 200));
06        System.out.printf(" OR 연산  : %s \n", (a >= 100) || (a <= 200));
07        System.out.printf(" NOT 연산 : %s \n", !(a == 100));
08    }
09  }
```

각각 AND, OR, NOT 연산이다.

```
Problems  @ Javadoc  Declaration  Console ☒          ■ ✖ ☒ | 🗎 🗐 🗎 🗎 🗎 | 🗗 🗀 ▾ 🗀 ▾ ⌐ □
<terminated> Ex04_06 [Java Application] C:\Program Files\Java\jdk-11\bin\javaw.exe
AND 연산 : false
OR 연산 : true
NOT 연산 : true
```

그림 4-11 실행 결과

5행에서는 a가 100과 200 사이에 있는지를 묻고 있다. 'a가 100보다 크거나 같다. 그리고 a가 200보다 작거나 같다.'라는 의미인데, a가 99이므로 (a>=100)은 거짓, (a<=200)은 참이다. 즉 '거짓 AND 참'이므로 그 결과는 false이다. 6행에서는 a가 100보다 크거나 같아도 되고, a가 200보다 작거나 같아도 된다. 즉 둘 중 하나만 참이어도 참이 된다. a가 99이므로 (a>=100)은 거짓, (a<=200)은 참이며 '거짓 OR 참'이 되어 그 결과는 true이다. 7행에서는 a가 99이므로 (a==100)은 거짓이지만 그것의 부정은 참이기 때문에 true가 출력된다.

메/멘/토 퀴/즈 논리 연산자에는 OR를 의미하는 □□, AND를 의미하는 □□, NOT을 의미하는 □ 가 있다.

실습 4-7 논리 연산자 사용 예 2

```
01  public class Ex04_07 {
02    public static void main(String[] args) {
03      int num1 = 100, num2 = -200;
04
05      boolean a = (num1 != 0);
06      boolean b =    ▊    ;
07
08      System.out.printf(" 상수의 AND 연산 : %s \n", a && b);
09      System.out.printf(" 상수의 OR  연산 : %s \n",    ②    );
10      System.out.printf(" 상수의 NOT 연산 : %s \n", !a);
11    }
12  }
```

num1 값이 0이 아닌지를 확인하여 논리형 변수 a에 true/false를 저장한다.

num2 값이 0이 아닌지를 확인하여 논리형 변수 b에 true/false를 저장한다.

각각 AND, OR, NOT 연산이다.

정답: ❶ (num2 != 0) ② a || b

그림 4-12 실행 결과

5행에서 (num1 !=0)은 num1이 0이 아니면 true가 된다는 의미이다. 즉 0을 제외한 모든 값이 true로 취급된다. 6행도 마찬가지로 0이 아니면 true로 처리된다. 결국 8행은 '100 그리고 −200'으로 true이다. 기억할 점은 0을 제외한 모든 숫자가 true를 의미한다는 것이다.

9행도 마찬가지이다. '100 또는 −200', 즉 '참 OR 참'이므로 결과는 true이다. 10행은 '100이 아니다', 즉 '참(100)이 아니다'이므로 false가 출력된다.

TIP/ [실습 4-7]은 0을 false, 그 외의 숫자를 모두 true로 취급하기 위해 좀 억지로 만들었다. 이렇게 0은 false, 그 외의 숫자는 true로 하는 것은 JAVA뿐 아니라 다른 프로그래밍 언어에서 사용하는 방식이니 기억해둔다.

메/멘/토 퀴/즈   상수에서는 □을 제외하고 무조건 true로 취급한다.

SECTION 04 비트 연산자

비트 연산자는 정수나 문자 등을 2진수로 변환한 다음 각 자리의 비트끼리 연산을 수행한다.

비트(bit) 연산자에 대해 이해하려면 먼저 2진수와 16진수의 개념과 변환 방법을 명확히 알아야 한다. 3장에서 2진수와 16진수의 기본 개념과 각 진수법에 따른 변환 과정을 설명했으니 아직 진수를 잘 모르겠다면 3장을 다시 공부하기 바란다. 이 절에서는 2진수로 표현하는 0과 1을 나타내는 단위인 비트의 연산을 살펴보자.

비트 연산자는 정수나 문자 등을 2진수로 변환한 다음 각 자리의 비트끼리 연산을 수행한다. 비트 연산자의 종류는 다음과 같다.

표 4-6 비트 연산자의 종류

비트 연산자	설명	의미
&	비트 논리곱 연산자(AND)	둘 다 1이면 1이다.
|	비트 논리합 연산자(OR)	둘 중 하나만 1이면 1이다.
^	비트 배타적 논리합 연산자(XOR)	둘이 같으면 0이고, 둘이 다르면 1이다.
~	비트 부정 연산자	1은 0으로 바꾸고, 0은 1로 바꾼다.
《	왼쪽 시프트 연산자	비트를 왼쪽으로 시프트한다.
》	오른쪽 시프트 연산자	비트를 오른쪽으로 시프트한다.

1 비트 논리곱 연산자 &

'10 && 7'의 결과가 참이라는 개념을 앞에서 배웠다. &&는 AND를 의미하고, 0이 아닌 숫자를 모두 참으로 취급한다면 '10 && 7'의 결과는 참이다. 그렇다면 이번에는 '10 & 7'을 살펴보자. &&는 그 결과가 참 또는 거짓이지만 &는 비트 논리곱을 수행한 결과가 나온다.

결과적으로 '10 & 7'의 결과는 2이다. 10진수를 2진수로 변환한 다음 각 비트마다 AND 연산을 수행하기 때문이다([그림 4-13]의 오른쪽 그림 참조). 그 결과는 2진수로는 0010_2, 10진수로는 2이다.

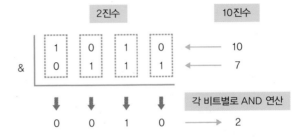

A	B	A&B
0	0	0
0	1	0
1	0	0
1	1	1

그림 4-13 비트 논리곱의 예

TIP/ 비트 연산은 0과 1밖에 없기 때문에 0은 false, 1은 true로 생각하면 된다.

실습 4-8 **비트 논리곱 연산자 사용 예**

```
01  public class Ex04_08 {
02      public static void main(String[] args) {
03          System.out.printf(" 10 & 7 = %d \n", 10 & 7);          ----- 10과 7의 비트 논리곱을 수행한다.
04          System.out.printf(" 123 & 456 = %d \n", 123 & 456);   ----- 123과 456의 비트 논리곱을
                                                                         수행한다.
05          System.out.printf(" 0xFFFF & 0000 = %d \n ", 0xFFFF & 0000); ---
                                                                     16진수 FFFF와 0의 비트 논리곱을 수행한다.
06      }
07  }
```

Problems @ Javadoc Declaration Console ☒

<terminated> Ex04_08 [Java Application] C:\Program Files\Java\jdk-11\bin\javaw.exe

```
10 & 7 = 2
123 & 456 = 72
0xFFFF & 0000 = 0
```

그림 4-14 실행 결과

4행에서 123의 2진수인 1111011_2과 456의 2진수인 111001000_2의 비트 논리곱(&) 결과는 1001000_2이므로 10진수로 72가 나왔다. 두 수의 자릿수가 다를 때는 빈자리에 0을 채운 다음 비트 논리곱 연산을 한다. 예를 들어 2진수 11_2과 111_2은 011 & 111로 계산한다. 5행에서는 16진수 FFFF(2진수 1111 1111 1111 1111)와 0000(2진수 0000 0000 0000 0000)의 비트 논리곱(&) 결과인 0이 출력된다. 0과 비트 논리곱을 수행하면 어떠한 수든 무조건 0이 나온다.

2 비트 논리합 연산자 |

'10 || 7'은 '참 OR 참'이기 때문에 결과가 참이라는 개념을 앞에서 배웠다. 그렇다면 비트 논리합 '10 | 7'은 어떻게 될까?

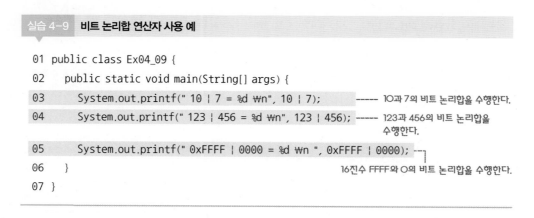

그림 4-15 비트 논리합의 예

[그림 4-15]의 오른쪽 그림처럼 비트 논리합의 결과는 1111_2이고, 이는 10진수로 15이다.

실습 4-9 비트 논리합 연산자 사용 예

```
01  public class Ex04_09 {
02      public static void main(String[] args) {
03          System.out.printf(" 10 | 7 = %d \n", 10 | 7);          ----- 10과 7의 비트 논리합을 수행한다.
04          System.out.printf(" 123 | 456 = %d \n", 123 | 456);    ----- 123과 456의 비트 논리합을
                                                                          수행한다.
05          System.out.printf(" 0xFFFF | 0000 = %d \n ", 0xFFFF | 0000); ---┐
06      }                                                         16진수 FFFF와 0의 비트 논리합을 수행한다.
07  }
```

그림 4-16 실행 결과

3행과 4행에서 주어진 수의 비트 논리합 연산을 수행했다. 5행을 보면 0xFFFF와 0000의 비트 논리합은 0xFFFF이므로 16진수 $FFFF_{16}$는 10진수로 65535이다. 이때 16진수로 출력하고 싶다면 5행의 %d를 %x로 변경하면 된다.

3 비트 배타적 논리합 연산자 ^

비트 배타적 논리합 연산자(^)는 두 값이 다르면 1, 같으면 0이 된다. 즉 1^1이나 0^0이면 결과가 거짓(0)이고, 1^0이나 0^1이면 결과가 참(1)이다. 예를 들어 10과 7의 연산을 살펴보자.

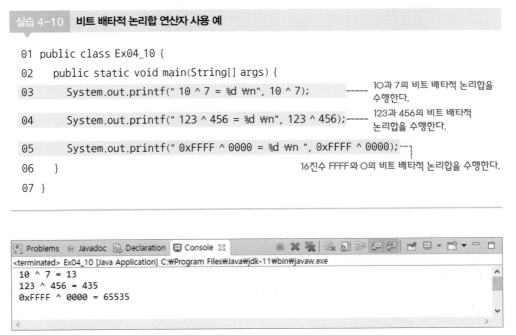

A	B	A^B
0	0	0
0	1	1
1	0	1
1	1	0

그림 4-17 비트 배타적 논리합의 예

10과 7의 각 비트 배타적 논리합 결과는 1101_2이고, 이는 10진수로 13이다.

실습 4-10　비트 배타적 논리합 연산자 사용 예

```
01  public class Ex04_10 {
02    public static void main(String[] args) {
03      System.out.printf(" 10 ^ 7 = %d \n", 10 ^ 7);
04      System.out.printf(" 123 ^ 456 = %d \n", 123 ^ 456);
05      System.out.printf(" 0xFFFF ^ 0000 = %d \n ", 0xFFFF ^ 0000);
06    }
07  }
```

03 ── 10과 7의 비트 배타적 논리합을 수행한다.

04 ── 123과 456의 비트 배타적 논리합을 수행한다.

05 ── 16진수 FFFF와 0의 비트 배타적 논리합을 수행한다.

```
Problems  @ Javadoc  Declaration  Console ✕
<terminated> Ex04_10 [Java Application] C:\Program Files\Java\jdk-11\bin\javaw.exe
 10 ^ 7 = 13
 123 ^ 456 = 435
 0xFFFF ^ 0000 = 65535
```

그림 4-18 실행 결과

4행과 5행을 직접 계산해보면 프로그램의 결과와 동일하게 나올 것이다.

▶ 직접 풀어보기 **4-3**

0x1234와 0x5678의 비트 논리곱, 비트 논리합, 비트 배타적 논리합의 결과를 확인해보자. 결과는 16진수로 출력한다.

비트 연산을 활용하는 실습을 하나 더 살펴보자. [실습 4-11]은 마스크(mask) 방식에 대한 예제이다.

실습 4-11 비트 연산에 마스크를 사용한 예

```
01 public class Ex04_11 {
02   public static void main(String[] args) {
03     byte a = 'A', b;
04     byte mask = 0x0F;                                   ----- 마스크 값(0000 1111₂)을 설정한다.
05
06     System.out.printf(" %X & %X = %X ₩n", a, mask, a & mask);  ┐ 'A'와 0x0F의 논리곱
07     System.out.printf(" %X | %X = %X ₩n", a, mask, a | mask);  ┘ 및 논리합을 수행한다.
08
09     mask = 'a' - 'A';                                   ----- 'a'와 'A'의 차이는 32이다.
10
11     b = (byte) ( [ 1 ] );                               ----- 'A'와 마스크(32)의 배타적 논리합을 수행한다.
12     System.out.printf(" %c ^ %d = %c ₩n", a, mask, b);
13     a = (byte) ( [ 2 ] );                               ----- 'a'와 마스크(32)의 배타적 논리합을 수행한다.
14     System.out.printf(" %c ^ %d = %c ₩n", b, mask, a);
15   }
16 }
```

정답_ 1 a ^ mask; 2 b ^ mask;

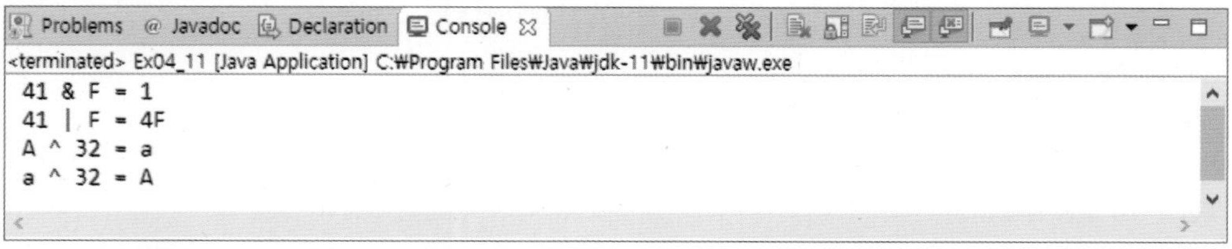
Problems @ Javadoc Declaration Console
<terminated> Ex04_11 [Java Application] C:₩Program Files₩Java₩jdk-11₩bin₩javaw.exe
41 & F = 1
41 | F = 4F
A ^ 32 = a
a ^ 32 = A

그림 4-19 실행 결과

마스크는 무엇을 걸러주는 역할을 한다. 4행에서 마스크 값을 16진수 0x0F로 선언했다. 이는 2진수 0000 1111로, 이 수와 비트 논리곱(&) 연산을 하면 앞의 4비트는 모두 0000이 되고 뒤의 4비트는 원래 값이 그대로 남는다.

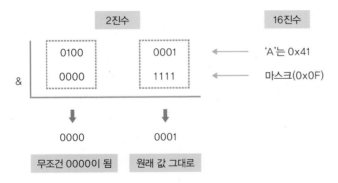

그림 4-20 마스크 0x0F를 사용한 비트 논리곱의 결과

반면에 7행에서처럼 0x0F로 비트 논리합 연산을 하면 [그림 4-21]과 같이 앞의 4비트는 원래 값이 그대로 남고, 뒤의 4비트는 모두 1111이 된다.

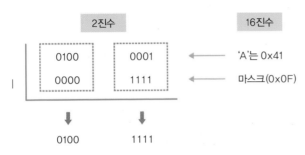

그림 4-21 마스크 0x0F를 사용한 비트 논리합의 결과

9행에서는 마스크 값을 소문자('a')와 대문자('A')의 차이로 선언한다. 'a'는 0x61이고 'A'는 0x41이므로 두 값의 차이는 0x20이다. 이는 10진수로 32이고 2진수로는 0010 0000이다. 11행에서 'A'와 32(0010 0000₂)의 비트 배타적 논리합을 수행하면 'a'로 변경되고, 13행에서 다시 'a'와 32(0010 0000₂)의 비트 배타적 논리합을 수행하면 'A'로 원상 복귀된다.

4 비트 부정 연산자 ~

비트 부정 연산자(또는 보수 연산자)는 두 수에 대해 연산을 하는 것이 아니라 각 비트를 반대로 만드는 연산자이다. 즉 0은 1로 바꾸고, 1은 0으로 바꾼다. 이렇게 반전된 값을 1의 보수라 하며, 그 값에 1을 더한 값을 2의 보수라 한다. 이처럼 비트 부정 연산자는 해당 값의 음수(-) 값을 찾고자 할 때 사용한다. 예를 들어 정수 값에 비트 부정을 수행한 다음 1을 더하면 그 값의 음수 값을 얻을 수 있다.

```
01  public class Ex04_12 {
02    public static void main(String[] args) {
03      int a = 12345;
04
05      System.out.printf(" %d \n", ~a + 1);  ----- a 값의 2의 보수를 구한다.
06    }
07  }
```

Problems @ Javadoc Declaration Console ✕

\<terminated> Ex04_12 [Java Application] C:\Program Files\Java\jdk-11\bin\javaw.exe

```
 -12345
```

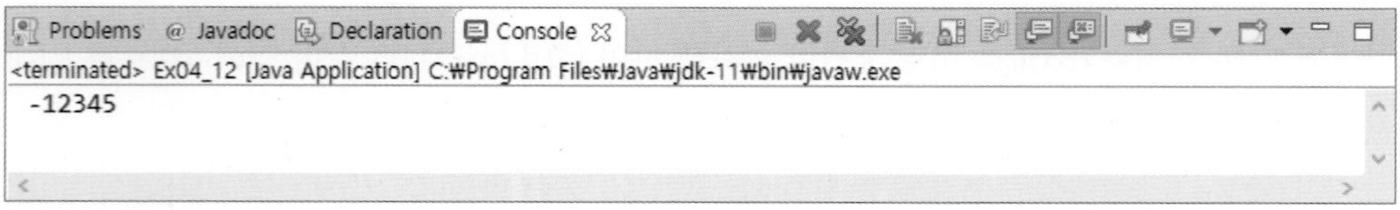

그림 4-22 실행 결과

5 왼쪽 시프트 연산자 《

왼쪽 시프트 연산자는 나열된 비트를 왼쪽으로 시프트(shift), 즉 이동해주는 연산자이다. 예를 들어 10진수 26을 2진수로 나타내면 0001 1010인데 이것을 왼쪽으로 두 칸 시프트해보자.

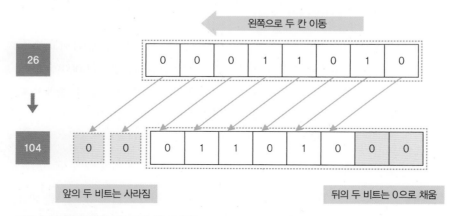

그림 4-23 26을 왼쪽으로 두 칸 시프트 연산

왼쪽으로 두 칸 이동했으므로 앞의 00은 떨어져나가고 뒤의 두 빈칸에는 00이 채워진다. 따라서 결과가 26에서 104로 바뀌었다. 이는 왼쪽 시프트를 할 때마다 2^n을 곱한 것과 마찬가지이기 때문이다. 즉 왼쪽으로 1회 시프트할 때는 2^1을, 2회 시프트할 때는 2^2을, 3회 시프트할 때는 2^3을 곱한 것과 같다.

실습 4-13   왼쪽 시프트 연산자 사용 예

```
01  public class Ex04_13 {
02    public static void main(String[] args) {
03        int a = 10;
04        System.out.printf("%d 를 왼쪽 1회 시프트하면 %d 이다.\n", a, a<<1);
05        System.out.printf("%d 를 왼쪽 2회 시프트하면 %d 이다.\n", a, a<<2);
06        System.out.printf("%d 를 왼쪽 3회 시프트하면 %d 이다.\n", a, a<<3);
07    }
08  }
```

왼쪽
시프트한
결과를
출력한다.

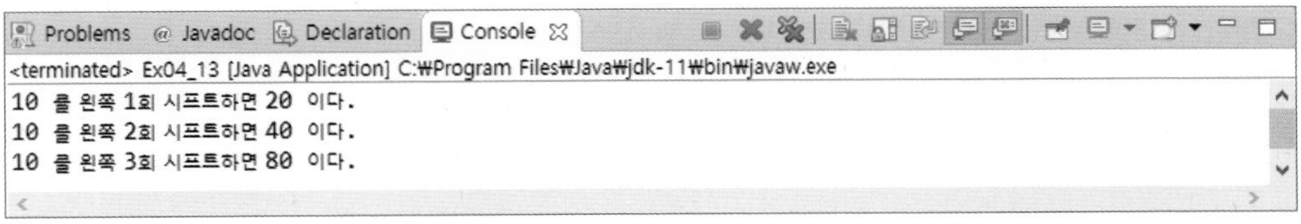

```
Problems   @ Javadoc   Declaration   Console ⋈
<terminated> Ex04_13 [Java Application] C:\Program Files\Java\jdk-11\bin\javaw.exe
10 를 왼쪽 1회 시프트하면 20 이다.
10 를 왼쪽 2회 시프트하면 40 이다.
10 를 왼쪽 3회 시프트하면 80 이다.
```

그림 4-24 실행 결과

시프트할 때마다 $10 \times 2^1 = 20$, $10 \times 2^2 = 40$, $10 \times 2^3 = 80$이라는 결과가 나온 것을 확인할 수 있다.

메/멘/토 퀴/즈   2진수 0011을 왼쪽으로 1비트 시프트하면 10진수로 ☐이다.

6 오른쪽 시프트 연산자 》

오른쪽 시프트 연산자는 나열된 비트를 오른쪽으로 시프트하는 연산자이다. 예를 들어 10진수 26을 2진수로 나타내면 0001 1010인데 이것을 오른쪽으로 두 칸 시프트해보자.

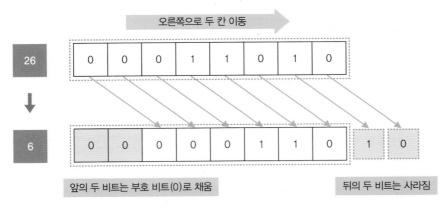

그림 4-25 26을 오른쪽으로 두 칸 시프트 연산

결과를 보면 오른쪽의 두 비트가 떨어져나가고 왼쪽의 두 비트에는 부호 비트(양수는 0, 음수는 1)가 채워지는데, 이는 2^n으로 나눈 것과 마찬가지이다. 또한 시프트 연산은 정수만 연산하므로 몫만 남는다($26/2^2=6$). 즉 오른쪽으로 1회 시프트할 때는 2^1으로, 2회 시프트할 때는 2^2으로, 3회 시프트할 때는 2^3으로 나눈 것과 같다.

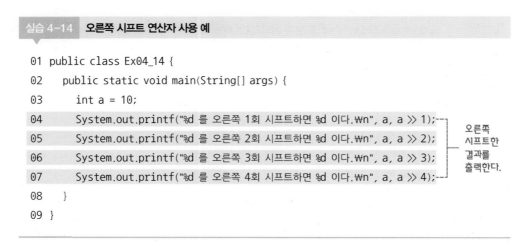

실습 4-14　**오른쪽 시프트 연산자 사용 예**

```
01  public class Ex04_14 {
02    public static void main(String[] args) {
03      int a = 10;
04      System.out.printf("%d 를 오른쪽 1회 시프트하면 %d 이다.\n", a, a >> 1);
05      System.out.printf("%d 를 오른쪽 2회 시프트하면 %d 이다.\n", a, a >> 2);
06      System.out.printf("%d 를 오른쪽 3회 시프트하면 %d 이다.\n", a, a >> 3);
07      System.out.printf("%d 를 오른쪽 4회 시프트하면 %d 이다.\n", a, a >> 4);
08    }
09  }
```

오른쪽 시프트한 결과를 출력한다.

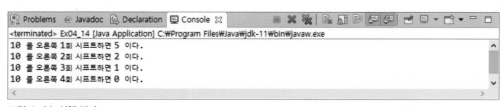

```
Problems  @ Javadoc  Declaration  Console ☒
<terminated> Ex04_14 [Java Application] C:\Program Files\Java\jdk-11\bin\javaw.exe
10 를 오른쪽 1회 시프트하면 5 이다.
10 를 오른쪽 2회 시프트하면 2 이다.
10 를 오른쪽 3회 시프트하면 1 이다.
10 를 오른쪽 4회 시프트하면 0 이다.
```

그림 4-26 실행 결과

시프트할 때마다 $10/2^1=5$, $10/2^2=2$, $10/2^3=1$, $10/2^4=0$이라는 결과가 나온 것을 확인할 수 있다.

저자 한마디 ▶ **논리 오른쪽 시프트 연산자 〉〉〉**

오른쪽 시프트 연산자(〉〉)는 [그림 4-25]에 보듯이 가장 왼쪽의 빈칸을 부호와 동일한 비트(양수는 0, 음수는 1)로 채운다. 그러나 논리 오른쪽 시프트 연산자(〉〉〉)는 가장 오른쪽의 빈칸을 부호와 관계없이 무조건 0으로 채우는 것이 다르다.

메/멘/토/퀴/즈　2진수 0011을 오른쪽으로 1비트 시프트하면 10진수로 □이다.

다음 [실습 4-15]에는 반복문 for가 나온다. 이는 6장에서 배울 내용이지만 맛보기로 미리 살펴보자.

```
01  public class Ex04_15 {
02    public static void main(String[] args) {
03      int a = 100, result;
04      int i;
05
06      for (i = 1; i <= 5; i++) {
07        result =      ▤
08        System.out.printf("%d << %d = %d\n", a, i, result);
09      }
10
11      for (i = 1; i <= 5; i++) {
12        result =      ▨
13        System.out.printf("%d >> %d = %d\n", a, i, result);
14      }
15    }
16  }
```

왼쪽 시프트 연산을 다섯 번
반복해서 출력한다.

오른쪽 시프트 연산을 다섯
번 반복해서 출력한다.

정답: ▤ a << i; ▨ a >> i;

```
100 << 1 = 200
100 << 2 = 400
100 << 3 = 800
100 << 4 = 1600
100 << 5 = 3200
100 >> 1 = 50
100 >> 2 = 25
100 >> 3 = 12
100 >> 4 = 6
100 >> 5 = 3
```

그림 4-27 실행 결과

6행의 for 문은 반복하기 위한 것으로, 간단히 7, 8행을 다섯 번(i 값이 1부터 5까지 변함) 반복한다고 생각하면 된다. 그래서 $100 \times 2^1 = 200$, $100 \times 2^2 = 400$, … 이라는 결과가 출력된 것이다. 마찬가지로 11~14행은 $100 / 2^1 = 50$, $100 / 2^2 = 25$, … 를 출력했다.

▶ 직접 풀어보기 4-4

[실습 4-15]를 수정해서 3을 왼쪽으로 열 번 시프트하는 프로그램을 작성해보자.

HINT/ for 문의 반복 횟수를 수정한다.

연산자 우선순위

JAVA에서는 여러 연산자가 동시에 나올 때 어떤 연산자를 먼저 계산할지 이미 결정되어 있는데 이런 순서를 연산자 우선순위라고 한다.

지금까지 여러 가지 연산자를 살펴보았다. 그런데 연산자가 하나씩 나오면 상관없지만 여러 개가 동시에 나오면 어떤 것을 먼저 처리할지 고려해야 한다. JAVA에서 여러 개의 연산자가 동시에 나올 때의 연산자 우선순위를 [표 4-7]에 정리했다. 다 외우기는 어렵겠지만 개략적으로라도 기억해두는 것이 좋다. 특히 괄호는 최우선이고, 곱셈과 나눗셈이 덧셈과 뺄셈보다 우선한다는 것, 대입 연산자는 가장 늦게 처리된다는 것 정도는 꼭 기억하기 바란다. 그 외에는 필요할 때마다 참조해도 된다.

표 4-7 연산자 우선순위

우선순위	연산자	설명	순위가 같을 경우 진행 방향
1	( ) [ ] .	1차 연산자	→
2	+ - ++ −− ~ ! (type)	단항 연산자[변수(또는 상수) 앞에 붙음]	←
3	* / %	산술 연산자	→
4	+ −	산술 연산자	→
5	《 》 》》	비트 시프트 연산자	→
6	〈 〈= 〉 〉= instanceof	비교 연산자	→
7	== !=	동등 연산자	→
8	&	비트 연산자	→
9	^	비트 연산자	→
10	|	비트 연산자	→
11	&&	논리 연산자	→
12	||	논리 연산자	→
13	?:	조건 삼항 연산자	→
14	= += −= *= /= %= %= ^= |= 《= 》=	대입 연산자	←

두 번째 우선순위의 +와 −는 더하기와 빼기가 아니라 숫자나 변수 앞에 붙는 플러스, 마이너스 부호를 의미한다.

메/멘/토 퀴/즈   ( ), =, + , *를 연산되는 순서대로 나열하면 ☐, ☐, ☐, ☐이다.

예제 모음 08 입력된 두 실수의 산술 연산

난이도
★☆☆

예제 설명 실수 2개를 입력받아 다양한 연산을 출력해보자.

HINT/ 나머지를 구하는 식에서는 강제 형 변환을 사용한다.

실행 결과

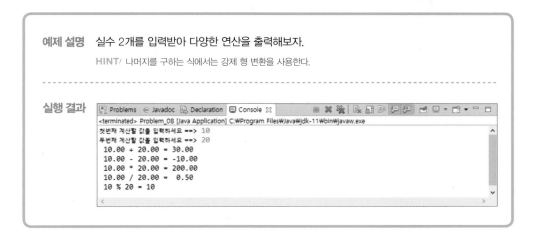

예제 모음 09 동전 교환 프로그램

난이도
★★☆

예제 설명 입력된 액수만큼 500원, 100원, 50원, 10원짜리 동전으로 교환해주는 프로그램을 작성해보자.

① 동전의 총개수는 최소화한다.

② 고액의 동전을 우선적으로 교환해준다.

실행 결과

예제 설명   입력된 연도가 윤년인지 계산하는 프로그램을 작성해보자.

① 4로 나누어 떨어지고, 100으로 나누어 떨어지지 않으면 윤년이다.

② 400으로 나누어 떨어지는 해도 윤년에 포함된다.

실행 결과

```
Problems  @ Javadoc  Declaration  Console ✕                    ■ ✖ ✖ |   ⬚ ⬚ ⬚ | ⬚ ⬚ ▾ ⬚ ▾ ⬚ ⬚
<terminated> Problem_10 [Java Application] C:\Program Files\Java\jdk-11\bin\javaw.exe
연도를 입력하세요 :  2020
2020  년은 윤년입니다.
```

08

```
01 import java.util.Scanner;
02
03 public class Problem_08 {
04   public static void main(String[] args) {
05     Scanner s = new Scanner(System.in);
06
07     float a, b;
08     float result;
09
10     System.out.printf("첫번째 계산할 값을 입력하세요 ==> ");
11     a = s.nextFloat();
12     System.out.printf("두번째 계산할 값을 입력하세요 ==> ");
13     b = s.nextFloat();
14
15     result = a + b;
16     System.out.printf(" %5.2f + %5.2f = %5.2f \n", a, b, result);
17     result = a - b;
18     System.out.printf(" %5.2f - %5.2f = %5.2f \n", a, b, result);
19     result = a * b;
20     System.out.printf(" %5.2f * %5.2f = %5.2f \n", a, b, result);
21     result = a / b;
22     System.out.printf(" %5.2f / %5.2f = %5.2f \n", a, b, result);
23     result = (int) a % (int) b;
24     System.out.printf(" %d %% %d = %d \n", (int) a, (int) b, (int) result);
25   }
26 }
```

07~08 —┐
        ├── 실수 변수를 선언한다.
        ┘
11 ----- 키보드로 실수를 입력받는다.
13 ----- 키보드로 실수를 입력받는다.
15 ----- 실수의 덧셈 연산을 한다.
17 ----- 실수의 뺄셈 연산을 한다.
19 ----- 실수의 곱셈 연산을 한다.
21 ----- 실수의 나눗셈 연산을 한다.
23 ----- 나머지 연산을 위해 실수를 정수로 강제 형 변환한다.

09

```
01  import java.util.Scanner;
02
03  public class Problem_09 {
04    public static void main(String[] args) {
05      Scanner s = new Scanner(System.in);
06
07      int money, c500, c100, c50, c10;        ----- 입력한 돈과 각 동전의 개수를 저장할 변수를 선언한다.
08
09      System.out.print(" ## 교환할 돈은 ? ");
10      money = s.nextInt();                     ----- 교환할 액수를 키보드로 입력받는다.
11
12      c500 = money / 500;                      ----- 500원짜리 동전의 개수를 계산한다.
13      money = money % 500;                     ----- 500원짜리로 바꾼 후 나머지 금액을 계산한다.
14
15      c100 = money / 100;
16      money = money % 100;
17
18      c50 = money / 50;                        --- 100원, 50원, 10원짜리 동전의 개수를 계산한다.
19      money = money % 50;
20
21      c10 = money / 10;
22      money = money % 10;
23
24      System.out.printf("₩n 오백원짜리 ==> %d 개 ₩n", c500);
25      System.out.printf(" 백원짜리    ==> %d 개 ₩n", c100);
26      System.out.printf(" 오십원짜리 ==> %d 개 ₩n", c50);
27      System.out.printf(" 십원짜리    ==> %d 개 ₩n", c10);
28      System.out.printf(" 바꾸지 못한 잔돈 ==> %d 원 ₩n", money);  ----- 바꾸지 못한 나머지 돈은 money에 들어 있다.
29    }
30  }
```

10

```
01  import java.util.Scanner;
02
03  public class Problem_10 {
04    public static void main(String[] args) {
05      Scanner s = new Scanner(System.in);
06      int year;
07
08      System.out.printf("연도를 입력하세요 : ");
09      year = s.nextInt();      ----- 계산할 연도를 입력받는다.
10
11      if (((year % 4 == 0) && (year % 100 != 0)) || (year % 400 == 0)) --┐
              윤년은 연도가 4로 나누어 떨어지고, 100으로 나누어 떨어지지 않아야 한다. 또는 400으로 나누어 떨어진다.
12        System.out.printf("%d 년은 윤년입니다. \n", year);
13      else
14        System.out.printf("%d 년은 윤년이 아닙니다. \n", year);
15    }
16  }
```

01 산술 연산자

① JAVA에서 처리해야 할 가장 기본적인 연산자로 더하기, 빼기, 곱하기, 나누기 등의 기호이다.

② 연산자 우선순위는 *, /가 +, −보다 높다. 또한 ( )가 최우선이고 =는 가장 나중에 처리된다.

③ 정수를 실수로 강제 형 변환하려면 앞에 (float)를 붙인다.

산술 연산자	설명	사용 예	
=	대입	a=3	정수 3을 a에 대입한다.
+	더하기	a=5+3	5와 3을 더한 값을 a에 대입한다.
−	빼기	a=5−3	5에서 3을 뺀 값을 a에 대입한다.
*	곱하기	a=5*3	5와 3을 곱한 값을 a에 대입한다.
/	나누기	a=5/3	5를 3으로 나눈 값을 a에 대입한다.
%	나머지 값	a=5%3	5를 3으로 나눈 뒤 나머지 값을 a에 대입한다.

02 대입 연산자와 증감 연산자

연산자	설명	사용 예	
+=	대입 연산자	a+=3	a=a+3과 동일하다.
−=	대입 연산자	a−=3	a=a−3과 동일하다.
*=	대입 연산자	a*=3	a=a*3과 동일하다.
/=	대입 연산자	a/=3	a=a/3과 동일하다.
%=	대입 연산자	a%=3	a=a%3과 동일하다.
++	증가 연산자	a++ 또는 ++a	a+=1 또는 a=a+1과 동일하다.
−−	감소 연산자	a−− 또는 −−a	a−=1 또는 a=a−1과 동일하다.

03 관계 연산자

두 값을 비교하는 관계 연산자의 결과는 항상 참이나 거짓으로 표현된다.

관계 연산자	의미	설명
==	같다.	두 값이 동일하면 참이다.
!=	같지 않다.	두 값이 다르면 참이다.
〉	크다.	왼쪽이 크면 참이다.
〈	작다.	왼쪽이 작으면 참이다.
〉=	크거나 같다.	왼쪽이 크거나 같으면 참이다.
〈=	작거나 같다.	왼쪽이 작거나 같으면 참이다.

04 논리 연산자

두 가지 이상의 조건을 표현하는 경우에 사용하며, 복잡한 조건을 나타낼 수 있다.

논리 연산자	의미	설명	사용 예
&&	~이고, 그리고(AND)	둘 다 참이어야 참이다.	(a〉100) && (a〈200)
||	~이거나, 또는(OR)	둘 중 하나만 참이어도 참이다.	(a==100) || (a==200)
!	~아니다. 부정(NOT)	참이면 거짓이고, 거짓이면 참이다.	!(a〈100)

05 비트 연산자

정수나 문자 등을 2진수로 변환한 후에 각 자리의 비트끼리 연산을 수행한다.

비트 연산자	설명	의미
&	비트 논리곱 연산자(AND)	둘 다 1이면 1이다.
|	비트 논리합 연산자(OR)	둘 중 하나만 1이면 1이다.
^	비트 배타적 논리합 연산자(XOR)	둘이 같으면 0이고, 둘이 다르면 1이다.
~	비트 부정 연산자	1은 0으로 바꾸고, 0은 1로 바꾼다.
《	왼쪽 시프트 연산자	비트를 왼쪽으로 시프트한다.
》	오른쪽 시프트 연산자	비트를 오른쪽으로 시프트한다.

연습문제

01 산술 연산자 +, −, *, / 중에서 먼저 연산되는 것 2개는 무엇인가?

02 연산자 우선순위에 따를 경우 다음 식의 결과는 무엇인가?

```
3 + 4 * 5
```

03 다음의 왼쪽과 오른쪽이 동일한 수식이 되도록 빈칸에 알맞은 대입 연산자를 넣으시오.

a = a + b	a ( ) b
a = a − b	a ( ) b
a = a * b	a ( ) b
a = a / b	a ( ) b
a = a % b	a ( ) b

HINT/ 대입 연산자 =와 각 산술 연산자를 연결한다.

04 다음 빈칸에 알맞은 말을 넣으시오.

① 곱셈(또는 나눗셈)은 덧셈(또는 뺄셈)보다 우선순위가 높기 때문에 먼저 계산되지만 혼동을 줄이기 위해 (   )를 사용하는 것이 좋다.

② 정수를 실수로 강제 형 변환하는 연산자를 (   ) 연산자라고 하며, 정수를 실수로 변환하기 위해 (   )를, 실수를 정수로 변환하기 위해 (   )를 붙인다.

③ 1을 더하는 증가 연산자는 (   )이고, 1을 감소시키는 감소 연산자는 (   )이다.

④ a가 10보다 크고 20보다 작다는 것을 수식으로 만들면 (   )이다.

⑤ 왼쪽으로 1비트 시프트하는 것은 2를 (   ) 것과 같고, 오른쪽으로 1비트 시프트하는 것은 2로 (   ) 것과 같다.

05 다음 시프트 연산의 결과는 무엇인가?

```
01  public class Exam {
02     public static void main(String[] args) {
03        int a = 0x1F;
04        System.out.printf("%d \n", a >> 4);
05        System.out.printf("%d \n", a << 1);
06     }
07  }
```

HINT/ 왼쪽 시프트는 2^n을 곱한 것과 같고, 오른쪽 시프트는 2^n으로 나눈 것과 같다.

06 다음 문제를 푸시오.

① (10진수) 10 ^ 8

② (16진수) 0xFF ^ 0xFF

③ (2진수) 0101 & 1100

④ (2진수) 0101 | 1100

⑤ (2진수) 1111 & 0000

HINT/ 비트 연산자는 2진수로 변환한 다음 연산한다.

07 다음 소스코드의 실행 결과는 무엇인가?

①

```
int a = 100, b;
b = a++;
System.out.printf ("%d", b);
```

HINT/ 후치 증가 연산자는 대입 후 증가시킨다.

②

```
int a = 10, b = 20;
System.out.printf("%s ", a == b);
System.out.printf("%s ", a < b);
System.out.printf("%s ", a > b);
System.out.printf("%s ", a != b);
System.out.printf("%s ", a = b);
```

HINT/ 관계 연산자의 결과는 참(true) 또는 거짓(false)이다.

08 [예제 모음 9]를 참조하여 다음과 같이 초를 입력받으면 시, 분, 초로 분할해서 출력하는 프로그램을 작성하시오.

```
🔎 Problems  @ Javadoc  🔍 Declaration  🖳 Console ✕        ■ ✖ 🞋 | 🖹 🗊 🗎 🗐 🗗 | 🖅 🖃 ▾ 📂 ▾ 🗖 ▾ 🗖
<terminated> Quiz04_08 [Java Application] C:₩Program Files₩Java₩jdk-11₩bin₩javaw.exe
  ## 계산할 초는 ? 12345

시간은 ==>  3  시간
분은  ==>  25  분
초는  ==>  45  초
◄
```

HINT/ 초/60=분, 분/60=시간

09 다음 프로그램의 실행 결과는 무엇인가?

```
01 import java.util.Scanner;
02
03 public class Exam {
04   public static void main(String[] args) {
05     Scanner s = new Scanner(System.in);
06     int a = 100;
07
08     System.out.printf(" %d ₩n", ++a);
09     System.out.printf(" %d ₩n", a++);
10     System.out.printf(" %d ₩n", —a);
11   }
12 }
```

HINT/ 전치 증감 연산자, 후치 증감 연산자를 생각해본다.

10 다음은 입력된 값이 100이면 '100입니다.'를 출력하고, 그렇지 않으면 '100이 아닙니다.'를 출력하는 프로그램이다. 문법상 오류인 행은 몇 행인가?

```
01 import java.util.Scanner;
02
03 public class Exam {
04   public static void main(String[] args) {
05     Scanner s = new Scanner(System.in);
06     int a;
07
08     System.out.printf("값을 입력하세요 : ");
09     a = s.nextInt();
10
11     if (a = 100)
12       System.out.printf("100입니다.₩n");
13     else
14       System.out.printf("100이 아닙니다.₩n");
15   }
16 }
```

조건의
결과에 따라서
흐름을 바꾸자!

Chapter 05

조건문

지금까지 배운 프로그램은 main( ) 메소드 내의 첫 줄부터 순차적으로 실행되었다. 만약 실행 순서를 바꾸거나 특정 부분을 반복하려면 어떻게 해야 할까? 이때는 조건문을 사용한다. 이 장에서는 조건문 가운데 if문과 switch 문에 대해 알아보자.

SECTION 01 if 문
SECTION 02 중첩 if 문
SECTION 03 switch~case 문
예제 모음
요약
연습문제

if 문

if 문은 조건이 참일 때와 거짓일 때 각각 다른 일을 수행한다.

조건문은 조건에 따라 다르게 실행되도록 실행의 흐름을 제어하는 명령문이며 선택 제어문이라고도 한다. if 문과 swich 문은 조건문에 속하는데, 'if'라는 단어를 영어 사전에서 찾아보면 '만약 ~라면'이라고 해석되어 있듯이 JAVA에서도 '만약'이라는 어떤 조건을 내세울 때 if 문을 사용한다. 물론 if 문에서 내세우는 조건의 결과는 '참' 또는 '거짓' 두 가지뿐이다.

1 기본 if 문

기본 if 문은 참일 때는 무언가를 실행하고 거짓일 때는 아무것도 하지 않는 가장 단순한 형태의 if 문이다. if 문을 그림으로 표현할 때는 주로 마름모 형태로 나타낸다. [그림 5-1]에서 보듯이 if (조건식)이 참이면 '실행할 문장' 부분이 처리되고, 거짓이면 아무것도 실행하지 않고 프로그램을 종료한다.

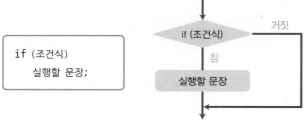

그림 5-1 if 문의 형식과 순서도

실습 5-1 기본 if 문 사용 예 1

```
01  public class Ex05_01 {
02    public static void main(String[] args) {
03      int a = 99;
04
05      if (a < 100)        ----- a가 100보다 작으므로 참이다.
06        System.out.printf("100보다 작군요..₩n");
07    }
08  }
```

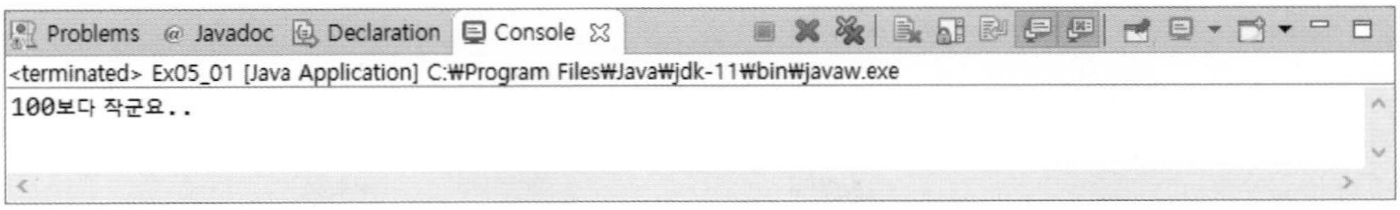

```
Problems  @ Javadoc  Declaration  Console ☒              ■ ✖ ✖ │ ᐸ ᐅ ▤ ◱ ◲ │ ▨ ▣ ▾ ▨ ▾ ◻ ◻
<terminated> Ex05_01 [Java Application] C:\Program Files\Java\jdk-11\bin\javaw.exe
100보다 작군요..
```

그림 5-2 실행 결과

a에 99가 들어 있어 조건식 'a〈100'은 참이기 때문에 if 문 안의 문장을 실행한다. [실습 5-1]을 그림으로 나타내면 다음과 같다.

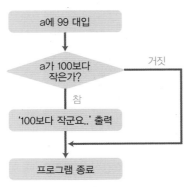

그림 5-3 [실습 5-1]의 실행 과정

메/멘/토 퀴/즈   □□문은 조건이 참일 때와 거짓일 때 각각 다른 일을 수행한다.

이번에는 조건이 참일 때 실행할 문장이 2개인 경우를 살펴보자. [실습 5-2]의 조건은 거짓이므로 6, 7행이 모두 실행되지 않아야 한다.

실습 5-2   기본 if 문 사용 예 2

```
01  public class Ex05_02 {
02    public static void main(String[] args) {
03      int a = 200;
04
05      if (a < 100)
06          System.out.printf("100보다 작군요..\n");
07          System.out.printf("거짓이므로 이 문장은 안보이겠죠?\n");
08
09      System.out.printf("프로그램 끝! \n");
10    }
11  }
```
5행이 참이면 수행할 것으로 예상된다.

5행이 거짓이면 6, 7행을 수행하지 않고 9행을 수행할 것으로 예상된다.

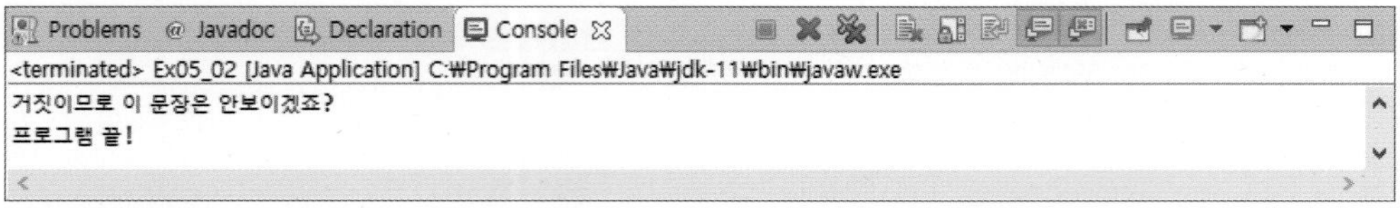
Problems
@ Javadoc
Declaration
Console
<terminated> Ex05_02 [Java Application] C:₩Program Files₩Java₩jdk-11₩bin₩javaw.exe
거짓이므로 이 문장은 안보이겠죠?
프로그램 끝!

그림 5-4 실행 결과

그런데 결과가 조금 이상하다. 3행에서 a가 200이니 5행의 조건식은 거짓이므로 6, 7행을 건너뛰고 9행을 실행할 것으로 예상했는데 7행도 실행되었다. 이는 '줄바꿈의 함정(?)' 때문이다. 다음과 같이 줄바꿈을 수정하여 실행해보자.

```
if (a < 100)
   System.out.printf("100보다 작군요..₩n");

System.out.printf("거짓이므로 이 문장은 안보이겠죠?₩n");
System.out.printf("프로그램 끝! ₩n");
```

줄바꿈만 수정했으니 실행 결과는 바뀌지 않는다. 하지만 이전과 달리 조건식이 거짓일 때 아래 두 문장이 실행된다는 점이 명확히 구분될 것이다. 비록 줄바꿈에 따라 결과가 다르게 보일 수 있지만, 조건식이 참일 때 바로 아래에 있는 한 문장만 실행하기 때문이다. 즉 5행의 조건식이 거짓이므로 그 아래 문장인 6행만 건너뛰고 7행부터 실행하는 것이다.

if 문에서 두 문장 이상을 실행하고 싶다면 여러 개의 구문을 하나로 만드는 중괄호({ })를 사용해야 한다.

실습 5-3 기본 if 문 사용 예 3

```
01 public class Ex05_03 {
02    public static void main(String[] args) {
03       int a = 200;
04
05       if (a < 100) {
06          System.out.printf("100보다 작군요..₩n");
07          System.out.printf("거짓이므로 앞의 문장은 안보이겠죠?₩n");
08       }
09
10       System.out.printf("프로그램 끝! ₩n");
11    }
12 }
```

5행이 참이면 중괄호로 묶인 부분이 모두 수행된다.

그림 5-5 실행 결과

a가 200이므로 조건식은 거짓이다. 따라서 중괄호로 묶인 부분(6, 7행)을 건너뛰고 10행이 실행되어 '프로그램 끝!'이 출력되었다.

▶ 직접 풀어보기 **5-1**

[실습 5-3]의 5행을 수정하여 6행과 7행이 실행되도록 해보자.

메 / 멘 / 토 퀴 / 즈   if 문에서 여러 개의 문장을 하나의 문장처럼 만들려면 □□□로 묶어야 한다.

2 if~else 문

참일 때 실행하는 것과 거짓일 때 실행하는 것이 다를 경우에는 if~else 문을 사용한다. 조건식이 참이라면 '실행할 문장 1'이 처리되고, 그렇지 않으면 '실행할 문장 2'가 처리되도록 프로그램을 만들어보자.

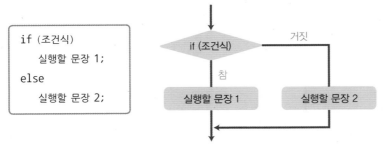

그림 5-6 if~else 문의 형식과 순서도

[그림 5-6]을 보면 조건이 참인 경우에 실행할 문장과 거짓인 경우에 실행할 문장이 다르다는 것을 알 수 있다.

```
01  public class Ex05_04 {
02    public static void main(String[] args) {
03      int a = 200;
04
05      if (a < 100)
06          System.out.printf("100보다 작군요..\n");----- 5행이 참이면(a가 100보다 작으면) 실행한다.
07      else
08          System.out.printf("100보다 크군요..\n");----- 5행이 거짓이면(a가 100보다 크거나 같으면)
                                                            실행한다.
09    }
10  }
```

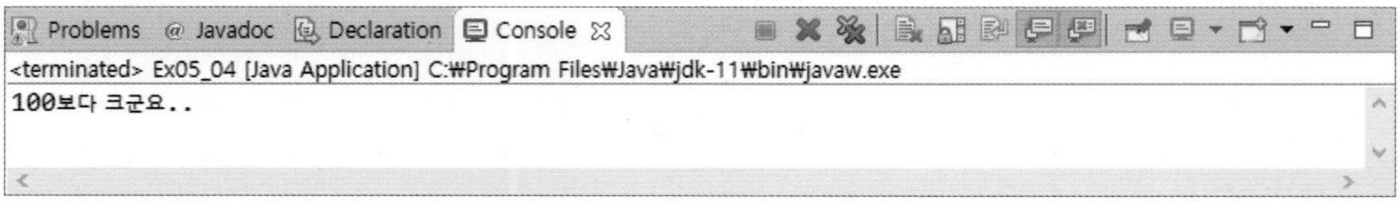

```
Problems   @ Javadoc   Declaration   Console ⌨              ■ ✖ ✖ | ▤ ▥ ▦ ▧ ▨ | ☞ ▤ ▾ ▱ ▾ ▭ ▭
<terminated> Ex05_04 [Java Application] C:\Program Files\Java\jdk-11\bin\javaw.exe
100보다 크군요..
```

그림 5-7 실행 결과

a가 200이니 5행의 조건식은 거짓이므로 else 아래에 있는 8행을 실행한다. [실습 5-4]를 그림으로 나타내면 다음과 같다.

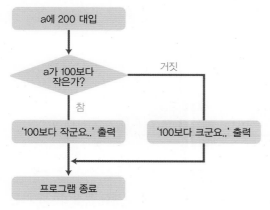

그림 5-8 [실습 5-4]의 실행 과정

메 / 멘 / 토 퀴 / 즈   │   조건식의 결과에 따라 실행할 내용이 다를 때는 if ~ □□□□ 문을 사용한다.

만약 참일 때 수행할 문장과 거짓일 때 수행할 문장이 모두 여러 개인 경우에는 중괄호로 묶으면 된다.

실습 5-5 **중괄호를 사용한 if~else 문 사용 예 1**

```
01  public class Ex05_05 {
02    public static void main(String[] args) {
03      int a = 200;
04
05      if (a < 100) {
06        System.out.printf("100보다 작군요..\n");
07        System.out.printf("참이면 이 문장도 보이겠죠?\n");
08      } else {
09        System.out.printf("100보다 크군요..\n");
10        System.out.printf("거짓이면 이 문장도 보이겠죠?\n");
11      }
12
13      System.out.printf("프로그램 끝! \n");
14    }
15  }
```

5행이 참이면(a가 100보다 작으면) 실행한다.

5행이 거짓이면(a가 100보다 크거나 같으면) 실행한다.

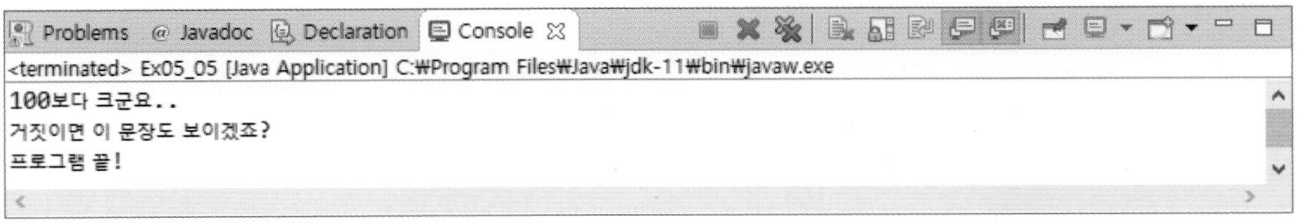

```
Problems  @ Javadoc  Declaration  Console ☒
<terminated> Ex05_05 [Java Application] C:\Program Files\Java\jdk-11\bin\javaw.exe
100보다 크군요..
거짓이면 이 문장도 보이겠죠?
프로그램 끝!
```

그림 5-9 실행 결과

a가 200이니 5행의 조건식은 거짓이므로 else에 해당하는 9, 10행까지 실행된다. 그리고 마지막에 있는 13행도 실행된다(13행은 참이든 거짓이든 실행된다).

[실습 5-6]은 입력한 숫자가 짝수인지 홀수인지를 계산하는 프로그램이다.

TIP/ 코드를 입력할 때 맨 위의 import 행은 입력하지 않는다. 그리고 5행의 Scanner에서 빨간 줄이 나왔을 때 [Ctrl]+[Shift]+[O]를 누르면 import가 자동 완성된다. 자주 사용되는 편리한 기능이니 잘 기억해두자.

```
01  import java.util.Scanner;
02
03  public class Ex05_06 {
04     public static void main(String[] args) {
05        Scanner s = new Scanner(System.in);
06        int a;
07
08        System.out.printf("정수를 입력하세요 : ");
09        a = s.nextInt( );          ----- 정수를 입력받는다.
10
11        if ([          ] == 0) { ----- 입력한 값을 2로 나누어 나머지가 0이면(즉 짝수이면)
12           System.out.printf("짝수를 입력했군요..₩n"); ----- 입력한 값이 짝수이면 실행한다.
13        } else {
14           System.out.printf("홀수를 입력했군요..₩n"); ----- 입력한 값이 짝수가 아니면 실행한다.
15        }
16
17     }
18  }
```

정답: a%2

그림 5-10 실행 결과

9행에서 정수를 입력받아 11행에서 그 수를 2로 나눈 나머지 값이 0이면 짝수로 처리되고, 그렇지 않으면 홀수로 처리된다.

중첩 if 문

기본 if 문은 참과 거짓을 선택하는 과정이 한 번뿐이었지만, 두 번 이상 필요할 때는 if 문을 중첩하여 프로그램을 작성한다.

지금까지는 if 문이 하나만 나오는 경우를 살펴보았지만 조건을 검사하는 과정이 두 번 이상인 경우도 있다. 예를 들어 강의실 안의 학생 중 20세 이상 남자가 몇 명인지를 구하는 프로그램을 생각해보자. 일단 학생이 남자인지 여자인지 구분한 뒤, 다시 남학생 중에서 20대인지 여부를 구분해야 한다. 이처럼 if 문을 한 번 실행하고 나서 그 결과에 다시 if 문을 실행하는 것을 중첩 if 문(중복 if 문)이라 한다.

중첩 if 문은 if 문 안에 또 다른 if 문이 있는 것이라고 생각하면 된다. 하지만 조건식이 여러 개이면 복잡해 보일 수 있으니 다음과 같이 중괄호를 사용하는 것이 좋다. 조건식 1이 참이면 다시 'if (조건식 2)'를 수행하고, 조건식 2가 참이면 '실행할 문장 1'을 처리한다.

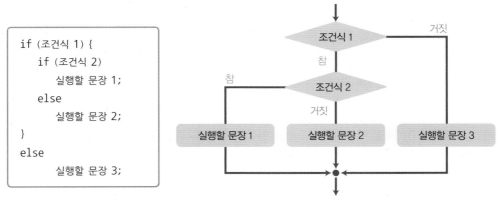

```
if (조건식 1) {
    if (조건식 2)
        실행할 문장 1;
    else
        실행할 문장 2;
}
else
        실행할 문장 3;
```

그림 5-11 중첩 if 문의 형식과 순서도

실습 5-7 **중첩 if 문 사용 예 1**

```
01  public class Ex05_07 {
02    public static void main(String[] args) {
03      int a = 75;
04
05      if (a > 50) {
```

```
06          if (a < 100) {
07              System.out.printf("50보다 크고 100보다 작군요..₩n");
```

5행이 참이고(a가 50보다 크고) 6행이 참이면(a가 100보다 작으면) 실행한다.

```
08          } else {
09              System.out.printf("와~ 100보다 크군요..₩n");
```

5행이 참이고(a가 50보다 크고) 6행이 거짓이면(a가 100보다 크거나 같으면) 실행한다.

```
10          }
11      } else {
12          System.out.printf("애개~ 50보다 작군요..₩n");
13      }
14
15  }
16 }
```

5행이 참이면 (a가 50보다 크면) 실행한다.

5행이 거짓이면(a가 50보다 작거나 같으면) 실행한다.

Problems @ Javadoc Declaration Console ⊠

<terminated> Ex05_07 [Java Application] C:₩Program Files₩Java₩jdk-11₩bin₩javaw.exe

50보다 크고 100보다 작군요..

그림 5-12 실행 결과

5행에서 a가 50보다 크면 참이므로 중괄호 안(6~10행)의 내용을 실행한다. 그 안에서 a가 100보다 작으면 7행을 출력하고, 그렇지 않으면 9행을 실행한다. 만약 5행에서 a가 50보다 작거나 같다면 11행으로 바로 넘어가서 12행을 실행한다.

중첩 if 문을 적용한 또 다른 실습을 살펴보자. [실습 5-8]은 입력한 점수가 90점 이상이면 A, 80점 이상이면 B, 70점 이상이면 C, 60점 이상이면 D, 그 외는 F로 처리하는 프로그램이다. 복잡해 보일 수 있으나 자주 사용되는 것이니 잘 익혀두자.

메/멘/토 퀴/즈 | if 문 안에 if 문이 들어 있는 것을 □□ if 문이라 한다.

실습 5-8   중첩 if 문 사용 예 2

```
01 import java.util.Scanner;
02
03 public class Ex05_08 {
04   public static void main(String[] args) {
05      Scanner s = new Scanner(System.in);
```

```
06      int a;

07

08      System.out.printf("점수를 입력하세요 : ");
09          a = s.nextInt( );                          ----- 점수(100점 만점)를 입력한다.

10

11      if (    ■    )          ┐
12          System.out.printf("A");    ┘      입력한 점수가 90점 이상이면 A를 출력한다.

13      else
14          if (    ■    )          ┐
15              System.out.printf("B");
16          else
17              if (a >= 70)                입력한 점수가 80점 이상이면 B, 70점 이상이면 C,
18                  System.out.printf("C");     60점 이상이면 D를 출력한다.
19              else
20                  if (a >= 60)
21                      System.out.printf("D"); ┘
22                  else                 ┐ 입력한 점수가 60점 미만이면 F를 출력한다.
23                      System.out.printf("F"); ┘

24

25      System.out.printf(" 학점 입니다. ₩n");
26  }
27 }
```

정답 ■ a >= 90   ■ a >= 80

```
Problems  @ Javadoc  Declaration  Console ⊠          ■ ✖ ✖ | ■ ■ ■ ■ ■ | ■ ■ ▼ ■ ▼ ▭ ▢
<terminated> Ex05_08 [Java Application] C:₩Program Files₩Java₩jdk-11₩bin₩javaw.exe
점수를 입력하세요 : 77
C 학점 입니다.
```

그림 5-13 실행 결과

11행에서 a가 90점 이상이면 12행을 실행한 다음 바로 24행으로 빠져나온다. 그렇지 않을 경우(a가 90점 미만일 경우) 14행으로 가서 a가 80점 이상이면 15행을 실행한 다음 24행으로 빠져나오는데 이런 방식이 계속 반복된다. [실습 5-8]을 그림으로 나타내면 다음과 같다.

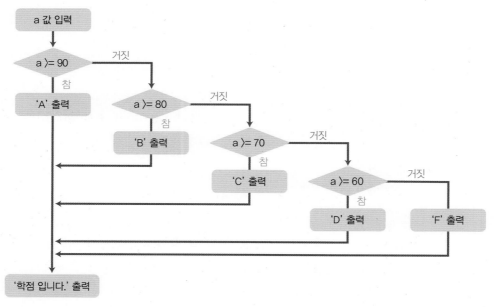

그림 5-14 [실습 5-8]의 실행 과정

간소화한 중첩 if 문

[실습 5-8]의 11~23행은 다음과 같이 더 간결하게 표현할 수도 있다.

```java
if (a >= 90)
    System.out.printf ("A");
else if (a >= 80)
    System.out.printf ("B");
else if (a >= 70)
    System.out.printf ("C");
else if (a >= 60)
    System.out.printf ("D");
else
    System.out.printf ("F");
```

▶ 직접 풀어보기 5-2

[실습 5-8]을 다음 조건과 같이 좀 더 세분화해보자.

95점 이상 : A+, 90점 이상 : A0, 85점 이상 : B+, 80점 이상 : B0, 75점 이상 : C+,
70점 이상 : C0, 65점 이상 : D+, 60점 이상 : D0, 60점 미만 : F

switch~case 문

중첩 if 문은 다양한 경우의 수를 표현할 수는 있지만 if 문이 여러 개 나오면 프로그래밍이 복잡해 보이는 단점이 있다. 이때 switch~case 문을 사용할 수 있다.

if 문은 참 또는 거짓 중 하나를 선택한다는 의미로 '이중 분기'라는 용어를 사용하기도 한다. 하지만 세상에는 참과 거짓으로 해결되는 것만 있는 것이 아니라 여러 개 중에 하나를 선택해야 하는 경우도 있다. 이러한 것을 '다중 분기'라 하고 switch~case 문을 사용하여 표현한다. 이 구문은 switch의 조건 값(정수 값)에 따라 case 문을 실행한다. 즉 정수 값이 1이면 1의 값에 해당하는 문장을 실행하고, 2이면 2의 값에 해당하는 문장을 실행하는 방식이다.

```
switch(정수 값){
    case 정수 값 1:
        실행할 문장 1;
        break;
    case 정수 값 2:
        실행할 문장 2;
        break;
    default:
        실행할 문장 3;
        break;
}
```

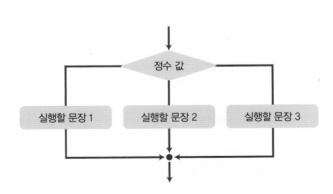

그림 5-15 switch~case 문의 형식과 순서도

다음 실습은 4개의 숫자 1, 2, 3, 4 중 하나를 선택하면 각 선택에 따라 switch~case 문이 실행되는 프로그램이다.

실습 5-9 **switch~case 문 사용 예 1**

```
01 import java.util.Scanner;
02
03 public class Ex05_09 {
04     public static void main(String[] args) {
```

```java
05      Scanner s = new Scanner(System.in);
06      int a;
07
08      System.out.printf("1 ~ 4 중에 선택하세요 : ");
09      a = s.nextInt( );
10
11      switch (a) {                                      ----- 입력한 a 값에 따라서 분기한다.
12      case 1:
13          System.out.printf("1을 선택했다\n");              a가 1이면 13행을 수행하고, 14행에서
14          break;                                           switch 블록을 빠져나간다.
15      case 2:
16          System.out.printf("2를 선택했다\n");
17          break;
18      case 3:
19          System.out.printf("3을 선택했다\n");
20          break;
21      case 4:
22          System.out.printf("4를 선택했다\n");
23          break;
24      default:                                          a가 1, 2, 3, 4에 해당되지 않을 경우에
25          System.out.printf("이상한걸 선택했다.\n");          수행한다.
26      }
27   }
28 }
```

```
Problems  @ Javadoc  Declaration  Console ✕
<terminated> Ex05_09 [Java Application] C:\Program Files\Java\jdk-11\bin\javaw.exe
1 ~ 4 중에 선택하세요 : 3
3을 선택했다
```

그림 5-16 실행 결과

9행에서 입력한 숫자가 11행의 switch 문으로 넘어간다. 만약 숫자가 1이면 12행으로, 2이면 15행으로, 3이면 18행으로, 4이면 21행으로 넘어가고, 1~4의 범위에서 벗어나면 24행의 default 부분이 실행된다. 예를 들어 3을 입력한 경우, 11행의 switch 문에서 18행으로 넘어가 19행의 '3을 선택했다'를 출력한 후, break 문을 만나서 switch 문의 블록(11~26행)을 빠져나간다. 이를 그림으로 나타내면 [그림 5-17]과 같다.

```
switch (a)
{
case 1:
    printf("1을 선택했다\n");
    break;
case 2:
    printf("2를 선택했다\n");
    break;
case 3:
    printf("3을 선택했다\n");

    break;
case 4:
    printf("4를 선택했다\n");
    break;
default:
    printf("이상한걸 선택했다.\n");
}
```

그림 5-17 [실습 5-9]에서 a가 3일 때 switch~case 문의 흐름도

그런데 switch~case 문을 사용할 때 주의할 사항이 있다. 각각의 실행문 마지막에 break 문을 반드시 써야 한다는 것이다. 그렇지 않으면 switch~case 문을 빠져나가지 않고 다음 코드를 계속 수행한다. [실습 5-9]에서 break를 빼고 실행해보면 다음과 같은 결과가 나온다.

```
switch (a) {
case 1:
    System.out.printf("1을 선택했다\n");
case 2:
    System.out.printf("2를 선택했다\n");
case 3:
    System.out.printf("3을 선택했다\n");
case 4:
    System.out.printf("4를 선택했다\n");
default:
    System.out.printf("이상한걸 선택했다.\n");
}
```

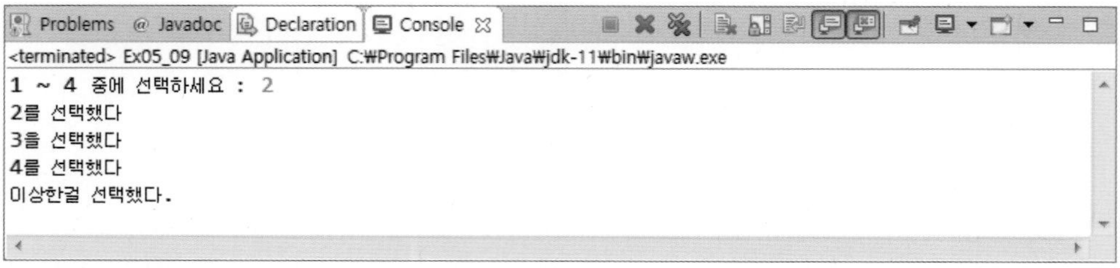

그림 5-18 실행 결과

switch~case 문을 잘 응용하면 깔끔한 코드로 프로그램을 작성할 수 있다. 다음 실습은 출생 연도를 입력받아 거기에 해당하는 띠를 출력하는 프로그램이다.

실습 5-10   switch~case 문 사용 예 2

```java
01  import java.util.Scanner;
02
03  public class Ex05_10 {
04    public static void main(String[] args) {
05      Scanner s = new Scanner(System.in);
06      int year;
07
08      System.out.printf("출생연도를 입력하세요 : ");
09      year = s.nextInt( );
10
11      switch ( [          ] ) {
12        case 0 : System.out.printf ("원숭이띠\n");   break;
13        case 1 : System.out.printf ("닭띠\n");   break;
14        case 2 : System.out.printf ("개띠\n");   break;
15        case 3 : System.out.printf ("돼지띠\n");   break;
16        case 4 : System.out.printf ("쥐띠\n");   break;
17        case 5 : System.out.printf ("소띠\n");   break;
18        case 6 : System.out.printf ("호랑이띠\n");   break;
19        case 7 : System.out.printf ("토끼띠\n");   break;
20        case 8 : System.out.printf ("용띠\n");   break;
21        case 9 : System.out.printf ("뱀띠\n");   break;
22        case 10 : System.out.printf ("말띠\n");   break;
23        case 11 : System.out.printf ("양띠\n");   break;
```

입력한 연도를 12로 나눈 나머지 값에 의해 분기한다.

```
24        }
25      }
26  }
```

그림 5-19 정답_ year % 12

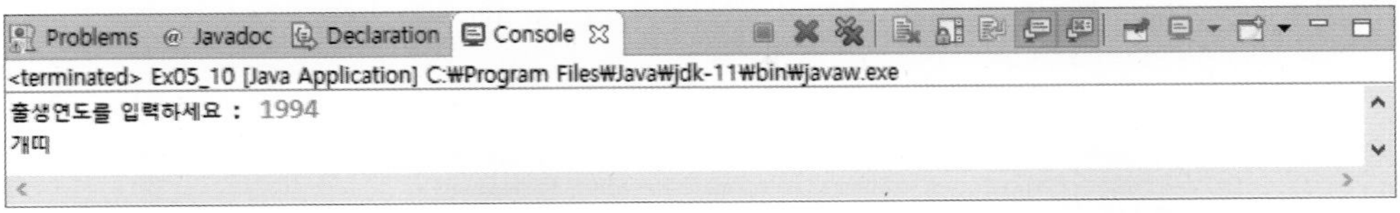

그림 5-19 실행 결과

9행에서 출생 연도를 입력받아 11행에서 그 수를 12로 나눈 나머지를 정수 값으로 사용하며,
이 값을 바탕으로 12~23행 중 하나를 선택하여 실행한다. 만약 이를 if 문으로 만들면 훨씬 복
잡한 프로그램이 될 수밖에 없을 것이다.

▶ 직접 풀어보기 **5-3**

[실습 5-10]을 switch~case 문 대신 if~else 문을 사용하여 수정해보자.

단순 if 문을 활용한 간단한 계산기

난이도
★ ☆ ☆

예제 설명   단순 if 문을 활용하여 두 수의 +, −, *, /, % 연산을 수행하는 프로그램을 작성해보자.

실행 결과

```
Problems  @ Javadoc  Declaration  Console 
<terminated> Problem_11 [Java Application] C:\Program Files\Java\jdk-11\bin\javaw.exe
첫번째 수를 입력하세요 : 5
계산할 연산자를 입력하세요 : *
두번째 수를 입력하세요 : 7
5 * 7 = 35 입니다.
```

중복 if 문을 활용한 간단한 계산기

난이도
★ ★ ☆

예제 설명   중복 if 문을 활용하여 두 수의 +, −, *, /, % 연산을 수행하는 프로그램을 작성해보자.

실행 결과

```
Problems  @ Javadoc  Declaration  Console 
<terminated> Problem_12 [Java Application] C:\Program Files\Java\jdk-11\bin\javaw.exe
첫번째 수를 입력하세요 : 12
계산할 연산자를 입력하세요 : /
두번째 수를 입력하세요 : 5
12 / 5 = 2.400000 입니다.
```

```
Problems  @ Javadoc  Declaration  Console 
<terminated> Problem_12 [Java Application] C:\Program Files\Java\jdk-11\bin\javaw.exe
첫번째 수를 입력하세요 : 88
계산할 연산자를 입력하세요 : &
두번째 수를 입력하세요 : 77
연산자를 잘못 입력했습니다.
```

switch~case 문을 활용한 간단한 계산기

예제 설명 수식을 띄어쓰기로 한 줄에 입력하고 switch~case 문을 활용하여 두 수의 +, −, *, /, % 연산을 수행하는 프로그램을 작성해보자. 아직 배우지 않은 배열이 나와서 좀 어려울 수 있지만 미리 살펴보자.

실행 결과

11

```
01  import java.util.Scanner;
02
03  public class Problem_11 {
04
05    public static void main(String[] args) {
06      Scanner s = new Scanner(System.in);
07      int a, b;
08      char ch;
09
10      System.out.printf("첫번째 수를 입력하세요 : ");
11      a = s.nextInt( );
12
13      System.out.printf("계산할 연산자를 입력하세요 : ");
14      ch = s.next( ).charAt(0);
15
16      System.out.printf("두번째 수를 입력하세요 : ");
17      b = s.nextInt( );
18
19      if (ch == '+')
20        System.out.printf("%d + %d = %d 입니다. \n", a, b, a + b);
21
22      if (ch == '-')
23        System.out.printf("%d - %d = %d 입니다. \n", a, b, a - b);
24
25      if (ch == '*')
26        System.out.printf("%d * %d = %d 입니다. \n", a, b, a * b);
27
28      if (ch == '/')
29        System.out.printf("%d / %d = %f 입니다. \n", a, b, a / (float) b);
30
31      if (ch == '%')
32        System.out.printf("%d %% %d = %d 입니다. \n", a, b, a % b);
33    }
34  }
```

- 07, 08 : 입력받을 정수 2개와 연산자 문자 1개를 선언한다.
- 11 : 계산할 숫자를 입력한다.
- 14 : 연산자를 입력받는다. s.next( )는 문자열을 입력받고, charAt(0)은 그중 첫 번째 글자를 추출한다. 즉 맨 먼저 입력한 글자를 연산자로 사용한다.
- 17 : 계산할 숫자를 입력한다.
- 19~32 : 기본 if 문을 사용한 연산을 수행한다.

12

```java
01  import java.util.Scanner;
02
03  public class Problem_12 {
04
05    public static void main(String[] args) {
06      Scanner s = new Scanner(System.in);
07      int a, b;
08      char ch;
09
10      System.out.printf("첫번째 수를 입력하세요 : ");
11      a = s.nextInt();
12
13      System.out.printf("계산할 연산자를 입력하세요 : ");
14      ch = s.next().charAt(0);
15
16      System.out.printf("두번째 수를 입력하세요 : ");
17      b = s.nextInt();
18
19      if (ch == '+')
20        System.out.printf("%d + %d = %d 입니다. \n", a, b, a + b);
21      else if (ch == '-')
22        System.out.printf("%d - %d = %d 입니다. \n", a, b, a - b);
23      else if (ch == '*')
24        System.out.printf("%d * %d = %d 입니다. \n", a, b, a * b);
25      else if (ch == '/')
26        System.out.printf("%d / %d = %f 입니다. \n", a, b, a / (float) b);
27      else if (ch == '%')
28        System.out.printf("%d %% %d = %d 입니다. \n", a, b, a % b);
29      else
30        System.out.printf("연산자를 잘못 입력했습니다. \n");
31    }
32  }
```

중복 if 문을 사용한 연산을 수행한다.

+, -, *, /, % 외의 문자가 입력되면 오류 메시지를 보여준다.

13

```
01  import java.util.Scanner;
02
03  public class Problem_13 {
04
05    public static void main(String[] args) {
06      Scanner s = new Scanner(System.in);
07      int a, b;
08      char ch;
09      String[] str;                              ----- 문자열 배열을 준비한다. 입력된 수식을 str[0], str[1],
10                                                        str[2]에 분리해서 넣기 위한 것이다.
11      System.out.printf("수식을 한줄로 띄어쓰기로 입력하세요 : ");
12      str = s.nextLine().split(" ");             ----- nextLine()은 문자열을 한 줄로 입력받는다. split(" ")은 입력
13                                                        받은 문자열을 공백으로 분리한다. 결국 첫 번째 숫자는 str[0]
                                                          에, 연산자는 str[1]에, 두 번째 숫자는 str[2]에 저장된다.
14      a = Integer.parseInt(str[0]);              ----- 첫 번째 숫자에 해당하는 문자열(str[0])을 정수로 변환하여
                                                          a에 저장한다.
15      ch = str[1].charAt(0);                     ----- 연산자에 해당하는 문자열(str[1])의 첫 번째 글자만 추출하
                                                          여 ch에 저장한다.
16      b = Integer.parseInt(str[2]);              ----- 두 번째 숫자에 해당하는 문자열(str[2])을 정수로 변환하여
17                                                        b에 저장한다.
18      switch (ch) {
19      case '+':
20        System.out.printf("%d + %d = %d 입니다. \n", a, b, a + b);
21        break;
22      case '-':
23        System.out.printf("%d - %d = %d 입니다. \n", a, b, a - b);
24        break;
25      case '*':
26        System.out.printf("%d * %d = %d 입니다. \n", a, b, a * b);
27        break;
28      case '/':
29        System.out.printf("%d / %d = %d 입니다. \n", a, b, a / b);
30        break;
31      case '%':
32        System.out.printf("%d %% %d = %d 입니다. \n", a, b, a % b);
33        break;
34      default:
35        System.out.printf("연산자를 잘못 입력했습니다. \n");
36      }
37
38    }
39  }
```

01 if 문

① if 문은 조건식이 참일 때와 거짓일 때 각각 다른 일을 수행하는 제어문이다.

② if 문의 구조

```
if (조건식)
    { 참일 때 실행할 문장들 }
else
    { 거짓일 때 실행할 문장들 }
```

③ 중첩 if 문은 처리해야 할 조건이 세 가지 이상일 때 사용한다.

02 switch~case 문

① 다양한 경우의 수가 있을 때 사용하며, 중첩 if 문보다 깔끔하게 코드를 만들 수 있다.

② switch~case 문의 구조

```
switch(정수 값){
    case 정수 값 1:
        실행할 문장 1;
        break;
    case 정수 값 2:
        실행할 문장 2;
        break;
    default:
        실행할 문장 3;
        break;
}
```

01 다음 소스코드는 어떻게 출력되는가?

①

```
if ( 3 >= 5 )
    printf ("if 문 수행");
```

②

```
if ( 3 >= 5 )
    printf ("if 문 수행1");
    printf ("if 문 수행2");
    printf ("if 문 수행3");
```

HINT/ 중괄호가 생략되면 if 문은 바로 다음에 나오는 한 문장만 해당된다.

02 다음 빈칸에 알맞은 말을 넣으시오.

① 참일 때 수행하는 것과 거짓일 때 수행하는 것이 다른 경우에는 (　　　)~(　　　) 문을 사용해야 한다.

② if 문이 참이거나 거짓일 때 실행해야 할 문장이 여러 개라면 (　　　)로 묶어야 한다.

③ if 문은 참이나 거짓일 경우 두 가지로만 분기되지만 (　　　)~(　　　) 문은 여러 가지 경우로 분기가 가능하다.

03 다음 내용이 맞으면 ○, 틀리면 ×로 표시하시오.

① 중괄호({ })는 여러 문장을 한 문장처럼 묶는 효과가 있다. (　　)

② 실행할 문장이 하나일 때는 중괄호로 묶을 수 없고, 반드시 두 문장 이상일 때만 중괄호로 묶어야 한다. (　　)

③ 중괄호가 많으면 소스코드가 길어지므로 되도록 사용하지 않는 것이 좋다. (　　)

04 다음 소스코드는 어떻게 출력되는가?

①

```java
int a = 2;
switch (a) {
case 1:
    System.out.printf("1이다");
    break;
case 2:
    System.out.printf("2이다");
    break;
case 3:
    System.out.printf("3이다");
    break;
}
```

②

```java
int a = 2;
switch (a) {
case 1:
    System.out.printf("1이다");
case 2:
    System.out.printf("2이다");
case 3:
    System.out.printf("3이다");
}
```

HINT/ break가 없으면 해당 부분 이후를 계속 수행한다.

05 입력한 수가 +(양수)인지, -(음수)인지, 0인지를 출력하는 프로그램을 중첩 if 문을 사용해서 작성하시오.

```
Problems  @ Javadoc  Declaration  Console ☒          ■ ✖ ❀ | ▤ ▨ ▨ | ▨ ▨ | ▭ ▭ ▾ ▭ ▾ ⬚ ⬚
<terminated> Quiz05_05 [Java Application] C:\Program Files\Java\jdk-11\bin\javaw.exe
처리할 수를 입력하세요 : -33
입력한 수는 - 입니다.
<                                                                              >
```

06 다음 소스코드를 컴파일하면 오류가 발생한다. 잘못된 부분을 바르게 고치시오.

```java
public class Exam {
   public static void main(String[] args) {
      int a=100;

      if (a < 200)
         System.out.printf(" a가 200보다 ");
         System.out.printf(" 작습니다.\n");
      else
         System.out.printf (" a가 200보다 큽니다.");
   }
}
```

여러 번
반복할 작업은
for 문에 맡기자!

Chapter 06

반복문의 기본, for 문

반복문은 동일한 기능이나 문장을 반복해서 실행하는 프로그램을 만들 때 사용하는 매우 효율적인 구문이다. JAVA에서 가장 많이 사용하는 구문 중 하나로서 특히 활용도가 높은 for 문의 동작과 사용법에 대해 살펴보자.

SECTION 01 단순 for 문
SECTION 02 중첩 for 문
SECTION 03 기타 for 문
예제 모음
요약
연습문제

단순 for 문

for 문은 여러 번 수행해야 할 것을 한 번에 해결해주는 반복문이다.

반복문이 없었다면 JAVA 프로그램은 굉장히 길어지고 프로그래밍 자체가 어려웠을 것이다. 반복문으로 수십, 수백, 또는 그 이상 해야 할 일들을 간략하게 만들 수 있다. 반복문은 크게 for 문과 while 문으로 나뉘는데, 이 장에서는 가장 활용도가 높은 for 문을 살펴보자.

1 for 문의 개념

반복문은 말 그대로 문장을 '반복'하게 만들어주는 것이다. 그런데 왜 반복이 필요할까? 우선 지금까지 배운 실력으로 다음과 같은 결과를 출력하는 프로그램을 만들어보자.

```
안녕하세요? 빙글빙글 for 문을 공부중입니다. ^^
안녕하세요? 빙글빙글 for 문을 공부중입니다. ^^
안녕하세요? 빙글빙글 for 문을 공부중입니다. ^^
안녕하세요? 빙글빙글 for 문을 공부중입니다. ^^
안녕하세요? 빙글빙글 for 문을 공부중입니다. ^^
```

아래 소스코드를 보지 않고도 프로그램을 작성할 수 있다면 지금까지 설명한 내용을 잘 따라오고 있는 것이다.

실습 6-1 **같은 문장을 반복해서 출력**

```
01  public class Ex06_01 {
02    public static void main(String[] args) {
03      System.out.printf("안녕하세요? 빙글빙글 for 문을 공부중입니다. ^^\n");
04      System.out.printf("안녕하세요? 빙글빙글 for 문을 공부중입니다. ^^\n");
05      System.out.printf("안녕하세요? 빙글빙글 for 문을 공부중입니다. ^^\n");
06      System.out.printf("안녕하세요? 빙글빙글 for 문을 공부중입니다. ^^\n");
07      System.out.printf("안녕하세요? 빙글빙글 for 문을 공부중입니다. ^^\n");
08    }
09  }
```

내용을
출력한다.

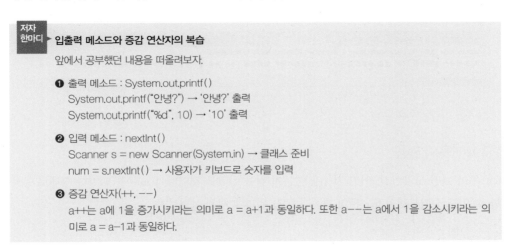

Problems   @ Javadoc   Declaration   Console ✕

\<terminated\> Ex06_01 [Java Application] C:\Program Files\Java\jdk-11\bin\javaw.exe

```
안녕하세요? 빙글빙글 for 문을 공부중입니다. ^^
안녕하세요? 빙글빙글 for 문을 공부중입니다. ^^
안녕하세요? 빙글빙글 for 문을 공부중입니다. ^^
안녕하세요? 빙글빙글 for 문을 공부중입니다. ^^
안녕하세요? 빙글빙글 for 문을 공부중입니다. ^^
```

그림 6-1 실행 결과

센스 있는 독자라면 System.out.printf("안녕하세요? 빙글빙글 for 문을 공부중입니다. ^^\n");을 한 줄만 입력하고 복사하여 붙여넣기로 프로그램을 완성했을 것이다. 그런데 만약 다섯 번이 아니라 수백 번, 수만 번을 입력해야 한다면 어떨까? 아무리 복사해서 붙여넣는다 하더라도 그렇게 하기는 무리일 것이다. 이때 필요한 것이 바로 반복문이다. 다음 소스코드를 실행한 결과를 살펴보자. 지금은 소스코드를 이해하지 못해도 괜찮다.

> **저자 한마디 ▶ 입출력 메소드와 증감 연산자의 복습**
>
> 앞에서 공부했던 내용을 떠올려보자.
>
> ❶ 출력 메소드 : System.out.printf( )
> System.out.printf("안녕?") → '안녕?' 출력
> System.out.printf("%d", 10) → '10' 출력
>
> ❷ 입력 메소드 : nextInt( )
> Scanner s = new Scanner(System.in) → 클래스 준비
> num = s.nextInt( ) → 사용자가 키보드로 숫자를 입력
>
> ❸ 증감 연산자(++, --)
> a++는 a에 1을 증가시키라는 의미로 a = a+1과 동일하다. 또한 a--는 a에서 1을 감소시키라는 의미로 a = a-1과 동일하다.

실습 6-2   기본 for 문 사용 예

```
01  public class Ex06_02 {
02      public static void main(String[] args) {
03          int i;
04
05          for (i = 0; i < 5; i++)
06          {
07              System.out.printf("안녕하세요? 빙글빙글 for 문을 공부중입니다.^^\n");
08          }
09      }
10  }
```

for 문을 사용해서 다섯 번 반복한다.

그림 6-2 실행 결과

System.out.printf( ) 메소드를 한 번밖에 사용하지 않았는데 [실습 6-1]과 동일한 결과가 나왔다. 5행의 'i<5'를 통해 다섯 번 수행했음을 예상할 수 있다.

▶ 직접 풀어보기 **6-1**

[실습 6-2]를 수정해서 '안녕하세요? 빙글빙글 for 문을 공부중입니다. ^^'를 20번 출력하되, 줄바꿈이 되지 않고 다음과 같이 이어서 출력되도록 두 곳을 수정해보자.

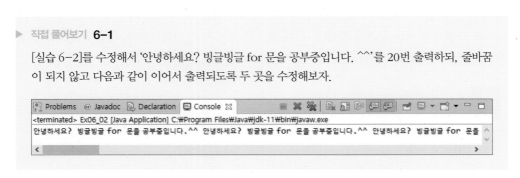

2 for 문의 활용

for 문이 어떤 모양인지, 어떤 기능을 하는지 감을 잡았을 것이다. for 문을 다양한 형태로 응용할 수 있도록 기본적인 for 문의 형식과 동작 원리에 대해 살펴보자.

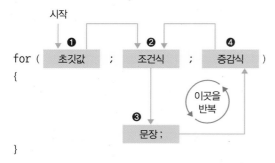

그림 6-3 for 문의 실행 순서

for 문의 기본 형식을 보면 괄호 안에 초깃값, 조건식, 증감식이 세미콜론(;)으로 구분되어 있고 중괄호({ }) 안에 반복할 문장이 있다. 반복할 문장이 하나뿐이라면 중괄호를 생략해도 된다. 여기서 반복되는 순서를 기억하자. ❶, ❷를 수행하고 ❸, ❹, ❷가 계속 반복해서 수행된다.

[실습 6-2]의 5~8행에서 사용한 for 문의 기본 구조를 살펴보자.

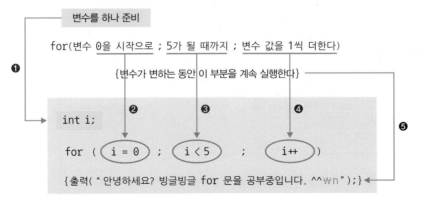

그림 6-4 for 문의 개념과 실제 사용

❶ for 문을 사용하려면 무조건 변수 하나를 준비해야 한다. 변수의 이름은 주로 i, j, k를 사용한다.

❷ 사용할 변수의 초깃값을 0으로 설정한다. 반드시 0이 아니어도 되지만 대개 0으로 시작한다.

❸ 5가 될 때까지 검사하기 위해 조건을 'i<5'라고 했다. 다섯 번 실행하므로 'i<=5'라고 생각하기 쉽지만, ❷번에서 초깃값을 0으로 했기 때문에 'i<5'로 설정해야 0, 1, 2, 3, 4, 총 다섯 번이 실행된다. 만약 'i<=5'라고 쓰면 여섯 번 실행된다. 숙련된 프로그래머도 종종 틀리는 부분이니 주의하기 바란다.

❹ 'i++'는 'i=i+1'과 동일하게 i 값을 1 증가시킨다. for 문을 한 번 돌 때마다 수행하는 부분이다.

❺ 실제로 반복되는 내용이다. 여기서는 System.out.printf( ) 한 줄만 있지만 복잡한 프로그램일수록 많은 내용이 들어간다.

화살표를 따라 계속 수행해보자. 즉 초깃값은 한 번만 수행되고 나머지가 계속 반복되는 구조이다.

> **초깃값** → 조건식 → 반복할 문장 → 증감식 → 조건식 → 반복할 문장 → 증감식 → 조건식 → 반복할 문장 → 증감식 → 조건식 …

[그림 6-3]과 비교해보면 조건식, 문장, 증감식만 빙글빙글 돌면서 반복된다.

이제 [그림 6-5]를 통해 실제로 for 문이 어떻게 반복되는지를 살펴보자. 과연 System.out.printf( ) 문이 지정한 횟수만큼 수행되는지 확인해본다.

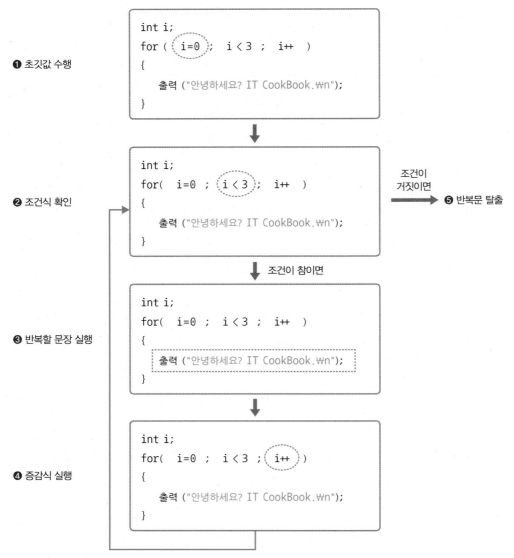

그림 6-5 for 문이 반복되는 순서

편의를 위해 조건식이 세 번만 실행되도록 'i<3'으로 설정했다. 순서를 짚어가며 그림을 살펴보면 더 쉽게 이해될 것이다.

제1회 : ❶ 초깃값을 수행한다(현재 i=0).

제2회 : ❷ 조건식을 확인한다. 현재 i 값이 0이므로 i<3는 참이다.

제3회 : ❸ System.out.printf 문을 수행한다('안녕하세요? …' 출력).

제4회 : ❹ 증감식 i++를 수행하여 i 값을 1 증가시킨다(현재 i=1).

제5회 : 다시 ❷ 조건식을 확인한다. 현재 i 값이 1이므로 i<3는 참이다.

제6회 : 다시 ❸ System.out.printf 문을 수행한다('안녕하세요? …' 출력).

제7회 : 다시 ❹ 증감식 i++를 수행하여 i 값을 1 증가시킨다(현재 i=2).

제8회 : 다시 ❷ 조건식을 확인한다. 현재 i 값이 2이므로 i<3는 참이다.

제9회 : 다시 ❸ System.out.printf 문을 수행한다('안녕하세요? …' 출력).

제10회 : 다시 ❹ 증감식 i++를 수행하여 i 값을 1 증가시킨다(현재 i=3).

제11회 : 다시 ❷ 조건식을 확인한다. 현재 i 값이 3이므로 드디어 i<3가 거짓이다.

제12회 : 조건이 거짓이므로 ❺ 반복문을 탈출하고 반복문 블록({ }) 밖의 내용을 수행한다.

[그림 6-5]의 핵심은 '❷ 조건식 확인'이다. 초깃값에서 변수 i에 0을 대입하고 바로 조건식을 확인한다는 것을 잊지 말자. 이는 조건이 맞지 않으면 for 문을 한 번도 수행하지 않고 반복문을 끝낼 수 있다는 의미이다.

만약 초깃값을 i=0 대신 i=3으로 한다면 어떻게 될까? 조건식이 i<3이니 거짓이므로 바로 ❺를 수행하여 System.out.printf() 문이 한 번도 수행되지 않는다. 조건식을 확인한 후 증감식(i++)을 수행하는 것이 아니라, 반복할 문장을 먼저 수행한 후 증감식을 수행한다는 것도 잊지 말자. 설명이 다소 복잡하게 느껴질 수 있지만 앞으로 자주 접하다 보면 친숙해질 것이다.

다음 두 문장은 '안녕하세요? 빙글빙글 for 문을 공부중입니다. ^^'를 세 번 출력한다. 이때 실행할 문장이 하나이면 중괄호로 묶지 않아도 되지만, 반복할 문장이 2개 이상이면 반드시 중괄호로 묶어야 한다.

```
int i;
for (i=0 ; i < 3 ; i++)
{
    System.out.printf("안녕하세요? 빙글
    빙글 for 문을 공부중입니다. ^^ \n");
}
```

==

```
int i;
for (i=0 ; i < 3 ; i++)
    System.out.printf("안녕하세요? 빙글
    빙글 for 문을 공부중입니다. ^^\n");
```

▶ 직접 풀어보기 6-2

[그림 6-5]의 초깃값을 'i=1'로 하고 동일하게 세 번을 출력하도록 수정해보자. 어디를 고쳐야 할까?

다음 실습은 for 문의 중괄호를 깜박 잊고 사용하지 않은 경우이다.

```
01  public class Ex06_03 {
02    public static void main(String[] args) {
03      int i;
04      for (i = 0; i < 3; i++)
05      {
06        System.out.printf("안녕하세요? \n");
07        System.out.printf("##또 안녕하세요?## \n");
08      }
09
10      System.out.printf("\n\n");
11
12      for (i = 0; i < 3; i++)
13        System.out.printf("안녕하세요? \n");
14        System.out.printf("##또 안녕하세요?## \n");
15
16    }
17  }
```

── for 문에 중괄호를 사용했다.

── for 문에 중괄호를 사용하지 않았다.

그림 6-6 실행 결과

4~8행은 for 문에서 수행할 두 문장(6, 7행)을 중괄호로 묶었기 때문에 두 문장이 연달아 세 번 출력되었다. 하지만 중괄호를 사용하지 않은 12~14행은 13행만 세 번 반복해서 출력한 다음 14행은 한 번만 출력되었다. 여기서 보듯이 여러 문장을 반복하려면 반드시 중괄호로 묶어야 한다. 이 또한 숙련된 프로그래머라도 실수하기 쉬운 부분이니 주의하기 바란다.

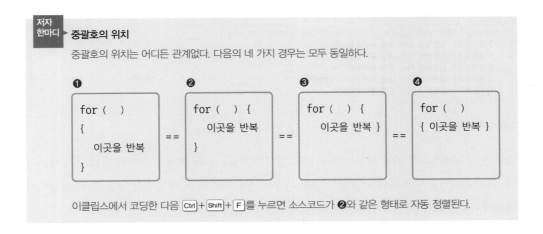

저자 한마디 ▶ 중괄호의 위치

중괄호의 위치는 어디든 관계없다. 다음의 네 가지 경우는 모두 동일하다.

❶
```
for (   )
{
    이곳을 반복
}
```

==

❷
```
for (   ) {
    이곳을 반복
}
```

==

❸
```
for (   ) {
    이곳을 반복 }
```

==

❹
```
for (   )
{ 이곳을 반복 }
```

이클립스에서 코딩한 다음 Ctrl + Shift + F 를 누르면 소스코드가 ❷와 같은 형태로 자동 정렬된다.

메/멘/토 퀴/즈   for 문에서 반복할 문장이 여러 개라면 반드시 □□□로 묶어야 한다.

for 문 연습

for 문의 개념을 파악했다면 이제 다양한 실습을 통해 for 문을 완전히 이해하자. [실습 6-2]를 수정하여 초깃값을 5로 하고 i 값을 1씩 줄여가며(0이 될 때까지) System.out.printf() 문을 다섯 번 실행하는 프로그램을 만들어보자. 소스코드를 미리 확인하지 말고 스스로 고민하면서 작성해보면 실력 향상에 훨씬 도움이 된다.

실습 6-4   **for 문 사용 예 1**

```
01  public class Ex06_04 {
02      public static void main(String[] args) {
03          int i;
04
05          for (              ) {          ----- 초깃값, 조건식, 증감식을 수정하여 5에서 1씩 줄여간다.
06              System.out.printf("%d : 안녕하세요? 빙글빙글 for 문을 공부중입니다. ^^₩n", i);
07          }
08      }
09  }
```

정답 : i=5 ; i>0 ; i--

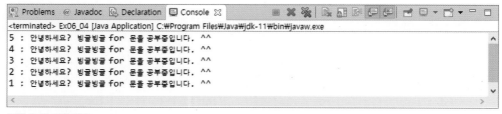

그림 6-7 실행 결과

결과가 잘 나왔는가? 만약 아무것도 나오지 않았다면 for 문의 조건을 수정하지 않았기 때문이다. 초깃값이 5인데 조건식 'i<0'를 그대로 놔두었다면 거짓이 되어 반복문이 한 번도 실행되지 않는다. 여기서는 5행의 조건식을 'i>0'로 고쳐야 한다.

이번에는 [실습 6-2]를 수정하여 1부터 5까지 차례대로 출력해보자. 즉 for 문 안에서 i 값을 활용하여 i 값을 출력하는 것이다.

실습 6-5 **for 문 사용 예 2**

```
01  public class Ex06_05 {
02    public static void main(String[] args) {
03      int i;
04
05      for (i = 1; i <= 5; i++) {          ----- i 값이 1부터 5까지 변경된다.
06        System.out.printf("%d \n", i);
07      }
08    }
09  }
```

그림 6-8 실행 결과

5행을 보면 1부터 출력해야 하므로 'i=1'로 초깃값을 설정했다. 또한 5까지 출력하기 위해 조건식을 'i<=5'로 수정했다(조건식을 'i<6'로 해도 결과는 같다).

▶ 직접 풀어보기 **6-3**

[실습 6-5]를 10부터 20까지 출력되도록 수정해보자.

for 문을 활용하여 합계 구하기

본격적으로 for 문을 활용한 프로그램을 작성해본다. 우선 for 문을 배우기 이전의 방식으로 1부터 10까지의 합계를 구하는 프로그램을 살펴보자. 이 정도는 for 문을 사용하지 않고 덧셈(+) 연산만으로도 간단히 작성할 수 있다.

실습 6-6 **for 문을 사용하지 않고 합계 구하기**

```
01  public class Ex06_06 {
02    public static void main(String[] args) {
03      int hap;
04
05      hap = 1 + 2 + 3 + 4 + 5 + 6 + 7 + 8 + 9 + 10;   ----- hap에 1부터 10까지 더해 입력한다.
06
07      System.out.printf(" 1에서 10까지의 합: %d \n", hap);
08    }
09  }
```

```
Problems  @ Javadoc  Declaration  Console ⊠
<terminated> Ex06_06 [Java Application] C:\Program Files\Java\jdk-11\bin\javaw.exe
 1에서 10까지의 합: 55
```

그림 6-9 실행 결과

코드가 간단하고 결과도 잘 나왔다. 그런데 1~10이 아니라 1~100을 더해야 한다면 hap= 1+2+3+ ⋯ +100으로 코딩해야 할 것이다. 만약 중간에 오타라도 나면 결과가 틀려지므로 이런 방식으로 프로그램을 만드는 것은 바람직하지 않다. 반복적인 덧셈을 수행할 때는 앞에서 배운 for 문을 활용해야 한다. 다음과 같이 생각해보자.

```
합계가 들어갈 변수 준비(hap)
1부터 10까지 변할 변수 준비(i)

for (i가 1을 시작으로 ; 10보다 작거나 같을 때까지 ; i가 1씩 증가)
{
    hap 값에 i 값을 더해줌
}
```

이 내용을 그대로 JAVA 코드로 옮기면 다음과 같다.

실습 6-7   for 문을 사용하여 합계 구하기 1

```
01  public class Ex06_07 {
02    public static void main(String[] args) {
03      int hap;                        ----- 합계를 누적할 변수를 선언한다.
04      int i;                          ----- 1부터 10까지 변하는 변수를 선언한다.
05
06      for (i = 1; i <= 10; i++) {                         for 문에 의해 1부터
07        hap = hap + i;  ----- hap 변수에 1부터 10까지 반복해서 누적한다.   10까지 10회 반복된다.
08      }
09
10      System.out.printf(" 1에서 10까지의 합: %d \n", hap);
11    }
12  }
```

그림 6-10 실행 결과

그런데 실행해보니 오류가 발생했다. 현재 변수 hap이 초기화되지 않았기 때문이다. 3행에서 hap에 아무 값도 넣지 않으면 이 hap에는 쓰레기(garbage) 값이 들어간다. 그리고 이런 상태에서 7행을 계산하면 잘못된 값이 계산된다.

누적 값을 표현하는 변수 hap은 반드시 0으로 초기화해야 한다. 변수 i는 6행에 i=1과 같은 초기화 부분이 있으므로 별도로 초기화할 필요가 없다.

3행을 'int hap=0'과 같이 초기화한 다음 다시 실행하면 정상적인 결과가 나올 것이다. 이 또한 실무의 프로그래머도 간혹 저지르는 실수이니 주의하자.

TIP/ JAVA에서는 [실습 6-7]의 hap 부분이 초기화되지 않았다고 처음부터 오류를 표시한다. 하지만 다른 프로그래밍 언어에서는 오류를 알리지 않고 진행하여 엉뚱한 결과가 나오는 경우도 있으니 주의해야 한다.

```
01  public class Ex06_08 {
02    public static void main(String[] args) {
03      int hap = 0;          ----- 합계를 누적할 변수를 선언하고 0으로 초기화한다.
04      int i;
05
06      for (i = 1; i <= 10; i++) {
07        hap += i;          ----- hap 변수에 1부터 10까지 반복해서 누적한다. hap=hap+i와 동일하다.
08      }
09
10      System.out.printf(" 1에서 10까지의 합: %d \n", hap);
11    }
12  }
```

Problems @ Javadoc Declaration Console ✕

<terminated> Ex06_08 [Java Application] C:\Program Files\Java\jdk-11\bin\javaw.exe
```
 1에서 10까지의 합:  55
```

그림 6-11 실행 결과

메/멘/토 퀴/즈 │ 변수 초기화란 정수의 경우에는 누적될 변수에 ☐을 대입하는 것을 말한다.

▶ 직접 풀어보기 6-4

[실습 6-8]을 수정하여 1부터 12345까지의 합계를 구해보자.

[실습 6-8]에서 주의해서 볼 것은 변수 i와 hap의 값이다. 이 값들은 [그림 6-12]와 같이 변해 갈 것이다.

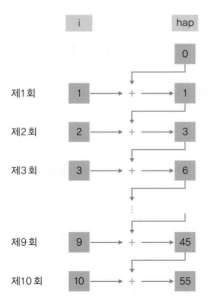

그림 6-12 변수 i와 hap의 변화

[실습 6-8]의 3행에서 hap을 0으로 초기화하고, 6행에서 i를 1로 초기화했다. 맨 처음 i 값 1이 첫 hap 값인 0과 더해져서 다시 hap에 들어간다. 그러면 두 번째 i 값 2가 그때 hap 값인 1과 더해져서 다시 hap에 들어간다. 이런 식으로 열 번 반복되면 1~10을 더한 값이 hap에 들어간다.

군이 어렵게 프로그램을 작성한 것 같은가? 1~10이 아니라 1~100의 합계를 출력한다고 생각해보자. [실습 6-8]에서 6행과 10행의 '10'을 '100'으로만 고치면 실행 결과 5050이 바로 나올 것이다. 이렇듯 아무리 큰 수의 합이라도 간단히 프로그래밍할 수 있는데 이것이 반복문을 사용하는 가장 큰 이유이다. 이번에는 500부터 1000 사이 홀수의 합을 구하는 프로그램을 작성해보자.

실습 6-9 **for 문을 사용하여 합계 구하기 3**

```
01  public class Ex06_09 {
02    public static void main(String[] args) {
03      int hap = 0;
04      int i;
05
06      for ( [          ] ; i <= 1000; [          ] ) { ----- i를 501부터 2씩 증가시킨다.
07        hap += i;
08      }
09
```

```
10        System.out.printf(" 500에서 1000까지의 홀수의 합: %d \n", hap);
11    }
12 }
```

정답 **1** i=501   **2** i=i+2   극五 i=i+2

```
Problems  @ Javadoc  Declaration  Console
<terminated> Ex06_09 [Java Application] C:\Program Files\Java\jdk-11\bin\javaw.exe
500에서 1000까지의 홀수의 합: 187500
```

그림 6-13 실행 결과

for 문의 초깃값, 조건식, 증감식만 적절히 변경하면 다양한 형태의 합계를 구할 수 있다. [실습 6-9]는 6행에서 초깃값을 501(홀수이므로 501부터)로 지정하고 최종 값을 1000, 증가 값을 2로 설정하여 501부터 1000 사이의 홀수를 모두 더하는 형태이다. i 값을 2씩 증가시키면 된다.

▶ 직접 풀어보기 **6-5**

[실습 6-9]를 수정하여 1~100 중에서 3의 배수의 합계를 구하는 프로그램을 작성해보자.

HINT/ 3의 배수이므로 3부터 시작하고 증가 값은 3씩 더하면 된다.

작성한 프로그램을 다른 사람들이 사용할 수 있게 만드는 방법을 알아보자. 필요할 때마다 소스코드를 수정하고 빌드해서 사용하려면 꽤 불편할 것이다. 물론 지금까지 학습한 내용을 바탕으로 소스코드를 수정해서 다시 컴파일할 수는 있지만, JAVA를 공부한 적이 없는 사람에게 이 소스코드를 주는 것은 TV의 부품을 주고 알아서 조립하여 TV를 보라는 것과 마찬가지이다.

매번 새로 빌드하지 않고, 실행할 때 숫자를 입력하게 한 뒤 입력한 수까지의 합계를 구하는 프로그램을 작성해보자. 앞에서 배웠던 Scanner 클래스를 사용하고, 사용자가 원하는 값을 입력하여 1부터 입력한 수까지의 합을 구하는 프로그램을 만드는 것이다.

실습 6-10   **for 문을 사용하여 합계 구하기 4**

```
01 import java.util.Scanner;
02
03 public class Ex06_10 {
04    public static void main(String[] args) {
05        Scanner s = new Scanner(System.in);
06        int hap = 0;          ----- 합계를 누적할 변수를 선언하고 0으로 초기화한다.
07        int i;                ----- 1씩 증가할 변수를 선언한다.
08        int num;              ----- 입력받을 최종 값을 선언한다.
```

```
09
10          System.out.printf(" 값 입력 : ");
11          num = s.nextInt( );              ----- 최종 값을 입력한다.
12
13          for (i = 1; i <= num; i++) {     ----- 1부터 최종 값까지 1씩 증가시키며 반복한다.
14            hap = hap + i;
15          }
16
17          System.out.printf(" 1에서 %d까지의 합: %d \n", num, hap);
18      }
19 }
```

그림 6-14 실행 결과

8행에서는 사용자가 입력한 값을 저장할 변수 num을 선언하고, 11행에서는 nextInt( ) 메소드를 사용하여 사용자가 입력한 숫자를 num에 대입했다. 13행에서는 1부터 사용자가 입력한 숫자(num)까지 1씩 증가시키면서 for 문을 반복한다. 사용자가 입력한 숫자까지의 합계를 구하여 17행에서 사용자가 입력한 숫자와 함께 출력한다.

이번에는 시작 값과 최종 값, 증가 값까지 사용자에게 입력받는다. 사용자의 의도를 충분히 반영하여 합계를 구하는 쓸 만한 프로그램으로 탈바꿈시킬 수 있다.

실습 6-11   **for 문을 사용하여 합계 구하기 5**

```
01 import java.util.Scanner;
02
03 public class Ex06_11 {
04   public static void main(String[] args) {
05      Scanner s = new Scanner(System.in);
06      int hap = 0;
07      int i;
08      int num1, num2, num3;        ----- 입력받을 세 변수를 선언한다.
09
10      System.out.printf(" 시작값 입력 : ");
```

```
11        num1 = s.nextInt( );
12        System.out.printf(" 끝값 입력 : ");
13        num2 = s.nextInt( );                   ----- 3개의 숫자를 입력받는다.
14        System.out.printf(" 증가값 입력 : ");
15        num3 = s.nextInt( );

16
17        for (                  ) {   ----- 시작 값은 num1, 최종 값은 num2, 증가 값은 num3을 사용한다.
18           hap = hap + i;
19        }
20
21        System.out.printf(" %d에서 %d까지 %d씩 증가한 값의 합: %d ₩n", num1, num2, num3, hap);
22    }
23 }
```

정답: i=num1 ; i <= num2 ; i=i+num3

그림 6-15 실행 결과

이 프로그램을 빌드한 결과인 *.class 파일(여기서는 Ex06_11.class)만 있으면 누구든 다시 빌드하지 않고 원하는 형태의 합계를 구할 수 있다.

for 문을 활용하여 사용자가 입력한 숫자의 구구단을 출력하는 프로그램을 만들어보자.

실습 6-12 **for 문을 사용한 구구단 프로그램**

```
01 import java.util.Scanner;
02
03 public class Ex06_12 {
04    public static void main(String[] args) {
05        Scanner s = new Scanner(System.in);
06        int i;
07        int dan;                    ----- 계산할 단을 입력받을 변수를 선언한다.
08
09        System.out.printf(" 몇 단 ? ");
10        dan = s.nextInt( );         ----- 계산할 단을 입력받는다.
```

```
11
12        for (i = 1; i <= 9; i++) {
13            System.out.printf(" %d X %d = %d \n", dan, i, dan * i);
14        }
15    }
16 }
```

입력한 단에 대한 구구단을 1부터 9까지 반복해서 출력한다.

```
 Problems  @ Javadoc  Declaration  Console ⊠        ■ ✖ ✖ | ▣ ▣ ▣ ▣ | ▫ ▫ ▾ ▫ ▾ ▫ □ □
<terminated> Ex06_12 [Java Application] C:\Program Files\Java\jdk-11\bin\javaw.exe
몇 단 ? 7
 7 X 1 = 7
 7 X 2 = 14
 7 X 3 = 21
 7 X 4 = 28
 7 X 5 = 35
 7 X 6 = 42
 7 X 7 = 49
 7 X 8 = 56
 7 X 9 = 63
```

그림 6-16 실행 결과

7행에서 출력하고자 하는 단을 입력받을 변수를 선언하고, 10행에서 키보드로 입력받는다. 구구단은 입력한 수에 1~9를 곱해야 하므로 12행의 i는 1부터 9까지 증가되게 하고, 13행에서 구구단의 각 행을 출력한다.

▶ 직접 풀어보기 6-6

[실습 6-12]를 수정하여 다음과 같이 구구단이 거꾸로 출력되게 해보자.

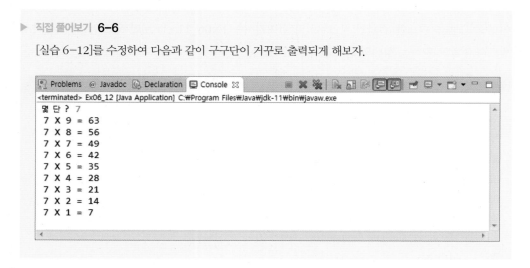

```
 Problems  @ Javadoc  Declaration  Console ⊠        ■ ✖ ✖ | ▣ ▣ ▣ ▣ | ▫ ▫ ▾ ▫ ▾ ▫ □ □
<terminated> Ex06_12 [Java Application] C:\Program Files\Java\jdk-11\bin\javaw.exe
몇 단 ? 7
 7 X 9 = 63
 7 X 8 = 56
 7 X 7 = 49
 7 X 6 = 42
 7 X 5 = 35
 7 X 4 = 28
 7 X 3 = 21
 7 X 2 = 14
 7 X 1 = 7
```

SECTION
02 중첩 for 문

for 문 안에 또 다른 for 문이 들어 있는 것을 중첩 for 문이라고 한다.

지금까지의 내용을 잘 이해했다면 대부분의 for 문을 작성할 수 있을 것이다. 그렇다면 좀 더 복잡한 중첩 for 문을 배워보자.

1 중첩 for 문의 개념

중첩 for 문은 for 문 내부에 또 다른 for 문이 들어 있는 형태를 말한다. [그림 6-17]에서 보 듯이 바깥 for 문과 안쪽 for 문이 반복되는데, 여기서는 바깥 for 문이 세 번, 안쪽 for 문이 두 번 반복된다고 가정했다.

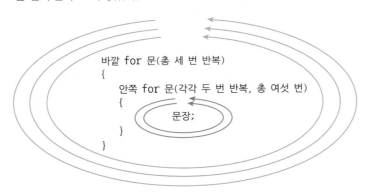

그림 6-17 중첩 for 문의 동작 개념

먼저 바깥 for 문의 첫 번째 반복이 실행되고, 안쪽 for 문의 '문장'은 두 번 반복된다. 그리고 다 시 바깥 for 문의 두 번째 반복이 실행되고, 안쪽 for 문의 '문장'도 처음부터 두 번 반복된다. 마 지막으로 바깥 for 문의 세 번째 반복이 실행되고, 안쪽 for 문의 '문장'이 처음부터 두 번 반복 된다. 그래서 결국 바깥 for 문이 세 번 도는 동안에 안쪽 for 문은 각각 두 번씩 돌아 총 여섯 번(=3×2) 반복된다.

다음 그림은 실제로 가장 많이 사용되는 중첩 for 문을 요약한 형태이다.

메/멘/토 퀴/즈   중첩 for 문은 □□□ 문 안에 또 다른 □□□ 문이 들어 있는 것을 말한다.

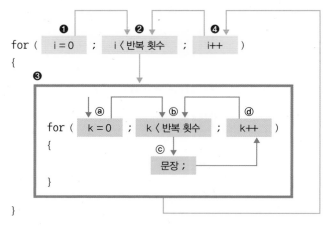

그림 6-18 중첩 for 문의 작동 방식

TIP/ 일반적으로 중첩 for 문에는 i와 j를 변수로 사용하는데 두 알파벳이 비슷해 보여 실수하는 경우가 흔히 발생한다. 그러므로 이 책에서는 i, j 대신에 i, k를 사용했다.

[그림 6-3]과 [그림 6-18]을 비교해보면 크게 다르지 않다. [그림 6-3]의 '문장'이 여기서는 안쪽 사각형으로 표시된 또 다른 for 문이라고 보면 된다. 예를 들어 바깥 for 문의 반복 횟수를 3, 안쪽 for 문의 반복 횟수를 2라고 하면 다음과 같은 순서로 작동한다.

❶ → ❷ → ❸ → (ⓐ → ⓑ → ⓒ → ⓓ → ⓑ → ⓒ → ⓓ → ⓑ → 안쪽 for 문을 빠져나감) → ❹ → ❷ → ❸
→ (ⓐ → ⓑ → ⓒ → ⓓ → ⓑ → ⓒ → ⓓ → ⓑ → 안쪽 for 문을 빠져나감) → ❹ → ❷ → ❸ → (ⓐ → ⓑ → ⓒ
→ ⓓ → ⓑ → ⓒ → ⓓ → ⓑ → 안쪽 for 문을 빠져나감) → ❹ → ❷ → 바깥 for 문을 빠져나감

조금 길지만 위 순서에서 괄호로 묶인 부분을 하나의 문장으로 취급하면 하나짜리 for 문과 큰 차이가 없다. 손가락으로 짚어가며 순서를 따라 하면 충분히 이해될 것이다.

실습 6-13 중첩 for 문 사용 예 1

```
01 public class Ex06_13 {
02    public static void main(String[] args) {
03       int i, k;                                    ----- 반복할 변수 i, k를 선언한다.
04
05       for (i = 0; i < 3; i++)                       ----- 바깥 for 문을 세 번 반복한다.
06       {
07          for (k = 0; k < 2; k++)                    ----- 안쪽 for 문을 두 번 반복한다.
08          {
09             System.out.printf("중첩 for 문입니다. (i값: %d, k값: %d)\n", i, k); ---┐
```

i와 k 값을 총 여섯 번(=3×2) 출력한다.

```
10        }
11      }
12
13    }
14 }
```

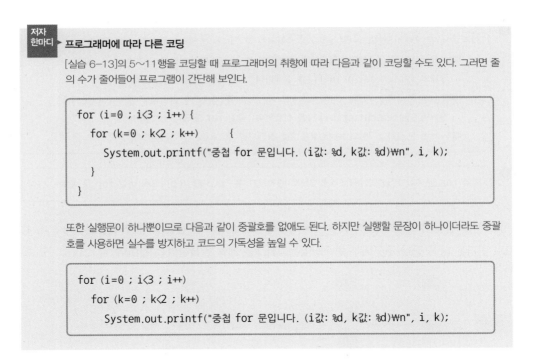

그림 6-19 실행 결과

프로그래머에 따라 다른 코딩

[실습 6-13]의 5~11행을 코딩할 때 프로그래머의 취향에 따라 다음과 같이 코딩할 수도 있다. 그러면 줄의 수가 줄어들어 프로그램이 간단해 보인다.

```java
for (i=0 ; i<3 ; i++) {
  for (k=0 ; k<2 ; k++)        {
    System.out.printf("중첩 for 문입니다. (i값: %d, k값: %d)\n", i, k);
  }
}
```

또한 실행문이 하나뿐이므로 다음과 같이 중괄호를 없애도 된다. 하지만 실행할 문장이 하나이더라도 중괄호를 사용하면 실수를 방지하고 코드의 가독성을 높일 수 있다.

```java
for (i=0 ; i<3 ; i++)
  for (k=0 ; k<2 ; k++)
    System.out.printf("중첩 for 문입니다. (i값: %d, k값: %d)\n", i, k);
```

중첩 for 문의 실행 횟수는 '바깥 for 문 반복 횟수×안쪽 for 문 반복 횟수'이다. [실습 6-13]의 처리 순서를 차근차근 따라가보자.

❶ 외부 for 문 1회 : 5행의 i를 0으로 초기화한 후 'i<3'가 참이므로 바깥 for 문 수행
　　내부 for 문 1회 : 7행의 k를 0으로 초기화한 후 'k<2'가 참이므로 안쪽 for 문 수행
　　　9행의 System.out.printf( )를 실행하여 '중첩 for 문입니다.' 출력
　　내부 for 문 2회 : 7행의 k++로 k를 1로 증가시킨 후 'k<2'가 참이므로 안쪽 for 문 수행
　　　9행의 System.out.printf( )를 실행하여 '중첩 for 문입니다.' 출력
　　내부 for 문 3회 : 7행의 k++로 k를 2로 증가시킨 후 'k<2'가 거짓이므로 안쪽 for 문 종료

❷ 외부 for 문 2회 : 5행의 i++로 i를 1로 증가시킨 후 'i<3'가 참이므로 바깥 for 문 수행
　　내부 for 문 1회 : 7행의 k를 0으로 초기화한 후 'k<2'가 참이므로 안쪽 for 문 수행
　　　9행의 System.out.printf( )를 실행하여 '중첩 for 문입니다.' 출력
　　내부 for 문 2회 : 7행의 k++로 k를 1로 증가시킨 후 'k<2'가 참이므로 안쪽 for 문 수행
　　　9행의 System.out.printf( )를 실행하여 '중첩 for 문입니다.' 출력
　　내부 for 문 3회 : 7행의 k++로 k를 2로 증가시킨 후 'k<2'가 거짓이므로 안쪽 for 문 종료

❸ 외부 for 문 3회 : 5행의 i++로 i를 2로 증가시킨 후 'i<3'가 참이므로 바깥 for 문 수행
　　내부 for 문 1회 : 7행의 k를 0으로 초기화한 후 'k<2'가 참이므로 안쪽 for 문 수행
　　　9행의 System.out.printf( )를 실행하여 '중첩 for 문입니다.' 출력
　　내부 for 문 2회 : 7행의 k++로 k를 1로 증가시킨 후 'k<2'가 참이므로 안쪽 for 문 수행
　　　9행의 System.out.printf( )를 실행하여 '중첩 for 문입니다.' 출력
　　내부 for 문 3회 : 7행의 k++로 k를 2로 증가시킨 후 'k<2'가 거짓이므로 안쪽 for 문 종료

❹ 외부 for 문 4회 : 5행의 i++로 i를 3으로 증가시킨 후 'i<3'가 거짓이므로 바깥 for 문 종료

이 과정을 간단히 표현하면 [그림 6-20]과 같다. 이때 중요한 점은 외부 변수인 i는 계속 0, 1, 2로 변경된 다음 끝나지만 내부 변수인 k는 0과 1을 계속 반복한다는 것이다.

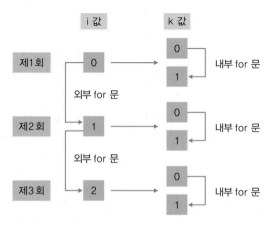

그림 6-20 중첩 for 문에서 i와 k 값의 변화

[실습 6–13]을 수정하여 i 값은 2부터 9까지, k 값은 1부터 9까지 출력되도록 해보자. 즉 72행(8×9)이 출력되어야 한다.

2 중첩 for 문의 활용

지금까지 연습한 중첩 for 문을 활용하여 구구단을 2단부터 9단까지 출력해보자. 다음 그림에서 변수 i와 k를 추출한다.

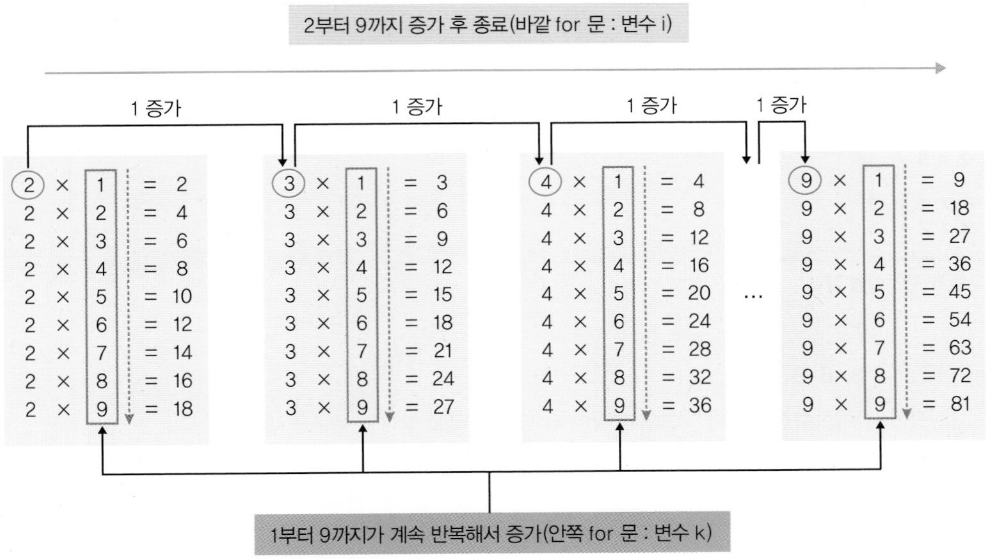

그림 6-21 구구단에서 변수 i와 k의 추출

구구단의 각 단은 2, 3, 4, ⋯, 9가 1회만 증가하고 끝나며 뒷자리는 1~9가 반복된다. 이를 프로그램으로 만들면 다음과 같다.

실습 6-14   **중첩 for 문 사용 예 2**

```
01  public class Ex06_14 {
02      public static void main(String[] args) {
03          int i, k;
04
05          for (i = 2; i <= 9; i++) {  ----- 2~9단을 반복한다.
06              for (          ) {  ----- 각 단의 뒷자리 숫자 1~9를 반복한다.
07                  System.out.printf(" %d X %d =  %d \n", i, k, i * k);  ----- 구구단을 출력한다.
```

```
08        }
09        System.out.printf("\n"); ----- 각 단이 끝나면 한 줄 띄운다.
10    }
11
12  }
13 }
```

정답: k = 1; k <= 9; k ++

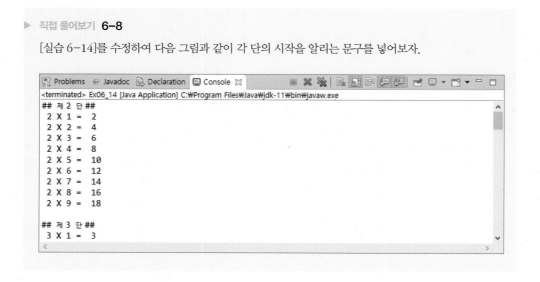

그림 6-22 실행 결과

▶ 직접 풀어보기 6-8

[실습 6-14]를 수정하여 다음 그림과 같이 각 단의 시작을 알리는 문구를 넣어보자.

이 실습의 결과는 세로로 출력되므로 위아래로 스크롤해야 전체 결과를 볼 수 있다. 하지만 오른쪽의 공백을 활용하여 한눈에 보이는 구구단을 만든다면 훨씬 보기 좋을 것이다. 화면에 출력할 때 주의할 점이 있는데, 일단 세로 방향으로 한 번 출력하면 다시 위로 돌아가 출력할 수 없다는 것이다. 다시 말해 2단을 출력한 다음 다시 화면의 오른쪽 위로 올라가서 3단을 출력

216 / 자바 프로그래밍 for Beginner

할 수 없다. 그렇다면 발상을 전환하여 가로 내용을 먼저 출력함으로써 이를 가능하게 해보자.

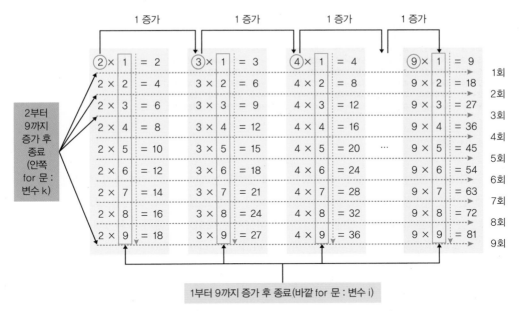

그림 6-23 구구단에서 변수 i와 k의 추출(가로를 먼저 출력하는 경우)

실습 6-15　중첩 for 문 사용 예 3

```
01  public class Ex06_15 {
02    public static void main(String[] args) {
03      int i, k;
04
05      for (i = 1; i <= 9; i++) {        ----- 각 단의 뒷자리 숫자 1~9를 반복한다.
06        for (k = 2; k <= 9; k++) {      ----- 2~9단을 반복한다.
07          System.out.printf("%3dX%d=%2d", [        ] );   ----- 각 단별로 한 줄씩 출력한다.
08        }
09        System.out.printf("\n");        ----- 각 단의 한 줄을 출력한 후 다음 줄로 넘긴다.
10      }
11
12    }
13  }
```

정답 k, i, k*i

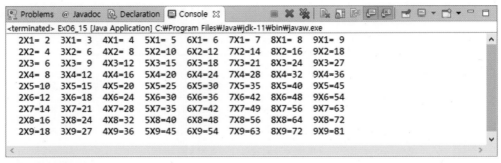

그림 6-24 실행 결과

5행은 각 단의 뒷자리에 해당한다. 6행은 앞에 출력되는 단으로 2부터 9까지 여덟 번 변한다. 7행에서 '%숫자d'를 사용하여 출력 자릿수를 보기 좋게 조절했으며, 'Wn'을 넣지 않은 것은 '2×1=2'를 출력한 다음 바로 옆에 '3×1=3'을 이어서 출력하기 위해서이다. 9행은 가로줄 하나를 모두 출력한 후에 다음 줄로 넘기는 역할을 한다. 구구단의 경우에는 i와 k를 헷갈리기 쉬운데, 다양한 연습을 통해 차근차근 익히다 보면 익숙해질 것이다.

▶ 직접 풀어보기 **6-9**

[실습 6-15]를 수정하여 다음과 같이 구구단이 거꾸로 출력되게 해보자.

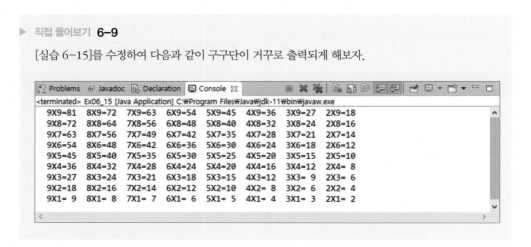

기타 for 문

초깃값, 조건식, 증감식을 모두 쓰지 않고도 for 문을 사용할 수 있다.

실무에서는 앞서 배운 표준적인 for 문 외에도 다양한 형태의 for 문이 사용된다. 예를 들어 초 깃값, 조건식, 증감식을 모두 쓰지 않아도 문법상으로 아무런 하자가 없는 경우가 있다. 조금 어렵게 느껴질 수도 있겠지만 여기서 다루는 내용도 잘 익혀둬야 나중에 실무에서 제작된 소스 코드를 이해하기가 수월하다.

1 여러 개의 초깃값과 증감식을 사용하는 for 문

for 문에 들어가는 초깃값이 꼭 하나일 필요는 없다. 그러나 여러 개를 초기화할 때는 쉼표(,)로 구분해야 한다. 마찬가지로 증감식도 하나 이상이 될 수 있으며 다음과 같은 형식으로도 사용 할 수 있다.

for (초깃값 1, 초깃값 2; 조건식; 증감식 1, 증감식 2)

간단한 실습을 통해 이를 살펴보자.

실습 6-16 다양한 for 문의 형태 1

```
01 public class Ex06_16 {
02    public static void main(String[] args) {
03        int i, k;                              ----- 반복할 변수 i와 k를 선언한다.
04
05        for (i = 1, k = 1; i <= 9; i++, k++)   ----- 초깃값과 증감식이 2개이다.
06            System.out.printf(" %d X %d = %d \n", i, k, i * k);
07
08    }
09 }
```

그림 6-25 실행 결과

5행에서 i와 k에 동시에 초깃값을 대입하고 증감식도 동시에 1씩 증가시켰다. for 문에 이와 같은 방법도 사용될 수 있으니 기억해두자.

2 초깃값과 증감식이 없는 for 문

이제 for 문의 기본 형식 'for (초깃값; 조건식; 증감식)'은 잘 알고 있을 텐데 여기서는 형식을 조금 다르게 만들어보자. 0~9를 출력하기 위한 기본 형식은 ❶과 같다. 이때 ❷와 같이 초깃값인 'i=0'을 for 문 밖으로 뺄 수도 있고, ❸과 같이 초깃값과 증감식을 모두 for 문 밖으로 뺄 수도 있다.

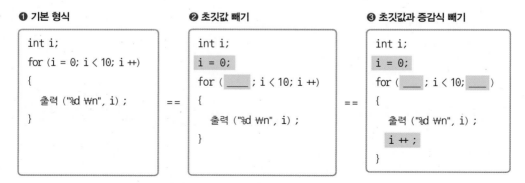

❶, ❷, ❸의 소스코드는 결과가 모두 같다. 즉 for 문에서 초깃값과 증감식이 문법상 반드시 필요한 것은 아니라는 사실을 알 수 있다. 주의할 점은 초깃값이 없더라도 그 자리는 반드시 세미콜론(;)으로 구분해야 한다는 것이다.

위의 세 가지 예 중에서 ❶과 ❸의 동작 과정을 살펴보자.

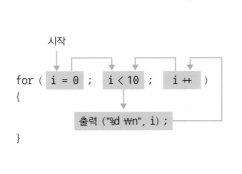

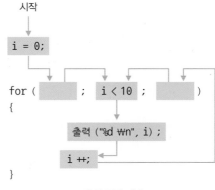

❶의 동작 과정　　　　　　　　　**❸의 동작 과정**

그림 6-26 두 소스코드의 비교

❶과 ❸ 소스코드의 실행 순서는 다음과 같다.

---

❶ 시작 ➡ i=0 ➡ i<10 ➡ System.out.printf() 메소드 ➡ i++ ➡ i<10 ➡ System.out.printf() 메소드 ➡ i++ ➡ …

....

❸ 시작 ➡ i=0 ➡ 빈칸 ➡ i<10 ➡ System.out.printf() 메소드 ➡ i++ ➡ 빈칸 ➡ i<10 ➡ System.out.printf() 메소드 ➡ i++ ➡ …

빈칸은 없는 것과 마찬가지이므로 결국 동일한 순서로 작동한다.

▶ **직접 풀어보기 6-10**

　　[그림 6-26]의 ❸ 소스코드를 활용하여 1~100의 합계를 내는 프로그램을 작성해보자.

다음으로 for (;;) 문의 의미를 살펴보자.

실습 6-17　다양한 for 문의 형태 2

```
01  public class Ex06_17 {
02      public static void main(String[] args) {
03          int i;
04          i = 0;
05          for ( ; ; ) {                        ----- 초깃값, 조건식, 증감식이 없다.
06              System.out.printf("%d \n", i);
07              i++;
```

```
08        }
09
10    }
11 }
```

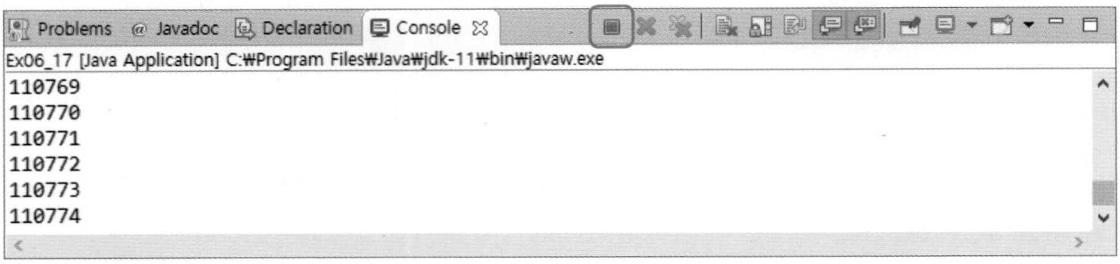

그림 6-27 실행 결과

소스코드를 실행하면 결과가 멈추지 않고 계속 출력되며 이를 멈추려면 [Terminate] 버튼을 눌러야 한다. 결과가 멈추지 않는 것은 5행에 조건식이 빠져 있기 때문이다. 이렇게 멈추지 않고 계속 반복되는 것을 '무한 루프'라고 하는데, 프로그래머의 실수로 이런 일이 일어나는 경우도 있지만 일부러 이를 활용하는 경우도 있다.

TIP/ 무한 루프를 빠져나오기 위해 [Terminate] 버튼을 누르는 것 외에도 다른 방법이 있는데 이는 7장의 while 문에서 살펴볼 것이다.

다음은 두 수를 더하는 간단한 계산기 프로그램으로, 한 번만 실행되는 것이 아니라 사용자가 멈출 때까지 계속 실행된다. 멈추고 싶다면 [Terminate] 버튼을 눌러야 한다.

실습 6-18   다양한 for 문의 형태 3

```
01 import java.util.Scanner;
02
03 public class Ex06_18 {
04    public static void main(String[] args) {
05       Scanner s = new Scanner(System.in);
06       int a, b;
07
08       [          ] {                              ----- 무한 루프이다.
09          System.out.printf("더할 첫 번째 수 입력 : ");
10          a = s.nextInt();                         ┐
11          System.out.printf("더할 두 번째 수 입력 : ");  ├─ 숫자 2개를 입력받는다.
12          b = s.nextInt();                         ┘
13
```

```
14          System.out.printf("%d + %d = %d \n", a, b, a + b);----- 덧셈 결과를 출력한다.
15      }
16
17   }
18 }
```

정답. for (; ;)

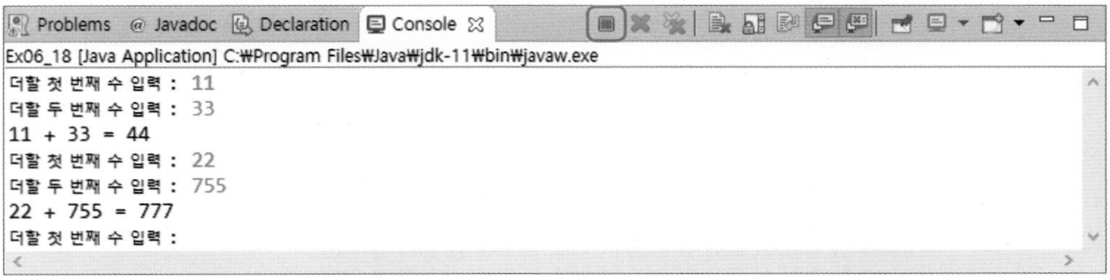

```
🔲 Problems  @ Javadoc  🔲 Declaration  🔲 Console ⋈        ▣ ✖ ✖ | ▤ ▧ ▧ ▣ ▣ ▣ | ⌹ ▱ ▾ ⌹ ▾ ▭ ▭
Ex06_18 [Java Application] C:\Program Files\Java\jdk-11\bin\javaw.exe
더할 첫 번째 수 입력 : 11
더할 두 번째 수 입력 : 33
11 + 33 = 44
더할 첫 번째 수 입력 : 22
더할 두 번째 수 입력 : 755
22 + 755 = 777
더할 첫 번째 수 입력 :
<
```

그림 6-28 실행 결과

8행은 for 문 내부의 블록을 무한 루프에 빠지게 하는 구문이다. 9, 11행에서 설명문을 출력하고 10, 12행에서 두 수를 입력하면 14행에서 계산 결과가 출력되는데, 이는 사용자가 [Terminate] 버튼을 누를 때까지 반복된다. 이와 같이 무한 루프는 사용자가 어떤 작업을 그만두고 싶을 때까지 계속 반복하고자 하는 경우에 활용할 수 있다.

메 / 멘 / 토 · 퀴 / 즈   무한 루프를 만드는 for 구문은 for (□□)이다.

구구단 출력

예제 설명 중첩 for 문을 사용하여 제목과 구구단을 출력하는 프로그램을 작성해보자.

실행 결과

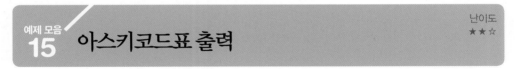

```
Problems  @ Javadoc  Declaration  Console
<terminated> Problem_14 [Java Application] C:\Program Files\Java\jdk-11\bin\javaw.exe
 #제2단#    #제3단#    #제4단#    #제5단#    #제6단#    #제7단#    #제8단#    #제9단#

 2X 1= 2 3X 1= 3 4X 1= 4 5X 1= 5 6X 1= 6 7X 1= 7 8X 1= 8 9X 1= 9
 2X 2= 4 3X 2= 6 4X 2= 8 5X 2=10 6X 2=12 7X 2=14 8X 2=16 9X 2=18
 2X 3= 6 3X 3= 9 4X 3=12 5X 3=15 6X 3=18 7X 3=21 8X 3=24 9X 3=27
 2X 4= 8 3X 4=12 4X 4=16 5X 4=20 6X 4=24 7X 4=28 8X 4=32 9X 4=36
 2X 5=10 3X 5=15 4X 5=20 5X 5=25 6X 5=30 7X 5=35 8X 5=40 9X 5=45
 2X 6=12 3X 6=18 4X 6=24 5X 6=30 6X 6=36 7X 6=42 8X 6=48 9X 6=54
 2X 7=14 3X 7=21 4X 7=28 5X 7=35 6X 7=42 7X 7=49 8X 7=56 9X 7=63
 2X 8=16 3X 8=24 4X 8=32 5X 8=40 6X 8=48 7X 8=56 8X 8=64 9X 8=72
 2X 9=18 3X 9=27 4X 9=36 5X 9=45 6X 9=54 7X 9=63 8X 9=72 9X 9=81
```

아스키코드표 출력

예제 설명 for 문과 if 문을 사용하여 0~127번 아스키코드의 10진수, 16진수, 문자를 출력하는 프로그램을 작성해보자.

실행 결과

```
Problems  @ Javadoc  Declaration  Console
<terminated> Problem_15 [Java Application] C:\Program Files\Java\jdk-11\bin\javaw.exe
-------------------
10진수    16진수    문자
-------------------
    0        0
    1        1        
    2        2        
    3        3        
    4        4        
    5        5        
    6        6        
    7        7        
    8        8        
    9        9
```

16 입력된 문자를 거꾸로 출력

난이도
★ ★ ★

예제 설명   입력된 문자를 다시 거꾸로 출력하는 프로그램을 for 문을 사용하여 작성해보자.

실행 결과

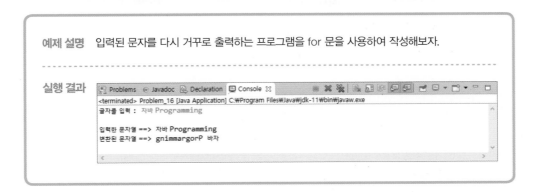

14 --

```
01 public class Problem_14 {
02
03    public static void main(String[] args) {
04       int i, k;
05
06       for (i = 2; i <= 9; i++)
07          System.out.printf("  #제%d단#", i);
08
09       System.out.printf("\n\n");
10
11       for (i = 1; i <= 9; i++) {
12          for (k = 2; k <= 9; k++) {
13             System.out.printf("%2dX%2d=%2d", k, i, k * i);
14          }
15          System.out.printf("\n");
16       }
17    }
18 }
```

── 맨 위에 단의 제목을 출력한다.

---- 두 줄을 띄운다.

중첩 for 문으로 구구단을
출력한다.

15 --

```
01 public class Problem_15 {
02
03    public static void main(String[] args) {
04       int i;
05
06       for (i = 0; i < 128; i++) {
07          if (i % 16 == 0) {
08             System.out.printf("-----------------\n");
09             System.out.printf("10진수      16진수      문자 \n");
10             System.out.printf("-----------------\n");
11          }
```

16행마다
제목 줄을
출력한다.

0부터
127번까지
처리한다.

```
12          System.out.printf("%5d  %5x  %5c\n", i, i, i);
```
i 값을 10진수, 16진수, 문자로 출력한다.

0부터 127번까지 처리한다.

```
13      }
14  }
15 }
```

16 --

```
01 import java.util.Scanner;
02
03 public class Problem_16 {
04
05    public static void main(String[] args) {
06       Scanner s = new Scanner(System.in);
07       String str;                              ----- 입력받을 문자열 변수를 선언한다.
08       int str_cnt;                             ----- 입력한 문자의 개수를 저장할 변수를 선언한다.
09       int i;
10
11       System.out.printf("글자를 입력 : ");
12       str = s.nextLine();                      ----- 문자열을 입력받는다.
13
14       System.out.printf("\n");
15       System.out.printf("입력한 문자열 ==> %s\n", str); ----- 입력한 문자열을 출력한다.
16       System.out.printf("변환된 문자열 ==> ");
17
18       str_cnt = str.length();                  ----- 입력한 문자의 개수를 계산한다.
19
20       for (i = str_cnt-1; i >= 0; i--) {
21          System.out.printf("%c", str.charAt(i));    입력된 개수만큼 거꾸로 한 글자씩 출력한다.
22       }
23    }
24 }
```

01 for 문

① for 문은 반복해야 할 문장이 원하는 만큼 반복되게 한다.

② for 문의 형식

```
for (초깃값; 조건식; 증감식)
{
    반복할 문장;
}
```

02 중첩 for 문

① 중첩 for 문은 for 문 안에 또 다른 for 문이 들어 있는 형태이다.

② 중첩 for 문의 형식

```
for (i = 0; i < 반복 횟수; i ++)
{
    for (k = 0; k < 반복 횟수; k ++)
    {
        반복할 문장;
    }
}
```

③ 중첩 for 문은 구구단의 계산 및 출력에 많이 쓰인다.

03 기타 for 문

① for 문의 초깃값, 조건식, 증감식은 하나 이상 생략할 수 있다.

② 초깃값, 조건식, 증감식을 모두 지운 for (; ;)은 문법적으로 문제가 없으며 무한 루프 역할을 한다.

01 다음 빈칸에 알맞은 말을 넣으시오.

```
for (          ;          ;          )
{
    (              ) ;
}
```

반복할 문장	증감식	초깃값	조건식

02 다음 for 문은 각각 몇 번 반복되는가?

① for (i = 0 ; i < 10 ; i++)

② for (i = 0 ; i <= 10 ; i++)

③ for (i = 0 ; i > 10 ; i++)

④ for (i = 20 ; i > 10 ; i--)

⑤ for (i = 20 ; i >= 10 ; i--)

HINT/ 초깃값 및 조건식에서 <와 <=를 주의한다.

03 다음 중첩 for 문은 실행 문장을 몇 번 수행하는가?

①
```
for (i = 0 ; i < 5 ; i ++)
{
    for (j = 0 ; j < 3 ; j++)
    {
        실행 문장;
    }
}
```

②
```
for (i = 0 ; i <= 5 ; i ++)
{
    for (j = 0 ; j <= 3 ; j++)
    {
        실행 문장;
    }
}
```

HINT/ <와 <=를 주의한다.

04 다음 내용이 맞으면 ○, 틀리면 ×로 표시하시오.

① for (초깃값; 조건식; 증감식)에서 초깃값은 1개 이상이어도 되지만 증감식은 반드시 1개여야 한다. (   )

② for (초깃값; 조건식; 증감식)에서 초깃값은 생략할 수 있으나 증감식은 생략할 수 없다. (   )

③ System.out.printf( ) 문을 통해 세로 방향으로 한 번 출력하면 다시 위로 돌아가서 출력할 수 없다. (   )

05 다음 문장이 문법에 맞으면 ○, 틀리면 ×로 표시하시오.

① for (i = 0) (   )

② for (i = 0 ;) (   )

③ for (i = 0 ; ;) (   )

④ for (; i < 10 ;) (   )

⑤ for (; ; i++) (   )

⑥ for (i = 0, j = 0, k = 0 ; ;) (   )

⑦ for (i = 0, j = 0, k = 0 ; ; i++ , j++ , k++) (   )

HINT/ 초깃값, 조건식, 증감식의 자리만 확보되면 문법상 문제가 없다.

06 무한 루프를 돌게 하는 for 문의 형식을 쓰시오.

HINT/ 초깃값, 조건식, 증감식을 모두 생략해도 된다.

07 다음은 1부터 9까지 1+1, 2+2, 3+3, …과 같은 식으로 더한 결과를 출력하는 프로그램이다. 빈칸을 채워 프로그램을 완성하시오.

```
01  public class Exam {
02    public static void main(String[] args) {
03      int i;
04
05      for (i = 1; [   ①   ] ; [   ②   ] )
06        System.out.printf("%d + %d = %d \n", i, i, i + i);
07
08    }
09  }
```

```
 Problems   @ Javadoc    Declaration    Console ⌗                 ⬛ ✖ ✖ | ⬛ ⬛ ⬛ ⬛ ⬛ | ⬛ ⬛ ▾ ⬛ ▾ ⬛ ⬛
<terminated> Quiz06_07 [Java Application] C:₩Program Files₩Java₩jdk-11₩bin₩javaw.exe
1 + 1 = 2
2 + 2 = 4
3 + 3 = 6
4 + 4 = 8
5 + 5 = 10
6 + 6 = 12
7 + 7 = 14
8 + 8 = 16
9 + 9 = 18
```

HINT/ 조건식과 증감식 부분을 채워넣는다.

08 다음은 1~100 중에서 홀수의 합(2500)과 짝수의 합(2550)을 각각 구하는 프로그램인데 컴파일 오류가 발생한다. 잘못된 부분을 바르게 고치시오.

```
01  public class Exam {
02    public static void main(String[] args) {
03      int i;
04      int odd_hap; // 홀수의 합계 변수
05      int even_hap; // 짝수의 합계 변수
06
07      for (i = 1; i <= 100; i++) {
08        if (i % 2 == 0)
09          even_hap = even_hap + i;
10        else
11          odd_hap = odd_hap + i;
12      }
13
14      System.out.printf(" 홀수의 합: %d ₩n", odd_hap);
15      System.out.printf(" 짝수의 합: %d ₩n", even_hap);
16    }
17  }
```

HINT/ 초기화를 안 하면 쓰레기 값이 들어간다.

09 다음은 1~1000 중에서 3의 배수나 7의 배수의 합계(3+6+7+9+12+14+15+18+21+···+999)를 구하는 프로그램이다. 빈칸을 채워 프로그램을 완성하시오.

```
01  public class Exam {
02    public static void main(String[] args) {
03      int i;
04      int hap = 0;
05
06      for (i = 1; i <= 1000; i++) {
07        if (                    )
08          hap = hap + i;
09      }
10
11      System.out.printf("3의 배수 또는 7의 배수의 합: %d \n", hap);
12    }
13  }
```

```
Problems  @ Javadoc  Declaration  Console ✕            ▣ ✖ ✖ | ▣ ▣ ▣ ▣ ▣ | ▣ ▣ ▾ ▭ ▾ ▭ ▾ ▭
<terminated> Quiz06_09 [Java Application] C:\Program Files\Java\jdk-11\bin\javaw.exe
3의 배수 또는 7의 배수의 합: 214216
```

HINT/ if 문과 나머지 연산자(%), 관계 연산자(||)를 활용한다.

for 문의 친구,
while 문도
알아보자!

Chapter 07

반복문의 심화,
while 문

6장에서 기본적인 반복문으로 for 문을 다루었다. 이제 for 문이 등장하는 프로그램에는 자신 있을 것이다.
이 장에서는 for 문과 비슷한 기능을 하는 while 문과 do~while 문에 대해 알아본다. 그리고 프로그램의
흐름을 조절하는 다양한 구문도 살펴볼 것이다.

SECTION 01 while 문
SECTION 02 do~while 문
SECTION 03 기타 제어문
예제 모음
요약
연습문제

while 문

while 문은 주어진 조건이 참인 동안 블록 안의 내용을 반복해서 수행한다.

while 문은 for 문 다음으로 활용도가 높은 반복문이다. for 문과 같은 기능을 하지만 사용하는 방법이 조금 다르다. 이 둘을 비교해보면서 while 문의 개념을 파악하자.

1 while 문의 비교

앞에서 학습한 for 문의 형식을 다시 살펴보자.

```
for (초깃값; 조건식; 증감식)
```

while 문은 for 문처럼 반복을 실행하기는 하지만 형식이 다르다. while 문의 형태와 실행 순서는 다음과 같다.

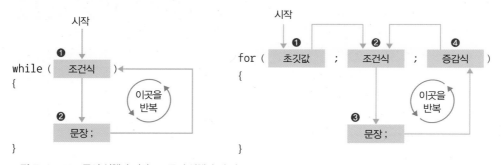

그림 7-1 while 문의 실행 순서와 for 문의 실행 순서 비교

[그림 7-1]의 왼쪽 그림은 while 문의 실행 순서를 나타내는데, 오른쪽 그림의 for 문 실행 순서와 비교하여 살펴보자. 먼저 while 문은 while 문 안에 조건식을 확인하여 값이 '참'이면 '문장'을 수행한다. 그리고 중괄호가 끝나는 곳에서 다시 조건식으로 돌아와 실행을 반복한다. 즉 조건식이 참인 동안 계속 반복하는 것이다.

while 문은 for 문처럼 초깃값이나 증감식을 직접 사용하지는 않지만, 같은 역할을 하는 문장을 다른 위치에 넣어 사용한다. 6장에서 변형된 for 문을 학습하면서 초깃값이나 증감식을 다른 곳으로 옮겨서 사용했는데([그림 6-26] 참조) 그와 유사하다고 생각하면 된다.

for 문을 while 문으로 변환하는 과정을 살펴보면 이해하기 한결 쉬울 것이다. ❶은 기본적인 for 문의 형태로 0~9를 출력하는 프로그램이다. ❷는 ❶의 for 문에서 초깃값 i=0을 for 문 밖으로, 증감식 i++를 for 문 블록의 맨 아래로 위치를 변경한 것이다. ❷의 for 문을 while 문으로만 변경하면 ❸과 같은 while 문으로의 변환이 완성된다.

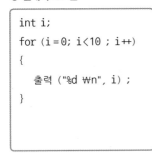

❶ 원래의 for 문

```
int i;
for (i = 0; i < 10 ; i++)
{
    출력 ("%d ₩n", i) ;
}
```

==

❷ 초깃값과 증감식의 위치 이동

```
int i;
i = 0;
for ( ; i < 10 ; )
{
    출력 ("%d ₩n", i) ;
    i++ ;
}
```

==

❸ while 문으로 변환

```
int i;
i = 0;
while (i < 10)
{
    출력 ("%d ₩n", i) ;
    i++ ;
}
```

위의 세 코드는 사실 for 문을 while 문으로 바꾸고 세미콜론(;)을 삭제한 것 외에는 서로 동일하다.

6장의 [실습 6-2]를 while 문으로 변경해보자.

> **메/멘/토 퀴/즈** for 문과 용도가 비슷한 반복문은 □□□□□ 문이다.

실습 7-1 for 문을 while 문으로 바꾸기 1

```
01  public class Ex07_01 {
02      public static void main(String[] args) {
03          int i;
04          i = 0;                                  ----- 초깃값은 while 문 위로 이동한다.
05
06          while (i < 5) {                         ----- 조건식은 while 문과 함께 놓는다.
07              System.out.printf("while 문을 공부합니다.₩n");
08              i++;                                ----- 증감식은 while 문 블록({ }) 안으로 이동한다.
09          }
10      }
11  }
```

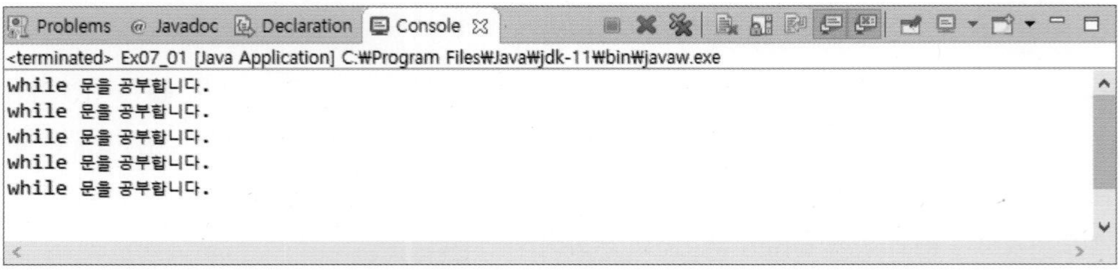

while 문을 공부합니다.
while 문을 공부합니다.
while 문을 공부합니다.
while 문을 공부합니다.
while 문을 공부합니다.

그림 7-2 실행 결과

[실습 6–2]의 6행에서 for 문을 사용했을 때 'for (i=0 ; i<5 ; i++)'로 표현했다. 이와 같은 for 문을 while 문으로 변환하려면 초깃값을 while 문 위로 빼고, 증감식은 while 문 블록 안의 맨 밑에 두면 된다. 그리고 for 문 안의 세미콜론을 제거한다.

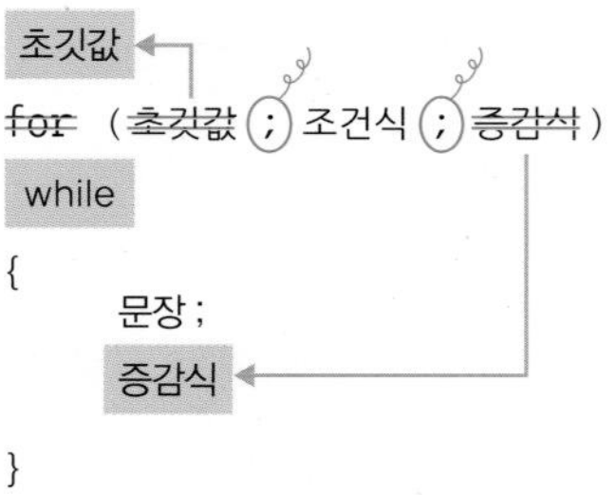

그림 7-3 for 문을 while 문으로 변환하는 방법

한 번 더 연습해보자. 1부터 10까지의 합계를 구하는 [실습 6–8]의 for 문을 while 문으로 바꿔보자.

실습 7-2   **for 문을 while 문으로 바꾸기 2**

```
01 public class Ex07_02 {
02    public static void main(String[] args) {
03       int hap = 0;
04       int i;
05
06          1                         ----- 초깃값을 지정한다.
07       while (i <= 10) {            ----- 조건식이다.
08          hap = hap + i;
09          2                         ----- 증감식이다.
10       }
11
12       System.out.printf(" 1에서 10까지의 합: %d \n", hap);
```

```
13    }
14 }
```

정답 **1** i=1; **2** i++;

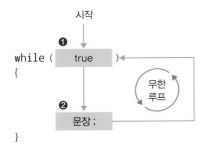

그림 7-4 실행 결과

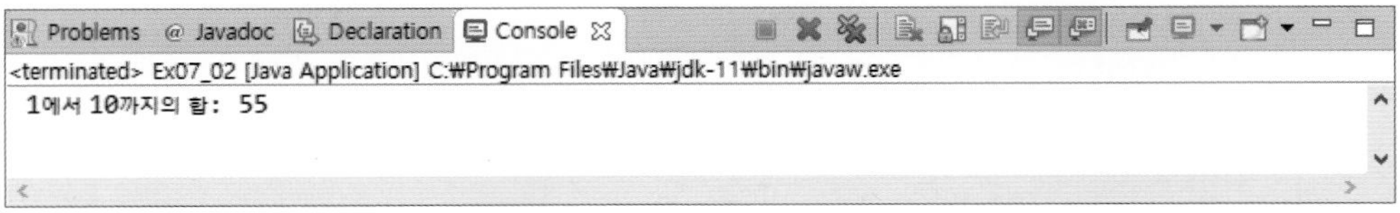

```
🔲 Problems  @ Javadoc  🔍 Declaration  🖥 Console  ⊠
<terminated> Ex07_02 [Java Application] C:₩Program Files₩Java₩jdk-11₩bin₩javaw.exe
   1에서 10까지의 합: 55
```

for (i=1 ; i<=10 ; i++)에서 초깃값 i=1은 while 문 밖의 6행으로, 조건식 i<=10은 while 문의 조건식으로, 증감식 i++는 블록({}) 안의 가장 끝 행으로 옮기면 된다.

▶ 직접 풀어보기 **7-1**

[실습 6-11]을 while 문으로 바꿔보자.

2 무한 루프를 위한 while 문

for 문의 무한 루프를 사용하려면 for (; ;)과 같이 표현하면 된다고 했다. while 문에서도 무한 루프를 사용할 수 있다. 무한 루프를 적용하려면 while (조건식)이 무조건 참이면 된다. 그러므로 while (true)라고 쓰면 이는 for (; ;)과 동일한 기능을 한다.

그림 7-5 while을 이용한 무한 루프

이번에는 [실습 6-18]의 for 문을 이용한 무한 루프를 while 문의 무한 루프가 되도록 변환해보자.

```
01 import java.util.Scanner;
02
03 public class Ex07_03 {
04   public static void main(String[] args) {
05     Scanner s = new Scanner(System.in);
06     int a, b;
07
08     while (true) {
09       System.out.printf("더할 첫 번째 수 입력 : ");
10       a = s.nextInt();
11       System.out.printf("더할 두 번째 수 입력 : ");
12       b = s.nextInt();
13
14       System.out.printf("%d + %d = %d \n", a, b, a + b);
15     }
16
17   }
18 }
```

09 ~ 15 ──── 무한 루프이다.
10 ──── 값을 입력한다.
12 ──── 값을 입력한다.
14 ──── 결과를 출력한다.

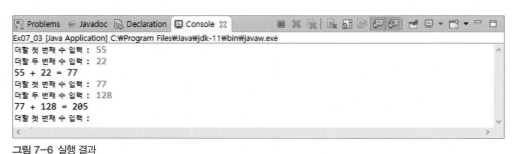

```
Problems  @ Javadoc  Declaration  Console ✕
Ex07_03 [Java Application] C:\Program Files\Java\jdk-11\bin\javaw.exe
더할 첫 번째 수 입력 : 55
더할 두 번째 수 입력 : 22
55 + 22 = 77
더할 첫 번째 수 입력 : 77
더할 두 번째 수 입력 : 128
77 + 128 = 205
더할 첫 번째 수 입력 :
```

그림 7-6 실행 결과

TIP/ 무한 루프에 for (; ;)이나 while (true) 중 어떤 것을 써도 되지만 일반적으로 for 문보다 while 문을 더 많이 사용한다.

사용자가 [Terminate] 버튼을 누를 때까지 덧셈, 뺄셈, 곱셈, 나눗셈, 나머지 값까지 계산하는 계산기 프로그램을 작성해보자.

```
01 import java.io.IOException;
02 import java.util.Scanner;
03
04 public class Ex07_04 {
05    public static void main(String[] args) throws IOException {
```
throws IOException이 추가된 것은 16행의 System.in.read( )를 사용하기 위한 필수 사항이다.

```
06       Scanner s = new Scanner(System.in);
07       int a, b;
08       char ch;
09
10          [ 1 ]    {
11          System.out.printf("계산할 첫번째 수를 입력 : ");
12          a = s.nextInt();                                    ----- 연산할 숫자를 입력받는다.
13          System.out.printf("계산할 두번째 수를 입력 : ");
14          b = s.nextInt();                                    ----- 연산할 숫자를 입력받는다.
15          System.out.printf("계산할 연산자를 입력하세요 : ");
16          ch = (char) System.in.read();                       ----- 연산자를 문자형으로 입력받는다.
17
18          [ 2 ]    (ch) {
19          case '+':
20             System.out.printf("%d + %d = %d 입니다. \n", a, b, a + b);  break;
21          case '-':
22             System.out.printf("%d - %d = %d 입니다. \n", a, b, a - b);  break;
23          case '*':
24             System.out.printf("%d * %d = %d 입니다. \n", a, b, a * b);  break;
25          case '/':
26             System.out.printf("%d / %d = %f 입니다. \n", a, b, a / (float) b);  break;
27          case '%':
28             System.out.printf("%d %% %d = %d 입니다. \n", a, b, a % b);  break;
29          default:
30             System.out.printf("연산자를 잘못 입력했습니다. \n");
31          }
32       }
```
입력받은 ch 연산자에 의해 +, -, *, /, %로 분기한다. 그 외의 경우 오류 메시지를 출력한다. -------

무한
--- 루프
이다.

```
33
34    }
35 }
```

정답: **1** while (true)   **2** switch

계산할 첫번째 수를 입력 : 22
계산할 두번째 수를 입력 : 33
계산할 연산자를 입력하세요 : *
22 * 33 = 726 입니다.
계산할 첫번째 수를 입력 : 10
계산할 두번째 수를 입력 : 4
계산할 연산자를 입력하세요 : %
10 % 4 = 2 입니다.
계산할 첫번째 수를 입력 :

그림 7-7 실행 결과

위 실습에서는 두 숫자와 연산자를 입력받고 switch~case 문을 활용하여 연산자에 따라 다섯 가지 경우로 나누어 출력한다. 그리고 다섯 가지에 해당하는 연산자가 아니면 오류 메시지를 출력한다.

메/멘/토 퀴/즈   while (100)은 100번 반복하라는 의미이다. (O, X)

do~while 문

do~while 문은 적어도 한 번은 수행하는 반복문이다.

while 문이나 for 문은 조건식이 처음부터 거짓이면 한 번도 수행하지 않고 종료한다. 하지만 do~while 문은 어떠한 경우라도 한 번은 수행하는데, 이는 자주 사용되지는 않지만 유용할 때가 있다. 이 절에서는 do~while 문의 문법과 활용 사례를 살펴보자.

do~while 문은 while 문과 거의 동일하나 조건식이 아래쪽에 있다는 것이 다르다.

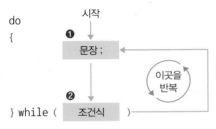

그림 7-8 do~while 문의 형식과 실행 순서

조건식이 아래로 내려오면서 while 문과 미묘한 차이를 보인다. while 문의 경우에는 처음에 조건식이 거짓일 때 '문장'을 한 번도 수행하지 않는다. 하지만 do~while 문에서는 조건식을 확인하기 전에 일단 '문장'을 수행하므로 조건식이 거짓이든 참이든 무조건 한 번은 수행된다.

실습 7-5 do~while 문 사용 예 1

```
01  public class Ex07_05 {
02    public static void main(String[] args) {
03      int a = 100;
04
05      while (a == 200) {
06        System.out.printf("while 문 내부에 들어 왔습니다.\n");
07      }
08
```

while 문 실행 : 먼저 조건식을 판단한다.

```
09      do {
10          System.out.printf("do ~ while 문 내부에 들어 왔습니다.\n");
11      } while (a == 200);
12   }
13 }
```

do~while 문 실행 :
먼저 내용을 실행한
다음 조건식을
판단한다.

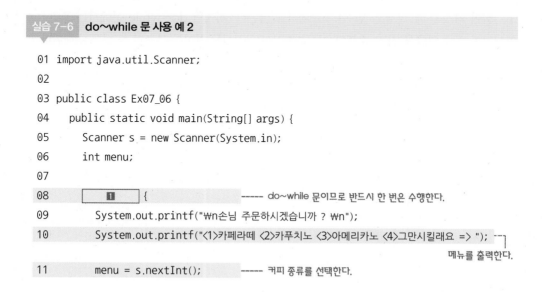

그림 7-9 실행 결과

3행을 보면 현재 a가 100이다. 5행의 while 문은 조건식을 먼저 판단하기 때문에 6행을 실행하지 않지만, 9행의 do~while 문은 10행을 수행한 다음 11행의 조건식을 판단한다.

▶ 직접 풀어보기 **7-2**

   [실습 7-2]를 do~while 문으로 바꿔보자.

다음은 카페에서 커피를 주문하는 과정을 do~while 문으로 나타낸 것이다. 손님이 들어오면 종업원은 적어도 한 번 이상 주문 여부를 묻기 때문에 do~while 문을 사용했다.

실습 7-6 **do~while 문 사용 예 2**

```
01 import java.util.Scanner;
02
03 public class Ex07_06 {
04    public static void main(String[] args) {
05       Scanner s = new Scanner(System.in);
06       int menu;
07
08       [ 1 ] {                                          ----- do~while 문이므로 반드시 한 번은 수행한다.
09          System.out.printf("\n손님 주문하시겠습니까 ? \n");
10          System.out.printf("<1>카페라떼 <2>카푸치노 <3>아메리카노 <4>그만시킬래요 => ");
                                                                                           메뉴를 출력한다.
11          menu = s.nextInt();                           ----- 커피 종류를 선택한다.
```

```
12        switch (menu) {
13        case 1:
14          System.out.printf("#카페라떼  주문하셨습니다.\n");  break;
15        case 2:
16          System.out.printf("#카푸치노 주문하셨습니다.\n");  break;
17        case 3:
18          System.out.printf("#아메리카노 주문하셨습니다.\n");  break;
19        case 4:
20          System.out.printf("주문하신 커피 준비하겠습니다.\n");  break;
21        default:
22          System.out.printf("잘못 주문하셨습니다.\n");
23        }
24     } ⬚2⬚   (menu != 4); ----- 선택한 메뉴가 4번이 아니라면 계속 반복해서 주문을 받는다.
25   }
26 }
```

선택한 커피에
따라 주문을
접수한다.

정답. 1 do 2 while

그림 7-10 실행 결과

8~23행은 do~while 문이므로 적어도 한 번 이상 실행된다. 9~11행은 종업원이 주문을 받는 과정이며, 손님이 마음에 드는 커피가 없다면 바로 4번을 선택하고 나갈 수도 있다.

▶ 직접 풀어보기 **7-3**

　[실습 7-6]에서 사용한 switch~case 문을 중첩 if 문으로 바꿔보자.

TIP/ 실제로 프로그래밍을 할 때는 do~while 문을 자주 사용하지 않는다. while 문을 조금만 변형하면 충분히 구현할 수 있기 때문이다.

기타 제어문

프로그램의 흐름을 조절하는 제어문에는 break, continue, break 레이블, return 문 등이 있다.

프로그램의 흐름과 처리 순서 등을 조절하는 제어문에 대해 살펴보자. 반복문에서 자주 사용하는 break 문과 continue 문에 이어서, 프로그램의 실행 순서에 관여하는 break 레이블문과 return 문을 다룰 것이다.

1 반복문을 탈출하는 break 문

지금까지 for 문, while 문, do~while 문을 배우면서 반복문을 빠져나가는 두 가지 상황을 보았다. 바로 조건식의 결과가 거짓이거나 사용자가 직접 [Terminate] 버튼을 누를 때이다. 이 외에도 반복문을 논리적으로 빠져나가는 방법이 있는데 break 문이 바로 그것이다.

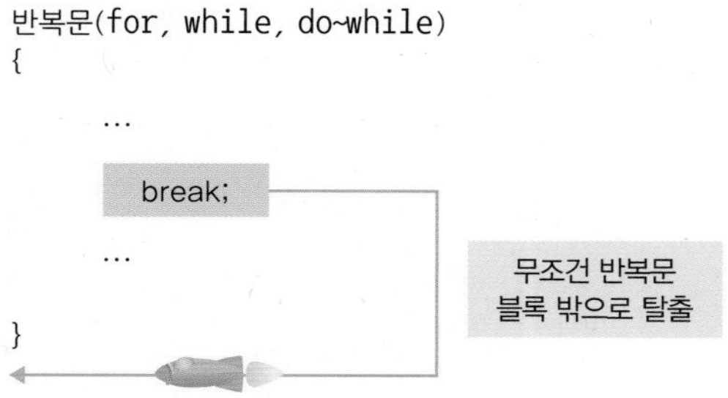

```
반복문(for, while, do~while)
{
        ...

        break;

        ...
}
```

무조건 반복문
블록 밖으로 탈출

그림 7-11 break 문의 작동

[그림 7-11]과 같이 반복문 안에서 break 문을 만나면 바로 반복문을 빠져나가는데 실습을 통해 이를 확인해보자.

실습 7-7 **break 문 사용 예 1**

```
01  public class Ex07_07 {
02    public static void main(String[] args) {
03      int i;
04
```

```
05        for (i = 1; i <= 100; i++) {          ----- 100번 반복한다.
06           System.out.printf("for 문을 %d 회 실행했습니다.\n", i);  ----- 변수 i번째를 출력한다.
07           break;                             ----- 무조건 for 문을 빠져나간다.
08        }
09
10        System.out.printf("for 문을 종료했습니다.\n");
11     }
12 }
```

그림 7-12 실행 결과

[실습 7-7]은 7행의 break 문이 없다면 무조건 100번을 출력하는 프로그램이다. 하지만 break가 있어서 6행을 한 번만 실행한 다음 for 문의 블록을 빠져나가 9행부터 실행한다. 여기서는 9행이 비어 있으므로 10행을 마지막에 수행했다.

위 실습에서는 무조건 break 문을 만나게 코딩했지만 실제로 프로그래밍할 때는 break 문이 무한 루프 안에서 if 문과 함께 사용되는 경우가 가장 많다. 즉 무한 루프를 돌다가 특정 조건이 되면 빠져나가도록 할 때 break 문을 사용한다.

사용자가 [Terminate] 버튼을 누를 때까지 계속 두 수를 더하는 [실습 7-3]을 break 문을 사용하여 수정하되, 첫 번째 숫자에 0이 입력될 때 자동으로 종료되도록 해보자.

실습 7-8 break 문 사용 예 2

```
01 import java.util.Scanner;
02
03 public class Ex07_08 {
04    public static void main(String[] args) {
05       Scanner s = new Scanner(System.in);
06       int a, b;
07
```

```
08      while (true) {
09          System.out.printf("더할 첫 번째 수 입력 : ");
10          a = s.nextInt();                             ------ 숫자를 입력받는다.
11          System.out.printf("더할 두 번째 수 입력 : ");
12          b = s.nextInt();                             ------ 숫자를 입력받는다.
13
14          if (a == 0)                                  ----- 첫 번째 입력 값이
15              break;                                         0이면 무조건 while
16                                                             문을 빠져나간다.
17          System.out.printf("%d + %d = %d \n", a, b, a + b);
18      }
19
20      System.out.printf("0을 입력해서 반복문을 탈출했습니다.\n");
21  }
22 }
```

무한
루프
이다.

```
 Problems   @ Javadoc   @ Declaration   🖳 Console ✕        ■ ✖ ⚘ | ▤ ▤ ▤ | ☲ ☲ |  🖅 ▤ ▾ 🖆 ▾ ▭ □
<terminated> Ex07_08 [Java Application] C:\Program Files\Java\jdk-11\bin\javaw.exe
더할 첫 번째 수 입력 : 55
더할 두 번째 수 입력 : 22
55 + 22 = 77
더할 첫 번째 수 입력 : 77
더할 두 번째 수 입력 : 128
77 + 128 = 205
더할 첫 번째 수 입력 : 0
더할 두 번째 수 입력 : 0
0을 입력해서 반복문을 탈출했습니다.
```

그림 7-13 실행 결과

10행에서 입력된 값(변수 a)에 0을 넣으면 14행의 'a==0'이 참이 되고, 15행의 break 문을 만
난 뒤 19행으로 이동하여 반복문을 탈출한다.

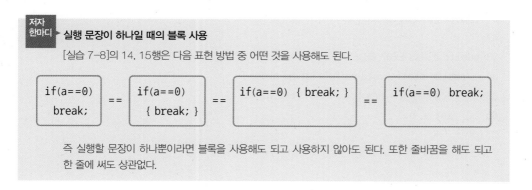

저자 한마디 ▶ 실행 문장이 하나일 때의 블록 사용

[실습 7-8]의 14, 15행은 다음 표현 방법 중 어떤 것을 사용해도 된다.

| if(a==0) break; | == | if(a==0) { break; } | == | if(a==0) { break; } | == | if(a==0) break; |

즉 실행할 문장이 하나뿐이라면 블록을 사용해도 되고 사용하지 않아도 된다. 또한 줄바꿈을 해도 되고
한 줄에 써도 상관없다.

무한 루프를 표현하기 위해 while (true) 대신 □□□(;;) 문을 사용해도 된다.

break 문의 또 다른 활용을 살펴보자. 1부터 100까지 더하는 프로그램은 앞에서 여러 번 작성해보아 이제 잘 이해할 것이다. 여기서는 1부터 100까지 더하되 누적 합계(hap)가 1000 이상이 되는 시작 지점이 어디인지 알 수 있도록 작성해보자. 즉 '1+2+3+…+?=1000 이상'일 때 ?가 어떤 수인지 알아내고자 한다.

실습 7-9 break 문 사용 예 3

```
01  public class Ex07_09 {
02    public static void main(String[] args) {
03      int hap = 0;
04      int i;
05
06      for (i = 1; i <= 100; i++) {
07        hap = hap + i;
08
09        if (            )
10          break;
11      }
12
13      System.out.printf(" 1~100의 합에서 최초로 1000이 넘는 위치는? : %d\n", i);
14    }
15  }
```

i 값을 hap에 누적한다.

hap이 1000보다 크거나 같으면 for 반복문을 빠져나간다.

i 값을 1부터 100까지 100회 실행한다.

정답: hap >= 1000

Problems @ Javadoc Declaration Console ☒
<terminated> Ex07_09 [Java Application] C:₩Program Files₩Java₩jdk-11₩bin₩javaw.exe
 1~100의 합에서 최초로 1000이 넘는 위치는? : 45

그림 7-14 실행 결과

9행을 보면 합계(hap)가 1000보다 크거나 같을 때 break 문을 수행하여 루프를 빠져나간다. 현재 i 값을 누적해가면서 1000을 넘는 순간의 i 값을 구한다. 즉 결과는 1부터 44까지 더하면 1000 미만이고, 45를 더하는 순간 1000이 넘는다는 의미이다.

▶ 직접 풀어보기 **7-4**

[실습 7-9]에서 사용한 for 문을 while 문으로 바꿔보자.

2 반복문으로 다시 돌아가는 continue 문

continue 문을 만나면 블록의 남은 부분을 건너뛰고 반복문의 처음으로 돌아간다. 다시 말해 continue를 만나면 처음부터 반복문을 다시 수행한다고 생각하면 된다.

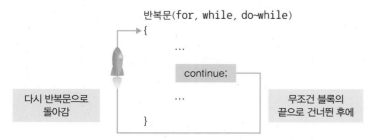

그림 7-15 continue 문의 작동

실습을 통해 continue 문을 살펴보자. 1부터 100까지의 합을 구하되 1+2+4+5+7+8+10+…과 같이 3의 배수를 제외하고 더하는 프로그램을 작성해보자.

실습 7-10 **continue 문 사용 예**

```
01 public class Ex07_10 {
02    public static void main(String[] args) {
03       int hap = 0;
04       int i;
05
06       for (i = 1; i <= 100; i++) {
07          if (i % 3 == 0)
08             continue;
09
10          hap += i;
11       }
12
13       System.out.printf(" 1~100까지의 합(3의 배수 제외): %d\n", hap);
14    }
15 }
```

07~08: i 값을 3으로 나눈 나머지 값이 0이면(=3의 배수이면) 블록의 끝으로 건너뛰고 다시 6행으로 돌아간다.

10: 3의 배수가 아닌 i 값을 누적한다.

06~11: 1부터 100까지 100회 반복한다.

13: 누적된 값을 출력한다.

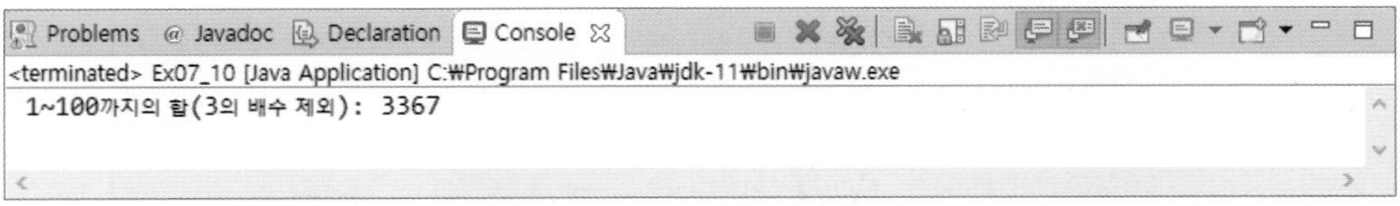

그림 7-16 실행 결과

7행의 'i % 3 == 0'은 i를 3으로 나눈 나머지 값이 0일 때 참이라는 의미이다(즉 3의 배수를 가리킨다). 7행을 위주로 몇 단계를 따라 해보자.

제1회 : i 값 1을 3으로 나누면 나머지는 1(거짓) → hap + = 1 수행

제2회 : i 값 2를 3으로 나누면 나머지는 2(거짓) → hap + = 2 수행

제3회 : i 값 3을 3으로 나누면 나머지는 0(참) → continue 문 수행
  맨 끝(11행)으로 건너뛰고 다시 6행으로 돌아가서 증감식 수행

제4회 : i 값 4를 3으로 나누면 나머지는 1(거짓) → hap + = 4 수행

제5회 : i 값 5를 3으로 나누면 나머지는 2(거짓) → hap + = 5 수행

제6회 : i 값 6을 3으로 나누면 나머지는 0(참) → continue 문 수행
  맨 끝(11행)으로 건너뛰고 다시 6행으로 돌아가서 증감식 수행

  ⋮

이렇게 계속 진행하면 hap=1+2+4+5+7+…과 같은 계산식이 된다.

3 다중 반복문의 지정된 위치로 이동하는 break 레이블문

여러 개의 반복문(for나 while)이 나오는 다중 반복문에서는 반복문 중간에 break를 만나면 가장 가까운 반복문을 빠져나간다. 다음 실습은 2000이 넘으면 그 값을 출력하고 종료하는 프로그램이다.

실습 7-11 다중 반복문의 무한 루프

```
01  public class Ex07_11 {
02    public static void main(String[] args) {
03      int hap = 0;
04      int i;
05
```

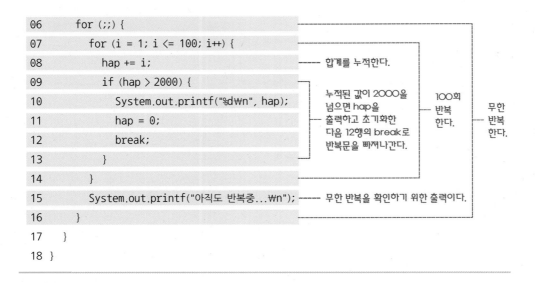

```
06     for (;;) {
07         for (i = 1; i <= 100; i++) {
08             hap += i;
09             if (hap > 2000) {
10                 System.out.printf("%d\n", hap);
11                 hap = 0;
12                 break;
13             }
14         }
15         System.out.printf("아직도 반복중...\n");
16     }
17     }
18 }
```

- 합계를 누적한다.
- 누적된 값이 2000을 넘으면 hap을 출력하고 초기화한 다음 12행의 break로 반복문을 빠져나간다.
- 100회 반복한다.
- 무한 반복한다.
- 무한 반복을 확인하기 위한 출력이다.

```
🔲 Problems  @ Javadoc  🔍 Declaration  💻 Console ⋈      ■ ✖ ⚒ | 🔳 🔳 🔳 | 🔳 🔳 | 🔳 🔳 ▾ 🔳 ▾ ▭ ▭
<terminated> Ex07_11 [Java Application] C:\Program Files\Java\jdk-11\bin\javaw.exe
아직도 반복중...
2016
아직도 반복중...
2016
아직도 반복중...
2016
아직도 반복중...
```

그림 7-17 실행 결과

이 코드는 무한 반복된다. 2000이 넘는 값을 만나면 12행에서 break를 만나 반복문을 빠져나가려고 시도한다. 하지만 가장 가까운 for 문(7~14행)의 끝인 14행을 빠져나가서 15행을 출력하고, 다시 6~16행의 무한 루프 for 문을 만나 7행부터 다시 시작한다. 결국 무한 반복되는 것이다.

이러한 무한 반복을 방지하기 위해서는 break 문을 별도로 지정한 레이블(label)과 함께 사용하여 그 레이블로 건너뛰도록 하면 된다. 레이블은 반복문 앞에 '레이블이름:' 형식으로 지정한다. 즉 'break 레이블이름'과 같이 사용한다.

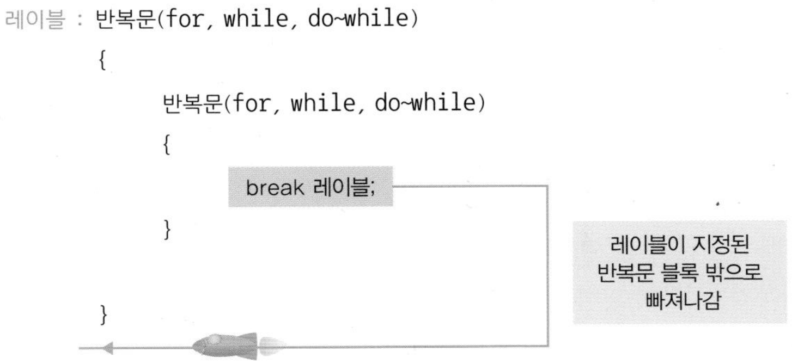

레이블 : 반복문(for, while, do~while)
```
{
        반복문(for, while, do~while)
        {
                break 레이블;
        }
}
```

레이블이 지정된
반복문 블록 밖으로
빠져나감

그림 7-18 break 레이블문의 작동

무한 반복하지 않도록 break 레이블문을 사용하여 수정해보자.

---

break 레이블문 사용 예

```
01  public class Ex07_12 {
02    public static void main(String[] args) {
03      int hap = 0;
04      int i;
05
06      myLabel: for (;;) {          ----- 바깥 for 문에 레이블을 지정한다.
07        for (i = 1; i <= 100; i++) {
08          hap += i;
09          if (hap > 2000) {
10            System.out.printf("%d\n", hap);
11            hap = 0;
12            [          ]          ----- 지정된 myLable의 반복문을 빠져나간다.
13          }
14        }
15        System.out.printf("아직도 반복중...\n");
16      }
17    }
18  }
```

정답: break myLabel;

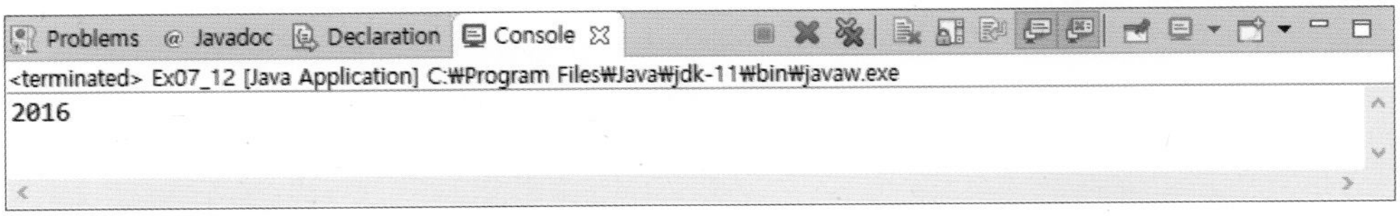

그림 7-19 실행 결과

12행에서 지정된 레이블의 반복문인 6~16행을 빠져나가므로 프로그램이 종료된다.

4 현재 메소드를 불렀던 곳으로 돌아가는 return 문

return 문은 현재 실행하고 있는 메소드를 끝내고, 메소드를 호출한 곳으로 돌아가게 하는 제
어문이다. 메소드를 아직 배우지 않아 잘 이해되지 않을 테니 지금은 return 문을 만나면 프로
그램이 종료된다고만 알아두자. 정확히 말하면 프로그램이 종료되는 것은 아니지만, 현재 메소
드인 main( )을 빠져나가는 것이므로 프로그램이 종료되는 효과가 나타난다.

그림 7-20 return 문의 작동

메소드와 return 문에 관해서는 나중에 좀 더 자세히 살펴보고, 지금은 다음과 같이 1부터 100
까지의 합계를 구하되 계산 중간에 합이 5000이 넘을 경우 메소드를 호출한 곳으로 돌아가는
프로그램을 작성해보자.

메/멘/토 퀴/즈 ㅣ 현재 메소드를 호출한 곳으로 돌아가는 구문은 □□□□□□ 문이다.

실습 7-13 **return 문 사용 예**

```
01  public class Ex07_13 {
02      public static void main(String[] args) {
03          int hap = 0;
04          int i;
05
06          for (i = 1; i <= 100; i++)      ---
07              hap += i;                        ┃── 1부터 100까지 합계를 누적한다.
08
09          System.out.printf("1부터 100까지의 합은 %d 입니다.\n", hap);  ----- 합계를 출력한다.
10
11          if (hap > 5000)
```

```
12          return;                                        ───── 현재 메소드를 호출한 곳으로 복귀한다.
13
14      System.out.printf("프로그램의 끝입니다.");  ───── 한 번도 실행되지 않는다.
15  }
16  }
```

```
Problems  @ Javadoc  Declaration  Console ✖          ■ ✖ ✖ | ■ ■ ■ | ■ ■ | ■ ■ ▾ ■ ▾   □
<terminated> Ex07_13 [Java Application] C:₩Program Files₩Java₩jdk-11₩bin₩javaw.exe (2018. 9. 13. 오후 2:43:50)
1부터 100까지의 합은 5050 입니다.
```

그림 7-21 실행 결과

9행에서 누적된 합계를 출력한 다음 12행의 return 문을 만나면 현재 메소드인 main( )을 빠져나간다. 그러므로 14행은 한 번도 실행되지 않는다.

return 값

return 뒤에 아무것도 붙이지 않은 것은 현재 메소드인 main( )의 형식이 void로 지정되었기 때문이다. void는 아무것도 없다는 의미이다. 즉 return 뒤에 붙이는 값은 현재 메소드의 데이터형(이 경우에는 void 형)과 일치해야 한다. 만약 main 메소드가 int main( )과 같이 되어 있다면 'return 0'과 같이 정수형 값을 써야 한다. 9장에서 다시 살펴볼 기회가 있으니 일단 이 정도만 알아두자.

원하는 배수의 합계를 구하는 계산기

난이도
★★☆

예제 설명 입력한 두 수 사이의 합계를 구하되 원하는 배수를 선택하여 합계를 구하는 프로그램을 작성 해보자. 예를 들어 100~200 중에서 4의 배수의 합계를 구할 수 있다.

실행 결과

```
Problems  @ Javadoc  Declaration  Console ☒         ■ ✖ ✖ | ▤ ▥ ▧ | ▦ ▨ | ▧ ▢ ▾ ▢ ▾ ▭ ▭
<terminated> Problem_17 [Java Application] C:\Program Files\Java\jdk-11\bin\javaw.exe
합계의 시작값 ==> 100
합계의 끝값 ==> 200
배수 ==> 4
100부터 200까지의 4배수의 합계 ==> 3900
```

입력한 문자열의 종류 구분

난이도
★★★

예제 설명 입력한 문자열의 대문자와 소문자, 숫자가 각각 몇 개인지 세는 프로그램을 작성해보자. 그 외 특수 기호 등의 문자는 무시한다.

실행 결과

```
Problems  @ Javadoc  Declaration  Console ☒         ■ ✖ ✖ | ▤ ▥ ▧ | ▦ ▨ | ▧ ▢ ▾ ▢ ▾ ▭ ▭
<terminated> Problem_18 [Java Application] C:\Program Files\Java\jdk-11\bin\javaw.exe (2018. 9. 13. 오후 2:45:16)
문자열을 입력 : Java 1234 Programming
대문자 2개,  소문자 13개,  숫자 4개
```

예제 설명 0~9 중에서 입력한 숫자만큼 별표를 출력하는 프로그램을 작성해보자. 예를 들어 5914를
입력하면 각 줄에 별을 5개, 9개, 1개, 4개 출력한다.

실행 결과

```
Problems  @ Javadoc  Declaration  Console ✕
<terminated> Problem_19 [Java Application] C:\Program Files\Java\jdk-11\bin\javaw.exe (2018. 9. 13. 오후 2:45:53)
숫자를 여러 개 입력 :  5914
*****
*********
*
****
```

17

```
01 import java.util.Scanner;
02
03 public class Problem_17 {
04
05   public static void main(String[] args) {
06     Scanner s = new Scanner(System.in);
07     int start, end;
08     int basu, i;
09     int hap = 0;
10
11     System.out.printf("합계의 시작값 ==> ");
12     start = s.nextInt();
13     System.out.printf("합계의 끝값 ==> ");
14     end = s.nextInt();
15     System.out.printf("배수 ==> ");
16     basu = s.nextInt();
17
18     i = start;
19     while (i <= end) {
20       if (i % basu == 0)
21         hap = hap + i;
22
23       i++;
24     }
25
26     System.out.printf("%d부터 %d까지의 %d배수의 합계 ==> %d\n", start, end, basu, hap);
27   }
28 }
```

- 변수를 선언하고 초기화한다.
- 시작 값을 입력한다.
- 끝 값을 입력한다.
- 배수를 입력한다.
- i의 값을 시작 값으로 초기화한다.
- i의 값이 입력한 배수라면 합계에 누적한다.
- i의 값이 끝 값보다 작은 동안 반복한다.

18

```
01  import java.util.Scanner;
02
03  public class Problem_18 {
04
05      public static void main(String[] args) {
06          Scanner s = new Scanner(System.in);
07          String str;
08          char ch;
09          int upper_cnt = 0, lower_cnt = 0, digit_cnt = 0;
10          int i;
11
12          System.out.printf("문자열을 입력 : ");
13          str = s.nextLine();
14
15          i = 0;
16          do {
17              ch = str.charAt(i);
18
19              if (ch >= 'A' && ch <= 'Z')
20                  upper_cnt++;
21              if (ch >= 'a' && ch <= 'z')
22                  lower_cnt++;
23              if (ch >= '0' && ch <= '9')
24                  digit_cnt++;
25
26              i++;
27          } while (i < str.length());
28
29          System.out.printf("대문자 %d개, 소문자 %d개, 숫자 %d개\n", upper_cnt, lower_cnt,
          digit_cnt);
30      }
31  }
```

07, 08 ── 문자열과 문자형 변수를 선언한다.

09 ── 대문자, 소문자, 숫자의 개수를 초기화한다.

13 ── 문자열을 입력받는다.

15 ── 추출할 문자의 위치를 나타낼 변수 i

17 ── 문자열에서 한 글자를 추출한다 (문자열의 개수만큼 반복).

19, 20 ── 추출한 한 글자가 A~Z이면 대문자의 개수가 1개 증가한다.

21, 22 ── 추출한 한 글자가 a~z이면 소문자의 개수가 1개 증가한다.

23, 24 ── 추출한 한 글자가 0~9이면 숫자의 개수가 1개 증가한다.

26 ── 다음 글자를 추출하기 위해 i 값을 증가시킨다.

입력한 문자열의 끝까지 반복한다.

19

```
01  import java.util.Scanner;
02
03  public class Problem_19 {
04
05      public static void main(String[] args) {
06          Scanner s = new Scanner(System.in);
07          String str;
08          char ch;
09          int i, k;
10          int star;
11
12          System.out.printf("숫자를 여러 개 입력 : ");
13          str = s.nextLine();
14
15          i = 0;
16          ch = str.charAt(i);
17          while (true) {
18              star = (int) ch - 48;
19
20              for (k = 0; k < star; k++)
21                  System.out.printf("*");
22              System.out.printf("\n");
23
24              if (++i > str.length() - 1)
25                  break;
26              ch = str.charAt(i);
27          }
28      }
29  }
```

07~08 ── 문자열과 문자형 변수를 선언한다.

09~10 ── 정수형 변수를 선언한다. i, k는 반복문에서 사용하고 star는 별의 개수를 추출한다.

13 ───── 문자열을 입력받는다(숫자만 입력).

15 ───── 문자열의 위치를 나타낼 변수 i

16 ───── 문자열에서 한 글자(숫자)를 추출한다(첫 번째 숫자).

18 ── 문자를 숫자로 변환한다(예를 들어 문자 5는 아스키 값이 53이므로 숫자 5로 만들려면 48을 뺀다).

20~21 ── 별의 개수만큼 *를 화면에 출력한다.

22 ───── 한 줄 띄운다.

24~25 ── 먼저 i를 1 증가시킨 후 문자열 길이 -1보다 크면 while 문을 종료한다.

26 ───── 문자열에서 한 글자(숫자)를 추출한다.

17~27 ── 문자가 있는 동안 반복하는데 여기서는 4회 반복한다.

01 while 문

① while 문은 for 문과 같이 특정 동작의 반복을 위해 사용한다.

② while 문의 기본 형식

```
while (조건식)
{
    반복할 문장;
}
```

③ 무한 루프를 만들려면 while (true) 형식을 사용한다.

02 do~while 문

① do~while 문은 while 문과 거의 동일하지만 조건이 참이든 거짓이든 반복할 문장을 무조건 한 번
은 수행한다.

② do~ while 문의 기본 형식

```
do
{
    반복할 문장;
} while (조건식);
```

03 기타 제어문

① break 문을 만나면 현재의 반복문을 무조건 탈출한다.

② continue 문을 만나면 무조건 블록의 끝으로 이동한 다음 다시 반복문의 처음으로 돌아간다.

③ return 문을 만나면 현재 메소드를 호출한 곳으로 돌아간다. main( ) 메소드에서 return 문을 만나
면 프로그램을 종료하는 효과를 나타낸다.

연습문제

01 다음 빈칸에 알맞은 말을 넣으시오.

> for 문은 for (초깃값; 조건식; 증감값) 형식이지만 while 문은 while(   )으로 표현한다. 그러므로 for 문을 while 문으로 변환하려면 (   ), (   )이 없기 때문에 별도로 처리해야 한다.

02 다음 내용이 맞으면 ○, 틀리면 ×로 표시하시오.

① while 문은 실행해야 할 문장을 무조건 한 번은 실행한다. (   )

② do~while 문은 실행해야 할 문장을 한 번도 실행하지 않을 수 있다. (   )

③ break 문은 if 문의 블록을 빠져나가는 구문이다. (   )

④ continue 문은 반복문의 블록 밖으로 빠져나가는 구문이다. (   )

⑤ return 문은 반복문의 끝으로 가는 구문이다. (   )

03 다음 명령문에 대한 설명으로 알맞은 것을 각각 고르시오.

> break   continue   break 레이블   return

① 다중 반복문에서 현재 자신과 가장 가까운 반복문을 빠져나간다.

② 레이블로 지정한 반복문을 빠져나간다.

③ 메소드를 호출한 곳으로 돌아간다.

④ 반복문 블록의 맨 끝으로 간 뒤 다시 반복문의 처음으로 돌아간다.

04 다음은 for 문을 while 문으로 변환한 것이다. 빈칸에 알맞은 말을 넣으시오

for 문

```
int i;
for ( i=0 ; i < 100 ; i++ )
{
    System.out.printf ("%d \n", i) ;
}
```

while 문

```
int i;
      ①      ;
while     ②
{
    System.out.printf ("%d \n", i) ;
          ③      ;
}
```

HINT/ 초깃값은 while 문 위로 이동하고, 조건식은 그대로 두며, 증감식은 while 문 안의 맨 아래로 이동한다.

05 다음 소스코드를 실행했을 때 출력 횟수는 몇 번인가?

```
01 public class Exam {
02    public static void main(String[] args) {
03       int i, k;
04       i = 0;
05
06       while (i < 3) {
07          k = 0;
08          while (k < 4) {
09             System.out.printf("중첩 while 문\n");
10             k++;
11          }
12          i++;
13       }
14    }
15 }
```

HINT/ 중첩 while 문은 중첩 for 문과 동일한 개념이다.

06 다음은 1~100 중에서 5의 배수와 8의 배수의 합계(즉 5+8+10+15+16+20+⋯)를 구하는 프로그램이다. 빈 칸을 채워 프로그램을 완성하시오.

```java
01  public class Exam {
02    public static void main(String[] args) {
03      int i;
04      int hap = 0;
05
06      i = 1;
07      while (i <= 100) {
08        if (                )
09          hap = hap + i;
10
11        i++;
12      }
13      System.out.printf("5의 배수와 8의 배수의 합: %d \n", hap);
14    }
15  }
```

HINT/ 나머지 연산자(%)와 관계 연산자(||)를 활용한다.

여러 개의 변수를
하나로 묶어서
사용하자!

Chapter 08

배열

배열은 실무에서 JAVA 프로그래밍을 할 때 필수적으로 사용되는 중요한 개념이다. 배열이 없었다면 반복적인 작업을 일일이 수행하는 수고를 피할 수 없었을 것이다. 배열은 JAVA 외의 다른 프로그래밍 언어에서도 중요하게 쓰이는 개념이므로 기초를 탄탄히 다져야 한다.

SECTION 01 배열의 이해
SECTION 02 2차원 배열
SECTION 03 배열의 활용 : 스택

예제 모음
요약
연습문제

배열의 이해

배열은 여러 개의 변수를 나란히 나열한 것이다.

지금까지 변수의 개념을 그릇에 비유했다. 하지만 배열을 이해하려면 그릇보다는 상자라고 생각하는 것이 좋겠다. 배열은 [그림 8-1]과 같이 하나씩 사용하던 상자(변수)를 한 줄로 붙여놓은 것과 같은 개념이다.

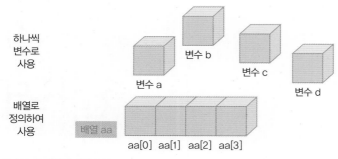

그림 8-1 배열의 개념

지금까지는 변수의 이름을 a, b, c, d와 같이 각각 지정했지만, 배열은 상자(변수)를 한 줄로 붙인 뒤 상자 전체의 이름을 aa와 같이 지정한다. 그리고 낱개에 aa[0], aa[1], aa[2], aa[3]과 같이 번호(첨자)를 붙여서 사용한다. 지금까지는 변수를 하나씩 사용했는데 왜 배열이라는 새로운 개념이 필요한 것일까?

1 배열을 사용하는 이유

지금까지 쌓은 지식으로 a, b, c, d, 4개의 정수형 변수를 선언한 다음 변수에 값을 입력받고 합계를 출력하는 프로그램을 작성해보자. 아래 소스코드를 미리 보지 말고 프로그램을 직접 작성하기 바란다.

실습 8-1 **여러 개의 변수 값을 선언하여 출력**

```
01 import java.util.Scanner;
02
03 public class Ex08_01 {
```

```
04      public static void main(String[] args) {
05          Scanner s = new Scanner(System.in);
06          int a, b, c, d;                                 ----- 각각의 입력 변수를 선언한다.
07          int hap;                                        ----- 합계 변수를 선언한다.
08
09          System.out.printf("1번째 숫자를 입력하세요 : ");
10          a = s.nextInt();
11          System.out.printf("2번째 숫자를 입력하세요 : ");
12          b = s.nextInt();
13          System.out.printf("3번째 숫자를 입력하세요 : ");       ----- 각 변수에 숫자를 입력한다.
14          c = s.nextInt();
15          System.out.printf("4번째 숫자를 입력하세요 : ");
16          d = s.nextInt();
17
18          hap = a + b + c + d;                            ----- 입력받은 숫자를 합한다.
19
20          System.out.printf(" 합계 ==> %d \n", hap);
21      }
22  }
```

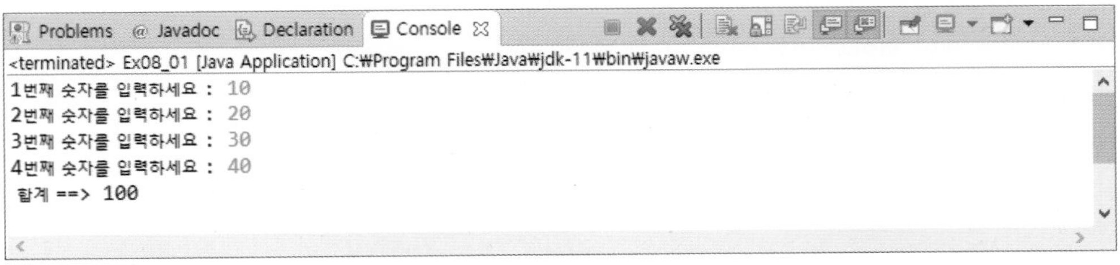

그림 8-2 실행 결과

[실습 8-1]의 코드를 잘 작성했는가? 그럼 이번에는 좀 더 많은 숫자를 입력받도록 해보자. 변수를 10개로 늘리면 현재 a, b, c, d, 4개 변수에 e, f, g, h, i, j 등 6개의 변수를 추가하고, 9, 10행과 같은 명령문을 6개 추가하면 된다. 그리고 18행에서는 a~j의 합계로 늘리면 된다. 코드는 좀 더 길어지지만 크게 어렵지 않을 것이다.

그렇다면 100개는 어떨까? 변수를 100개 선언하려면 알파벳으로는 부족하다. 따라서 변수 이름을 a1, a2, a3, …, a100과 같이 선언하고 100개의 변수에 숫자를 입력해야 한다. 하지만 이런 작업은 무리라는 생각이 들 것이다. 이렇게 코딩하느니 차라리 계산기를 사용하는 편이 더 빠를 것이다.

이런 경우에 필요한 것이 바로 배열이다. 배열을 선언하는 방법은 다음과 같다.

```
데이터형[ ] 배열이름 = new 데이터형[개수];
또는
데이터형 배열이름[ ] = new 데이터형[개수];
```

배열의 선언을 먼저 하고 new 연산자를 나중에 사용하는 방법도 있다.

```
데이터형[ ] 배열이름; (또는 데이터형 배열이름[ ];)
배열이름 = new [개수];
```

예를 들어 4개의 변수를 담은 정수형 배열을 선언하는 경우를 살펴보자.

```
int[ ] aa = new int[4];
또는
int aa[ ] = new int[4];
또는
int[ ] aa; (또는 int aa[ ];)
aa = new int[4];
```

변수 선언과 배열 선언을 비교하면 다음과 같다.

- 변수 선언 : 각각의 변수를 int a, b, c, d;와 같이 선언하여 사용한다.
- 배열 선언 : 첨자를 넣어 aa[0], aa[1], aa[2], aa[3]과 같이 한다. 이때 배열을 4개 선언한다면 첨자는 1~4가 아니라 0~3을 사용해야 한다.

❶ 변수 선언

```
int  a, b, c, d;
a 사용
b 사용
c 사용
d 사용
```

❷ 배열 선언

```
int[ ] aa = new int[4];
aa[0] 사용
aa[1] 사용
aa[2] 사용
aa[3] 사용
```

> **저자 한마디 ▶ 배열의 첨자**
>
> 배열의 첨자는 0부터 시작한다는 것을 꼭 기억하기 바란다. 실무 현장의 프로그래머도 종종 하는 실수인데, int a[3];을 선언해놓고 a[3] = 10;과 같이 변수 a[3]을 사용하기도 한다. 이렇게 int a[3];으로 선언하면 a[0], a[1], a[2], 3개의 변수를 사용할 수 있고 a[3]은 사용할 수 없다.

배열을 사용하여 [실습 8-1]을 수정해보자.

실습 8-2 **배열에 값을 대입하여 출력**

```java
01  import java.util.Scanner;
02
03  public class Ex08_02 {
04    public static void main(String[] args) {
05      Scanner s = new Scanner(System.in);
06      int[ ] aa = new int[4];                    ----- 정수형 배열을 선언한다.
07      int hap;
08
09      System.out.printf("1번째 숫자를 입력하세요 : ");
10      aa[0] = s.nextInt();                       ----- 배열 aa[0]에 숫자를 입력한다.
11      System.out.printf("2번째 숫자를 입력하세요 : ");
12      aa[1] = s.nextInt();                       ----- 배열 aa[1]에 숫자를 입력한다.
13      System.out.printf("3번째 숫자를 입력하세요 : ");
14      aa[2] = s.nextInt();                       ----- 배열 aa[2]에 숫자를 입력한다.
15      System.out.printf("4번째 숫자를 입력하세요 : ");
16      aa[3] = s.nextInt();                       ----- 배열 aa[3]에 숫자를 입력한다.
17
18      hap = aa[0] + aa[1] + aa[2] + aa[3];       ----- 배열에 저장된 숫자를 합한다.
19
20      System.out.printf(" 합계 ==> %d \n", hap);
21    }
22  }
```

그림 8-3 실행 결과

[실습 8-1]의 6행에서는 변수 4개(a, b, c, d)를 선언했으나 여기서는 int[ ] aa = new int[4]로 4개의 배열을 선언했다. 따라서 10행에서 a 대신 aa[0]을 사용했고 12, 14, 16행도 마찬가지이다. 그리고 18행에서는 각각의 변수를 쓰지 않고 aa[0] + aa[1] + aa[2] + aa[3]을 입력했

다. 물론 실행 결과는 배열을 사용하기 전과 동일하다.

배열이 편리하다고 했는데, 100개의 숫자를 더하려면 int[ ] aa = new int[100]을 선언한 뒤 aa[0] + aa[1] + aa[2] + … + aa[99]와 같은 작업을 해야 한다. 잠시 후 배열을 제대로 활용하는 방법을 살펴볼 것이다.

② 배열의 활용 범위

배열의 기본 구문은 이해했을 테니 한발 더 나아가보자. 앞의 실습에서는 배열의 첨자를 제대로 활용하지 못했는데, 첨자를 반복문(for, while, do~while)에서 활용하면 수고를 훨씬 덜 수 있다. 여기서는 첨자와 반복문의 관계를 파악하고, 배열에 값을 입력하는 방법과 만든 배열의 크기를 알아내는 방법을 살펴볼 것이다.

배열의 실제 활용

[실습 8-2]는 처음 배열을 사용하여 작성한 프로그램으로서 결과를 제대로 구했지만 배열의 효율성을 느낄 수는 없었다. 배열을 썼지만 배열의 첨자를 활용하지 않았기 때문이다. for 문과 while 문을 배우기 전에 반복적인 작업을 했던 것과 비슷한 상황이다. 즉 배열의 첨자가 순서대로 변할 수 있도록 반복문과 함께 활용해야만 배열의 가치가 빛을 발할 수 있다.

이번에는 입력 부분에 for 문을 활용해보자.

for (4번 반복)

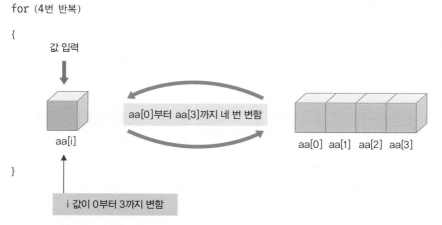

그림 8-4 for 문을 활용하여 배열 값 입력하기

[그림 8-4]를 보면 for 문을 네 번 돌면서 aa[i]의 첨자가 aa[0]~aa[3]으로 변한다. 그리고 4개의 변수에 자동으로 값이 입력된다.

```
01  import java.util.Scanner;
02
03  public class Ex08_03 {
04     public static void main(String[] args) {
05        Scanner s = new Scanner(System.in);
06        int[] aa = new int[4];                           ----- 배열을 선언한다.
07        int hap = 0, i;                                  ----- 합계 변수와 첨자를 선언한다.
08
09        for (i = 0; i <= 3; i++) {
10           System.out.printf("%d번째 숫자를 입력하세요 : ", i + 1);   aa[0]~aa[3] 배열에
11           ┌──────┐ = s.nextInt();                                숫자를 입력받는다.
12        }
13
14        hap = aa[0] + aa[1] + aa[2] + aa[3];   ----- 배열에 저장된 숫자 4개를 합한다.
15
16        System.out.printf(" 합계 ==> %d ₩n", hap);
17     }
18  }
```

정답 aa[i]

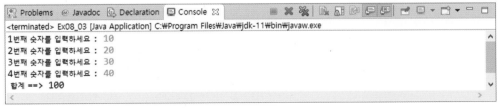

```
 Problems  @ Javadoc  Declaration  Console 
<terminated> Ex08_03 [Java Application] C:₩Program Files₩Java₩jdk-11₩bin₩javaw.exe
1번째 숫자를 입력하세요 : 10
2번째 숫자를 입력하세요 : 20
3번째 숫자를 입력하세요 : 30
4번째 숫자를 입력하세요 : 40
합계 ==> 100
```

그림 8-5 실행 결과

9행에서는 i가 0~3으로 네 번 실행된다. 물론 이를 for (i=0; i<4; i++)로 해도 상관없다. 10행의 System.out.printf( ) 문에는 'i+1'을 사용하여, 출력하는 문장을 0번째가 아닌 1번째부터 차례대로 보여준다(i 값이 0부터 시작하므로).

11행에서도 첨자 i가 0~3으로 네 번 변경되므로 aa[0], aa[1], aa[2], aa[3], 4개 변수에 값을 차례대로 입력받는다. 14행에서는 4개의 변수를 더했다. 그런데 만약 배열이 100개라면 14행은 hap = aa[0] + aa[1] + ⋯ + aa[99]로 일일이 코딩을 해야 할까? 물론 아니다. 14행은 다음과 같이 for 문으로 변경하는 것이 바람직하다.

```
for (i=0 ; i<=3 ; i++)
{
  hap = hap + aa[i];
}
```

직접 수정한 다음 다시 빌드하고 실행해보면 결과가 동일할 것이다.

▶ 직접 풀어보기 **8-1**

[실습 8-3]을 수정하여 변수 4개가 아니라 10개를 입력받도록 해보자. 또한 for 문을 while 문으로 변경해보자.

메/멘/토 퀴/즈 | for (i = 0; i <= 7; i++)와 for (i = 0; i < 8; i++)는 동일하게 □회 반복된다.

배열의 초기화

배열의 초기화란 배열을 정의하는 동시에 값을 대입하는 것을 말한다. 정수형 변수를 초기화했던 기억을 떠올려보자.

```
int a=100, b=200, c=300, d=400;
```

4개의 값을 담은 배열 aa의 초기화 역시 비슷한 방식으로 진행한다. 단, 개수는 생략해야 한다.

```
int aa[ ] = {100, 200, 300, 400};
```

위와 같이 선언하면 [그림 8-6]과 같이 초기화 개수에 따라서 변수 4개가 차례대로 초기화된다.

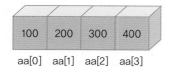

100
200
300
400
aa[0]
aa[1]
aa[2]
aa[3]

그림 8-6 배열의 초기화 1

다른 방식으로 먼저 선언한 뒤 초깃값을 대입할 수도 있다.

```
int aa[];
aa = new int[] {100, 200, 300, 400};
```

그런데 배열을 선언하기만 하고 초기화하지 않으면 어떻게 될까?

```
int[] aa = new int[4];
```

정수형 배열에 아무것도 넣지 않으면 [그림 8-7]과 같이 모두 0이 들어간다.

aa[0] aa[1] aa[2] aa[3]

그림 8-7 배열의 초기화 2

다음 실습을 통해 배열의 초기화를 마스터해보자.

| 실습 8-4 | 배열의 초기화 1 |

```
01  public class Ex08_04 {
02    public static void main(String[] args) {
03      int aa[] = { 100, 200, 300, 400 };          ----- 배열 선언과 동시에 직접 초깃값을 대입한다.
04      int bb[] = new int[] { 100, 200, 300 };    ----- 배열 선언과 동시에 new 연산자와 함께 초깃값을
                                                          대입한다.
05      int cc[];                                     ┐
06      cc = new int[] { 100, 200 };                 ┘─ 배열 선언 후 초깃값을 대입한다.
07      int[] dd = new int[1];                        ┐  배열 선언과 동시에 크기를 결정한 후 초깃값을
08      dd[0] = 100;                                  ┘  대입한다.
09      int i;
10
11      for (i = 0; i < 4; i++)                       ┐  aa 배열의 개수만큼 반복하고 배열
12        System.out.printf("aa[%d]==>%d\t", i, aa[i]); ┘  aa의 내용을 모두 출력한다.
13      System.out.printf("\n");
14
15      for (i = 0; i < 3; i++)                       ┐  bb 배열의 개수만큼 반복하고 배열
16        System.out.printf("bb[%d]==>%d\t", i, bb[i]); ┘  bb의 내용을 모두 출력한다.
17      System.out.printf("\n");
18
19      for (i = 0; i < 2; i++)                       ┐  cc 배열의 개수만큼 반복하고 배열
20        System.out.printf("cc[%d]==>%d\t", i, cc[i]); ┘  cc의 내용을 모두 출력한다.
21      System.out.printf("\n");
22
```

```
23        for (i = 0; i < 1; i++)
24          System.out.printf("dd[%d]==>%d\t", i, dd[i]);
25        System.out.printf("\n");
26      }
27 }
```

dd 배열의 개수만큼 반복하고 배열 dd의 내용을 모두 출력한다.

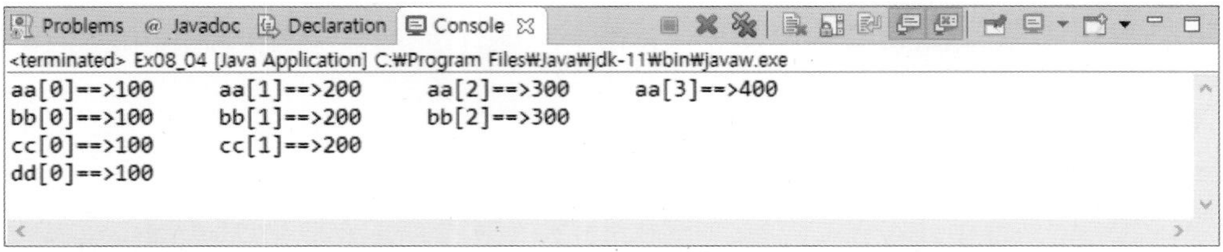

Problems @ Javadoc Declaration Console
<terminated> Ex08_04 [Java Application] C:₩Program Files₩Java₩jdk-11₩bin₩javaw.exe
aa[0]==>100 aa[1]==>200 aa[2]==>300 aa[3]==>400
bb[0]==>100 bb[1]==>200 bb[2]==>300
cc[0]==>100 cc[1]==>200
dd[0]==>100

그림 8-8 실행 결과

앞서 설명한 대로 3행, 4행, 5 · 6행, 7 · 8행에서 다양한 방법으로 배열을 선언하고 초깃값을 대입했는데, 어떤 방식으로 배열을 초기화해도 된다는 것을 알 수 있다. 12행의 ₩t는 일정한 간격(탭)을 주고, 13행의 ₩n은 줄바꿈을 하여 출력하라는 의미이다. 간혹 큰 배열을 초기화할 때 for 문을 활용하기도 한다.

이번에는 100개의 배열 aa를 0, 2, 4, 8, …(2의 배수)로 초기화한 다음, 배열 bb에 역순으로 넣는 과정을 살펴보자.

❶ 배열 aa를 짝수로 초기화
0
2
4
…
194
196
198
aa[0] aa[1] aa[2] aa[97] aa[98] aa[99]
❷ 배열 bb에 역순으로 대입
198
196
194
…
4
2
0
bb[0] bb[1] bb[2] bb[97] bb[98] bb[99]

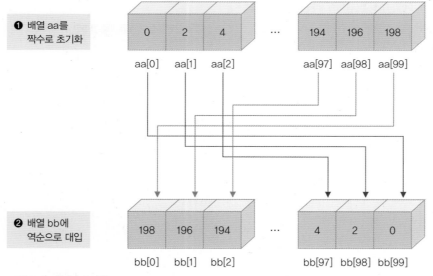

그림 8-9 배열의 초기화 3

```
01  public class Ex08_05 {
02      public static void main(String[] args) {
03          int[] aa = new int[100];
04          int bb[] = new int[100];          ┄┄ 배열 aa, bb를 선언한다.
05          int i;
06
07          for (i = 0; i < 100; i++) {
08              aa[i] = i * 2;                 ┄┄ 배열 aa[0], aa[1], aa[2], …, aa[99]에
09          }                                     0, 2, 4, …, 198을 대입한다.
10
11          for (i = 0; i < 100; i++) {
12              bb[i] = [          ] ;         ┄┄ 배열 bb[0]에 aa[99]를 대입하는 방식으로
13          }                                     값을 역순으로 대입한다.
14
15          System.out.printf("bb[0]는 %d, bb[99]는 %d 입력됨\n", bb[0], bb[99]);
16      }
17  }
```

정답 aa[99-i]

그림 8-10 실행 결과

3, 4행에서 배열 aa, bb를 각각 100개씩 선언했다. 7행에서 0부터 99까지 100번 반복하는데, 8행에서 aa[0]=0, aa[1]=2, aa[2]=4, …, aa[99]=198과 같이 반복된다. 11행에서도 0부터 99까지 100번 반복하는데, 12행에서 i가 0일 때 99-i는 99가 되고, i가 1일 때는 98, i가 2일 때는 97과 같이 계속 변해서 마지막에 i가 99일 때는 0이 된다. 즉 bb[0]=aa[99], bb[1]=aa[98], bb[2]=aa[97], …, bb[99]=aa[0]과 같이 반복되므로 배열 aa 값이 배열 bb에 역순으로 입력된다. 확인하기 위해 15행에서 bb[0]과 bb[99]를 출력해보니 198과 0이 출력되었다.

▶ 직접 풀어보기 **8-2**

[실습 8-5]에서 배열 aa에는 3의 배수를 입력하고, 배열 bb에는 배열 aa를 50개 이동시킨(시프트) 것을 입력하자. 즉 bb[0]=aa[50], bb[1]=aa[51], …, bb[49]=aa[99], bb[50]=aa[0], bb[51]=aa[1], …, bb[98]=aa[48], bb[99]=aa[49]와 같이 입력되게 해보자.

배열 요소의 개수 알아내기

프로그래밍을 하다 보면 종종 배열 요소의 개수를 알아야 할 때가 있다. 이런 경우 '배열이름.length' 속성을 사용하면 된다.

```
배열요소개수 = 배열이름.length;
```

예를 들어 int aa[] = new int[4];로 배열을 선언했다고 하자. 이 배열의 크기를 알아내려면 다음과 같이 계산한다(물론 4개라는 것을 알지만 계산하는 방식을 확인해보자).

```
배열요소개수 = aa.length;
```

배열 요소의 개수를 알아내는 다음 실습을 살펴보자.

실습 8-6 배열의 크기 계산

```
01 public class Ex08_06 {
02    public static void main(String[] args) {
03       int aa[] = { 10, 20, 30, 40, 50 }; ----- 배열을 선언한다. 초기화 개수에 의해 개수가 5개로 설정된다.
04       int count, size;                 ----- 배열 요소의 개수와 배열의 실제 크기를 저장할 변수를 선언한다.
05
06       count = aa.length;               ----- 배열 요소의 개수를 계산한다.
07       size = count * Integer.BYTES;    ----- 배열의 전체 크기(바이트)를 계산한다.
08
09       System.out.printf("배열 aa[]의 요소의 개수는 %d 개 입니다.\n",count);
10       System.out.printf("배열 aa[]의 요소의 전체 크기는 %d 바이트입니다.\n", size);
11    }
12 }
```

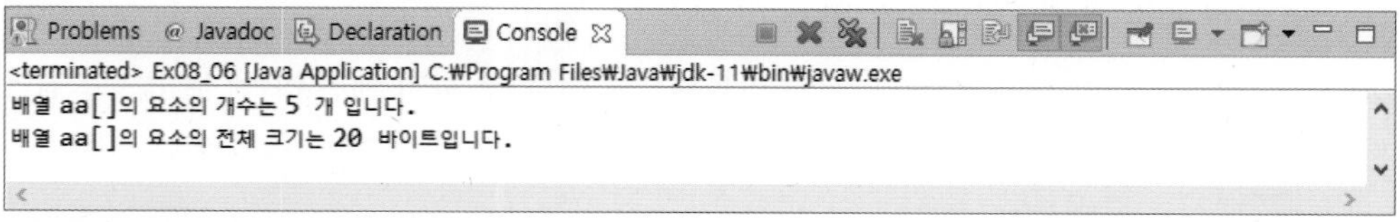
Problems @ Javadoc Declaration Console
<terminated> Ex08_06 [Java Application] C:₩Program Files₩Java₩jdk-11₩bin₩javaw.exe
배열 aa[]의 요소의 개수는 5 개 입니다.
배열 aa[]의 요소의 전체 크기는 20 바이트입니다.

그림 8-11 실행 결과

6행에서 알아낸 count 값을 for 문에 사용하면 전체 배열에 대한 처리가 가능해진다. 7행의 Integer.BYTES 속성은 정수형 변수의 크기를 알려준다. 이미 알고 있듯이 정수형은 4바이트이다.

▶ 직접 풀어보기 8-3

[실습 8-6]을 수정하여 배열 aa에 들어 있는 전체 값의 합을 계산하는 프로그램을 작성해보자.

HINT/ for (i=0; i<count; i++)를 활용한다.

메/멘/토 퀴/즈 배열 요소의 개수를 알아내려면 배열이름. □□□□□□ 속성을 사용한다.

SECTION 02 2차원 배열

2차원 배열은 앞에서 배운 1차원 배열을 여러 개 모아놓은 것이다. JAVA는 3차원, 4차원, … 배열도 지원한다.

앞에서 1차원 배열에 대해 자세히 살펴보았다. 여기서는 1차원 배열을 여러 개 묶은 2차원 배열에 대해 살펴볼 것이다. 1차원 배열과 무엇이 다른지 비교해보고 초기화 방법을 파악한 다음 프로그램에서 다양하게 활용해보자.

1 2차원 배열의 개념

2차원 배열은 1차원 배열을 여러 개 연결한 것으로 2개의 첨자를 사용하는 배열이다. 앞서 1차원 배열을 나란히 있는 상자에 비유했다. int[ ] aa=new int[3];으로 정의했다면 aa[0], aa[1], aa[2]라는 3개의 요소가 생성된다.

그림 8-12 1차원 배열의 개념

이를 확장하여 2차원 배열 int aa[3][4]를 정의해보자. 이때 앞의 3은 가로줄 수를, 뒤의 4는 세로줄 수를 의미한다. 즉 3행 4열의 배열이 생성되며, 총요소의 개수는 3×4=12개이다.

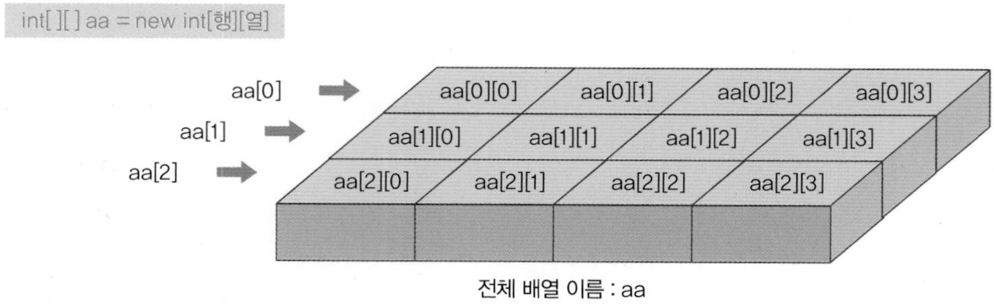

int[ ][ ] aa = new int[행][열]

```
aa[0] →   aa[0][0]   aa[0][1]   aa[0][2]   aa[0][3]
aa[1] →   aa[1][0]   aa[1][1]   aa[1][2]   aa[1][3]
aa[2] →   aa[2][0]   aa[2][1]   aa[2][2]   aa[2][3]
```
전체 배열 이름 : aa

그림 8-13 2차원 배열의 개념

2차원 배열의 경우, 각 요소에 접근하려면 aa[0][0]과 같이 첨자를 2개 사용한다. 1차원 배열과 마찬가지로 첨자는 가로의 경우 0~2, 세로의 경우 0~3으로 변한다는 것을 주의해야 한다. 즉 3행 4열의 배열에서 aa[3][4]와 같은 요소는 존재하지 않는다.

메 / 멘 / 토 퀴 / 즈   int[ ][ ] aa = new int[5][6]으로 선언하면 □행 □열의 2차원 배열이 생성되고, 전체 요소의 개수는 □□개이다.

다음은 3행 4열의 배열을 선언하고, 총 12개의 배열에 1~12의 숫자를 채우는 예제이다.

실습 8-7   **2차원 배열 사용 예 1**

```
01  public class Ex08_07 {
02      public static void main(String[] args) {
03          int[][] aa = new int[3][4];                                     ----- 2차원 배열을 선언한다.
04
05          aa[0][0] = 1; aa[0][1] = 2; aa[0][2] = 3; aa[0][3] = 4;   ─┐
06          aa[1][0] = 5; aa[1][1] = 6; aa[1][2] = 7; aa[1][3] = 8;   ─┤─ 각 요소에 값을 대입한다.
07          aa[2][0] = 9; aa[2][1] = 10;aa[2][2] = 11;aa[2][3] = 12;  ─┘
08
09          System.out.printf("aa[0][0]부터 aa[2][3]까지 출력 \n");
10
11          System.out.printf("%3d %3d %3d %3d\n", aa[0][0], aa[0][1], aa[0][2], aa[0][3]);  ─┐
12          System.out.printf("%3d %3d %3d %3d\n", aa[1][0], aa[1][1], aa[1][2], aa[1][3]);  ─┤
13          System.out.printf("%3d %3d %3d %3d\n", aa[2][0], aa[2][1], aa[2][2], aa[2][3]);  ─┘
14      }                                                            배열의 내용을 출력한다. --------┘
15  }
```

그림 8-14 실행 결과

3행에서 3행 4열의 2차원 배열을 선언했다. 그리고 5~7행에서는 각 배열의 요소에 1~12를 입력했다. 그동안 한 줄에는 하나의 명령문만 썼는데 여기서는 한 줄에 4개의 명령문을 썼다. 세미콜론(;)은 줄바꿈을 한 것과 동일한 효과를 나타낸다. 11행에서는 2차원 배열의 첫 번째 행인 a[0][0]~a[0][3]을 나란히 출력했다. 12행과 13행도 마찬가지이다.

좀 더 응용하여 1차원 배열에서처럼 for 문을 활용해보자. 첨자가 2개이므로 중첩 for 문을 사용하여 데이터를 입력하고 출력하도록 작성한다.

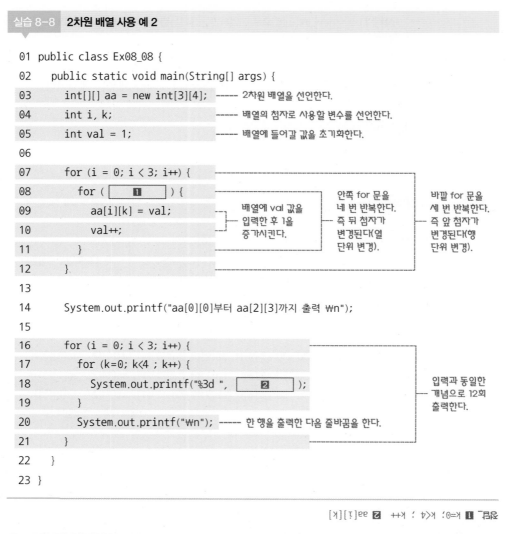

실습 8-8 2차원 배열 사용 예 2

```
01  public class Ex08_08 {
02    public static void main(String[] args) {
03      int[][] aa = new int[3][4];       ----- 2차원 배열을 선언한다.
04      int i, k;                          ----- 배열의 첨자로 사용할 변수를 선언한다.
05      int val = 1;                       ----- 배열에 들어갈 값을 초기화한다.
06
07      for (i = 0; i < 3; i++) {
08        for (      1      ) {
09          aa[i][k] = val;
10          val++;
11        }
12      }
13
14      System.out.printf("aa[0][0]부터 aa[2][3]까지 출력 \n");
15
16      for (i = 0; i < 3; i++) {
17        for (k=0; k<4 ; k++) {
18          System.out.printf("%3d ",      2      );
19        }
20        System.out.printf("\n");          ----- 한 행을 출력한 다음 줄바꿈을 한다.
21      }
22    }
23  }
```

배열에 val 값을 입력한 후 1을 증가시킨다.

안쪽 for 문을 네 번 반복한다. 즉 뒤 첨자가 변경된다(열 단위 변경).

바깥 for 문을 세 번 반복한다. 즉 앞 첨자가 변경된다(행 단위 변경).

입력과 동일한 개념으로 12회 출력한다.

정답 ▸ **1** k=0; k<4 ; k++ **2** aa[i][k]

```
Problems  @ Javadoc  Declaration  Console
<terminated> Ex08_08 [Java Application] C:\Program Files\Java\jdk-11\bin\javaw.exe
aa[0][0]부터 aa[2][3]까지 출력
  1   2   3   4
  5   6   7   8
  9  10  11  12
```

그림 8-15 실행 결과

실행 결과는 [실습 8-7]과 동일하다. 7~12행은 초기화를 위해 중첩 for 문을 사용했다. 3행 4열의 배열 aa에는 1~12의 값이 들어간다. 16~21행도 같은 순서로 출력된다.

▶ 직접 풀어보기 **8-4**

[실습 8-8]을 수정하여 배열 aa에 홀수 1, 3, 5, 7, 9, …를 입력하고 a[2][3], a[2][2], a[2][1], …과 같이 뒤집힌 순서대로 출력해보자.

2 2차원 배열의 초기화

중첩 for 문을 이용하여 2차원 배열에 값을 대입하는 방법을 살펴보았다. 여기서는 2차원 배열을 선언하는 동시에 값을 초기화하는 방법을 알아보자.

실습 8-9 **2차원 배열의 초기화**

```
01  public class Ex08_09 {
02    public static void main(String[] args) {
03      int[][] aa = {
04                      { 1, 2, 3, 4 },
05                      { 5, 6, 7, 8 },
06                      { 9, 10, 11, 12 }
07                  };
08      int i, k;
09      System.out.printf("aa[0][0]부터 aa[2][3]까지 출력 \n");
10      for (i = 0; i < 3; i++) {
11        for (k = 0; k < 4; k++) {
12          System.out.printf("%3d", aa[i][k]);
13        }
14        System.out.printf("\n");
15      }
16    }
17  }
```

— 2차원 배열을 초기화한다.

— 2차원 배열에 저장된 값을 출력한다.

```
Problems  @ Javadoc  Declaration  Console ☒
<terminated> Ex08_09 [Java Application] C:\Program Files\Java\jdk-11\bin\javaw.exe
aa[0][0]부터 aa[2][3]까지 출력
  1  2  3  4
  5  6  7  8
  9 10 11 12
```

그림 8-16 실행 결과

3~7행은 가장 기본적인 배열의 초기화 방법을 보여준다. 3행 4열의 배열이므로 [그림 8-17]과 같이 초기화할 수 있으며, 네모 칸은 2차원 배열의 공간이라고 생각하면 된다.

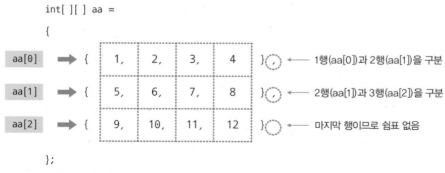

그림 8-17 2차원 배열의 초기화

③ 배열 크기의 동적 할당

배열을 생성하면서 크기를 지정하지 않고 사용자의 입력에 따라 배열의 크기를 지정할 수도 있다. 이를 동적 할당이라고 한다.

실습 8-10 2차원 배열의 동적 할당

```
01  import java.util.Scanner;
02
03  public class Ex08_10 {
04     public static void main(String[] args) {
05        Scanner s = new Scanner(System.in);
06        int row, col;                          ----- 행의 개수와 열의 개수를 입력받을 변수를 선언한다.
07
08        System.out.print("행 개수를 입력 : ");
09        row = s.nextInt();                     ----- 행의 개수를 입력한다.
10        System.out.print("열 개수를 입력 : ");
11        col = s.nextInt();                     ----- 열의 개수를 입력한다.
12
13        int [][] aa = new int[  ❶  ][  ❷  ];
              배열을 선언할 때 변수로 첨자를 사용할 수 있다. 즉 동적으로 크기를 할당한다.
14        int i, k;
15        int val = 1;
16
```

```
17      for (i = 0; i < [  ①  ] ; i++) {
18          for (k = 0; k < [  ②  ] ; k++) {
19              aa[i][k] = val;
20              val++;
21          }
22      }
23
24      System.out.printf("aa[0][0]부터 aa[%d][%d]까지 출력 \n",row,col);
25
26      for (i = 0; i < row; i++) {
27          for (k = 0; k < col; k++) {
28              System.out.printf("%3d", aa[i][k]);
29          }
30          System.out.printf("\n");
31      }
32  }
33 }
```

--- 배열의 크기만큼 값을 입력한다.

--- 2차원 배열에 저장된 값을 출력한다.

정답. ① row ② col

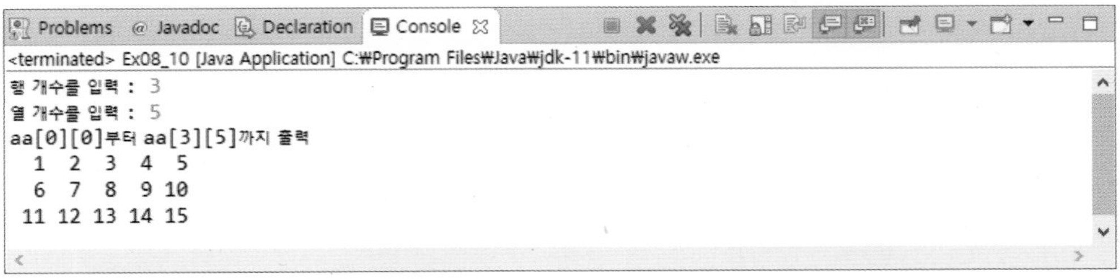

```
Problems  @ Javadoc  Declaration  Console ✕
<terminated> Ex08_10 [Java Application] C:\Program Files\Java\jdk-11\bin\javaw.exe
행 개수를 입력 : 3
열 개수를 입력 : 5
aa[0][0]부터 aa[3][5]까지 출력
  1  2  3  4  5
  6  7  8  9 10
 11 12 13 14 15
```

그림 8-18 실행 결과

13행에서 배열의 크기를 변수로 선언할 수 있는 부분을 잘 살펴보자. 이러한 방식 덕분에 동적으로 크기가 변경되는 배열의 사용이 가능하다. 즉 프로그램을 진행하는 도중에 배열의 크기를 결정할 수 있다는 의미이다. 이는 고급 프로그래밍을 할 때 자주 사용되는 방법이니 잘 기억해두기 바란다.

4 3차원 이상의 배열

2차원 배열을 학습했으니 3차원, 4차원 또는 그 이상의 배열도 가능하다는 것을 예상할 수 있을 것이다. 사실 3차원 이상의 배열을 사용하는 경우는 드물지만 그 개념은 알아둘 필요가 있다.

8장 배열 / 281

3차원 배열은 다음과 같이 구성된다. 입체적인 그림이라 한눈에 파악하기 어려울 텐데, 2차원 배열 위에 또 다른 2차원 배열을 쌓아놓은 것이라고 생각하면 된다. 이때 2차원 배열 하나를 한 면으로 취급하여 첨자를 추가한다.

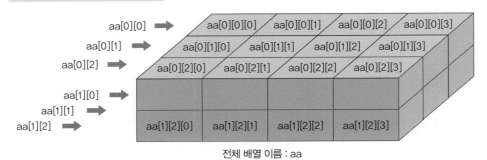

그림 8-19 3차원 배열의 개념

[그림 8-19]와 같이 2면 3행 4열이 쌓여 있는 3차원 배열의 초기화는 [그림 8-20]과 같이 하면 된다. 2차원 배열의 초기화를 한 번 더 한다고 생각하고, 각 2차원을 쉼표로 분리한 다음 전체를 다시 중괄호({ })로 묶으면 된다.

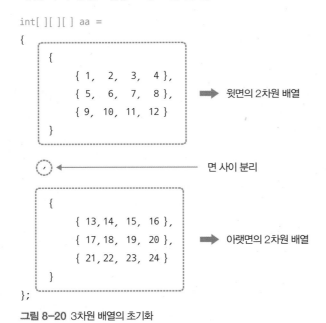

그림 8-20 3차원 배열의 초기화

배열의 활용 : 스택

스택은 한쪽 끝이 막힌 터널과 같은 자료 구조로, 가장 나중에 들어간 것이 가장 먼저 나오는 LIFO 구조이다.

배열에 대한 기본 지식을 바탕으로 한 걸음 더 나아가 자료 구조의 기본 개념인 스택(stack)을 배열로 구현해보자. 먼저 스택의 개념을 이해한 다음 어떻게 구현해야 하는지 살펴볼 것이다. 스택은 JAVA뿐만 아니라 다른 프로그래밍 언어에서도 많이 활용되는 구조이므로 잘 알아두면 도움이 된다.

1 스택의 개념

스택은 한쪽 끝이 막혀 있는 구조로, 가장 먼저 들어간 것이 가장 나중에 나온다. 즉 들어가는 순서는 A→B→C이지만 나오는 순서는 C→B→A이다. 가장 나중에 들어간 것이 가장 먼저 나온다는 의미에서 LIFO(last in first out) 구조라고도 한다. [그림 8-21]에 스택의 형태를 나타냈다.

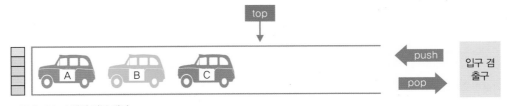

그림 8-21 스택의 기본 개념

터널 안에 자동차가 3대 들어 있는데, 가장 마지막에 들어간 자동차 C의 다음을 top이라고 한다. 만약 자동차 C가 빠져나가면 top의 위치는 자동차 B의 다음으로 바뀔 것이다. 즉 top은 현재 스택 안에 들어 있는 데이터 중 가장 마지막 데이터의 다음을 가리킨다. 이때 데이터를 넣는 것을 푸시(push), 빼는 것을 팝(pop)이라고 한다.

메/멘/토 퀴/즈   한쪽 끝이 막힌 자료 구조의 이름은 □□이다.

2 배열로 스택 만들기

배열을 사용하여 [그림 8-21]처럼 자동차 5대가 들어갈 수 있는, 한쪽이 막힌 터널을 만들어보자. 배열을 통해 초기화를 수행하면 다음과 같다.

```
char[] stack= new char[5];
int top=0;
```

[그림 8–22]와 같이 다섯 자리 배열이 잡히는 경우, 이 배열을 막힌 터널(스택)이라고 생각하면
된다. 현재 자동차가 없으므로 top은 0을 가리킨다.

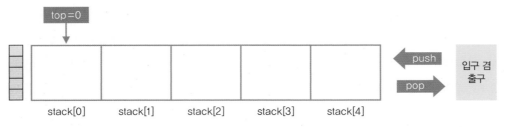

그림 8–22 비어 있는 터널

여기에 자동차 1대를 넣어보자(push). 자동차 A를 넣으면 top은 0에서 1로 바뀌고, 위치는
stack[0]에서 stack[1]로 이동한다.

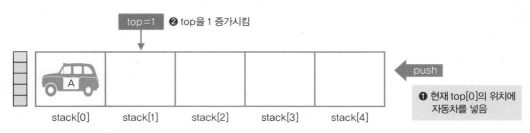

그림 8–23 터널에 자동차 1대 넣기

같은 방식으로 자동차 B와 자동차 C를 터널에 넣어보자. 그러면 top은 3이 되어 stack[3]의
위치로 이동한다.

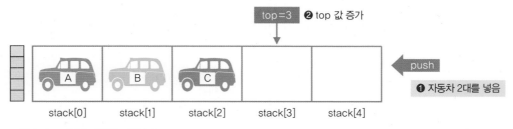

그림 8–24 터널에 자동차 3대 넣기

이번에는 자동차를 빼보자. 자동차 1대를 뺄 때는 top을 1 감소시킨 후 그 자리의 자동차를 빼
내면 된다.

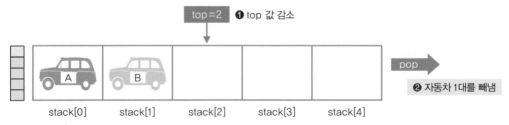

그림 8-25 터널에서 자동차 1대 빼기

이 과정을 JAVA로 작성하면 [실습 8-11]과 같다. [실습 8-11]은 A, B, C라는 자동차 3대를 끝이 막힌 터널(스택)에 넣은 뒤 다시 빼내는 프로그램이다.

 자료 구조

스택 외에도 자주 사용되는 자료구조로는 큐(queue), 연결 리스트(linked list), 트리(tree), 그래프 (graph) 등이 있다. 큐는 양쪽 끝이 뚫려 있는 터널이라고 볼 수 있으며, 연결 리스트는 데이터가 서로 연결되어 있는 구조라고 생각하면 된다. 이러한 내용은 자료 구조 관련 책이나 강의를 통해 공부할 기회가 있을 것이다.

실습 8-11 스택 구현 1

```java
01  public class Ex08_11 {
02      public static void main(String[] args) {
03          char[] stack = new char[5];
04          int top = 0;
05
06          stack[top] = 'A';
07          System.out.printf(" %c 자동차가 터널에 들어감\n", stack[top]);
08          top++;
09
10          stack[top] = 'B';
11          System.out.printf(" %c 자동차가 터널에 들어감\n", stack[top]);
12          top++;
13
14          stack[top] = 'C';
15          System.out.printf(" %c 자동차가 터널에 들어감\n", stack[top]);
16          top++;
17
18          System.out.printf("\n");
19
```

03-04 → 스택과 top의 초깃값을 선언한다.

06-08 → 스택에 값을 넣은 후 top 값을 1 증가시킨다.

10-12 → 스택에 값을 넣은 후 top 값을 1 증가시킨다.

14-16 → 스택에 값을 넣은 후 top 값을 1 증가시킨다.

```
20          top--;
21          System.out.printf(" %c 자동차가 터널을 빠져나감\n", stack[top]);
22          stack[top] = ' ';
23
24          top--;
25          System.out.printf(" %c 자동차가 터널을 빠져나감\n", stack[top]);
26          stack[top] = ' ';
27
28          top--;
29          System.out.printf(" %c 자동차가 터널을 빠져나감\n", stack[top]);
30          stack[top] = ' ';
31      }
32  }
```

top 값을 1씩
줄이면서 스택에서
값을 하나씩
빼낸다.

top 값을 1씩
줄이면서 스택에서
값을 하나씩
빼낸다.

top 값을 1씩
줄이면서 스택에서
값을 하나씩
빼낸다.

```
Problems   @ Javadoc   Declaration   Console ⊠
<terminated> Ex08_11 [Java Application] C:\Program Files\Java\jdk-11\bin\javaw.exe
 A 자동차가 터널에 들어감
 B 자동차가 터널에 들어감
 C 자동차가 터널에 들어감

 C 자동차가 터널을 빠져나감
 B 자동차가 터널을 빠져나감
 A 자동차가 터널을 빠져나감
```

그림 8-26 실행 결과

3행에서는 스택을 위한 자료 구조를 배열로 선언하고, 4행에서는 top을 0으로 초기화한다.
6행에서 먼저 현재의 top 위치(처음에는 0)에 자동차 A를 넣는다. 그리고 8행에서 top을 1 증
가시킨다. 10~16행에서는 자동차 B, C를 넣는다. 20행 이후부터는 터널에서 자동차를 빼내
는 과정이다. 먼저 현재의 top 값 3에서 1을 감소시키고, 22행에서 자동차 C 자리에 빈칸을 넣
으면 자동차를 빼내는 효과가 나타난다.

만약 top이 0일 때 자동차를 빼내라는 명령이 들어오면 어떻게 될까? 빼낼 자동차가 없으니 당
연히 오류가 발생한다. top이 5일 때 자동차를 넣으라는 명령의 경우도 더 이상 자리가 없으므
로 오류가 발생한다. 오류를 처리하려면 자동차가 들어가는 6~8행을 다음과 같이 고쳐야 한
다. 마찬가지로 10~12행, 14~16행도 수정해야 한다.

```
if (top >= 5) {
    printf("터널이 꽉 차서 차가 못 들어감.₩n");
}
else {
    stack[top] = 'A';
    System.out.printf(" %c 자동차가 터널에 들어감₩n", stack[top]);
    top ++;
}
```

또한 자동차가 빠져나가는 20~22행도 다음과 같이 고쳐야 한다. 마찬가지로 24~26행,
28~30행도 수정해야 한다.

```
 if (top <= 0) {
    printf("현재 터널에 자동차가 없음₩n");
}
else {
    top --;
    System.out.printf (" %c 자동차가 터널을 빠져나감₩n", stack[top]);
    stack[top] = ' ';
}
```

▶ 직접 풀어보기 **8-5**

   [실습 8-11]을 바탕으로 top이 0 또는 5일 때 오류 처리가 되도록 수정해보자.

[실습 8-11]을 수정하여 1을 입력하면 자동차가 들어가고, 2를 입력하면 자동차가 빠져나가도
록 프로그램을 작성해보자. 이때 입력되는 자동차는 A, B, C, … 순으로 증가한다. 소스코드가
조금 길지만 그다지 어렵지 않을 것이다.

실습 8-12   **스택 구현 2**

```
01 import java.util.Scanner;
02
03 public class Ex08_12 {
04    public static void main(String[] args) {
05       Scanner s = new Scanner(System.in);
06       char[] stack = new char[5];
```

```java
07    int top = 0;
08
09    char carName = 'A';                              ----- 자동차 이름은 A부터 시작한다.
10    int select = 9;                                  ----- 사용자가 선택한 작업을 입력할 변수를 선언한다.
11
12    while (select != 3) {                            ----- 사용자의 선택이 3이 아니면 while 문을 반복한다.
13        System.out.printf("<1> 자동차 넣기 <2> 자동차 빼기 <3> 끝 : ");
14        select = s.nextInt();                        ----- 사용자 선택하는 값
15
16        [ 1 ] {
17        case 1:
18            if ( [ 2 ] ) {
19                System.out.printf("터널이 꽉 차서 차가 못 들어감\n");
                              터널에 자동차가 5대 있으면 더 이상 못 들어간다.
20            } else {
21                stack[top] = carName++;
22                System.out.printf(" %c 자동차가 터널에 들어감\n", stack[top]);
23                top++;
24            }
                   빈 곳이 있으면(5대 미만이면) 자동차를 넣고 top을 1 증가시킨다.
25            break;
26
27        case 2:
28            if ( [ 3 ] ) {
29                System.out.printf("빠져나갈 자동차가 없음\n");
                              터널에 자동차가 1대도 없으면 뺄 자동차가 없다.
30            } else {
31                top--;
32                System.out.printf(" %c 자동차가 터널에서 빠짐\n", stack[top]);
33                stack[top] = ' ';
              빼낼 자동차가 있으면(1대 이상이면) top을 1 감소시키고
              자동차를 빼낸다. 그리고 빠져나간 자리를 빈칸으로 채운다.
34            }
35            break;
36
37        case 3:                                      ----- switch 문을 벗어난다.
38            System.out.printf("현재 터널에 %d대가 있음.\n", top);
39            System.out.printf("프로그램을 종료합니다.\n");
40            break;
```

사용자가 1(넣기)을 선택하면 실행한다.

사용자가 2(빼기)를 선택하면 실행한다.

사용자가 3(끝)을 선택하면 현재의 자동차 대수를 출력하고 종료한다.

```
41
42          default:
43              System.out.printf("잘못 입력했습니다. 다시 입력하세요. \n");
44          }
45      }
46
47  }
48 }
```

사용자가 1, 2, 3
외의 값을 입력하면
처리한다.

정답: **1** switch(select) **2** top >= 5 **3** top <= 0

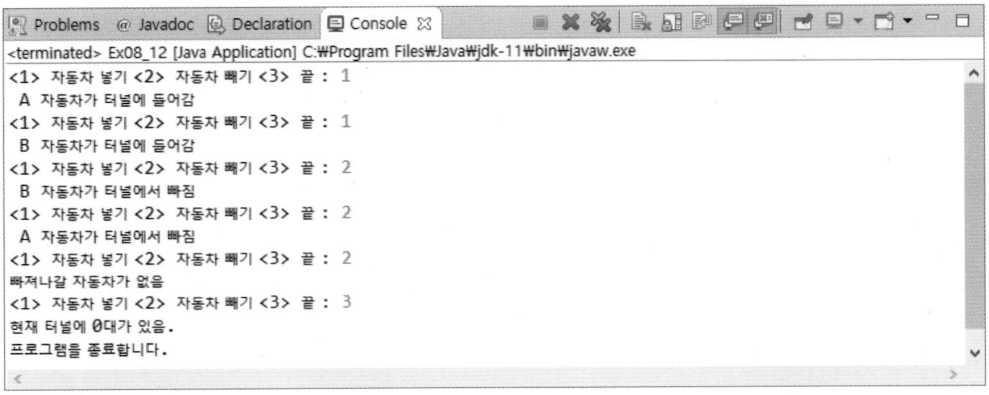

그림 8-27 실행 결과

6행에서 5대의 자동차가 들어갈 수 있는 막힌 터널(스택)을 정의했고, 초기에는 1대도 없으므로 7행에서 top을 0으로 초기화했다. 9행에서 터널에 들어가는 차량의 이름을 A부터 시작하도록 했다. 10행에서 사용자가 입력할 변수인 select를 선언했는데, 1은 자동차 넣기, 2는 자동차 빼기, 3은 끝내기를 의미한다. select를 9로 초기화한 것은 12행의 while 문을 무조건 실행하기 위해서이다. (9가 아니더라도 3이 아니라면 어떤 숫자든 상관없다. 어차피 14행에서 새로 입력받는다.) 14행에서 사용자에게 값을 입력받는다.

16행에서는 switch 문을 사용하여 사용자의 입력 값(1 또는 2 또는 3)에 따라 다르게 처리한다.

❶ ⟨1⟩ 자동차 넣기

17~25행이 처리된다. 18행에서는 자동차를 넣어야 하는데, top이 5라면(즉 스택이 꽉 차 있다면) 19행에서 더 이상 자동차가 들어가지 못한다는 메시지를 출력하고 25행으로 간다. 25행의 break 문에 의해 44행의 밖으로 나간 후 다시 12행의 while 문으로 이동한다. 만약 top이 5 미만이면 21~23행을 수행한다. 21행에서 스택에 현재의 자동차(처음에는 A)를

넣은 다음 자동차의 이름을 하나 증가시킨다(처음이 A이므로 B가 된다). 그리고 22, 23행에서 들어간 자동차의 이름을 출력한 다음 top을 1 증가시킨다. 마찬가지로 25행을 실행하여 switch 문을 빠져나간다.

❷ 〈2〉 자동차 빼기

27~35행이 처리된다. 28행에서는 자동차를 빼내야 하는데, top이 0이라면(자동차가 1대도 없다면) 29행에서 더 이상 빼낼 자동차가 없다는 메시지를 출력하고 35행으로 간다. 35행의 break 문에 의해 44행의 밖으로 나간 후 다시 12행의 while 문으로 이동한다. 만약 top이 0보다 크면 31~33행을 수행한다. 31행에서 빼낼 자동차의 위치는 현재의 top보다한 칸 아래에 있기 때문에 먼저 top을 1 감소시킨다. 그리고 32, 33행에서 빠져나간 자동차의 이름을 출력한 다음 자동차가 빠진 위치에 공백(' ')을 채운다. 마찬가지로 35행을 실행하여 switch 문을 빠져나간다.

❸ 〈3〉 끝

37~40행이 처리된다. 38, 39행에서 현재 터널에 들어 있는 자동차의 대수(top)를 출력한 다음 프로그램을 종료한다는 메시지를 출력한다. 그리고 40행에 의해 switch 문을 빠져나간 후 12행을 다시 수행하는데, select가 3이므로 while 문도 종료하고 전체 프로그램을 빠져나간다.

❹ 그 외의 값

그 외의 값을 입력하면 42행의 default: 부분이 수행된다. 43행에서 잘못 입력했다는 메시지를 출력하고 다시 12행으로 간다. select가 3이 아니므로 다시 13행부터 수행한다.

▶ 직접 풀어보기 **8-6**

[실습 8-12]의 스택 크기를 10으로 늘려서 수정해보자.

메 /멘/토 퀴 /즈   데이터가 7개만 들어갈 수 있는 스택에서 top의 값이 □일 때 데이터를 빼내거나, top의 값이 □일 때 데이터를 넣으면 오류가 발생한다.

20 구구단의 결과를 2차원 배열에 저장

예제 설명 구구단의 결과를 2차원 배열에 저장한 다음 출력하는 프로그램을 작성해보자.

실행 결과

```
Problems  @ Javadoc  Declaration  Console ☒
<terminated> Problem_20 [Java Application] C:\Program Files\Java\jdk-11\bin\javaw.exe
1X1= 1   2X1= 2   3X1= 3   4X1= 4   5X1= 5   6X1= 6   7X1= 7   8X1= 8   9X1= 9
1X2= 2   2X2= 4   3X2= 6   4X2= 8   5X2=10   6X2=12   7X2=14   8X2=16   9X2=18
1X3= 3   2X3= 6   3X3= 9   4X3=12   5X3=15   6X3=18   7X3=21   8X3=24   9X3=27
1X4= 4   2X4= 8   3X4=12   4X4=16   5X4=20   6X4=24   7X4=28   8X4=32   9X4=36
1X5= 5   2X5=10   3X5=15   4X5=20   5X5=25   6X5=30   7X5=35   8X5=40   9X5=45
1X6= 6   2X6=12   3X6=18   4X6=24   5X6=30   6X6=36   7X6=42   8X6=48   9X6=54
1X7= 7   2X7=14   3X7=21   4X7=28   5X7=35   6X7=42   7X7=49   8X7=56   9X7=63
1X8= 8   2X8=16   3X8=24   4X8=32   5X8=40   6X8=48   7X8=56   8X8=64   9X8=72
1X9= 9   2X9=18   3X9=27   4X9=36   5X9=45   6X9=54   7X9=63   8X9=72   9X9=81
```

21 3차원 배열을 활용한 합계

예제 설명 10×10×10 크기의 3차원 배열에 1부터 1000까지 저장한 다음 다시 그 합계를 구하는 프로그램을 작성해보자.

실행 결과

```
Problems  @ Javadoc  Declaration  Console ☒
<terminated> Problem_21 [Java Application] C:\Program Files\Java\jdk-11\bin\javaw.exe
1~1000 까지 합계 : 500500
```

배열을 활용한 큐

예제 설명 양쪽이 모두 열려 있는 큐를 배열로 구현해보자. 한쪽은 입구, 다른 쪽은 출구로 사용하고, 자동차가 나가면 한 칸씩 앞으로 당긴다.

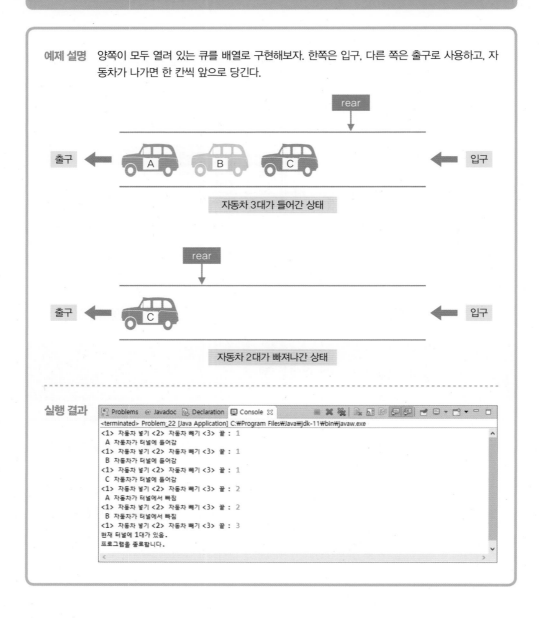

실행 결과

```
Problems  @ Javadoc  Declaration  Console ☒
<terminated> Problem_22 [Java Application] C:₩Program Files₩Java₩jdk-11₩bin₩javaw.exe
<1> 자동차 넣기 <2> 자동차 빼기 <3> 끝 : 1
 A 자동차가 터널에 들어감
<1> 자동차 넣기 <2> 자동차 빼기 <3> 끝 : 1
 B 자동차가 터널에 들어감
<1> 자동차 넣기 <2> 자동차 빼기 <3> 끝 : 1
 C 자동차가 터널에 들어감
<1> 자동차 넣기 <2> 자동차 빼기 <3> 끝 : 2
 A 자동차가 터널에서 빠짐
<1> 자동차 넣기 <2> 자동차 빼기 <3> 끝 : 2
 B 자동차가 터널에서 빠짐
<1> 자동차 넣기 <2> 자동차 빼기 <3> 끝 : 3
현재 터널에 1대가 있음.
프로그램을 종료합니다.
```

20

```
01  public class Problem_20 {
02
03      public static void main(String[] args) {
04          int[][] gugu = new int[9][9];
05          int i, k;
06
07          for (i = 0; i < 9; i++)
08              for (k = 0; k < 9; k++)
09                  gugu[i][k] = (i + 1) * (k + 1);
10
11          for (i = 0; i < 9; i++) {
12              for (k = 0; k < 9; k++) {
13                  System.out.printf("%dX%d=%2d  ", k + 1, i + 1, gugu[i][k]);
14              }
15              System.out.printf("\n");
16          }
17      }
18  }
```

— 문자형 2차원 배열 gugu와 첨자 변수 i, k를 선언한다.

— 구구단을 곱한 결과를 2차원 배열에 저장한다. i, k가 0부터 시작되므로 1을 더해서 곱했다.

— 구구단의 결과를 출력한다.

——— 한 줄을 출력한 다음 줄을 넘긴다.

21

```
01  public class Problem_21 {
02
03      public static void main(String[] args) {
04          int[][][] array = new int[10][10][10];
05          int i, j, k;
06          int index = 1, hap = 0;
07
```

——— 3차원 배열을 선언한다.

——— 첨자를 3개 선언한다.

——— 1부터 1000까지 증가할 index, 합계를 누적할 hap 변수를 선언한다.

```
08        for (i = 0; i < 10; i++)
09          for (j = 0; j < 10; j++)
10            for (k = 0; k < 10; k++)
11              array[i][j][k] = index++;
12
13        for (i = 0; i < 10; i++)
14          for (j = 0; j < 10; j++)
15            for (k = 0; k < 10; k++)
16              hap += array[i][j][k];
17
18        System.out.printf("1~1000 까지 합계 : %d", hap);
19    }
20 }
```

3차원 배열 array에 1부터 1000까지
1000개(=10×10×10)의 데이터를 채운다.

3차원 배열의 값을 모두 더한다.

22

```
01 import java.util.Scanner;
02
03 public class Problem_22 {
04    public static void main(String[] args) {
05       Scanner s = new Scanner(System.in);
06       char[] queue = new char[5];
07       int rear = 0;
08
09       char carName = 'A';
10       int select = 9;
11
12       while (select != 3) {
13          System.out.printf("<1> 자동차 넣기 <2> 자동차 빼기 <3> 끝 : ");
14          select = s.nextInt();
15
16          switch (select) {
```

큐열과 rear의 초깃값을 선언한다. 즉 큐열이
비어 있다.

자동차의 이름을 A부터 시작한다.

사용자가 선택한 작업을 입력할 변수를 선언한다.

사용자의 선택이 3이 아니면 while 문을 반복한다.

사용자가 선택하는 값

```
17        case 1:
18          if (rear >= 5) {
19              System.out.printf("터널이 꽉 차서 차가 못 들어감\n");
20          } else {
21              queue[rear] = carName++;
22              System.out.printf(" %c 자동차가 터널에 들어감\n", queue[rear]);
23              rear++;
24          }
25          break;
26
27        case 2:
28          if (rear <= 0) {
29              System.out.printf("빠져나갈 자동차가 없음\n");
30          } else {
31              System.out.printf(" %c 자동차가 터널에서 빠짐\n", queue[0]);
32              for (int i = 0; i < 4; i++)
33                queue[i] = queue[i + 1];
34              rear—;
35          }
36          break;
37
38        case 3:
39          System.out.printf("현재 터널에 %d대가 있음.\n", rear);
40          System.out.printf("프로그램을 종료합니다.\n");
41          break;
42
43        default:
44          System.out.printf("잘못 입력했습니다. 다시 입력하세요. \n");
45        }
46      }
47
48    }
49 }
```

터널에 자동차가 5대 있으면 더 이상 못 들어간다.

빈 곳이 있으면(5대 미만이면) 자동차를 넣고 rear를 1 증가시킨다.

----- switch 문을 벗어난다.

사용자가 1(넣기)을 선택하면 실행한다.

터널에 자동차가 1대도 없다면 빼낼 자동차가 없다.

빼낼 자동차가 있으면(1대 이상이면) 맨 앞의 자동차를 빼낸다. 그리고 자동차를 한 칸씩 앞으로 이동시킨다.

사용자가 2(빼기)를 선택하면 실행한다.

사용자가 3(끝)을 선택하면 현재의 자동차 대수를 출력하고 종료한다.

사용자가 1, 2, 3 외의 값을 입력하면 처리한다.

01 배열의 의해

① 배열은 여러 개의 변수를 나란히 나열해놓은 것과 같은 개념이다.

② 여러 개의 변수를 개별적으로 선언하지 않고, 공통된 변수 이름을 사용하되 첨자만 변경해서 사용할 수 있다.

③ 배열의 첨자는 0부터 시작한다.

④ for 문 등의 반복문과 사용되는 경우가 많다.

⑤ 배열의 개수를 알아내려면 length( ) 메소드를 사용한다.

02 2차원 배열

① 행과 열로 만든 배열로, 2차원 배열의 개수는 '행의 개수 × 열의 개수'로 계산한다.

② 선언과 동시에 2차원 배열을 초기화하는 형식은 다음과 같다.

```
int[][] aa = {
   { 1, 2, 3, 4 } ,
   { 5, 6, 7, 8 } ,
   { 9, 10, 11, 12 }
};
```

03 배열의 활용 : 스택

① 스택은 한쪽 끝이 막혀 있는 자료 구조를 말하며 LIFO 구조이다.

② 스택을 구현하려면 배열이라는 자료 구조를 사용해야 한다.

연습문제

01 다음 배열에서 생성되는 변수 4개는 무엇인가?

```
int[] bb = new int[4];
```

HINT/ 배열 이름에 첨자를 붙인다.

02 다음 빈칸에 알맞은 말을 넣으시오.

int[ ] cc=new int[1000]으로 선언하면 정수형 변수 (   )개가 이어진 배열이 생성되고, 그 첨
자의 범위는 (   )번부터 (   )번까지이다.

HINT/ 배열의 첨자는 0부터 시작한다.

03 배열의 선언 및 초기화 방법으로 틀린 것을 모두 고르시오.

① int aa[ ] = 100;

② int aa[ ] = {100};

③ int aa[ ] = new int[ ] {100};

④ int aa[ ] = new int[ ] 100;

HINT/ 배열의 초기화는 중괄호({})로 묶는다.

04 2차원 배열 int aa[ ][ ] = new int[5][10];을 선언한다면 배열의 요소는 몇 개인가?

HINT/ 배열의 개수=행의 개수×열의 개수

05 9행 10열의 2차원 배열을 5개 쌓은 3차원 정수형 배열 cc를 정의하는 문장을 쓰시오.

HINT/ 3차원 배열은 첨자가 3개 필요하다.

06 [실습 8-3]을 참조하여 입력한 숫자 4개의 합계와 곱을 구하는 프로그램을 작성하시오(단, 모두 while 문으로 작성한다).

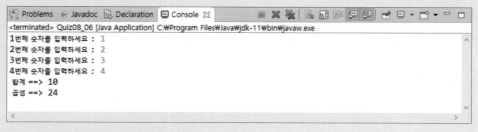

HINT/ 배열에 입력할 때는 while 문을 사용한다.

07 다음은 배열의 크기를 계산하는 프로그램이다. 빈칸을 채워 프로그램을 완성하시오.

```
01  public class Exam {
02    public static void main(String[] args) {
03      int cc[] = { 100, 200, 300, 400, 500 };
04      int len;
05
06      len = cc.   ①    * Integer.   ②   ;
07
08      System.out.printf("배열 cc[]가 차지하는 메모리 공간은 %d 입니다.\n", len);
09    }
10  }
```

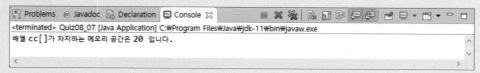

HINT/ 배열의 메모리 공간=배열의 크기/데이터형의 바이트 수

08 다음은 3행 4열의 2차원 배열에 1~12를 입력하는 프로그램이다. 소스코드 내의 for 문을 while 문으로 고치시오.

```
01  public class Exam {
02    public static void main(String[] args) {
03      int[][] aa = new int[3][4];
04
05      int i, k;
06      int val = 1;
07
08      for (i = 0; i < 3; i++) {
09        for (k = 0; k < 4; k++) {
10          aa[i][k] = val;
11          val++;
12        }
13      }
14    }
15 }
```

HINT/ 초깃값은 while 문 위로 이동하고, 조건식은 그대로 두며, 증감식은 while 문 안의 맨 아래로 이동한다.

09 [예제 모음 22]를 수정하여 자동차를 넣거나 뺄 때 터널에 남아 있는 현재 자동차의 목록이 출력되도록 프로그램을 작성하시오.

```
Problems  @ Javadoc  Declaration  Console ✕
<terminated> Quiz08_09 [Java Application] C:\Program Files\Java\jdk-11\bin\javaw.exe
<1> 자동차 넣기 <2> 자동차 빼기 <3> 끝 : 1
현재 자동차 ==>    A
<1> 자동차 넣기 <2> 자동차 빼기 <3> 끝 : 1
현재 자동차 ==>    A  B
<1> 자동차 넣기 <2> 자동차 빼기 <3> 끝 : 1
현재 자동차 ==>    A  B  C
<1> 자동차 넣기 <2> 자동차 빼기 <3> 끝 : 2
현재 자동차 ==>    B  C
<1> 자동차 넣기 <2> 자동차 빼기 <3> 끝 : 2
현재 자동차 ==>    C
<1> 자동차 넣기 <2> 자동차 빼기 <3> 끝 : 3
현재 자동차 ==>    C
프로그램을 종료합니다.
```

문자열을
쉽게 처리하자!

Chapter 09

문자열과
메소드

이 장에서는 JAVA에서 다루는 문자열과 문자열 메소드에 대해 학습한 뒤, JAVA뿐 아니라 대부분의 프로그 래밍 언어에서 중요하게 사용되는 개념인 메소드(함수)에 대해 상세히 알아본다. 그리고 프로그램의 효율성 을 높여주는 메소드의 개념을 파악하고, 사용 범위와 관계된 전역변수와 지역변수에 대해서도 살펴볼 것이 다. 또한 메소드를 사용할 때 반드시 알아야 하는 반환 값과 매개변수도 다룬다.

SECTION 01 문자열
SECTION 02 메소드
SECTION 03 지역변수와 전역변수
SECTION 04 메소드의 반환 값과 매개변수
예제 모음
요약
연습문제

문자열

JAVA는 문자열(문자의 집합)을 처리하는 다양한 메소드를 제공한다.

앞에서 여러 개의 정수가 들어가는 정수형(int) 배열에 대해 공부했다. 여기서는 "abcd", "안녕하세요?"와 같이 연결된 문자, 즉 문자열을 표현하고 처리하는 방법을 살펴보자.

1 문자열 메소드의 개념

C 언어에서는 문자열을 다루는 작업이 쉽지 않았다. 하지만 JAVA는 문자열을 저장하는 String 클래스를 제공하고, 이 클래스에 다양한 메소드를 내장시켜 편리하게 문자열을 처리할 수 있다.

JAVA는 문자열을 쉽게 사용할 수 있도록 도와주는 메소드를 여러 개 제공한다. 우선 간단한 코드를 살펴보면서 문자열 메소드의 역할을 이해하고, 예제를 통해 확실히 익혀두자. 문자열 메소드를 사용하려면 String 클래스 타입의 변수를 선언하고 '변수이름.문자열메소드( )'와 같이 사용하면 된다.

TIP/ 앞서 언급했듯이 메소드(method)는 미리 만들어진 특정한 기능을 하며 '메소드이름( )'의 형식이다. 다른 언어에서는 메소드를 함수(function) 또는 멤버 함수(member function)라고도 한다. 또한 필드(field)는 객체의 상태를 나타내며 '변수이름.필드'의 형식이다. 필드는 다른 말로 속성이라고도 일컫는다.

```
String 문자열변수;
문자열변수.문자열메소드( );
```

2 문자열 메소드의 종류

문자열의 길이를 알려주는 length( )

실습 9-1 length( ) 메소드 사용 예 1

```
01  public class Ex09_01 {
02      public static void main(String[] args) {
03          String str = "IT CookBook. Java";   ----- 문자열을 선언하고 대입한다.
04          int len;                            ----- 문자열 배열과 길이를 저장할 변수를 선언한다.
05
```

```
06        len = str.length( );
07
08        System.out.printf("문자열  : %s \n", str);  ----- 문자열을 출력한다.
09        System.out.printf("문자열 길이 : %d ", len); ----- 문자열 길이를 출력한다.
10    }
11 }
```

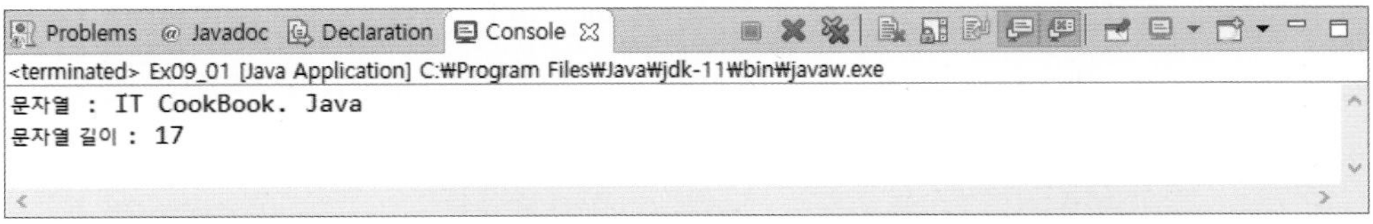

```
Problems  @ Javadoc  Declaration  Console ✖              ■ ✖ ✖  📄 🔳 📧 🔲 🔲 │ 🔳 🔲 ▾ 🔲 ▾ ━ 🔲
<terminated> Ex09_01 [Java Application] C:\Program Files\Java\jdk-11\bin\javaw.exe
문자열 : IT CookBook. Java
문자열 길이 : 17
```

그림 9-1 실행 결과

6행에서 length( ) 메소드를 사용하여 문자열의 길이를 구했다.

이번에는 문자열의 길이를 활용해보자. 다음 실습은 문자열을 입력받은 후 알파벳 o를 $로 변경하여 출력하는 프로그램이다.

실습 9-2 length( ) 메소드 사용 예 2

```
01 import java.util.Scanner;
02
03 public class Ex09_02 {
04   public static void main(String[] args) {
05     Scanner s = new Scanner(System.in);
06     String str;
07
08     System.out.print("문자열 입력 ==> ");
09     str = s.nextLine( );                    ----- 문자열을 키보드로 입력받는다.
10
11     System.out.print("출력 문자열 ==> ");
12     for (int i = 0; i < str.length( ); i++) {
13       if (str.charAt(i) == 'o')
14         System.out.printf("%c", '$');
15       else
16         System.out.printf("%c", str.charAt(i));
17     }
18   }
19 }
```

문자가 o이면
$를 출력하고,
아니면 원래
문자를 출력한다.

문자열의
길이만큼
반복한다.

문자열 입력 ==> IT CookBook Java 입니다.
출력 문자열 ==> IT C$$kB$$k Java 입니다.

그림 9-2 실행 결과

9행에서 문자열을 입력받아 str 변수에 저장한다. 12행의 str.length()는 입력한 문자열의 길이를 반환한다. 즉 12~17행에서 문자열의 길이만큼 반복한다. 13행의 charAt(위치) 메소드는 문자열의 '위치'에 있는 문자 하나를 반환한다. 즉 i가 문자열의 개수만큼 반복되므로 문자열의 모든 문자를 한 번씩 꺼내온다. 이 문자가 o라면 $를 출력하고 그 외에는 원래 문자를 출력한다.

▶ 직접 풀어보기 9-1

[실습 9-2]를 수정하여 모든 문자를 알파벳의 다음 문자로 출력해보자(예 : A→B, B→C, …).

문자열 입력 ==> IT CookBook. Java
출력 문자열 ==> JU!Dpplcppl/!Kbwb

HINT/ 문자에 1을 더하면 알파벳의 다음 문자가 나온다.

문자열의 처음 또는 끝이 특정 문자열인지 확인하는 startsWith( ), endsWith( )

문자열의 처음 또는 끝이 특정 문자열인지 파악하는 데는 startsWith(문자열)과 endsWith(문자) 메소드를 사용한다. 돌려주는 값은 논리형의 true와 false이다. 예를 들어 다음과 같이 시작이 A이면 true를 반환하고, 아니면 false를 반환한다.

```
String str = "IT CookBook";
boolean yn = str.startsWith("A") ;
```

이를 좀 더 응용하여 입력한 문자열의 처음과 끝이 괄호인지 확인하고, 괄호가 아니면 처음과 끝에 괄호를 넣는 코드를 작성해보자.

```
01 import java.util.Scanner;
02
03 public class Ex09_03 {
04    public static void main(String[] args) {
05       Scanner s = new Scanner(System.in);
06       String str;
07
08       System.out.print("문자열 입력 ==> ");
09       str = s.nextLine( );
10
11       System.out.print("출력 문자열 ==> ");
12
13       if (!str.startsWith("("))              문자열의 시작이 (가 아니면 (를 출력한다.
14          System.out.printf("(");
15
16       for (int i = 0; i < str.length( ); i++)  입력한 문자를 모두 출력한다.
17          System.out.printf("%c", str.charAt(i));
18
19       if (!str.endsWith(")"))                 문자열의 마지막이 )가 아니면 )를 출력한다.
20          System.out.printf(")");
21    }
22 }
```

```
Problems  @ Javadoc  Declaration  Console
<terminated> Ex09_03 [Java Application] C:\Program Files\Java\jdk-11\bin\javaw.exe
문자열 입력 ==> Java Programming
출력 문자열 ==> (Java Programming)
```

그림 9-3 실행 결과

13행과 19행에서 각각 문자열의 처음과 끝이 괄호가 아니면 괄호를 넣었다.

특정 문자열의 위치를 찾는 indexOf( ), lastIndexOf( )

문자열에서 특정 문자열의 위치를 찾으려면 indexOf(찾을 문자열)을 사용한다. indexOf( ) 메소드는 찾고자 하는 문자열이 맨 처음 나오는 위치를 돌려준다. lastIndexOf( )는 찾고자 하는 문자열이 여러 개 나올 경우 마지막에 나오는 위치를 알려준다. 만약 찾고자 하는 문자열이 없으면 −1을 반환한다.

```
01  public class Ex09_04 {
02    public static void main(String[] args) {
03      String str = "Java를 공부하는 중, Java는 재밌어요.^^";
04
05      System.out.println("문자열 ==> " + str);
06
07      System.out.print("제일 처음 나오는 Java 위치 ==> ");
08      System.out.println(str.indexOf("Java"));      ----- "Java" 글자가 처음 나오는 위치를 출력한다.
09      System.out.print("마지막에 나오는 Java 위치 ==> ");
10      System.out.println(str.lastIndexOf("Java"));  ----- "Java" 글자가 마지막 나오는 위치를
                                                            출력한다.
11    }
12  }
```

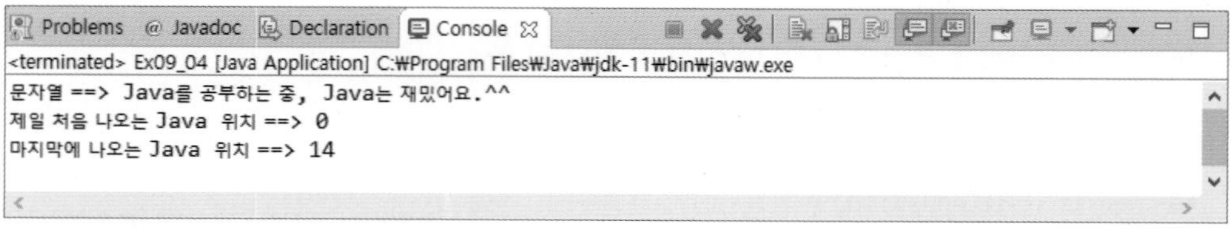

```
🔲 Problems  @ Javadoc  🔍 Declaration  🔲 Console ✕      ■ ✖ ✖ | 🔲 🔛 🔲 🔲 | 🔲 🔲 ▾ 🔲 ▾ ▭ ▭ ▭
<terminated> Ex09_04 [Java Application] C:\Program Files\Java\jdk-11\bin\javaw.exe
문자열 ==>  Java를 공부하는 중,  Java는 재밌어요.^^
제일 처음 나오는 Java  위치 ==> 0
마지막에 나오는 Java  위치 ==> 14
```

그림 9-4 실행 결과

8행에서 "Java"라는 글자가 처음 나오는 위치를 반환하는데, 맨 앞을 영(0) 번째로 세고 시작한다.

문자열을 바꿔주는 replace( ), 일부 문자열을 추출하는 substring( ), 문자열을 분리하는 split( )

문자열의 내용을 바꾸고자 할 때는 replace( ) 메소드를 사용한다. 다음은 "Java"를 "자바"로 변경하는 경우이다.

```
String str1 = "Java를 공부 중... Java는 즐겁습니다. ^^";
String str2 = str1.replace("Java", "자바");
```

문자열 중 일부를 추출하고자 할 때는 substring( ) 메소드를 사용한다. 다음은 영(0) 번째(맨앞)에서 네 글자를 추출하므로 "Java"가 추출된다.

```
String str1 = "Java를 공부 중... Java는 즐겁습니다. ^^";
String str2 = str1.substring(0, 4);
```

문자열을 특정 문자로 분리하고자 할 때는 split()을 사용한다. split()은 지정한 문자에 의해 문자열이 분리되기 때문에 그 결과는 배열로 저장된다. 다음은 문자열이 쉼표(,)로 분리되기 때문에 3개의 배열로 분리된다.

```
String str1 = "IT,CookBook,Java";
String str2[] = str1.split(",");
```

위의 세 가지 메소드를 연습해보자.

실습 9-5 **문자열 처리 메소드 활용 예**

```
01  import java.util.Scanner;
02
03  public class Ex09_05 {
04    public static void main(String[] args) {
05      Scanner s = new Scanner(System.in);
06      String str, strRep, strSub, strAry[];  ----- 입력받을 문자열, 바꿀 문자열, 일부 문자열, 분리한
                                                      문자열 배열을 선언한다.
07
08      System.out.print("문자열을 입력하세요 : ");
09      str = s.nextLine();
10
11      strRep =   [1]       ----- 입력 문자열의 공백을 $로 바꾼다.
12      strSub =   [2]       ----- 입력 문자열의 세 번째부터 여덟 번째 문자를 추출한다.
13      strAry =   [3]       ----- 입력 문자열을 공백으로 분리한다.
14
15      System.out.println("입력 문자열 ==> " + str);
16      System.out.println("바꾼 문자열 ==> " + strRep);
17      System.out.println("일부 문자열 ==> " + strSub);
18      for (int i = 0; i < strAry.length; i++)          ----┐ 분리한 문자열 배열을
19        System.out.println("분리한 문자열" + i + "==> " + strAry[i]);  ----┘ 하나씩 출력한다.
20    }
21  }
```

정답: **[1]** str.replace(" ","$"); **[2]** str.substring(3, 8); **[3]** str.split(" ");

```
Problems  @ Javadoc  Declaration  Console 23
<terminated> Ex09_05 [Java Application] C:\Program Files\Java\jdk-11\bin\javaw.exe
입력 문자열 ==> IT CookBook Java Programming
바꾼 문자열 ==> IT$CookBook$Java$Programming
일부 문자열 ==> CookB
분리한 문자열0==> IT
분리한 문자열1==> CookBook
분리한 문자열2==> Java
분리한 문자열3==> Programming
```

그림 9-5 실행 결과

대문자 · 소문자로 전환하는 toUpperCase( ), toLowerCase( )와 공백을 제거하는 trim( )

toUpperCase( )는 영문인 경우 대문자로, toLowerCase( )는 영문인 경우 소문자로 바꿔주고, trim( )은 앞뒤의 공백 문자를 모두 제거해준다. 실습을 통해 이를 살펴보자.

실습 9-6 toUpperCase( ), toLowerCase( ), trim( ) 사용 예

```
01  public class Ex09_06 {
02      public static void main(String[] args) {
03          String str = "  한글  ABCD  efgh  ";     앞뒤와 중간에 공백이 있으며, 한글과 영문 대문자 ·
                                                      소문자가 섞여 있는 문자열
04
05          System.out.println("원 문자열  ==> [" + str + "]");
06          System.out.println("대문자로  ==> [" + str.toUpperCase( ) + "]");   대문자로 바꾼다.
07          System.out.println("소문자로  ==> [" + str.toLowerCase( ) + "]");   소문자로 바꾼다.
08          System.out.println("공백제거  ==> [" + str.trim( ) + "]");          공백을 제거한다.
09      }
10  }
```

```
Problems  @ Javadoc  Declaration  Console 23
<terminated> Ex09_06 [Java Application] C:\Program Files\Java\jdk-11\bin\javaw.exe
원 문자열 ==> [  한글  ABCD  efgh  ]
대문자로 ==> [  한글  ABCD  EFGH  ]
소문자로 ==> [  한글  abcd  efgh  ]
공백제거 ==> [한글  ABCD  efgh]
```

그림 9-6 실행 결과

6행과 7행에서 각각 대문자, 소문자로 변경했는데 한글은 영향을 받지 않는다는 것을 알 수 있다. 8행의 trim( )은 앞뒤의 공백은 없애주지만 중간의 공백은 없애지 않는다. 중간의 공백까지 없애는 방법은 다음 실습에서 살펴보자.

```
01  public class Ex09_07 {
02    public static void main(String[] args) {
03      String str = "  한글   ABCD  efgh  ";
04      String result = "";                    ----- 결과를 저장할 문자열 변수
05
06      for (int i = 0; i < str.length( ); i++) {
07        if (      ①      )
08          result += [  ②  ]
              charAt(위치)는 해당 위치의 문자를 추출한다.
              이 문자가 공백이 아니면 8행에서 result에 덧붙인다.
09        }
10
11      System.out.println("원 문자열 ==> [" + str + "]");
12      System.out.println("공백제거  ==> [" + result + "]");
13    }
14  }
```

문자열의 문자 개수만큼 반복한다.

정답: **①** str.charAt(i) != ' '　**②** str.substring(i, i + 1);

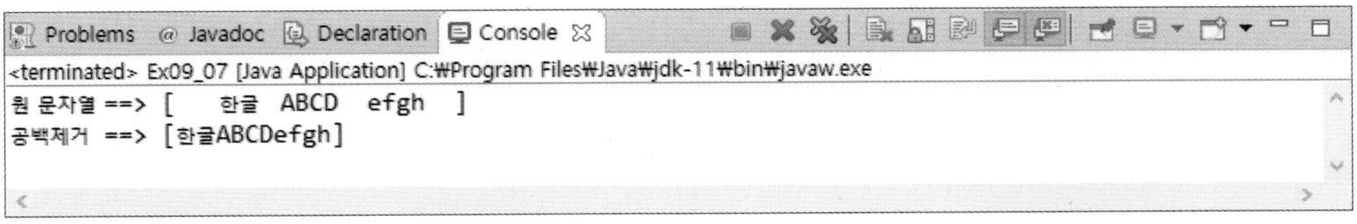

```
Problems  @ Javadoc  Declaration  Console ☒
<terminated> Ex09_07 [Java Application] C:\Program Files\Java\jdk-11\bin\javaw.exe
원 문자열 ==> [  한글 ABCD  efgh  ]
공백제거 ==> [한글ABCDefgh]
```

그림 9-7 실행 결과

6~9행을 보면 문자열의 모든 문자를 체크하여 공백이 아닌 경우에는 result 변수에 추가하고, 공백인 경우에는 그냥 넘어간다. 결국 모든 공백 문자가 제거되는 결과가 나타난다.

두 문자열을 비교하는 compareTo( ), 문자열의 포함을 확인하는 contains( )

compareTo( ) 메소드는 두 문자열을 비교하고, contains( ) 메소드는 문자열이 포함되었는지를 확인한다.

```
01  public class Ex09_08 {
02    public static void main(String[] args) {
03      String str1 = "Java Programming";    --- 문자열 변수 2개를 초기화한다.
04      String str2 = "Java IT CookBook";    ---
```

```
05
06        System.out.println("원 문자열1 ==> [" + str1 + "]");
07        System.out.println("원 문자열2 ==> [" + str2 + "]");
08
09        System.out.println(str1.compareTo(str2));    ----- 두 문자열을 비교한다.
10        System.out.println(str1.contains("Java"));    ----- "Java" 글자가 포함되었는지 확인한다.
11    }
12 }
```

그림 9-8 실행 결과

9행의 str1.compareTO(str2)는 str1-str2의 결과를 돌려준다. 이때 결과가 0이 나오면 A와 B가 완전히 동일한 문자열임을 의미하고, 그 외의 숫자는 두 문자열이 다르다는 뜻이다. 이 경우에는 P(아스키 값 : 80)와 I(아스키 값 : 73)가 다르므로 80-73=7이라는 결과가 나왔다. 10행에서는 str1에 "Java"라는 글자가 들어 있으므로 true를 반환했다.

두 문자열이 같은지 확인하는 ==과 equals( )

두 문자열이 같은지 확인할 때는 ==와 equals( )를 사용한다. ==와 equals( ) 둘 다 문자열이 같으면 true, 다르면 false를 반환한다. 하지만 결과가 예상과 다를 수 있는데 실습을 통해 이를 확인해보자.

실습 9-9   ==와 equals( )의 비교

```
01 public class Ex09_09 {
02    public static void main(String[] args) {
03        String str1 = "Java Programming";          ┐   str1, str2, str3에 동일한 문자열을
04        String str2 = "Java Programming";          ├   저장한다. str3의 경우 new 연산자를
05        String str3 = new String("Java Programming"); ┘   이용하여 문자열을 초기화했는데
                                                          3, 4행과 동일한 결과를 나타낸다.
06
07        System.out.println("원 문자열1 ==> [" + str1 + "]");  ┐
08        System.out.println("원 문자열2 ==> [" + str2 + "]");  ├ 동일한 문자열이 출력된다.
09        System.out.println("원 문자열3 ==> [" + str3 + "]\n"); ┘
```

```
10
11        System.out.println("문자열1==문자열2 결과 :\t " +  ❶      );
12        System.out.println("문자열1.equals(문자열2) 결과 : " +  ❷      );
13        System.out.println("문자열1==문자열3 결과 :\t " + (str1 == str3));
14        System.out.println("문자열1.equals(문자열3) 결과 : " + str1.equals(str3));
```

str1과 str2는 완전히 동일하므로 ==나 equals( ) 모두 true가
나왔으나, str1과 str3의 비교에서 ==는 false가 나왔다.

```
15    }
16 }
```

정답: ❶ (str1 == str2) ❷ str1.equals(str2)

```
 Problems   @ Javadoc   Declaration   Console ☒
<terminated> Ex09_09 [Java Application] C:\Program Files\Java\jdk-11\bin\javaw.exe
원 문자열1 ==> [Java Programming]
원 문자열2 ==> [Java Programming]
원 문자열3 ==> [Java Programming]

문자열1==문자열2 결과 :          true
문자열1.equals(문자열2) 결과 : true
문자열1==문자열3 결과 :          false
문자열1.equals(문자열3) 결과 : true
```

그림 9-9 실행 결과

String 데이터 형식은 3행이나 4행처럼 직접 문자열을 대입해도 되지만, JAVA에서 제공되는
클래스이므로 5행처럼 new 연산자를 사용하여 생성해도 된다.

TIP/ 클래스에 대해서는 아직 제대로 배우지 않았다. 여기서는 new 연산자를 사용하여 String 클래스를 생성한다는 정도만 알아두자.

3, 4, 5행은 다음 그림과 같이 생성된다. 3행에서 생성한 문자열은 메모리 공간(위 실습에서는
100번지로 가정)에 자리를 잡는다. 그리고 4행과 같이 완전히 동일한 문자열일 경우 실제 데이
터는 하나를 공유하는 개념이고, 5행은 new 연산자를 사용했기 때문에 데이터의 내용은 같지
만 별도의 저장 공간에 저장된다고 보면 된다.

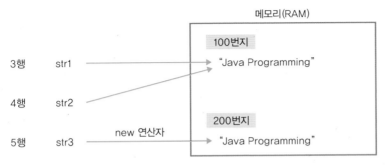

그림 9-10 문자열이 생성되는 구조

9장 문자열과 메소드 / 311

equals()는 문자열의 값을 가지고 비교하기 때문에 12, 14행에서는 true가 나왔다. 즉 str1, str2, str3을 equals()로 비교하면 모두 "Java Programming" 값이므로 true가 나온다. 하지만 ==는 데이터 값뿐 아니라 저장된 위치도 동일해야 true가 나온다. 그러므로 11행에서 str1, str2는 완전히 동일하므로 true가 나왔고, 13행의 str1과 str3은 [그림 9-10]과 같이 저장된 곳이 다르므로 동일하지 않은 데이터로 취급되어 false가 나왔다. 조금 어려운 개념이지만 실무 프로그래머도 흔히 혼동하는 것이니 잘 익혀두자.

TIP/ 문자열을 비교하는 경우는 대부분 문장열의 내용을 비교하는 것이므로, 문자열을 비교할 때는 되도록 ==를 사용하지 말고 equals() 메소드를 사용한다.

메/멘/토 퀴/즈　 문자열을 비교할 때 □□는 저장된 내용과 위치가 모두 같아야 true가 나온다. 반면에 □□□□□□()는 문자열의 내용만 같으면 true가 나온다.

메소드

메소드의 장점은 반복적으로 코딩해야 할 내용이 있을 때 한 번만 코딩하고 반복해서 사용할 수 있다는 것이다.

1 메소드의 개념

메소드는 어떤 것을 넣으면 무언가를 돌려주는 요술 상자와 같다. 메소드는 JAVA 프로그램 자체에서 제공하지만 사용자가 직접 만들어서 사용하기도 한다.

TIP/ 다른 언어에서는 메소드를 함수라고도 부른다. 엄밀히 구분하자면 클래스 안에 존재하는 함수를 메소드라고 하는데, JAVA의 함수는 무조건 클래스 안에 존재하기 때문에 결국 모든 함수가 메소드가 되는 것이다.

JAVA에서 제공하는 메소드를 사용하려면 먼저 다음과 같이 작성한다.

```
메소드이름( );
```

다음은 지금까지 가장 많이 사용해온 메소드인 System.out.printf()이다.

```
System.out.printf("Basic-Java");
```

System.out.printf() 메소드는 괄호 안에 들어 있는 내용을 화면에 출력해준다. 단순히 System.out.printf() 메소드에 '무엇(Basic-Java)'을 넣었을 뿐인데 '어떤 일(화면에 글자 출력)'이 일어났다. 이때 우리는 System.out.printf() 메소드의 내부에서 어떤 일이 일어났는지 알지 못하고, 알려고 할 필요도 없다. 단지 무엇을 입력하면 그 내용을 화면에 출력하는 기능을 하는 메소드라고 생각하면 된다.

이렇게 JAVA 자체에서 제공하는 메소드가 있지만, 필요하다면 직접 메소드를 새로 만들어서 사용할 수도 있다. 직접 메소드를 만드는 방법은 잠시 후에 알아보고, 커피 자판기 예를 통해 메소드의 개념을 확실히 익히자.

[그림 9-11]은 자판기가 없는 상황에서 손님에게 커피를 서비스하는 과정이다. 커피 한 잔을 서비스하기 위해 여러 과정이 필요한데 이를 프로그램으로 구현해보자.

그림 9-11 직접 커피를 타는 과정

직접 커피를 타는 과정

```java
01 import java.util.Scanner;
02
03 public class Ex09_10 {
04   public static void main(String[] args) {
05     Scanner s = new Scanner(System.in);
06     int coffee;                              ----- 커피 종류 변수를 선언한다.
07
08     System.out.printf("어떤 커피 드릴까요? (1:보통, 2:설탕, 3:블랙) ");
09     coffee = s.nextInt();                    ----- 커피를 선택한다.
10
11     System.out.printf("\n# 1. 뜨거운 물을 준비한다\n");
12     System.out.printf("# 2. 종이컵을 준비한다\n");
13
14     switch (coffee) {
15     case 1:
16       System.out.printf("# 3. 보통커피를 탄다\n");   break;
17     case 2:
18       System.out.printf("# 3. 설탕커피를 탄다\n");   break;
19     case 3:
20       System.out.printf("# 3. 블랙커피를 탄다\n");   break;
21     default:
22       System.out.printf("# 3. 아무거나 탄다\n");   break;
23     }
```

커피의 종류에 따라
안내문을 출력한다.

```
24
25        System.out.printf("# 4. 물을 붓는다\n");
26        System.out.printf("# 5. 스푼으로 저어서 녹인다\n\n");
27
28        System.out.printf("손님~ 커피 여기 있습니다.\n");
29    }
30 }
```

그림 9-12 실행 결과

6행에서 커피의 종류를 입력받을 변수를 선언하고, 9행에서 손님에게 커피의 종류를 입력받는다. 그리고 14~23행에서 손님이 입력한 커피의 종류에 따라 메시지를 출력한다. 25, 26행에서는 물을 붓고 잘 저어 녹인 다음, 28행에서 완성된 커피를 손님에게 제공한다. 그런데 손님이 한 명이라면 별 문제가 없겠지만 손님이 계속해서 온다면 어떨까? 손님 3명이 연속해서 오는 경우를 생각해보자.

가장 간단한 방법은 [실습 9-10]의 8~28행을 두 번 더 반복해서 쓰는 것이다.

```
System.out.printf("어떤 커피 드릴까요? (1:보통, 2:설탕, 3:블랙) ");
coffee = s.nextInt();

System.out.printf("\n# 1. 뜨거운 물을 준비한다\n");
System.out.printf("# 2. 종이컵을 준비한다\n");

switch (coffee)
{
case 1 : System.out.printf("# 3. 보통커피를 탄다\n"); break;
case 2 : System.out.printf("# 3. 설탕커피를 탄다\n"); break;
case 3 : System.out.printf("# 3. 블랙커피를 탄다\n"); break;
```

```
        default : System.out.printf("# 3. 아무거나 탄다\n"); break;
        }

        System.out.printf("# 4. 물을 붓는다\n");
        System.out.printf("# 5. 스푼으로 저어서 녹인다\n\n");

        System.out.printf("손님~ 커피 여기 있습니다.\n\n");

        두 번째 손님을 위해 위의 코드를 다시 반복
                (생략)
        세 번째 손님을 위해 위의 코드를 다시 반복
                (생략)
```

▶ **직접 풀어보기 9-2**

3명의 손님에게 커피를 제공하는 소스코드를 for 문을 사용해서 완성해보자.

위 프로그램은 손님이 1명 올 때마다 8~28행을 반복해서 써야 한다. 이렇게 해도 결과는 맞지만 소스코드가 너무 길어지는데 이를 해결할 획기적인 방법이 있다. 바로 커피 자판기를 만드는 것이다. 커피 자판기를 만들면 [그림 9-13]과 같이 실행 과정이 간단해진다.

그림 9-13 커피 자판기를 사용하는 과정

이제 커피를 직접 만들지 않아도 된다. 단지 손님에게 주문을 받고 커피 자판기의 버튼을 눌러 커피 자판기에서 나온 커피를 손님에게 가져다주면 되는 것이다. 커피를 직접 만들 때 수행하던 중간 과정은 커피 자판기에서 수행한다. 커피 자판기를 사용하기 위해 사용자가 커피 자판기의 내부 동작이 어떻게 이뤄지는지 반드시 알아야 하는 것은 아니다. 그저 커피 자판기의 버튼을 눌렀을 때 원하는 커피가 나온다는 것만 알면 충분하다. 즉 처음에 커피 자판기(메소드)를 잘 만들면 내부 동작은 신경 쓰지 않아도 된다. 이런 이유로 메소드를 블랙박스라고 표현한다.

앞서 배운 메소드의 개념을 응용하고 [실습 9-10]을 수정하여 커피 자판기 프로그램을 만들어 보자.

실습 9-11 메소드를 사용하여 [실습 9-10] 변경하기

```
01 import java.util.Scanner;
02
03 public class Ex09_11 {
04   static int coffee_machine(int button) {
05     System.out.printf("\n# 1.(자동으로) 뜨거운 물을 준비한다\n");
06     System.out.printf("# 2.(자동으로) 종이컵을 준비한다\n");
07
08     switch (button) {
09     case 1:
10       System.out.printf("# 3.(자동으로) 보통커피를 탄다\n"); break;
11     case 2:
12       System.out.printf("# 3.(자동으로) 설탕커피를 탄다\n"); break;
13     case 3:
14       System.out.printf("# 3.(자동으로) 블랙커피를 탄다\n"); break;
15     default:
16       System.out.printf("# 3.(자동으로) 아무거나 탄다\n"); break;
17     }
18
19     System.out.printf("# 4.(자동으로) 물을 붓는다\n");
20     System.out.printf("# 5.(자동으로) 스푼으로 저어서 녹인다\n\n");
21
22     return 0;                           ----- 33행으로 간다.
23   }
24
25   public static void main(String[] args) {
26     Scanner s = new Scanner(System.in);
```

선택한 버튼에 따라서 안내문을 출력한다.

커피 자판기 메소드를 구현한다.

```
27      int coffee;                          ┐── 커피 종류 변수와 반환 값 변수를 선언한다.
28      int ret;                             ┘

29

30      System.out.printf("어떤 커피 드릴까요? (1:보통, 2:설탕, 3:블랙) ");
31      coffee = s.nextInt( );        ----- 커피를 주문받는다.

32

33      ret = coffee_machine(coffee);  ----- 커피 자판기의 버튼을 누른다[coffee_machine( ) 메소드 호출].

34

35      System.out.printf("손님~ 커피 여기 있습니다.\n");
36    }
37  }
```

```
[Problems] @ Javadoc [Declaration] [Console ✕]        ■ ✕ ✖ | [🗎 📑 📑] [🖉 🖉] [📑 📑 ▾ 📑 ▾ 🗖 ▾ 🗖
<terminated> Ex09_11 [Java Application] C:\Program Files\Java\jdk-11\bin\javaw.exe
어떤 커피 드릴까요? (1:보통, 2:설탕, 3:블랙) 2

# 1.(자동으로) 뜨거운 물을 준비한다
# 2.(자동으로) 종이컵을 준비한다
# 3.(자동으로) 설탕커피를 탄다
# 4.(자동으로) 물을 붓는다
# 5.(자동으로) 스푼으로 저어서 녹인다

손님~ 커피 여기 있습니다.
```

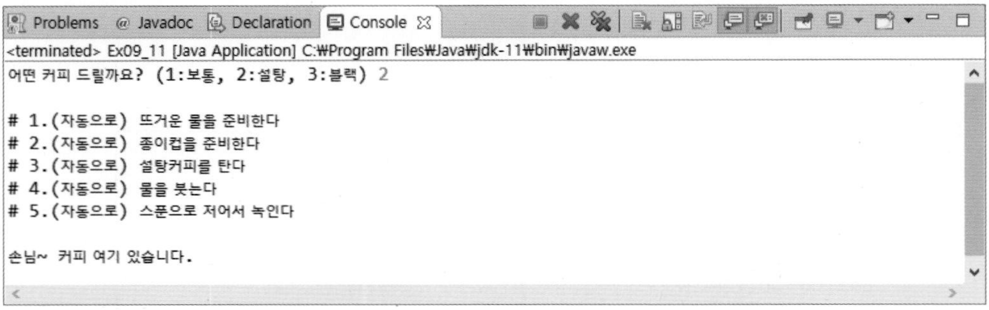

그림 9-14 실행 결과

먼저 25~36행의 main( ) 메소드를 보자. 30, 31행에서는 손님에게 커피 종류를 물어본다. 이때 직접 커피를 만들 때의 과정에 해당하는 33행에는 커피 자판기만 있다. 즉 33행에서 커피 자판기의 버튼만 누르면 35행에서 손님에게 커피를 줄 수 있다. 이때 손님이 주문한 커피가 설탕커피이면 33행에서 coffee 변수에 2를 입력하고, 이 값을 4행의 커피 자판기 button에 넘겨서 실행하게 된다(커피 자판기의 '설탕커피' 버튼을 누르는 과정).

5~20행의 커피를 만드는 과정이 자동으로 커피 자판기(메소드) 안에서 수행된다. 그리고 22행의 return 문을 통해 다시 커피 자판기를 눌렀던(메소드를 호출했던) 33행으로 간다. 이것이 바로 커피 자판기를 사용하여 손님에게 커피를 제공하는 과정이다. 그런데 [실습 9-10]보다 줄의 수가 더 많아졌다. 이럴 바에는 차라리 [실습 9-10]처럼 커피 자판기를 사용하지 않고 직접 커피를 만드는 것이 나을 듯하다. 맞는 말이지만 이는 커피를 한 잔 만드는 경우만 그렇다.

다음으로 [실습 9-11]을 이용하여 연속해서 방문한 손님들(A, B, C)에게 커피를 서비스하는 경우를 살펴보자.

실습 9-12 여러 명의 주문을 받도록 [실습 9-11] 변경하기

```java
01  import java.util.Scanner;
02
03  public class Ex09_12 {
04      static int coffee_machine(int button) {         ┐
  :       ~~~ (중간 생략) [실습 9-11]의 5~22행과 동일 ~~~    ├── 커피 자판기 메소드를 구현한다(변경 없음).
23      }                                                ┘
24
25      public static void main(String[] args) {
26          Scanner s = new Scanner(System.in);
27          int coffee;
28          int ret;
29
30          System.out.printf("A님, 어떤 커피 드릴까요? (1:보통, 2:설탕, 3:블랙) ");
31          coffee = s.nextInt();              ┐  주문을 받고 커피 자판기의 버튼을 누른다
32          ret = coffee_machine(coffee);      ┘  (메소드 호출).
33          System.out.printf("A님 커피 여기 있습니다.\n");
34
35          System.out.printf("B님, 어떤 커피 드릴까요? (1:보통, 2:설탕, 3:블랙) ");
36          coffee = s.nextInt();              ┐  주문을 받고 커피 자판기의 버튼을 누른다
37          ret = coffee_machine(coffee);      ┘  (메소드 호출).
38          System.out.printf("B님 커피 여기 있습니다.\n");
39
40          System.out.printf("C님, 어떤 커피 드릴까요? (1:보통, 2:설탕, 3:블랙) ");
41          coffee = s.nextInt();              ┐  주문을 받고 커피 자판기의 버튼을 누른다
42          ret = coffee_machine(coffee);      ┘  (메소드 호출).
43          System.out.printf("C님 커피 여기 있습니다.\n");
44      }
45  }
```

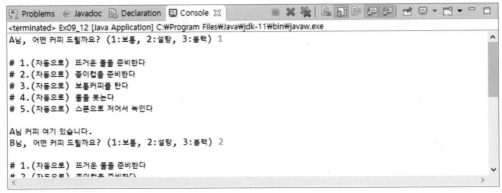

그림 9-15 실행 결과

메/멘/토/퀴/즈   커피 자판기처럼 버튼만 누르면 결과가 나오는 것을 □□□라고 한다.

코드를 보면 커피 자판기(메소드)의 장점을 알 수 있을 것이다. 매번 커피를 만들 필요 없이 32, 37, 42행에서 커피 자판기의 버튼만 누르면(메소드를 세 번 호출하면) 커피 3잔이 자동으로 나온다.

▶ 직접 풀어보기 **9-3**

[실습 9-12]에서 main( ) 메소드의 커피 3잔을 주문하는 과정을 for 문으로 바꿔보자.

2 메소드의 모양과 활용

커피 자판기 예를 통해 메소드의 기본 개념을 이해했을 것이다. 이렇게 메소드를 만들어 사용하면 반복적으로 코딩해야 할 내용을 한 번만 코딩해두고 필요할 때마다 가져다 사용할 수 있으며, 일단 메소드로 만들어놓으면 동일한 동작을 계속 사용하므로 내부 내용이 바뀔 일이 없다(커피 자판기의 커피는 재료가 달라지지 않는 한 늘 같은 맛이다).

메소드의 기본 형태는 [그림 9-16]과 같다. 메소드는 매개변수(parameter)를 입력받은 후 그 매개변수를 가공 및 처리하여 반환 값을 돌려준다(커피 자판기를 예로 들면 동전과 버튼 입력이라는 매개변수를 받아서 커피를 탄 후 반환 값으로 커피를 돌려준다).

TIP/ 매개변수는 인수, 인자, 파라미터 등 다양하게 불린다.

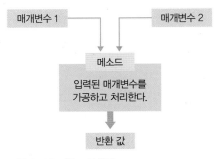

그림 9-16 메소드의 형태

이번에는 두 정수를 입력받아 두 정수의 합계를 반환하는 plus( ) 메소드를 만들어보자.

실습 9-13 **본격적으로 메소드 사용하기**

```
01  public class Ex09_13 {
02
03      static int plus(int v1, int v2) {
04          int result;
05          result = v1 + v2;          ----- 3행에서 받은 두 매개변수의 합을 구한다.
06          return result;             ----- plus( ) 메소드를 호출한 곳에 result 값을 반환한다.
07      }
08
09      public static void main(String[] args) {
10          int hap;
11          hap = plus(100, 200);      ----- 매개변수 2개를 지정해서 plus( ) 메소드를 호출하고
                                             반환 값을 hap에 저장한다.
12          System.out.printf("100과 200의 plus( ) 메소드 결과는 : %d\n", hap);
13      }
14  }
```

plus( ) 메소드를 정의한다.

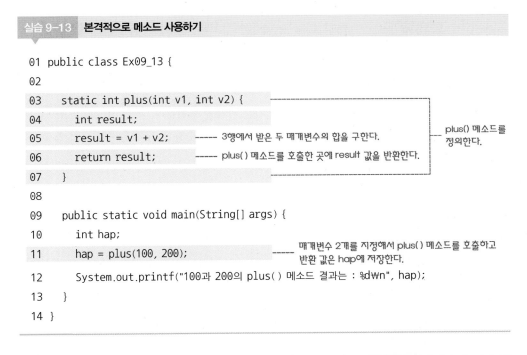

그림 9-17 실행 결과

JAVA는 main( ) 메소드 부분을 먼저 실행하므로 [실습 9-13]도 9행부터 수행된다고 보면 된다. 11행의 동작은 [그림 9-18]을 통해 이해할 수 있을 것이다.

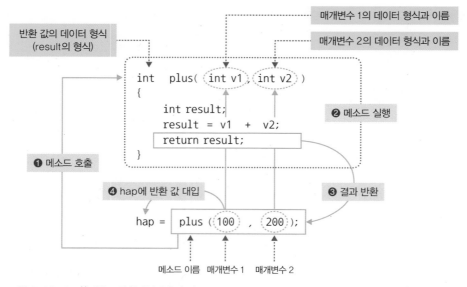

그림 9-18 plus( ) 메소드의 형태와 호출 순서

[그림 9-18]은 plus( ) 메소드를 정의하고 호출하는 과정을 보여준다. 우선 plus( ) 메소드는 매개변수(인수) 2개를 받는데, plus( ) 메소드는 plus(숫자 1, 숫자 2)와 같은 형식으로 호출해야 한다. plus( ) 메소드의 반환 값은 int형이다.

TIP/ 메소드의 맨 앞에 붙은 static은 이 메소드를 클래스 메소드로 만들어준다. 아직 클래스를 배우지 않아서 이해하기 어려울 테니 여기서는 메소드 앞에 붙는 것이라고 생각하자. 이 책의 후반부에서 다시 설명할 것이다.

❶ 메소드 호출

plus(100, 200);으로 메소드를 호출하면 100과 200이라는 숫자를 가지고 plus( ) 메소드를 호출한다. 이때 plus( ) 메소드의 매개변수인 v1에는 100이, v2에는 200이 차례대로 할당된다.

❷ 메소드 실행

plus( ) 메소드의 내용을 보면 v1과 v2를 더해 result에 대입한 후 'return result' 문장에 의해 이 메소드를 호출했던 곳으로 돌아간다.

❸ 결과 반환

메소드를 실행하여 얻은 결과 값인 result 값(300)을 plus( ) 메소드를 호출했던 곳으로 돌려준다.

❹ hap에 반환 값 대입

result 값 300을 변수 hap에 대입한다. 여기서 기억할 점은 plus(100, 200)의 결과를 hap에 넣어야 하므로 hap의 데이터 형식과 plus( ) 메소드의 데이터 형식이 같아야 한다는 것이다.

[그림 9-18]이 복잡해 보인다면 [그림 9-19]와 같이 간단하게 나타낼 수 있다.

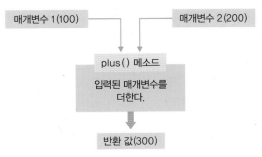

그림 9-19 간단하게 표현한 plus( ) 메소드의 호출

▶ 직접 풀어보기 **9-4**

[실습 9-13]의 plus( ) 메소드를 숫자 3개를 더하는 메소드로 수정해보자.

메/멘/토 퀴/즈 메소드에서 값을 전달받는 변수를 □□□□ 또는 인수라고 한다.

사용자가 입력한 두 숫자의 덧셈, 뺄셈, 곱셈, 나눗셈을 하는 계산기 메소드를 작성해보자.

실습 9-14 **계산기 메소드 사용 예**

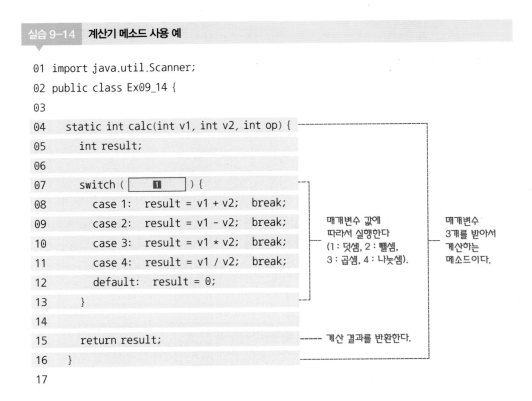

```
01  import java.util.Scanner;
02  public class Ex09_14 {
03
04      static int calc(int v1, int v2, int op) {
05          int result;
06
07          switch (      1      ) {
08          case 1:   result = v1 + v2;   break;
09          case 2:   result = v1 - v2;   break;
10          case 3:   result = v1 * v2;   break;
11          case 4:   result = v1 / v2;   break;
12          default:   result = 0;
13          }
14
15          return result;
16      }
17
```

매개변수 값에
따라서 실행한다
(1 : 덧셈, 2 : 뺄셈,
3 : 곱셈, 4 : 나눗셈).

매개변수
3개를 받아서
계산하는
메소드이다.

계산 결과를 반환한다.

```
18      public static void main(String[] args) {
19          Scanner s = new Scanner(System.in);
20          int res;                                     ── 계산 결과, 연산자, 입력 숫자 2개에 대한 변수를 선언한다.
21          int oper, a, b;
22
23          System.out.printf("계산 입력 (1:+, 2:-, 3:*, 4:/) : ");
24          oper = s.nextInt();                ───── 연산자를 입력한다.
25
26          System.out.printf("첫번째 숫자를 입력 : ");
27          a = s.nextInt();                   ───── 계산할 숫자를 입력한다.
28          System.out.printf("두번째 숫자를 입력 : ");
29          b = s.nextInt();                   ───── 계산할 숫자를 입력한다.
30
31          res =  [  2  ]    ───── 매개변수 3개를 넣고 calc() 메소드를 호출한다. 계산 결과는 res에 저장한다.
32
33          System.out.printf("계산 결과는 : %d\n", res);
34      }
35  }
```

정답 : **1** op **2** calc(a, b, oper);

```
🗔 Problems  @ Javadoc  🔍 Declaration  🖳 Console ⌧        ■ ✖ ⚙ | 🔖 🗂 📲 | 🔲 🔲 | 🗗 🔲 ▾ 🗂 ▾ ▭ ▭
<terminated> Ex09_14 [Java Application] C:\Program Files\Java\jdk-11\bin\javaw.exe
계산 입력 (1:+, 2:-, 3:*, 4:/) : 3
첫번째 숫자를 입력 : 7
두번째 숫자를 입력 : 8
계산 결과는 : 56
```

그림 9-20 실행 결과

먼저 4행에서 static int calc() 메소드의 데이터형과 20행에서 res 변수의 데이터형이 정수형 (int)이라는 것을 확인하자. 24행에서 어떤 연산을 할지 연산자를 입력받은 후 27, 29행에서 계산할 숫자 2개를 입력받는다. 그리고 31행에서 calc() 메소드에 3개의 매개변수를 넘겨주며 호출한다. 이 매개변수는 calc() 메소드가 위치한 4행의 a→v1, b→v2, oper→op에 각각 대응된다. 7행에서 사용자가 선택한 연산자에 따라 연산을 수행한 다음 15행에서 calc() 메소드를 종료하고, 메소드를 호출했던 31행으로 돌아간다. 31행에서는 calc()에서 반환한 값을 res에 넣고, 33행에서 출력한다.

메 / 멘 / 토 / 퀴 / 즈   static int calc() 메소드가 돌려주는 값의 데이터 형식은 반드시 □□□여야 한다.

지역변수와 전역변수

지역변수는 현재의 메소드 내부에서만 정의되고 사용되는 변수이며, 전역변수는 메소드 밖에서 정의되는 변수이다.

변수는 살아 있는(?) 범위에 따라 크게 두 종류로 나눌 수 있다. 즉 집(메소드) 안에서만 사용되는 변수인 지역(local)변수와 집 밖에서도 사용할 수 있는 전역(global)변수가 그것이다. 프로그램을 짜다 보면 간혹 의도한 대로 변수의 범위가 지정되지 않아 프로그램의 흐름에 이상이 생기기도 한다. 따라서 지역변수와 전역변수를 제대로 사용할 수 있도록 두 변수의 개념을 이해하고 정확한 사용법을 배워보자.

지역변수는 말 그대로 한정된 지역(local)에서만 사용되는 변수이고, 전역변수는 프로그램 전체(global)에서 사용되는 변수를 말한다.

> **저자 한마디 인스턴스 변수, 클래스 변수, 전역변수**
>
> 전역변수에 해당하는 변수를 JAVA에서는 주로 인스턴스 변수(instance variable) 또는 클래스 변수(class variable)라고 부른다. 아직 클래스에 대해 배우지 않았으니 이를 구분하기 어려울 것이다. 그러므로 이 장에서는 JAVA의 클래스 변수를 다른 프로그래밍 언어와 공통되게 전역변수라고 부를 것이다. 참고로 클래스 변수 앞에는 항상 static 키워드가 붙는데, 지금은 JAVA의 전역변수 앞에 static이 붙는다고만 알아두자.

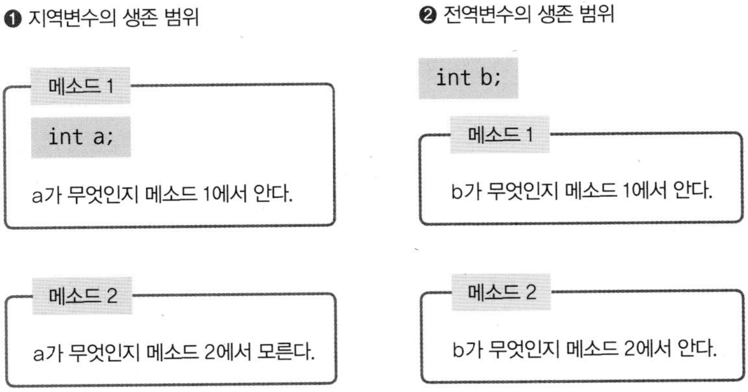

❶ 지역변수의 생존 범위

```
메소드 1
   int a;
a가 무엇인지 메소드 1에서 안다.
```

```
메소드 2
a가 무엇인지 메소드 2에서 모른다.
```

❷ 전역변수의 생존 범위

```
int b;
```

```
메소드 1
b가 무엇인지 메소드 1에서 안다.
```

```
메소드 2
b가 무엇인지 메소드 2에서 안다.
```

그림 9-21 지역변수와 전역변수의 생존 범위

[그림 9-21]의 ❶에서 a는 현재 메소드 1 안에 선언되었다. 따라서 a는 메소드 1 안에서만 사

용될 수 있고, 메소드 2에서는 a의 존재 자체를 알지 못한다. ❷는 전역변수 b를 보여준다. b는 메소드(메소드 1, 메소드 2) 안이 아니라 바깥에 선언되어 있으므로 모든 메소드에서 b의 존재를 알게 된다. 간혹 지역변수와 전역변수의 이름이 같을 수 있는데, 이때는 메소드 내에 변수가 정의되어 있는지 확인하면 간단히 구분할 수 있다. 다음 [그림 9-22]를 보면 같은 a라고 해도 메소드 1의 a는 메소드 내에서 따로 정의했으니 지역변수이고, 메소드 2의 a는 메소드 안에 정의된 것이 없으니 전역변수이다.

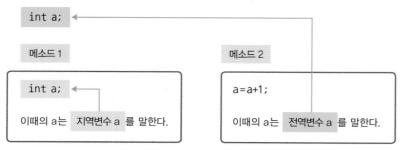

그림 9-22 지역변수와 전역변수의 공존

실습 9-15　지역변수와 전역변수의 비교

```
01  public class Ex09_15 {
02      static int a = 100;                                    전역변수 a를 선언하고 초깃값을 대입한다
                                                               (static은 항상 전역변수 앞에 붙는다고 가정한다).
03
04      static void func1( ) {
05          int a = 200;                                       지역변수 a를 선언하고 초깃값을 대입한다.
06          System.out.printf("func1( )에서 a의 값==> %d\n", a);   지역변수를 출력한다.
07      }
08
09      public static void main(String[] args) {
10          func1( );                                          메소드를 호출한다.
11          System.out.printf("main( )에서 a의 값==> %d\n", a);   전역변수를 출력한다.
12      }
13  }
```

```
 Problems  @ Javadoc  Declaration  Console                      🔲 ✖ ❌ | 📋 📰 📇 🔲 🔲 | 🔲 🔲 ▾ 🔲 ▾  ⬜ 🔲
<terminated> Ex09_15 [Java Application] C:\Program Files\Java\jdk-11\bin\javaw.exe
func1()에서 a의 값==> 200
main() 에서 a의 값==> 100
```

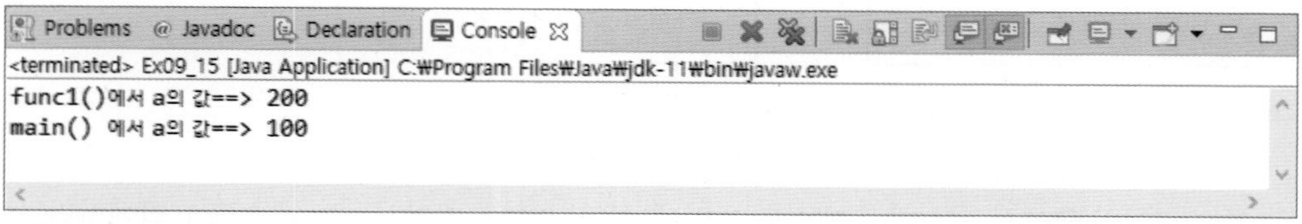

그림 9-23 실행 결과

2행에서 전역변수 a를 선언하고 100을 대입했다. 10행에서 func1()을 호출하면 5행에서 지역 변수 a를 선언하여 200을 넣는다. 6행에서 변수 a를 출력하면 이 지역변수 값 200이 출력된다. 그리고 다시 func1() 메소드를 호출한 곳으로 돌아와 11행에서 a를 출력한다. 이때 main() 메소드에는 변수 a가 없으므로 2행에서 선언한 전역변수 a 값인 100이 출력된다.

TIP/ main() 자체도 메소드이다. 프로그램은 main() 메소드부터 시작되며, JAVA 클래스 안에는 1개의 main() 메소드가 있어야 한다.

메/멘/토 퀴/즈   메소드 내부에서 정의되고 사용되는 변수를 □□□□라 하고, 메소드 밖에서 정의된 변수를 □□□□라 한다.

메소드의 반환 값과 매개변수

메소드 내부에서 어떠한 처리 과정을 거친 뒤에는 값을 돌려주게 되어 있는데 이것을 반환 값이라 하고, 메소드에 전달되는 값을 매개변수라 한다.

앞의 설명을 통해 메소드의 기본적인 사용법을 잘 이해했을 것이다. 하지만 지금까지 메소드의 일부만 다루었을 뿐이다. 메소드를 제대로 사용하려면 매개변수를 전달하는 방법과 메소드 수행이 끝난 후의 결과 값 반환 여부에 대해 완벽하게 알아둬야 한다. 여기서는 반환 값 유무에 따른 메소드의 형태 및 매개변수의 사용 종류에 대해 살펴보자.

TIP/ 반환 값은 return 문에 의해 반환되므로 '리턴 값'이라고도 한다. 그리고 매개변수(parameter)는 영문 그대로 '파라미터'라고도 한다.

1 반환 값 유무에 따른 메소드 구분

메소드를 사용하다 보면 실행 후에 값을 돌려줄 때도 있고 그렇지 않을 때도 있다. 값을 돌려받는 메소드를 사용하는 경우에는 돌려받을 값의 데이터형으로 메소드를 선언하고, 돌려줄 값이 없는 경우라면 void형으로 메소드를 선언해야 한다.

반환 값이 있는 메소드

메소드를 실행한 다음 나온 결과 값은 메소드의 데이터형을 따른다고 했다. 즉 'int 메소드이름

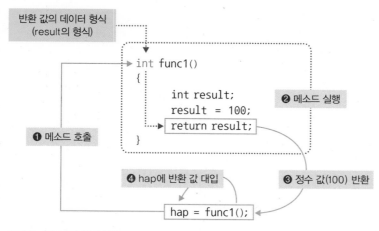

그림 9-24 int형 값의 반환

()'으로 메소드를 정의했다면 메소드의 결과 역시 정수형 변수나 정수 값이어야 하는데, 이는 'return 정수형 변수;' 또는 'return 정수;'로 표현해야 한다는 의미이다.

func1()은 int형이므로 return 문에서 정수형 변수 result를 반환했다. 만약 func1()이 float 형 메소드라면 return 문에서 실수형을 반환하고, char형 메소드라면 return 문에서 문자형을 반환해야 한다.

반환 값이 없는 메소드

메소드를 실행한 결과 돌려줄 값이 없는 경우에는 메소드의 데이터형을 void로 한다. void는 아무것도 반환할 것이 없다는 의미로 '무치형'이라고도 한다.

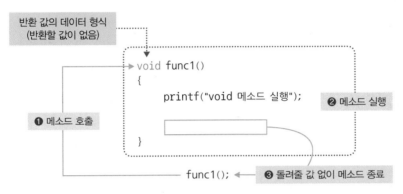

그림 9-25 void형 메소드의 작동

void형 메소드는 실행한 후 반환 값 없이 메소드를 마친다. 그러므로 void형 메소드를 호출할 때는 메소드 이름만 쓰면 되고, 반환 값을 고려한 변수를 쓸 필요가 없다.

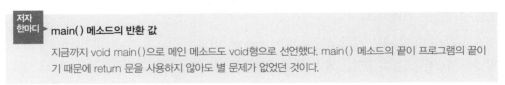

> **저자 한마디** ▶ main() 메소드의 반환 값
>
> 지금까지 void main()으로 메인 메소드도 void형으로 선언했다. main() 메소드의 끝이 프로그램의 끝이기 때문에 return 문을 사용하지 않아도 별 문제가 없었던 것이다.

실습 9-16 **반환 값 유무에 따른 메소드 비교**

```
01  public class Ex09_16 {
02
03    static void func1() {
04      System.out.printf("void 형 메소드는 돌려줄게 없음.\n");
05    }
06
```

void형 메소드로서 반환 값이 없다.

```
07    static int func2() {
08        return 100;                           ┐── int형 메소드로서 반환 값이 있다.
09    }                                         ┘
10
11    public static void main(String[] args) {
12        int a;
13
14        func1();                    ----- void형 메소드를 호출한다.
15
16        a = func2();                ----- int형 메소드를 호출한다.
17        System.out.printf("int 형 메소드에서 돌려준 값 ==> %d\n", a);
18    }
19 }
```

그림 9-26 실행 결과

14행에서 void형 메소드인 func1()을 호출하면 아무것도 돌려받지 않고 다음 행으로 넘어간
다. 그리고 16행에서 int형 메소드인 func2()를 호출하면 func2()를 실행한 후 func2()의 반
환 값을 a에 넣고 17행에서 출력한다.

2 매개변수 전달 방법

매개변수를 전달할 때는 '값의 전달(call by value)' 방법과 '주소의 전달(call by reference)'
방법을 사용한다. 값의 전달은 말 그대로 값 자체를 메소드에 넘겨주는 방법이고, 주소의 전달
은 주소 값(address)을 메소드에 넘겨주는 방법이다. 설명만으로는 이해하기가 쉽지 않을 테니
실습을 통해 살펴보자.

값의 전달

메소드에 매개변수를 전달할 때 숫자나 문자 그 자체를 전달한다. 그러면 받아들이는 메소드는
그 값 자체를 받아들이는데, 값을 전달했던 곳([실습 9-17]의 11행)의 기존 변수 값에는 아무
런 영향을 미치지 않는다. 다음 실습을 통해 이를 살펴보자.

```
01  public class Ex09_17 {
02
03      static void func1(int a) {
04          a = a + 1;
05          System.out.printf("전달받은 a ==> %d\n", a);
06      }
07
08      public static void main(String[] args) {
09          int a = 10;
10
11          func1(a);
12          System.out.printf("func1( ) 실행 후의 a ==> %d\n", a);
13      }
14  }
```

04~05 ── 전달받은 a 값을 1 증가시킨 후 출력한다.

09 ───── 지역변수 a를 선언한다.

11 ───── a 값을 매개변수로 넘겨 메소드를 호출한다.

12 ───── 메소드를 호출한 다음 a 값을 출력한다.

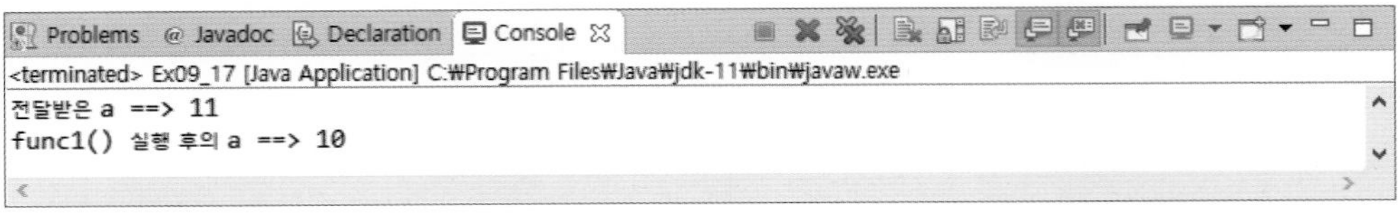

```
Problems  @ Javadoc  Declaration  Console
<terminated> Ex09_17 [Java Application] C:\Program Files\Java\jdk-11\bin\javaw.exe
전달받은 a ==> 11
func1( ) 실행 후의 a ==> 10
```

그림 9-27 실행 결과

9행에서 a에 10을 입력하고, 11행에서 func1(a)를 호출했다. 3행의 a에는 10이 들어갔는데, 4행에서 a 값을 1 증가시킨 후 출력했다. func1( ) 메소드가 종료된 후 12행에서 a를 출력하니 원래의 10이 출력되었다. 이 과정을 [그림 9-28]에 나타냈다.

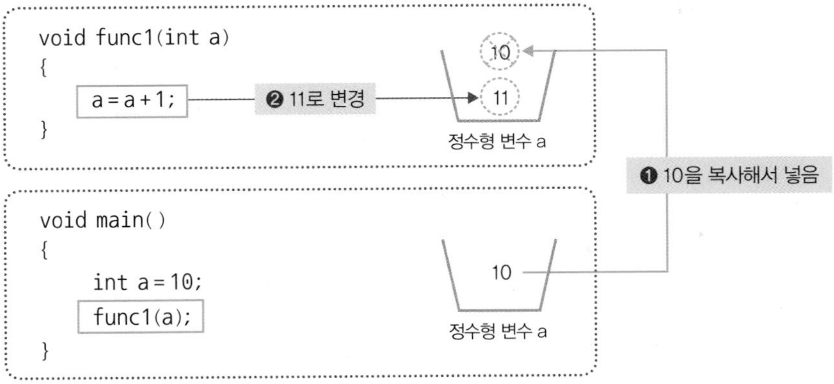

```
void func1(int a)
{
    a = a + 1;          ❷ 11로 변경          10
                                            11
}                                       정수형 변수 a

                                        ❶ 10을 복사해서 넣음

void main( )
{
    int a = 10;
    func1(a);                              10

}                                       정수형 변수 a
```

그림 9-28 매개변수 전달 : 값의 전달

[그림 9-28]을 보면 main() 메소드에서 a를 정의하고 func1(a)를 호출했다. func1() 메소드
의 a에 10을 복사해서 넣는다. func1() 메소드에서는 a 값을 1 증가시켜서 11로 바꾼다. 하지
만 main()의 a는 변경되지 않고 그대로 10을 유지한다.

주소(또는 참조)의 전달

이번에는 매개변수 값을 클래스 객체로 선언해보자.

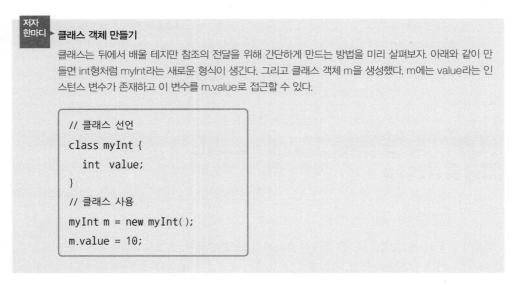

저자
한마디 ▶ 클래스 객체 만들기

클래스는 뒤에서 배울 테지만 참조의 전달을 위해 간단하게 만드는 방법을 미리 살펴보자. 아래와 같이 만
들면 int형처럼 myInt라는 새로운 형식이 생긴다. 그리고 클래스 객체 m을 생성했다. m에는 value라는 인
스턴스 변수가 존재하고 이 변수를 m.value로 접근할 수 있다.

```
// 클래스 선언
class myInt {
    int value;
}
// 클래스 사용
myInt m = new myInt();
m.value = 10;
```

실습 9-18   **매개변수 전달 방법(주소의 전달)**

```
01 class myInt {
02    int a;                                              ┐── myInt 클래스를 선언한다.
03 }                                                      ┘
04
05 public class Ex09_18 {
06
07    static void func1(myInt m) {
08       m.a = m.a + 1;                                   ──── 클래스 객체의 정수형 변수 a에 1을 대입한다.
09       System.out.printf("전달받은 a ==> %d\n", m.a);   ──── a 값을 출력한다.
10    }
11
```

```
12    public static void main(String[] args) {
13        myInt m = new myInt();
14        m.a = 10;                    ----- 클래스 객체의 정수형 변수 a를 10으로 초기화한다.
15
16        func1(m);                    ----- 메소드 호출 시 클래스 객체 m을 전달한다.
17        System.out.printf("func1() 실행 후의 a ==> %d\n", m.a); ----- 메소드 호출 후의 a 값을
18    }                                                               출력한다.
19 }
```

```
🔲 Problems  @ Javadoc  🗟 Declaration  🖳 Console  ☒          ■ ✖ ✖  🖹 🖏 📭 🗐 🖳  🖆 🖵 ▾ 🗂 ▾ ▭ 🗖
<terminated> Ex09_18 [Java Application] C:\Program Files\Java\jdk-11\bin\javaw.exe
전달받은 a ==> 11
func1() 실행 후의 a ==> 11
```

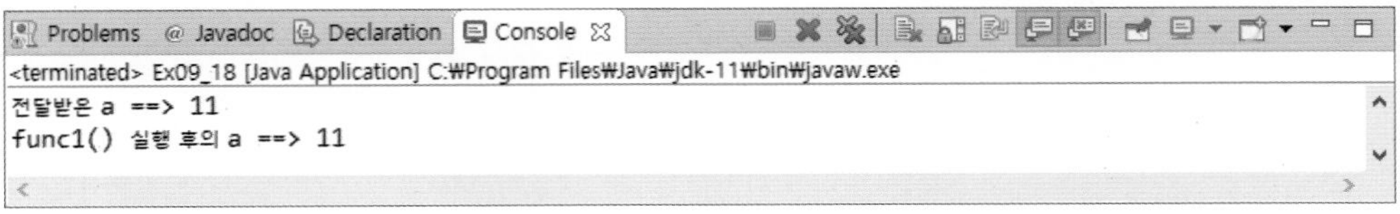

그림 9-29 실행 결과

[실습 9-17]과 구성은 비슷하지만 결과가 다르다. [실습 9-18]에서는 둘 다 11이 나왔다. 도 대체 무엇이 다른 것일까? 다음 그림을 보자. 클래스 객체 m의 주소 값은 정확히 알 필요가 없 으니 임의로 100번지라고 가정한다.

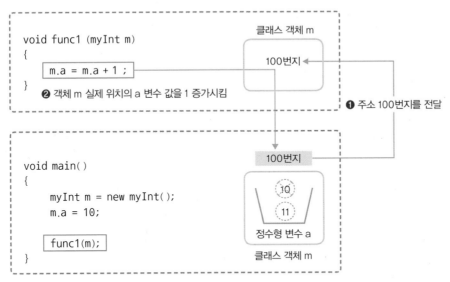

그림 9-30 매개변수 전달 : 주소의 전달

16행에서 클래스 객체 m을 func1()에 전달한다. 클래스 객체를 전달할 경우 그 값이 아닌 주 소 값(100번지)이 전달된다. 7행의 func1()에서는 매개변수를 클래스형 myInt로 선언해놓았 다. 그러므로 func1()의 클래스 객체 m에는 100번지가 들어간다. 8행에서 m.a는 100번지에

저장된 10을 11로 변경한다. 9행에서 m.a를 출력하면 100번지의 값을 출력하게 되므로 결국 11이 출력된다. func1() 메소드 실행이 끝나고 17행으로 돌아가서 m.a를 출력해도 역시 11이 출력된다.

두 문자를 교환하는 다음 실습을 통해 값을 전달하는 방법과 주소를 전달하는 방법을 확실히 구분해보자.

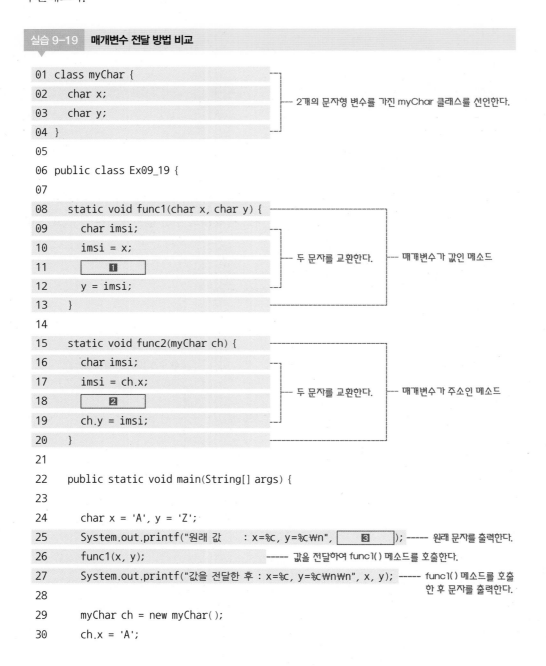

실습 9-19 매개변수 전달 방법 비교

```
01  class myChar {
02      char x;                              ── 2개의 문자형 변수를 가진 myChar 클래스를 선언한다.
03      char y;
04  }
05
06  public class Ex09_19 {
07
08      static void func1(char x, char y) {
09          char imsi;
10          imsi = x;
11              ❶                            ── 두 문자를 교환한다.    ── 매개변수가 값인 메소드
12          y = imsi;
13      }
14
15      static void func2(myChar ch) {
16          char imsi;
17          imsi = ch.x;
18              ❷                            ── 두 문자를 교환한다.    ── 매개변수가 주소인 메소드
19          ch.y = imsi;
20      }
21
22      public static void main(String[] args) {
23
24          char x = 'A', y = 'Z';
25          System.out.printf("원래 값    : x=%c, y=%c\n",    ❸    );  ───── 원래 문자를 출력한다.
26          func1(x, y);                                    ───── 값을 전달하여 func1() 메소드를 호출한다.
27          System.out.printf("값을 전달한 후 : x=%c, y=%c\n\n", x, y);  ───── func1() 메소드를 호출
                                                                           한 후 문자를 출력한다.
28
29          myChar ch = new myChar();
30          ch.x = 'A';
```

```
31         ch.y = 'Z';
32         System.out.printf("원래 값      : x=%c, y=%c₩n", [   4   ]); ----- 원래 문자를 출력한다.
33         func2(ch);                                                ----- 주소를 전달하여 func2( ) 메소드를 호출한다.
34         System.out.printf("주소를 전달한 후 : x=%c, y=%c₩n", ch.x, ch.y); ----- func2( ) 메소드를 호출
                                                                              한 후 문자를 출력한다.
35     }
36 }
```

정답 1 x = y; 2 ch.x = ch.y; 3 x, y 4 ch.x, ch.y

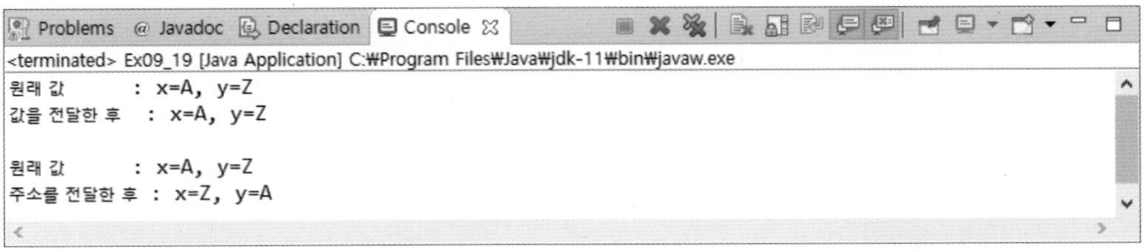
Problems @ Javadoc Declaration Console
<terminated> Ex09_19 [Java Application] C:₩Program Files₩Java₩jdk-11₩bin₩javaw.exe
원래 값 : x=A, y=Z
값을 전달한 후 : x=A, y=Z
원래 값 : x=A, y=Z
주소를 전달한 후 : x=Z, y=A

그림 9-31 실행 결과

26행은 값에 의한 전달로 [그림 9-32]와 같이 작동한다. 단순히 값을 복사해서 넘겨주는 것이므로 func1()을 호출한 뒤에도 main() 메소드에서 출력되는 값에는 영향을 주지 않는다.

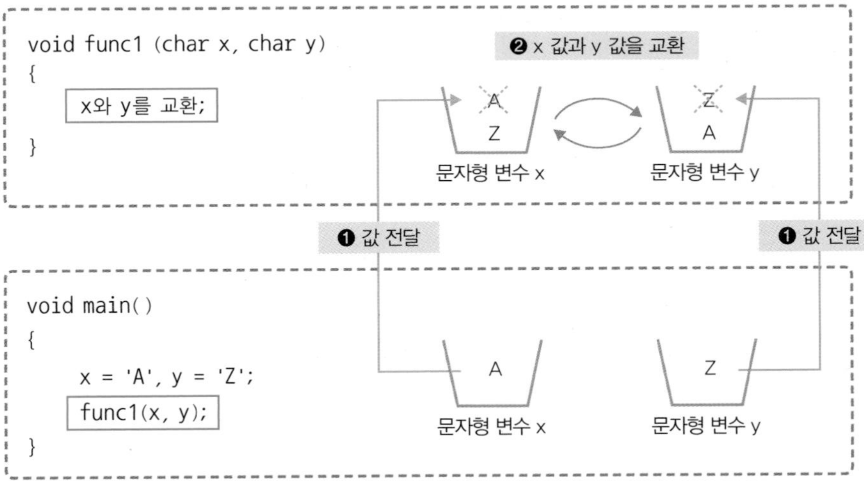
void func1 (char x, char y)
{
x와 y를 교환;
}
❷ x 값과 y 값을 교환
A
Z
Z
A
문자형 변수 x
문자형 변수 y
❶ 값 전달
❶ 값 전달
void main( )
{
x = 'A', y = 'Z';
func1(x, y);
}
A
Z
문자형 변수 x
문자형 변수 y

그림 9-32 값의 전달을 통한 교환

33행은 주소의 전달로 [그림 9-33]과 같이 작동한다. 클래스 객체를 매개변수로 주었기 때문에 func2() 메소드를 호출하면 main() 메소드에서 출력되는 값에도 영향을 준다.

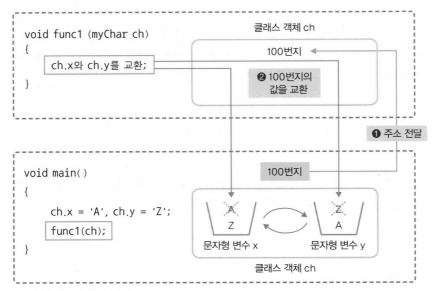

void func1 (myChar ch)
{

ch.x와 ch.y를 교환;

}

클래스 객체 ch

100번지

❷ 100번지의
값을 교환

❶ 주소 전달

void main( )
{

    ch.x = 'A', ch.y = 'Z';

    func1(ch);

}

100번지

A̶
Z

Z̶
A

문자형 변수 x   문자형 변수 y

클래스 객체 ch

그림 9-33 주소의 전달을 통한 교환

예제 모음
23 입력된 문자열을 거꾸로 출력

난이도
★★☆

예제 설명   입력된 문자열을 문자열을 이용해서 거꾸로 출력하는 프로그램을 작성해보자.

실행 결과

```
Problems  @ Javadoc  Declaration  Console ⋈
<terminated> Problem_23 [Java Application] C:\Program Files\Java\jdk-11\bin\javaw.exe
문자열을 입력하세요 :  지밌는 Java 프로그램
내용을 거꾸로 출력 ==> 램그로프 ava] 는밌지
```

- -

예제 모음
24 대문자와 소문자의 변환

난이도
★★★

예제 설명   입력된 문자열이 대문자이면 소문자로 변환하고, 소문자이면 대문자로 변환하며, 그 외의 문
자는 그대로 출력하는 프로그램을 작성해보자.

실행 결과

```
Problems  @ Javadoc  Declaration  Console ⋈
<terminated> Problem_24 [Java Application] C:\Program Files\Java\jdk-11\bin\javaw.exe
문자열을 입력하세요 :  즐거운 Java Programming 1234 ^__^
변환된 문자열 ==> 즐거운 jAVA pROGRAMMING 1234 ^__^
```

로또 숫자 자동 추첨

예제 설명   메소드를 활용하여 1~45 중에서 6개를 자동으로 뽑는 프로그램을 작성해보자.

실행 결과

```
Problems  @ Javadoc  Declaration  Console ☒          ■ ✖ ✖ | ▤ ▥ ▦ ▧ | ▨ ▢ ▾ ▢ ▾ ▭ ▭
<terminated> Problem_25 [Java Application] C:₩Program Files₩Java₩jdk-11₩bin₩javaw.exe
** 로또 추첨을 시작합니다. **

추첨된 로또 번호 ==>    6    7    29    38    36    35
```

23

```
01  import java.util.Scanner;
02
03  public class Problem_23 {
04    public static void main(String[] args) {
05      Scanner s = new Scanner(System.in);
06      String ss;
07      String tt = "";
08      int count, i;
09
10      System.out.printf("문자열을 입력하세요 : ");
11      ss = s.nextLine();
12
13      count = ss.length();
14
15      for (i = 0; i < count; i++) {
16        tt += ss.charAt(count - (i + 1));
17      }
18
19      System.out.printf("내용을 거꾸로 출력 ==> %s \n", tt);
20    }
21  }
```

문자열 ss, tt를 선언하고 tt는 ""로 초기화한다.

문자열을 입력받는다.

입력받은 문자의 개수를 구한다.

문자열의 개수만큼 반복해서 tt에 입력받은 문자열을 거꾸로 저장한다.

24

```
01  import java.util.Scanner;
02
03  public class Problem_24 {
04    public static void main(String[] args) {
05      Scanner s = new Scanner(System.in);
06      String in, out = "";
07      char ch;
```

입력 문자열 in과 출력 문자열 out

```
08      int count, i;
09      int diff = 'a' - 'A';                        ----- 대문자와 소문자의 값 차이를 diff에 저장한다.
10
11      System.out.printf("문자열을 입력하세요 : ");
12      in = s.nextLine( );                          ----- 문자열을 입력받는다.
13
14      count = in.length( );                        ----- 입력한 문자열의 길이를 구한다.
15
16      for (i = 0; i < count; i++) {
17          ch = in.charAt(i);                       ----- 문자열에서 문자 하나를 추출한다.
18          if (('A' <= ch) && (ch <= 'Z'))          ┐ 문자가 대문자이면 대문자와
19              out += (char) (ch + diff);           ┘ 소문자의 값 차이를 더한다.
20          else if (('a' <= ch) && (ch <= 'z'))     ┐ 문자가 소문자이면 대문자와
21              out += (char) (ch - diff);           ┘ 소문자의 값 차이를 뺀다.          문자열의
22          else                                     ┐ 영문이 아닌 기호, 숫자, 한글        길이만큼
23              out += (char) ch;                    ┘ 등은 그대로 둔다.                반복한다.
24      }
25
26      System.out.printf("변환된 문자열 ==> %s \n", out);
27   }
28 }
```

25

```
01 public class Problem_25 {
02
03   static short getNumber( ) {
04       return (short) (Math.random( ) * 45 + 1);
```

Math.random( ) 메소드는 0.0부터 1.0 미만의 실수 중 하나를 임의로 반환한다. 이 숫자에 45를 곱하면 0.0부터 45.0 미만이므로 1을 더하여 1~45 중에서 하나가 나오도록 했다. ----- 1~45 중에서 하나를 추출하는 메소드이다.

```
05   }
06
07   public static void main(String[] args) {
08       short[] lotto = { 0, 0, 0, 0, 0, 0 };        ----- 추첨된 숫자를 담을 배열
09       short i, k, num;                             ----- 반복 변수 i, k와 뽑힌 숫자를 담을 변수 num
10       char dupl = 'N';                             ----- 이미 뽑힌 숫자인지 체크하기 위한 변수
11
```

```
12      System.out.printf("** 로또 추첨을 시작합니다. ** \n\n");

13

14          for (i = 0; i < 6;) {
15          num = getNumber( );                   ----- 로또 숫자를 1개 뽑는다.

16
17          for (k = 0; k < 6; k++)
18            if (lotto[k] == num)          뽑은 숫자가 기존에 뽑은 숫자와
19              dupl = 'Y';                 동일한지 확인하고, 동일하면
                                            중복 확인 변수에 'Y'를 대입한다.
20
21          if (dupl == 'N')                뽑은 숫자가 처음 뽑은 것이라면
22            lotto[i++] = num;             로또 배열에 넣고 i(뽑힌 개수)를
23          else                            증가시킨다. 아니면 중복 확인
24            dupl = 'N';                   변수에 'N'을 대입한다.
25        }

26
27      System.out.printf("추첨된 로또 번호 ==> ");
28      for (i = 0; i < 6; i++) {
29        System.out.printf("%d  ", lotto[i]);   ---- 뽑힌 6개의 로또 숫자를 출력한다.
30      }
31   }
32 }
```

6개의 다른
숫자가 뽑힐
때까지 무한
반복한다.
· 다른 숫자가
뽑히면
22행에서
i를 1 증가
시킨다.

9장 문자열과 메소드 / 341

요약

01 문자열 처리 메소드

① length( ) : 문자열의 길이를 알려준다.

② startsWith(문자열)과 endsWith(문자) : 문자열의 처음 또는 끝이 특정 문자열인지 파악한다.

③ indexOf( ) : 찾고자 하는 문자열이 맨 처음 나오는 위치를 돌려준다.

④ lastIndexOf( ) : 찾고자 하는 문자열이 여러 개 나올 때 마지막에 나오는 위치를 알려준다.

⑤ replace( ) : 문자열의 내용을 바꾼다.

⑥ substring( ) : 문자열 중 일부를 추출한다.

⑦ split( ) : 문자열을 특정 문자로 분리한다.

⑧ toUpperCase( ), toLowerCase( ) : 영문 대문자 또는 소문자로 변경한다.

⑨ compareTo( ) : 두 문자열을 비교한다.

⑩ contains( ) : 문자열의 포함을 확인한다.

⑪ equals( ) : 두 문자열이 동일한지 확인한다.

02 메소드의 개념

① 어떤 값이 들어가면 그것을 처리한 후 하나의 결과 값을 돌려준다.

② 메소드는 간단히 '메소드이름( )'의 형식으로 사용한다.

③ 메소드는 반복적인 것을 처리할 때 유용하다.

03 메소드를 정의하고 호출하는 예

```
int plus (int v1, int v2)
{
    int result;
    result = v1 + v2;
    return result;
}
hap = plus (100, 200);
```

04 지역변수와 전역변수

지역변수는 선언된 메소드 안에서만 유효한 변수이고, 전역변수는 모든 범위에서 유효한 변수를 말한다.

05 메소드의 반환 값

① 메소드에서 값을 돌려주기 위해서는 return 문을 사용한다.

② 메소드가 돌려줄 값에 따라 메소드 이름 앞에 데이터형이 붙는다. 즉 정수 값을 반환하려면 'int 메소드이름( )'의 형식을 사용한다.

③ 돌려줄 값이 없으면 메소드를 void형으로 선언한다.

06 매개변수 전달 방법

① 값의 전달 : 값을 복사하여 해당 메소드에서 사용하는 것이므로 기존 변수에 들어 있는 값은 변하지 않는다.

② 주소(또는 참조)의 전달 : 값이 들어 있는 주소를 넘겨주기 때문에 연산 결과에 따라 기존의 값이 변한다.

01 다음 문자열 관련 메소드와 그 역할을 바르게 연결하시오.

① length( )　　　　　　　　　　　　　a. 특정 문자열의 위치를 찾는다.

② startsWith( )　　　　　　　　　　　b. 특정 문자열이 여러 개 나올 때 마지막 위치를 찾는다.

③ indexOf( )　　　　　　　　　　　　c. 처음이 특정 문자열인지 파악한다.

④ lastIndexOf( )　　　　　　　　　　d. 문자열의 내용을 바꾼다.

⑤ replace( )　　　　　　　　　　　　e. 일부 문자열을 추출한다.

⑥ substring( )　　　　　　　　　　　f. 문자열의 길이를 알려준다.

⑦ split( )　　　　　　　　　　　　　g. 문자열을 특정 문자로 분리한다.

⑧ toLowerCase( )　　　　　　　　　h. 특정 문자열이 포함되었는지 확인한다.

⑨ trim( )　　　　　　　　　　　　　i. 두 문자열이 같은지 비교한다.

⑩ contains( )　　　　　　　　　　　j. 앞뒤 공백을 제거한다.

⑪ compareTo( )　　　　　　　　　　k. 소문자로 변환한다.

02 다음은 입력받은 두 문자열을 처리하는 프로그램이다. 빈칸을 채워 프로그램을 완성하시오.

```
01  import java.util.Scanner;
02
03  public class Exam {
04    public static void main(String[] args) {
05      Scanner s = new Scanner(System.in);
06      String ss1, ss2, ss3;
07      int r1, r2;
08
09      System.out.print("문자열 1을 입력:");
10      ss1 = s.    ①    ; // 문자열 입력
11      System.out.print("문자열 2를 입력:");
12      ss2 = s.    ①    ; // 문자열 입력
13
14      ss3 =     ②    ; // 문자열 합치기
15      System.out.printf("합쳐진 문자열 ==> %s \n", ss3);
16
17      r1 = ss1.    ③    ; // 문자열 길이
```

```
18        r2 = ss2.|    ③    |; // 문자열 길이
19
20        System.out.printf("문자열 1 길이 ==> %d \n", r1);
21        System.out.printf("문자열 2 길이 ==> %d \n", r2);
22
23        if (ss1.|    ④    |(ss2) == 0) // 문자열 비교
24          System.out.printf("두 문자열은 같다.\n");
25        else
26          System.out.printf("두 문자열은 다르다.\n");
27    }
28 }
```

```
Problems  @ Javadoc  Declaration  Console ✕    ■ ✖ ✖ | ⬛ ⬛ | ⬛ ⬛ ⬛ | ⬛ ⬛ ▼ ⬛ ▼ ⬛ ⬛
<terminated> Exam [Java Application] C:\Program Files\Java\jdk-11\bin\javaw.exe
문자열 1을 입력 : Good
문자열 2를 입력 : Java Programming
합쳐진 문자열 ==> GoodJava Programming
문자열 1 길이 ==> 4
문자열 2 길이 ==> 16
두 문자열은 다르다.
```

03 다음 메소드에서 잘못된 점 두 가지를 찾으시오.

```
int myFunc (v1, int v2)
{
    return 'A';
}
```

HINT/ 매개변수의 데이터 형식, 메소드의 데이터 형식과 return 값이 일치해야 한다.

04 다음 메소드의 프로토타입과 return 문을 바르게 연결하시오.

① float func( );   a. return 100L;

② long func(char, char);   b. return 100.123F;

③ char func(int, int);   c. return 'A';

HINT/ return 값과 메소드의 데이터 형식이 일치해야 한다.

05 다음 전역변수와 지역변수의 출력 값은 무엇인가?

```
int a=100;
public static void main(String[] args) {
    int a = 200;
    System.out.printf ("%d", a);
}
```

HINT/ 변수 이름이 같을 때 메소드 안에서는 지역변수가 우선이다.

06 다음 프로그램을 실행하면 어떤 값이 출력되는가?

```
01 class myInt {
02    int a;
03 }
04
05 public class Exam {
06    static void func(myInt m) {
07      m.a = m.a + 10;
08    }
09
10    public static void main(String[] args) {
11      myInt m = new myInt( );
12      m.a = 100;
13
14      func(m);
15      System.out.printf("%d", m.a);
16    }
17 }
```

HINT/ 주소(참조)를 넘겨주면 넘겨준 변수의 값이 변경된다.

07 입력한 두 글자의 차이를 계산하는 프로그램을 메소드를 이용하여 작성하시오. 이때 메소드의 원형은 다음과 같이 하시오.

```
static int diff(char a, char b) { }
```

```
<terminated> Exam [Java Application] C:\Program Files\Java\jdk-11\bin\javaw.exe
문자1을 입력 : E
문자2를 입력 : R
두 문자의 차이 ==> 13
```

HINT/ 아스키코드의 차이를 구한다.

08 다음은 연습문제 7번과 동일한 결과가 나오는 프로그램이다. 빈칸을 채워 프로그램을 완성하시오.

```
01  import java.util.Scanner;
02
03  class myChar {
04     char ch;
05  }
06
07  public class Exam {
08     static int diff(myChar a, myChar b) {
09        if (a.ch > b.ch)
10           return a.ch - b.ch;
11        else
12           return b.ch - a.ch;
13     }
14
15     public static void main(String[] args) {
16        Scanner s = new Scanner(System.in);
17        myChar ch1 = new myChar();
18        myChar ch2 = new myChar();
19
20        System.out.printf("문자1을 입력 :");
21        [    ①    ] = (s.nextLine()).charAt(0); // 입력받은 제일 첫 문자를 추출
22        System.out.printf("문자2를 입력 :");
23        [    ②    ] = (s.nextLine()).charAt(0);
24
25        System.out.printf("두 문자의 차이 ==> %d\n", [    ③    ]);
26     }
27  }
```

09 다음은 주소(참조)에 의한 호출을 구현한 메소드이다. 실행 결과와 같이 두 문자가 서로 바뀌도록 swap( ) 메소드를 완성하시오.

```java
01  import java.util.Scanner;
02
03  class myChar {
04      char ch;
05  }
06
07  public class Exam {
08      static void swap(myChar a, myChar b) {
09          char imsi;
10
11          [              ]
12
13      }
14
15      public static void main(String[] args) {
16          Scanner s = new Scanner(System.in);
17          myChar ch1 = new myChar( );
18          myChar ch2 = new myChar( );
19
20          System.out.printf("문자1을 입력 :");
21          ch1.ch = (s.nextLine( )).charAt(0); // 입력받은 가장 첫 문자를 추출
22          System.out.printf("문자2를 입력 :");
23          ch2.ch = (s.nextLine( )).charAt(0);
24
25          swap(ch1, ch2);
26
27          System.out.printf("바뀐 문자 ==> %c  %c", ch1.ch, ch2.ch);
28      }
29  }
```

```
Problems  @ Javadoc  Declaration  Console ✕
<terminated> Exam [Java Application] C:\Program Files\Java\jdk-11\bin\javaw.exe
문자1을 입력 : A
문자2를 입력 : B
바뀐 문자 ==>  B   A
```

오류 발생에
미리 대비하자!

Chapter 10
예외 처리와
파일 입출력

프로그램을 작성하다 보면 오류가 발생하고 오류를 수정해야만 프로그램이 정상적으로 작동할 수 있다. 이러한 오류를 JAVA나 운영체제가 아닌 프로그래머가 직접 처리하는 것을 예외 처리라고 한다. 이 장에서는 예외 처리에 대해 설명한 다음, 키보드와 화면에서 입력 및 출력을 하는 표준 입출력과 하드디스크에서 파일을 읽어오거나 저장해야 하는 파일 입출력을 살펴볼 것이다.

SECTION 01 예외 처리
SECTION 02 표준 입출력
SECTION 03 파일 입출력

예제 모음
요약
연습문제

예외 처리

예외 처리는 오류가 발생할 경우 프로그래머가 작성한 부분이 실행되도록 try~catch로 준비하는 것을 말한다.

예외 처리(exception handling)는 오류가 발생했을 때 JAVA 프로그램이 직접 처리하는 것을 막고 프로그래머가 오류를 처리하는 경우를 말한다. 즉 오류가 발생했을 때 JAVA 프로그램이 조치하는 부분을 무시하고, 필요한 조치를 프로그래머가 직접 준비해놓는 것이다. 예를 들어 JAVA에서는 try~catch 문을 사용하여 예외 처리를 할 수 있다.

1 오류의 종류

지금까지 이 책을 학습하면서 많은 오류가 발생했을 것이다. 오류는 다음과 같이 두 종류가 있다.

구문 오류

오타 혹은 정의되지 않은 변수를 사용하는 등 구문상의 오류일 때 이클립스 에디터에 빨간 줄이 나타난다. 그리고 행 번호 앞에 빨간색의 작은 ✕로 구문상의 오류가 있음을 표시한다. 다음은 'String'을 'Strong'으로 입력하여 오류가 발생한 경우이다.

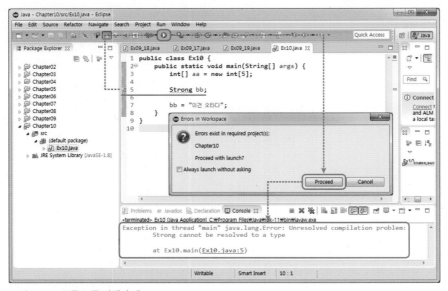

그림 10-1 구문 오류 발생의 예

구문 오류가 발생하면 실행이 되지 않지만 [그림 10-1]과 같이 강제로 실행시킬 수도 있다. 물론 강제로 실행시킨다고 해도 더 이상 진행되지 않고 화면에 오류 내용이 뜬다. 당연히 구문 오류를 수정한 다음 실행해야 하며, 구문 오류는 여기서 배우는 예외 처리에 포함되지 않는다.

구문에 오류가 없는데 실행 시 오류가 발생하는 경우

이클립스 에디터에는 오류 표시가 없는데 실행하면 오류가 발생하는 경우가 있다. 예를 들어 배열을 'int[ ] aa = new int[3]'으로 3개를 설정하고 aa[3] 같은 곳을 접근하는 경우이다.

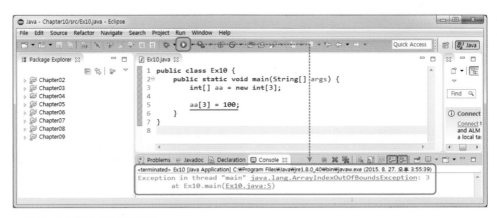

그림 10-2 실행 시 오류 발생의 예

오류가 발생하면 오류의 원인과 행 번호가 표시되는데, 그 구분을 클릭하면 오류가 발생한 행으로 커서가 이동한다. JAVA에서 예외 처리는 [그림 10-2]와 같이 구문에는 오류가 없으나 실행 시 오류가 발생하는 경우에 대신 처리해준다.

2 예외 처리의 기본 형식

예외 처리의 기본 형식은 다음과 같다.

```
try {
    JAVA 코드…
} catch (예외 타입 e) {
    예외 발생 시 이 부분이 실행됨
}
```

예외 타입 다음의 e는 변수로서 오류 내용이 여기에 포함된다. 변수 e는 직접 활용해도 되고 그대로 두어도 괜찮다. [그림 10-2]의 오류를 예외 처리로 코딩해보자.

```
01  public class Ex10_01 {
02    public static void main(String[] args) {
03      int[] aa = new int[3];                                   ----- 크기 3의 배열을 선언한다.
04      try {
05        aa[3] = 100;                                           ─── 기존에 실행되는 코드이다.
06      } catch (ArrayIndexOutOfBoundsException e) {
07        System.out.println("배열 첨자가 배열 크기보다 커요 ~~");
              ArrayIndexOutOfBoundsException 예외가 발생하면 7행을 실행한다. ---
08      }
09    }
10  }
```

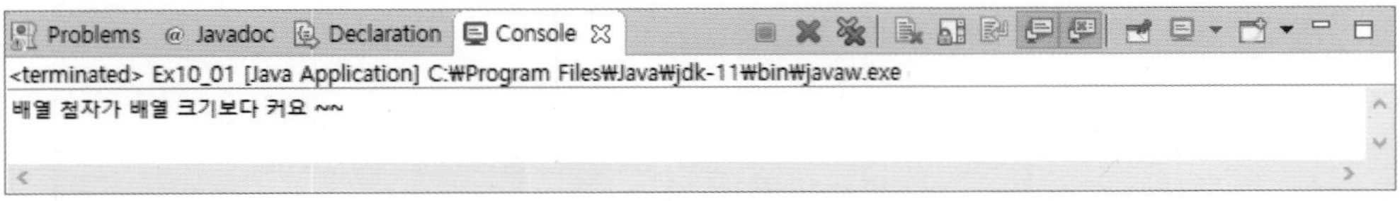

```
 Problems  @ Javadoc  Declaration  Console ⊠              ▯ ✖ ✖ | ▤ ▤ ▤ | ▤ ▤ | ▤ ▤ ▾ ▭ ▾  ▭ ▭
<terminated> Ex10_01 [Java Application] C:\Program Files\Java\jdk-11\bin\javaw.exe
배열 첨자가 배열 크기보다 커요 ~~
```

그림 10-3 실행 결과

[실습 10-1]은 [그림 10-2]와 같이 5행이 실행되는데 try{}로 묶여 있다는 것이 다르다. 만약 try{} 안에서 오류가 발생하고 그 오류가 ArrayIndexOutOfBoundsException 오류에 해당 한다면 catch{} 내부를 수행한다. ArrayIndexOutOfBoundsException은 배열의 인덱스가 실제 크기보다 큰 경우에 발생하는 오류이다.

3　예외 처리의 전체 형식

예외 처리의 전체 형식은 다음과 같다.

```
try {
   JAVA 코드…
} catch (예외 타입 1 e) {
   예외 1 발생 시 이 부분이 실행됨
} catch (예외 타입 2 e) {
   예외 2 발생 시 이 부분이 실행됨
} finally {
   이 부분은 마지막에 무조건 실행됨
}
```

이처럼 여러 개의 catch 문으로 예외의 다양한 상황에 대비할 수도 있다. finally{ }는 오류가 발생하든 발생하지 않든 무조건 마지막에 수행되며 생략이 가능하다. 다음 실습을 통해 이를 살펴보자.

실습 10-2 예외 처리의 전체 예

```
01 public class Ex10_02 {
02   public static void main(String[] args) {
03     int[] aa = new int[3];
04     try {
05       aa[2] = 100 / 0;              ----- 0으로 나누는 오류가 발생한다.
06       aa[3] = 100;
07     } catch (ArrayIndexOutOfBoundsException e) {
08       System.out.println("배열 첨자가 배열 크기보다 커요 ~");
09     } catch (ArithmeticException e) {
10       System.out.println("0으로 나누는 등의 오류예요 ~");  ----- 0으로 나누는 오류 등 수식 오류가
                                                                발생하면 10행을 실행한다.
11     } finally {
12       System.out.println("이 부분은 무조건 나와요 ~");  ----- 오류 발생 여부와 관계없이 실행한다.
13     }
14   }
15 }
```

```
Problems  @ Javadoc  Declaration  Console ☒
<terminated> Ex10_02 [Java Application] C:\Program Files\Java\jdk-11\bin\javaw.exe
0으로 나누는 등의 오류예요 ~
이 부분은 무조건 나와요 ~
```

그림 10-4 실행 결과

메/멘/토 퀴즈   예외 처리의 예약어 3개는 (   ), (   ), (   )이다.

4 오류 메시지 출력

JAVA에서는 오류가 발생하면 그 오류의 원인을 문자열로 가지고 있다. 예외 처리 형식인 catch (예외 타입 e) { }에서 e에는 오류의 다양한 내용이 저장되어 있으며, 필요한 경우 오류의 내용을 확인할 수 있다.

```
01  public class Ex10_03 {
02    public static void main(String[ ] args) {
03      int a = 100, b = 0;
04      int result;
05      try {
06        result = a / b;                          ----- 0으로 나누는 오류가 발생한다.
07      } catch (ArithmeticException e) {
08        System.out.print("발생 오류 ==> ");
09        System.out.println(e.getMessage( ));   ----- e 변수에서 메시지를 추출해서 출력한다.
10      }
11    }
12  }
```

```
Problems  @ Javadoc  Declaration  Console ✕
<terminated> Ex10_03 [Java Application] C:₩Program Files₩Java₩jdk-11₩bin₩javaw.exe
발생 오류 ==> / by zero
```

그림 10-5 실행 결과

7행의 ArithmeticException 클래스 타입의 변수 e에 대해 9행의 getMessage( ) 메소드로 오류 내용을 추출해서 출력했다. 여기서는 '/ by zero' 오류 메시지가 나왔다.

저자 한마디 ▶ 예외 타입의 종류

예외 타입은 클래스로서 서로 상속 관계이다. 다음은 자주 사용되는 예외의 상속 관계를 그림으로 나타낸 것이다. 예를 들어 RunTimeException 예외를 사용하면 ArithmeticException 등 그 아래의 예외가 모두 해당된다(상속은 이 책의 후반부에서 다룬다).

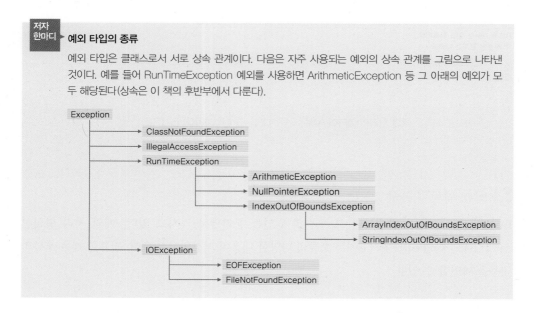

5 오류 메시지 직접 만들기

JAVA가 제공하는 오류 메시지를 사용하지 않고 직접 만들어서 사용할 수도 있다. 다음과 같은 형식으로 throw를 사용하면 된다.

> throw new Exception("사용자가 만든 오류 메시지");

다음 실습을 통해 그 용도를 확인해보자.

실습 10-4 **오류 메시지 직접 만들기**

```
01  public class Ex10_04 {
02    public static void main(String[ ] args) {
03      int a = 100, b = 0;
04      int result;
05      try {
06        if (b == 0)
07          throw new Exception("0으로 나누려고요? 안됩니다.");
08        result = a / b;
09      } catch (Exception e) {
10        System.out.print("발생 오류 ==> ");
11        System.out.println(e.getMessage( ));
12      }
13    }
14  }
```

6~7행 주석: 나누는 값 b가 0이면 8행을 실행하기 전에 오류가 발생한다.

9행 주석: 예외 타입을 Exception으로 변경한다.

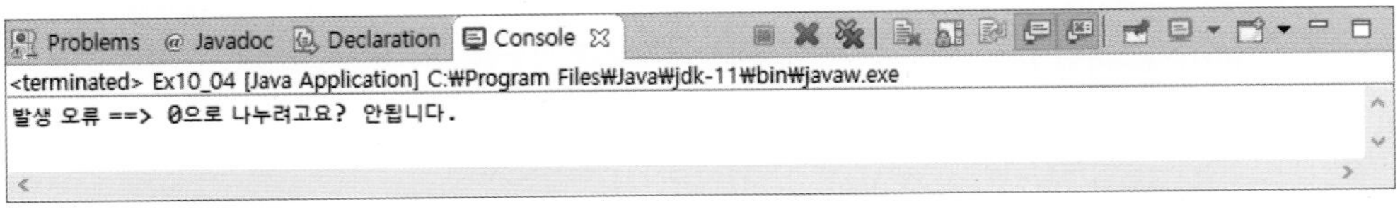

```
Problems  @ Javadoc  Declaration  Console ⊠              ■ ✖ %  ▣ ▣ ▣ ▣ ▣ ▣  ▣ ▣ ▾ ▣ ▾ ▭ ▭
<terminated> Ex10_04 [Java Application] C:₩Program Files₩Java₩jdk-11₩bin₩javaw.exe
발생 오류 ==> 0으로 나누려고요? 안됩니다.
```

그림 10-6 실행 결과

7행의 throw는 직접 사용자의 메시지를 만들어서 오류를 발생시키며, 11행에서 이 오류 메시지가 출력되었다.

▶ **직접 풀어보기 10-1**

[실습 10-4]를 수정하여 a가 0인 경우에도 '0은 나눠도 0입니다.' 오류가 추가로 발생하도록 해보자.

HINT/ catch는 여러 개를 추가해도 된다.

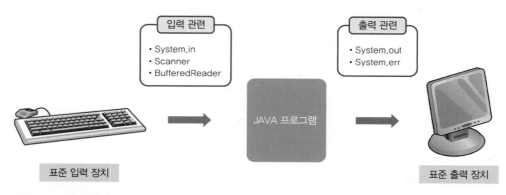

표준 입출력

표준 입력은 키보드로 입력하는 것을 말하며, 주로 Scanner 클래스를 사용한다. 표준 출력은 화면에 출력하는 메소드를 주로 사용하는데 대표적으로 System.out.printf( )를 사용한다.

지금까지 키보드를 사용하여 값을 입력하는 방법으로 Scanner를 주로 사용하고, 화면에 무언가를 출력하려면 System.out.printf( )를 주로 사용했다. 이처럼 키보드로 입력하는 것을 표준 입력(standard input)이라 하고, 화면으로 출력하는 것을 표준 출력(standard output)이라 한다.

TIP/ 표준 입력인 키보드와 표준 출력인 화면을 통틀어서 콘솔(console)이라 한다.

표준 입출력에 대해 자세히 살펴보자.

그림 10-7 표준 입출력의 개념

1 표준 출력 : System.out.printf( )

서식을 지정해서 출력하는 메소드인 System.out.printf( )는 지금까지 계속 사용해왔기 때문에 익숙할 것이다. 이를 다시 정리해보면 기본적인 사용 형식은 다음과 같다.

구문	설명
System.out.printf("서식", 출력할 매개변수…)	서식에 맞춰 표준 출력 장치(화면)에 출력해준다.

서식에는 다음과 같은 내용이 올 수 있다.

서식	설명
%d	정수형(int)
%c	문자형(char)
%s	문자열(String)
%x	16진수 정수(int)
%o	8진수 정수(int)
%f	실수형(float, double)
%e	공학 계산용 형식

실습 10-5 서식화된 출력 메소드 사용 예

```
01  public class Ex10_05 {
02      public static void main(String[ ] args) {
03          int a = 1234;
04          float b = 100.12345f;
05          char ch = 'K';
06          String s = "IT_Cookbook";
07
08          System.out.printf("정수의 10진수 ==> %d\n", a);
09          System.out.printf("정수의 16진수 ==> %X\n", a);
10          System.out.printf("정수의  8진수 ==> %o\n", a);
11          System.out.printf("실수 ==> %10.3f\n", b);
12          System.out.printf("실수(공학용) ==> %e\n", b);
13          System.out.printf("문자 ==> %c\n", ch);
14          System.out.printf("문자열 ==> %s\n", s);
15      }
16  }
```

08~10: 정수를 10진수, 16진수, 8진수로 출력한다.
11~12: 실수를 일반 방식 및 공학용으로 출력한다.
13~14: 문자와 문자열을 출력한다.

```
 Problems  @ Javadoc  Declaration  Console
<terminated> Ex10_05 [Java Application] C:\Program Files\Java\jdk-11\bin\javaw.exe
정수의 10진수 ==> 1234
정수의 16진수 ==> 4D2
정수의  8진수 ==> 2322
실수 ==>    100.123
실수(공학용) ==> 1.001235e+02
문자 ==> K
문자열 ==> IT_Cookbook
```

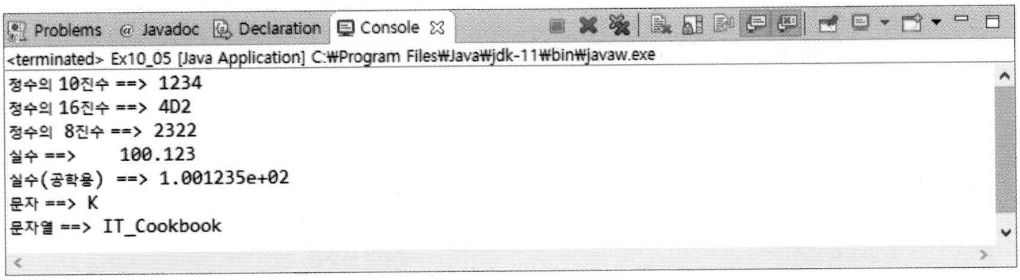

그림 10-8 실행 결과

System.out.printf() 외에도 출력 후에 행을 자동으로 넘겨주는 System.out.println(), 출력 후에 행을 넘겨주지 않는 System.out.print() 메소드도 앞에서 사용했었다.

2 표준 입력 : Scanner

지금까지 Scanner 클래스는 입력받기 위해 자주 사용해왔다. Scanner 클래스의 사용법은 다음과 같다.

```
Scanner s = new Scanner(System.in);
변수 = s.메소드( )
```

System.in은 표준 입력 장치(키보드)에서 문자를 입력받는 역할을 하는데, 좀 더 편리하게 입력받기 위해 Scanner 클래스와 함께 활용하는 방법을 사용했다. Scanner의 주요 메소드는 다음과 같다.

제공 메소드	설명
nextByte( )	정수를 입력받는다(범위 : −128~+127).
nextShort( )	정수를 입력받는다(범위 : −32768~+32767).
nextInt( )	정수를 입력받는다(범위 : 약 −21억~+21억).
nextLong( )	정수를 입력받는다(범위 : 약 −900경~+900경).
nextFloat( )	실수를 입력받는다(정밀도는 소수점 아래 약 일곱 자리).
nextDouble( )	실수를 입력받는다(정밀도는 소수점 아래 약 열다섯 자리).
next( )	한 단어를 입력받는다.
nextLine( )	한 줄을 입력받는다.

실습 10-6   표준 입력 사용 예

```
01  import java.util.Scanner;
02
03  public class Ex10_06 {
04      public static void main(String[ ] args) {
05          Scanner s = new Scanner(System.in);    ----- Scanner형의 변수 s를 선언한다.
06          byte a;
07          short b;
08          int c;
09          long d;                                 ----- 다양한 변수를 선언한다.
10          float e;
11          double f;
12          String str1, str2;
```

```
13
14        System.out.print("byte  : ");      a = s.nextByte();
15        System.out.print("short : ");      b = s.nextShort();
16        System.out.print("int   : ");      c = s.nextInt();
17        System.out.print("long  : ");      d = s.nextLong();
18        System.out.print("float : ");      e = s.nextFloat();
19        System.out.print("double: ");      f = s.nextDouble();
20        System.out.print("str1  : ");      str1 = s.next();
21        System.out.print("str2  : ");      str2 = s.nextLine();
22    }
23 }
```

각 변수에 값을 입력한다.

```
Problems  @ Javadoc  Declaration  Console
<terminated> Ex10_06 [Java Application] C:₩Program Files₩Java₩jdk-11₩bin₩javaw.exe
byte  : 127
short : 32767
int   : 2147183647
long  : 9223372036854775807
float : 0.1234567
double: 0.123456789012345
str1  : Java
str2  :
```

그림 10-9 실행 결과

14~17행의 byte, short, int, long에 최댓값을 입력했다. 이 값보다 1이라도 더 크면 오류가 발생한다. 18, 19행의 float, double에는 최대 정밀도를 입력했다. 그런데 문제는 20행과 21행이다. 20행에서 next() 메소드는 한 단어를 입력받는데 "Java"를 입력했으니 잘 입력되었을 것이다. 하지만 21행의 nextLine()에서 입력받지 않고 프로그램이 종료되었다. next()에서 한 단어만 입력되고 단어 뒤의 Enter는 버퍼(buffer)에 담아두기 때문이다. 그러므로 21행의 nextLine()에서는 Enter가 입력된 효과가 나타나 프로그램이 종료된 것이다.

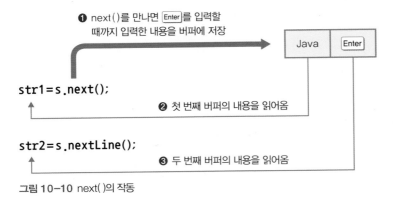

그림 10-10 next()의 작동

다음 실습은 next() 메소드로 한 줄에 입력한 내용을 분리해서 저장한 결과를 보여준다.

next()의 작동 예

```java
01  import java.util.Scanner;
02
03  public class Ex10_07 {
04      public static void main(String[ ] args) {
05          Scanner s = new [ 1 ]
06          String str1, str2, str3;
07
08          System.out.print("단어 3개 입력  : ");
09          str1 = [ 2 ]
10          str2 = s.next( );          ─┐
11          str3 = s.next( );          ─┘ ── 버퍼에서 3개의 단어를 읽어들인다.
12
13          System.out.print("입력된 문자열 ==> ");
14          System.out.print(str1 + "," + str2 + "," + str3);
15      }
16  }
```

정답: **1** Scanner(System.in); **2** s.next();

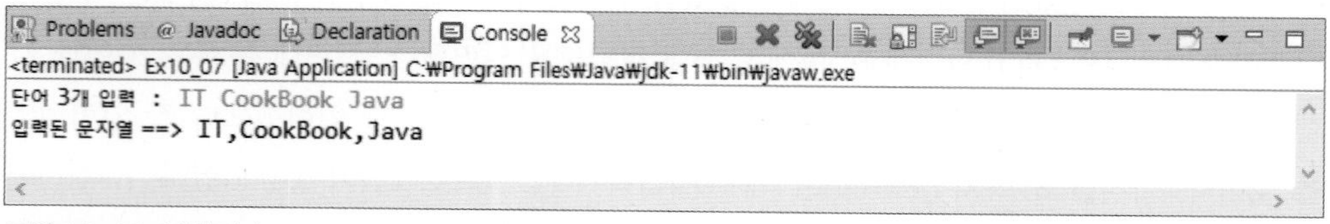

```
🔲 Problems  @ Javadoc  🔍 Declaration  🖥 Console 🔀          ■ 🗙 🗞 | 🗟 🗟 🗐 🗗 🗗 | 🗹 ▾ 🗂 ▾ ⌐ 🗖
<terminated> Ex10_07 [Java Application] C:₩Program Files₩Java₩jdk-11₩bin₩javaw.exe
단어 3개 입력 : IT CookBook Java
입력된 문자열 ==> IT,CookBook,Java
```

그림 10-11 실행 결과

8행에서 3개의 단어를 공백으로 분리해서 입력한 후 Enter를 누르면 버퍼의 단어가 차례대로 str1, str2, str3에 공백으로 분리되어 들어간다.

3 하나의 문자 입력 : System.in.read( )

키보드의 문자 1개를 입력받으려면 System.in.read() 메소드를 사용해야 한다. 단, 1바이트 문자만 입력받기 때문에 한글은 입력할 수 없다. 한글을 입력하려면 앞에서 배운 Scanner를 사용해야 한다.

다음은 Enter 를 누를 때까지 키를 입력받고 입력한 결과가 "hanbit"이면 통과하는 프로그램이다.

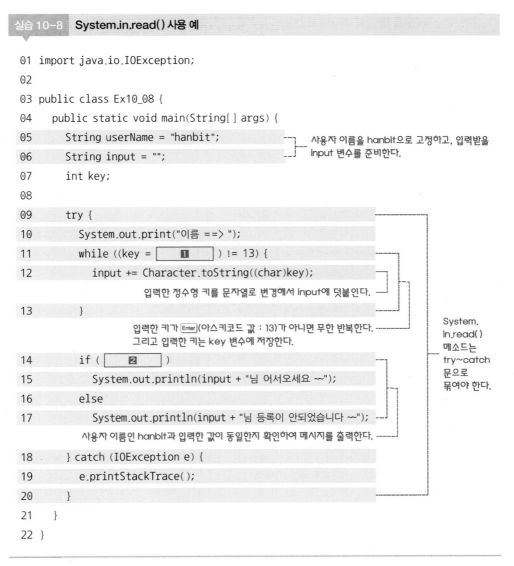

실습 10-8 **System.in.read() 사용 예**

```
01 import java.io.IOException;
02
03 public class Ex10_08 {
04   public static void main(String[] args) {
05     String userName = "hanbit";            사용자 이름을 hanbit으로 고정하고, 입력받을
06     String input = "";                     input 변수를 준비한다.
07     int key;
08
09     try {
10       System.out.print("이름 ==> ");
11       while ((key = [ 1 ] ) != 13) {
12         input += Character.toString((char)key);
                입력한 정수형 키를 문자열로 변경해서 input에 덧붙인다.
13       }
           입력한 키가 Enter (아스키코드 값 : 13)가 아니면 무한 반복한다.
           그리고 입력한 키는 key 변수에 저장한다.
14       if ( [ 2 ] )
15         System.out.println(input + "님 어서오세요 ~");
16       else
17         System.out.println(input + "님 등록이 안되었습니다 ~");
             사용자 이름인 hanbit과 입력한 값이 동일한지 확인하여 메시지를 출력한다.
18     } catch (IOException e) {
19       e.printStackTrace();
20     }
21   }
22 }
```

System.in.read() 메소드는 try~catch 문으로 묶여야 한다.

정답: **1** System.in.read() **2** userName.equals(input)

Problems @ Javadoc Declaration Console ✕

\<terminated\> Ex10_08 [Java Application] C:\Program Files\Java\jdk-11\bin\javaw.exe

이름 ==> hanbit
hanbit님 어서오세요 ~

그림 10-12 실행 결과

코드가 조금 복잡해 보일 수 있으나 별로 어려울 것이 없다. 5행의 userName은 기존의 사용자이고, 6행의 input은 사용자가 입력할 사용자 이름이다. 11행의 조건식에서 키보드로 입력한 키가 변수 key에 입력되고, 이 키가 Enter 의 아스키코드인 13인지 구분한다. 즉 Enter 이면 while 문을 종료하고 14행으로 가며, Enter 외의 키이면 int형인 key를 문자형으로 변환한 후 다시 문자열로 변환해서 input에 추가한다. 결국 input에는 입력한 키가 차례로 추가된다. 14행에서는 전체 입력한 글자가 hanbit인지 확인한다.

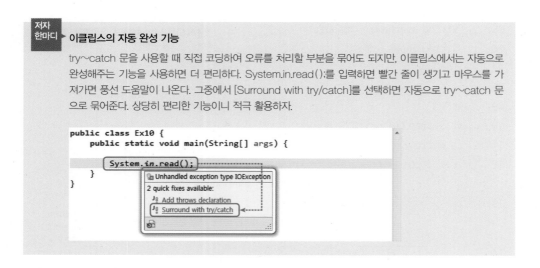

저자 한마디 ▸ 이클립스의 자동 완성 기능

try~catch 문을 사용할 때 직접 코딩하여 오류를 처리할 부분을 묶어도 되지만, 이클립스에서는 자동으로 완성해주는 기능을 사용하면 더 편리하다. System.in.read();를 입력하면 빨간 줄이 생기고 마우스를 가져가면 풍선 도움말이 나온다. 그중에서 [Surround with try/catch]를 선택하면 자동으로 try~catch 문으로 묶어준다. 상당히 편리한 기능이니 적극 활용하자.

```
public class Ex10 {
    public static void main(String[] args) {
        System.in.read();
    }
}
```

▶ **직접 풀어보기 10-2**

[실습 10-8]을 수정하여 숫자는 입력해도 값이 들어가지 않도록 해보자. 즉 "ha5n7bi8t"를 입력하면 "hanbit"이 input 변수에 저장되도록 하는 것이다.

메/멘/토 퀴/즈

① System.in. □□□□()는 한 자를 입력받는다.

② Scanner 클래스의 □□□□()는 버퍼에서 한 단어를 입력받는다.

③ Scanner 클래스의 □□□□□□□□()은 한 행의 문자열을 입력받는다.

파일 입출력

파일 입출력 메소드는 입력과 출력을 표준 입출력 장치가 아닌 파일로 처리하는 메소드이다.

파일 입출력은 지금까지 해왔던 콘솔(화면, 키보드)의 입출력과 그 개념이 비슷하다. 키보드를 사용하는 대신 파일을 읽어서 내용을 입력하거나 화면 대신 파일에 내용을 출력하는 것이 다를 뿐이다.

먼저 파일 입출력을 위해 꼭 알아야 할 처리 과정과 파일 입출력 메소드를 살펴보자.

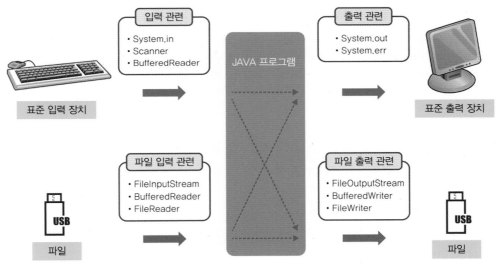

그림 10-13 표준 입출력과 파일 입출력

메 / 멘 / 토 퀴 / 즈 파일 입출력은 □□에서 입력받거나 □□에 출력하는 것을 말한다.

저자
한마디 **스트림(stream)**

스트림은 데이터를 송수신하기 위한 통로의 개념으로서 입력 혹은 출력, 한쪽 방향으로만 진행된다. 스트림은 1바이트를 처리하는 바이트 스트림과 2바이트를 처리하는 문자 스트림으로 나뉜다. [그림 10-13]에서 FileInputStream, FileOutputStream은 바이트 스트림에 해당하고, BufferedReader, BufferedWriter, FileReader, FileWriter는 문자 스트림에 해당한다. 한글은 2바이트이므로 문자 스트림을 사용하는 것이 더 편리하다.

1 파일 입출력의 기본 과정

표준 입출력과 파일 입출력의 차이는 사용하는 클래스와 메소드가 다르다는 것이지만 각 메소드의 사용법은 크게 다르지 않다. 표준 입출력 장치(키보드, 화면)는 항상 준비되어 있기 때문에 Scanner 클래스나 System.out.printf()와 같은 메소드로 바로 사용할 수 있었다. 하지만 파일 입출력을 위해서는 반드시 두 가지 작업, 즉 파일을 사용하기 전의 '파일 열기' 작업과 파일 사용이 끝난 후의 '파일 닫기' 작업을 추가로 해야 한다. 우선 다음 세 단계를 기억해두자. 앞으로 계속 이 단계를 이용하여 프로그램을 코딩할 것이다.

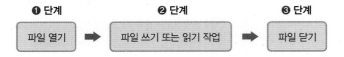

❶ 파일 열기(1단계)

파일을 열려면 관련 클래스에서 변수를 선언하고 파일명을 지정해야 한다.

```
읽기용 : FileInputStream 변수명 = new FileInputStream("파일명");
쓰기용 : FileOutputStream 변수명 = new FileOutputStream("파일명");
```

❷ 파일 처리(2단계)

이제 파일에 데이터를 쓰거나 파일로부터 데이터를 읽어올 수 있는 상태가 되었다. 파일을 처리하는 세부적인 방법은 잠시 후 실습을 통해 살펴보자.

❸ 파일 닫기(3단계)

파일과 관련된 모든 작업이 끝나면 파일을 정상적으로 닫아야 한다. 이때 닫는 변수는 1단계에서 선언한 변수 이름이다.

```
변수명.close();
```

2 파일을 이용한 입력

우리가 지금까지 사용한 입력 방식은 키보드 입력이 전부였다. 그나마 데이터가 간단해서 그동안은 입력하는 데 큰 어려움이 없었다. 하지만 입력해야 할 데이터가 2쪽 분량이라면 어떨까? 여러 사람에게 2쪽짜리 입력 데이터를 나눠주고 프로그램을 실행할 때 직접 입력하게 한다면 시간이 많이 걸릴 뿐 아니라 입력하는 사람마다 입력하는 형태나 내용이 달라지므로 동일한 결과가 나오지 않는다. 이럴 때는 파일에 데이터를 담아두고 필요할 때 불러서 사용하는 것이 훨씬 효율적이다.

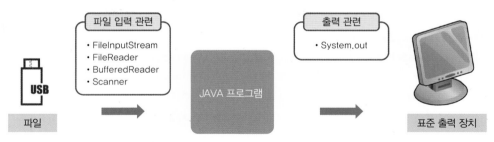

그림 10-14 파일 입력과 표준 출력

[그림 10-14]와 같이 FileInputStream 외에도 FileReader, BufferedReader, Scanner를 이용하여 파일을 읽을 수 있다. 이와 관련된 내용은 실습에서 확인해본다.

1바이트씩 읽어들이기

FileInputStream 클래스를 사용하면 파일의 내용을 1바이트씩 읽어올 수 있다. 1바이트씩 읽어오는 메소드는 read()이다.

[그림 10-14]와 같이 파일을 통해 데이터를 입력한 후 이를 화면에 출력하는 프로그램을 살펴보자. 기존에 많이 사용한 System.out.print()를 사용하여 출력한다.

먼저 메모장을 실행하여 'File Read Sample입니다.'라는 문장을 한 줄 쓰고 파일명을 'c:₩temp₩data1.txt'로 하여 저장한다.

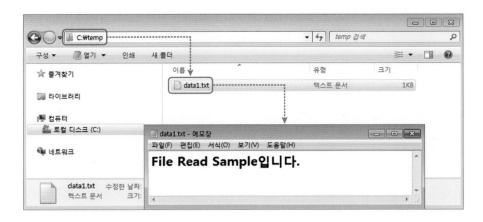

실습 10-9 파일을 이용한 입력 1

```
01 import java.io.FileInputStream;
02
03 public class Ex10_09 {
04   public static void main(String[ ] args) throws Exception {
05     FileInputStream fis = new FileInputStream("c:/temp/data1.txt");
06     int ch;
07
08     while ( (ch = fis.read( )) != -1)
09       System.out.print((char) ch);
10
11     fis.close( );
12   }
13 }
```

- 04: FileInputStream의 예외를 처리하기 위해 throws Exception 문을 추가한다.
- 05: FileInputStream을 준비하고 파일을 연다.
- 08: 파일에서 문자 하나를 read( )로 읽어온다. 파일의 끝일 경우 −1을 반환한다.
- 09: 문자를 출력한다.
- 11: 파일의 모든 내용을 처리한 후 파일을 닫는다.

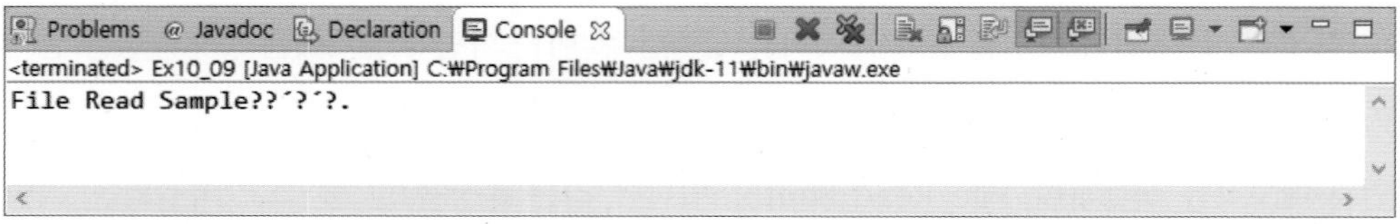
Problems
Javadoc
Declaration
Console
<terminated> Ex10_09 [Java Application] C:₩Program Files₩Java₩jdk-11₩bin₩javaw.exe
File Read Sample??´?´?.

그림 10-15 실행 결과

[실습 10-9]는 파일 처리의 핵심을 알려주는 예제이니 잘 익혀둬야 한다. 4행에서는 파일을 읽을 때 발생될 예외 처리를 위해 throws Exception 문을 추가했다. 이렇게 하지 않고 try~catch로 묶어도 된다. 5행에서 입력을 위한 FileInputStream형의 fis 변수를 선언하면서 동시에 c:₩temp₩data1.txt 파일을 열었다. FileInputStream이 읽기 모드로 열린다.

TIP/ 파일 경로도 문자열이므로 폴더를 구분하기 위해 /를 사용한다면 하나만 넣어도 되지만 ₩를 사용하려면 ₩₩와 같이 2개를 넣어야 한다.

8, 9행은 파일의 끝까지 1바이트씩 읽어들인다. 만약 파일의 끝을 만나면 read() 메소드가 −1을 반환하므로 while 문을 빠져나오게 된다. 11행에서는 파일 사용이 끝났으므로 파일을 닫는다. 그런데 결과 창을 보면 영문은 잘 나왔지만 한글은 깨져 있다. read()는 1바이트씩 읽으므로 2바이트를 차지하는 한글은 잘라서 읽고 바로 출력했기 때문이다.

한글도 잘 나오도록 [실습 10-9]를 다음과 같이 수정해보자.

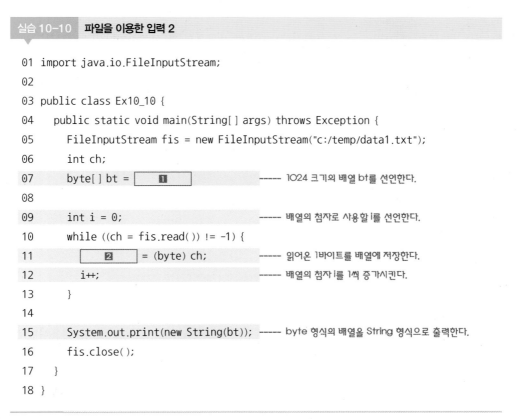

실습 10-10   **파일을 이용한 입력 2**

```
01 import java.io.FileInputStream;
02
03 public class Ex10_10 {
04     public static void main(String[] args) throws Exception {
05         FileInputStream fis = new FileInputStream("c:/temp/data1.txt");
06         int ch;
07         byte[] bt =       １           ----- 1024 크기의 배열 bt를 선언한다.
08
09         int i = 0;                      ----- 배열의 첨자로 사용할 i를 선언한다.
10         while ((ch = fis.read()) != -1) {
11                ２       = (byte) ch;   ----- 읽어온 1바이트를 배열에 저장한다.
12             i++;                        ----- 배열의 첨자 i를 1씩 증가시킨다.
13         }
14
15         System.out.print(new String(bt));  ----- byte 형식의 배열을 String 형식으로 출력한다.
16         fis.close();
17     }
18 }
```

정답. １ new byte[1024]; ２ bt[i];

그림 10-16 실행 결과

7행에서 크기를 충분하게 1024로 설정한 배열을 준비하고, 11행에서 그 배열에 읽어온 1바이트를 차례대로 저장한다. 그리고 15행에서 문자열 형식으로 한꺼번에 출력했기 때문에 한글이 잘 출력되었다.

도스 명령어 type의 구현

도스 명령어 중 하나인 type 명령어 프로그램을 직접 작성해보자. type 명령어는 지정한 파일의 내용을 화면에 출력해준다.

```
type 파일이름
```

[시작]→[모든 프로그램]→[보조 프로그램]→[명령 프롬프트]를 실행하거나 또는 [시작]→[실행]을 선택한 후 cmd 명령을 입력하여 명령 프롬프트를 연다. 다음과 같이 명령어를 입력하면 win.ini 파일의 내용이 화면에 출력될 것이다.

```
type C:\Windows\win.ini
```

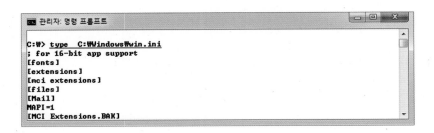

type 명령어의 사용법을 알았으니 이와 같은 결과를 만들어내는 프로그램을 작성해보자. 파일을 한 줄 단위로 읽을 수 있는 BufferedReader 클래스의 readLine() 메소드를 활용하면 된다. 앞에서 배운 파일 처리와 비슷하게 다음과 같은 순서대로 프로그램을 작성하면 되는데, 거의 동일하고 클래스와 메소드만 조금 다를 뿐이다.

❶ 단계	❷ 단계	❸ 단계
FileReader로 파일 열기	BufferedReader로 파일 읽기	파일 닫기

실습 10-11 파일을 이용한 입력 3

```
01  import java.io.BufferedReader;
02  import java.io.FileReader;
03
04  public class Ex10_11 {
05      public static void main(String[] args) throws Exception {
06          FileReader fReader = new FileReader("c:/Windows/win.ini");
```
> FileReader로 c:/Windows/win.ini 파일을 연다.

```
07          BufferedReader bReader = new BufferedReader(fReader);
```
> 행 단위로 읽기 위해 BufferedReader 클래스를 활용한다.

```
08
```

```
09        String str = null;                              ----- 읽어올 문자열 변수를 선언한다.
10
11        while ((str =    ❶    ) != null) {  ----- BufferedReader에서 파일의 한 행씩 읽는다.
12          System.out.println(    ❷    );  ----- 파일의 끝이 아니므로 읽은 내용을 출력한다.
13        }
14
15        bReader.close( );                        ─┐
                                                    ├── 파일을 닫는다.
16        fReader.close( );                        ─┘
17      }
18 }
```

정답_ ❶ str ❷ bReader.readLine( )

정답_ ❶ str ❷ bReader.readLine( )

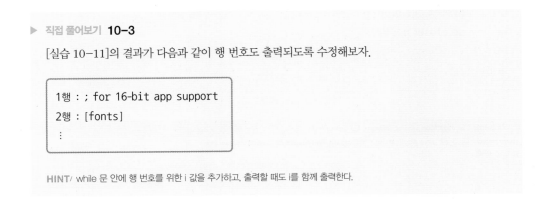

```
🔲 Problems  @ Javadoc  🔍 Declaration  🖥 Console ✕         ■ ✖ ✖ | 🔳 🔳 🔳 🔳 | 🔳 🔳 ▾ 🔳 ▾ ⌐ ◻
<terminated> Ex10_11 [Java Application] C:₩Program Files₩Java₩jdk-11₩bin₩javaw.exe
; for 16-bit app support
[fonts]
[extensions]
[mci extensions]
[files]
[Mail]
```

그림 10-17 실행 결과

6행과 7행에서 FileReader와 BufferedReader를 사용하여 c:₩Windows₩win.ini 파일을
읽기 전용으로 연다. FileReader 클래스는 문자 단위로 읽어들이기 때문에 BufferedReader
를 함께 사용하여 행 단위로 읽도록 했다. 11행에서 readLine( ) 메소드로 한 행씩 str에 읽어
들이며 파일의 끝이라면 null 값을 반환한다. 12행에서는 읽은 내용을 출력했다. 결국 파일의
모든 내용이 행 단위로 출력된다.

▶ 직접 풀어보기 **10-3**

  [실습 10-11]의 결과가 다음과 같이 행 번호도 출력되도록 수정해보자.

  ┌─────────────────────────────────────┐
  │ 1행 : ; for 16-bit app support   │
  │ 2행 : [fonts]   │
  │   ⋮   │
  └─────────────────────────────────────┘

  HINT/ while 문 안에 행 번호를 위한 i 값을 추가하고, 출력할 때도 i를 함께 출력한다.

Scanner를 활용한 파일 읽기

Scanner를 활용하여 파일을 읽을 수도 있다. 여러 줄에 숫자가 쓰인 파일의 합계를 내는 코드를 작성해보자. 다음과 같이 다섯 줄의 숫자를 메모장에 쓰고 파일명을 'c:₩temp₩data2.txt'로 하여 저장한다.

실습 10-12 Scanner를 이용한 입력

```
01  import java.io.File;
02  import java.util.Scanner;
03
04  public class Ex10_12 {
05    public static void main(String[] args) throws Exception {
06      Scanner sc = new Scanner(new File("C:/temp/data2.txt"));
          File을 지정해서 Scanner 클래스의 변수를 선언한다.
07      int hap = 0;                          ----- 합계 변수를 선언하고 초기화한다.
08
09      while (sc.hasNextLine())              ----- 파일의 마지막까지 무한 반복한다.
10        hap += sc.nextInt();                ----- 파일 내용을 정수형으로 읽어서 누적 합계를 계산한다.
11
12      System.out.println("합계 : " + hap);  ----- 누적한 합계를 출력한다.
13      sc.close();
14    }
15  }
```

그림 10-18 실행 결과

6행에서 Scanner형의 변수를 선언할 때, 앞에서는 키보드로 입력받기 위해 System.in을 사용했지만 여기서는 파일로 입력받기 위해 File 클래스를 사용했다. 파일 경로는 직접 지정하면 된다. 9행의 hasNextLine()은 다음 행이 있는지 미리 파악하여 다음 행이 있을 경우 true를 반환한다. 다음 행이 있을 때는 10행을 실행하여 정수를 읽어들이고 파일에서 읽어들인 값을 hap에 계속 누적해서 합계를 낸다.

▶ 직접 풀어보기 **10-4**

파일 c:₩temp₩data2-1.txt를 만들어 소수점이 들어간 실수 6줄을 쓰고 저장한다. 이 실수 6줄의 합계가 나오도록 [실습 10-12]를 수정해보자.

HINT/ System.out.printf()에서 실수는 "%7.2f"와 같은 서식을 사용한다.

3 파일을 이용한 출력

지금까지는 화면으로 출력했는데 화면의 출력 결과는 한 번 볼 수 있을 뿐 저장되지는 않는다. 그렇다면 출력 결과를 파일에 저장하는 방법을 알아보자. 파일을 입력할 때와 반대로 FileOutputStream과 BufferedWriter 클래스를 활용할 것이다.

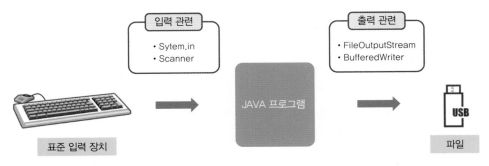

입력 관련
• Sytem.in
• Scanner

JAVA 프로그램

출력 관련
• FileOutputStream
• BufferedWriter

USB

표준 입력 장치

파일

그림 10-19 표준 입력과 파일 출력

FileOutputStream을 이용하여 1바이트씩 파일에 쓰기

FileOutputStream 클래스를 사용하면 파일에 바이트 단위로 내용을 쓸 수 있다. 1바이트씩 쓰는 write() 메소드를 사용하면 된다. 키보드로 입력된 내용을 파일로 저장하는 간단한 실습을 살펴보자.

실습 10-13 **파일을 이용한 출력 1**

```
01 import java.io.FileOutputStream;
02
03 public class Ex10_13 {
```

```
04    public static void main(String[ ] args) throws Exception {
```
└─ FileOutputStream의 예외를 처리하기 위해 throws Exception 문을 추가한다. ┘

```
05        FileOutputStream fos = new FileOutputStream("C:/temp/data3.txt");
```
└─ FileOutputStream을 준비하고 파일을 연다. ┘

```
06        int ch;
07
08        while ((ch = System.in.read( )) != 13)
```
─ Enter(아스키코드 값 : 13)를 입력할 때까지 키보드에서 문자 하나를 read( )로 읽어온다.

```
09            fos.write((byte) ch);
```
───── 입력한 문자를 파일에 쓴다.

```
10
11        fos.close( );
```
───── 파일의 모든 내용을 처리한 후 파일을 닫는다.

```
12    }
13 }
```

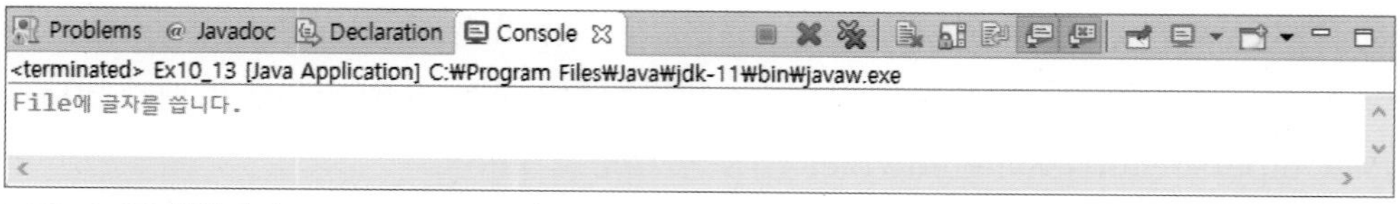

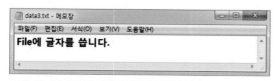

```
Problems  @ Javadoc  Declaration  Console
<terminated> Ex10_13 [Java Application] C:\Program Files\Java\jdk-11\bin\javaw.exe
File에 글자를 씁니다.
```

그림 10-20 실행 결과

5행에서 입력을 위한 FileOutputStream형의 fos 변수를 선언하면서 동시에 C:₩temp₩
data3.txt 파일을 열었다. FileOutputStream이 쓰기 모드로 열린다. 8, 9행에서는 키보드로
1바이트씩 입력받는데, 만약 Enter의 아스키코드인 13을 만나면 while 문을 빠져나온다. 그리
고 읽어온 문자를 byte형으로 변환해서 파일에 쓴다. 11행에서는 파일의 사용이 끝났으므로
파일을 닫는다. 파일 탐색기에서 결과 파일을 확인해보면 잘 저장되어 있다.

```
data3.txt - 메모장
파일(F) 편집(E) 서식(O) 보기(V) 도움말(H)
File에 글자를 씁니다.
```

그림 10-21 바이트 단위로 파일에 저장된 결과

TIP/ 저장된 data3.txt 파일을 메모장에서 열어보면 2바이트인 한글도 잘 저장되었을 것이다. System.in.read( )가 1바이트씩 읽지만
파일에 차례대로 써놓았기 때문에 한글도 깨지지 않고 잘 보인다.

FileWriter를 이용하여 파일에 한 줄씩 쓰기

FileOutputStream 클래스는 바이트 단위로 파일에 내용을 쓰지만 FileWriter를 이용하면 문
자열을 직접 파일에 쓸 수 있다.

```
01 import java.io.FileWriter;
02 import java.util.Scanner;
03
04 public class Ex10_14 {
05    public static void main(String[] args) throws Exception {
06       Scanner sc = [          ]  ----- 키보드로 입력받기 위해 Scanner 클래스를 준비한다.
07       FileWriter fw = new FileWriter("C:/temp/data4.txt");  ----- FileWriter 형식으로 fw
                                                                      변수를 준비한다.
08       String str;
09
10       while (!(str = sc.nextLine()).equals(""))  ----- 입력한 행이 비어 있는 행이 아니면 11행을 처리
                                                          한다. 즉 그냥 Enter 를 누르면 입력을 종료한다.
11          fw.write(str + "\r\n");  ----- 입력한 문자열과 "\r\n"을 붙인다.
12
13       fw.close();
14    }
15 }
```

정답. new Scanner(System.in);

그림 10-22 실행 결과 및 한 행씩 파일에 저장된 결과

10행의 !(str = sc.nextLine()).equals("") 부분은 sc.nextLine()으로 키보드에서 한 행을 읽
어들이고 그 결과를 str에 저장한다. 그런데 그냥 Enter 를 누르면 ""만 반환되므로 str이 ""와
같은지 비교해서 ""가 아닐(!) 경우 11행을 반복하게 된다. 조금 복잡한 코드이지만 실무에서
는 종종 사용하는 방법이니 잘 기억해두자.

▶ 직접 풀어보기 **10-5**

[실습 10-14]의 11행에서 "₩r₩n"을 붙이지 않아도 행이 넘어가도록 코드를 수정해보자.

HINT/ FileWriter 대신 PrintWriter를 사용하고, write( ) 대신 println( )을 사용한다.

도스 명령어 copy의 구현

도스 명령어 중 하나인 copy 명령어를 프로그램으로 작성해보자. copy 명령어는 주어진 파일을 복사하여 똑같은 파일을 하나 더 만드는 명령어이다.

```
copy   소스파일   타깃파일
```

[시작]→[모든 프로그램]→[보조 프로그램]→[명령 프롬프트]를 실행하거나 또는 [시작]→[실행]을 선택한 후 cmd 명령을 입력하여 명령 프롬프트를 연다. 다음과 같이 명령어를 입력하면 win.ini 파일의 내용이 화면에 출력될 것이다.

```
copy   C:₩windows₩win.ini   c:₩temp₩data5.txt
```

copy 명령을 구현하려면 '소스 파일'은 읽기를 위해서 FileInputStream으로, '타깃 파일'은 쓰기를 위해서 FileOutputStream으로 열면 된다. 그리고 read( ) 메소드로 소스 파일의 내용을 읽어와 write( ) 메소드로 타깃 파일에 쓴다. 파일의 끝을 만날 때까지 이러한 과정을 반복한다.

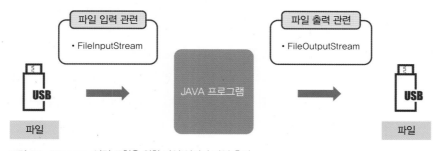

그림 10-23 copy 명령 구현을 위한 파일 입력과 파일 출력

```
01 import java.io.FileInputStream;
02 import java.io.FileOutputStream;
03
04 public class Ex10_15 {
05   public static void main(String[] args) throws Exception {
06     FileInputStream fis = new FileInputStream("c:/Windows/win.ini");
07     FileOutputStream fos = new FileOutputStream("c:/temp/data5.txt");
08     int ch;
09
10     while ((ch = fis.read()) != -1)
11       fos.write((byte) ch);
12
13     System.out.println("복사 완료");
14     fis.close();
15     fos.close();
16   }
17 }
```

6행 : 읽기 및 쓰기 모드로 파일을 연다.
10행 : 파일의 끝까지 1바이트씩 읽는다.
11행 : 읽어온 1바이트를 파일에 쓴다.
14~15행 : 파일을 모두 닫는다.

```
Problems  @ Javadoc  Declaration  Console
<terminated> Ex10_15 [Java Application] C:\Program Files\Java\jdk-11\bin\javaw.exe
복사 완료
```

```
data5.txt - 메모장
파일(F) 편집(E) 서식(O) 보기(V) 도움말(H)
; for 16-bit app support
[fonts]
[extensions]
[mci extensions]
[files]
```

그림 10-24 실행 결과 및 c:\temp\data5.txt의 내용

6행과 7행은 각각 c:\windows\win.ini 파일을 읽기 모드로, c:\temp\data5.txt 파일을 쓰기 모드로 연다. 10행의 read() 메소드는 1바이트씩 읽으며, 읽어온 내용이 없다면 −1을 반환하므로 결국 파일의 맨 마지막 바이트까지 읽게 된다. 11행에서 읽어온 1바이트씩 계속 파일에 쓰는데, 이렇게 파일의 끝까지 반복하면 c:\windows\win.ini 파일과 c:\temp\data5.txt 파일의 내용이 똑같아지므로 파일을 복사(copy)한 것과 같은 효과가 나타난다.

▶ 직접 풀어보기 **10-6**

[실습 10-15]를 수정하여 읽기용 파일과 쓰기용 파일의 이름을 직접 입력받도록 해보자. 즉 다음과
같이 실행되도록 한다.

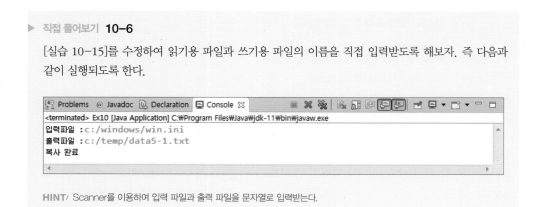

HINT/ Scanner를 이용하여 입력 파일과 출력 파일을 문자열로 입력받는다.

명령 프롬프트에서 실행할 때 파일 이름 입력받기

지금까지는 JAVA 프로그램 안에서 파일 이름을 써놓거나 입력받는 방식을 사용했다. 여기
서는 컴파일된 JAVA 바이트코드를 실행할 때 입력 파일명 또는 출력 파일명을 직접 전달하는
방법을 알아보자. 즉 명령 프롬프트에서 다음과 같이 *.class 파일이 실행되도록 코드를 작성
한다.

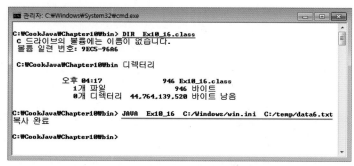

그림 10-25 copy 명령 구현을 위해 명령 프롬프트에서 직접 파일명 입력

JAVA 바이트코드(*.class)를 다음과 같은 형식으로 실행한다.

> JAVA 클래스파일 파라미터1 파라미터2 파라미터3 …

이와 같이 실행하면 파라미터1, 파라미터2, 파라미터3 등은 JAVA 코드 main() 메소드의
String[ ] args 배열로 전달된다. 즉 파라미터1은 args[0]으로, 파라미터2는 args[1]로, 파라미
터3은 args[2]로 전달된다. [실습 10-15]를 수정해보자.

```
01 import java.io.FileInputStream;
02 import java.io.FileOutputStream;
03
04 public class Ex10_16 {
05    public static void main(String[] args) throws Exception {
06       FileInputStream fis = new FileInputStream(      1      );
07       FileOutputStream fos = new FileOutputStream(      2      );
```

파일 이름을 args 배열의 첫 번째와 두 번째로 사용한다.

```
08       int ch;
09
10       while ((ch = fis.read()) != -1)
11          fos.write((byte) ch);
12
13       System.out.println("복사 완료");
14       fis.close();
15       fos.close();
16    }
17 }
```

정답 ▮ args[0]   ❷ args[1]

그림 10-26 실행 결과

[실습 10-16]은 [실습 10-15]의 6행과 7행만 수정했다. 코드를 이클립스에서 실행하면 오류가 발생하고 명령 프롬프트에서 실행하면 [그림 10-25]와 같이 실행될 것이다.

▶ 직접 풀어보기 10-7

파라미터를 1개 입력받은 후 그 파일의 내용이 화면에 출력되도록 [실습 10-11]을 [실습 10-16]처럼 수정해보자.

이클립스에서 명령 프롬프트의 파라미터 사용하기

[실습 10-16]을 이클립스에서 실행하면 배열의 인덱스 범위가 넘었다는 오류가 발생한다. 파라미터를 지정하지 않았는데 args 배열 파라미터에 접근했기 때문이다. 이클립스에서도 다음과 같이 정상적으로 실행되도록 할 수 있다.

이클립스에서 main( ) 메소드의 파라미터를 사용할 때는 실행 전에 파라미터를 지정해놓아야 한다. 이클립스 메뉴 [Run]→[Run Configurations]를 선택하여 [Arguments] 부분에 명령 프롬프트에서 전달할 파라미터를 차례로 쓰고 [Run]을 클릭하면 명령 프롬프트와 동일하게 실행된다.

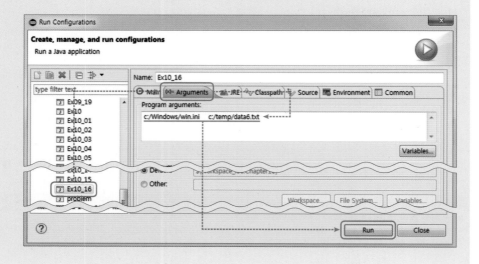

예제 모음
26 예외 처리를 활용한 간단한 계산기

난이도
★★☆

예제 설명   사칙연산을 처리하는 계산기를 작성해보자. 단, 0으로 나누거나 0을 곱하는 것은 오류로 처리하고, 처리 결과가 음수로 나와도 오류를 발생시키도록 한다.

실행 결과

```
Problems  @ Javadoc  Declaration  Console ✕          ■ ✖ ✖ | 🔲 🔲 🔲 🔲 | 🔲 🔲 ▾ 🔲 ▾ ⁻ □
<terminated> Problem_26 [Java Application] C:\Program Files\Java\jdk-11\bin\javaw.exe
첫번째 수를 입력하세요 :  7
계산할 연산자를 입력하세요 :  *
두번째 수를 입력하세요 :  0
발생 오류 ==> 0으로 곱하면 어차피 0입니다.
```

예제 모음
27 구구단을 파일에 출력

난이도
★★☆

예제 설명   6장 [예제 모음 14]의 내용을 gugu.txt 파일에 쓰도록 수정해보자.

실행 결과

```
gugu.txt - 메모장                                              _ □ X
파일(F)  편집(E)  서식(O)  보기(V)  도움말(H)
#제2단#  #제3단#  #제4단#  #제5단#  #제6단#  #제7단#  #제8단#  #제9단#

2X 1= 2  3X 1= 3  4X 1= 4  5X 1= 5  6X 1= 6  7X 1= 7  8X 1= 8  9X 1= 9
2X 2= 4  3X 2= 6  4X 2= 8  5X 2=10  6X 2=12  7X 2=14  8X 2=16  9X 2=18
2X 3= 6  3X 3= 9  4X 3=12  5X 3=15  6X 3=18  7X 3=21  8X 3=24  9X 3=27
2X 4= 8  3X 4=12  4X 4=16  5X 4=20  6X 4=24  7X 4=28  8X 4=32  9X 4=36
2X 5=10  3X 5=15  4X 5=20  5X 5=25  6X 5=30  7X 5=35  8X 5=40  9X 5=45
2X 6=12  3X 6=18  4X 6=24  5X 6=30  6X 6=36  7X 6=42  8X 6=48  9X 6=54
2X 7=14  3X 7=21  4X 7=28  5X 7=35  6X 7=42  7X 7=49  8X 7=56  9X 7=63
2X 8=16  3X 8=24  4X 8=32  5X 8=40  6X 8=48  7X 8=56  8X 8=64  9X 8=72
2X 9=18  3X 9=27  4X 9=36  5X 9=45  6X 9=54  7X 9=63  8X 9=72  9X 9=81
```

28 파일에서 읽어온 문자열을 파일에 거꾸로 출력

난이도
★★★

예제 설명 미리 만들어둔 in.txt 파일의 내용을 읽어와 out.txt 파일에 쓰되 각 행의 문자를 거꾸로 저장하는 프로그램을 작성해보자.

- -

실행 결과

```
📄 in.txt - 메모장
파일(F)  편집(E)  서식(O)  보기(V)  도움말(H)
Good~~
Java 프로그래밍에
Eclipse를
활용하고 있습니다.
```

```
📄 out.txt - 메모장
파일(F)  편집(E)  서식(O)  보기(V)  도움말(H)
~~dooG
에밍래그로프 avaJ
를espilcE
.다니습있 고하용활
```

26

```
01  import java.util.Scanner;
02
03  public class Problem_26 {
04
05      public static void main(String[] args) {
06          Scanner s = new Scanner(System.in);
07          int a, b, result = 0;
08          char ch;
09
10          System.out.printf("첫번째 수를 입력하세요 : ");
11          a = s.nextInt();
12
13          System.out.printf("계산할 연산자를 입력하세요 : ");
14          ch = s.next().charAt(0);
15
16          System.out.printf("두번째 수를 입력하세요 : ");
17          b = s.nextInt();
18
19          try {
20              switch (ch) {
21              case '+':  result = a + b;      break;
22              case '-':  result = a - b;      break;
23              case '*':
24                  if (a == 0 || b == 0)
25                      throw new Exception("0으로 곱하면 어차피 0입니다.");
26                  result = a * b;      break;
27              case '/':
28                  if (b == 0)
29                      throw new Exception("0으로 나누면 안됩니다.");
30                  result = a / b;      break;
31              }
32
```

— 숫자, 연산자, 숫자를 입력받는다.

곱셈인데 0을 곱하면 오류를 발생시킨다. 오류가 발생하면 39, 40행을 실행한다.

나눗셈인데 0으로 나누면 오류를 발생시킨다. 오류가 발생하면 39, 40행을 실행한다.

사칙 연산을 처리한다.

오류가 발생했을 때 try~catch로 처리한다.

```
33        if (result < 0)
34          throw new Exception("결과가 음수네요. ㅠㅠ");
```
계산한 결과가 음수여도 오류를 발생시킨다. 오류가 발생하면 39, 40행을 실행한다. ┄┄┄┘ ┐

오류가 발생했을 때 try~catch로 처리한다.

```
35
36        System.out.printf("결과 값==> %d", result);
37
38      } catch (Exception e) {
39          System.out.print("발생 오류 ==> ");
40          System.out.println(e.getMessage());
41      }
42    }
43
44 }
```

오류가 발생하면 이 부분이 실행된다. 이 경우에는 오류 발생 시에 보내온 메시지를 출력한다.

27

```
01 import java.io.PrintWriter;
02
03 public class Problem_27 {
04
05   public static void main(String[] args) throws Exception {
06     int i, k;
07
08     PrintWriter pw = new PrintWriter("C:/temp/gugu.txt");
09     String str = "";
10
11     for (i = 2; i <= 9; i++)
12        str += " #제" + i + "단#";
13
14     pw.println(str);
15     pw.println();
16     str = "";
17
18     for (i = 1; i <= 9; i++) {
19        for (k = 2; k <= 9; k++) {
20           str += String.format("%2dX%2d=%2d", k, i, k * i);

21        }
```

파일에 쓰기 위해 PrintWirter 인스턴스를 준비한다.

맨 위에 단의 제목을 출력하기 위해 str 변수에 누적한다.

str의 내용을 파일에 쓴다.

빈칸을 출력한다.

String.format() 메소드는 형식에 맞춘 문자열을 만든다.

중첩 for 문으로 구구단을 출력한다.

382 / 자바 프로그래밍 for Beginner

```
22          pw.println(str);
23          str = "";
24       }
25    pw.close();
26  }
27 }
```

중첩 for 문으로
구구단을 출력한다.

28

```
01 import java.io.File;
02 import java.io.PrintWriter;
03 import java.util.Scanner;
04
05 public class Problem_28 {
06
07    public static void main(String[] args) throws Exception {
08       Scanner sc = new Scanner(new File("C:/temp/in.txt"));
```
파일을 행 단위로 읽기 위해 Scanner 인스턴스를 준비한다.

```
09       PrintWriter pw = new PrintWriter("c:/temp/out.txt");
```
파일에 행 단위로 쓰기 위해 PrintWirter 인스턴스를 준비한다.

```
10
11       String str1, str2 = "";
```
읽어온 문자열은 str1에 저장하고, 순서를 바꾼 문자열은 str2에 저장한다.

```
12
13       while (sc.hasNextLine()) {
14          str1 = sc.nextLine();
15          int size = str1.length();
16          for (int i = size - 1; i >= 0; i—)
17             str2 += str1.charAt(i);
```
str1의 글자를 반대 순서로
str2에 저장한다.

in.txt의
행만큼
반복한다.

```
18
19          pw.println(str2);
20          str2 = "";
```
반대 순서로 저장한 str2를
파일에 쓰고 초기화한다.

```
21       }
22
23       sc.close();
24       pw.close();
25    }
26 }
```

01 예외 처리의 형식

① 기본 형식

```
try {
    JAVA 코드…
} catch (예외 타입 e) {
    예외 발생 시 이 부분이 실행됨
}
```

② 전체 형식

```
try {
    JAVA 코드…
} catch (예외 타입 1 e) {
    예외 1 발생 시 이 부분이 실행됨
} catch (예외 타입 2 e) {
    예외 2 발생 시 이 부분이 실행됨
} finally {
    이 부분은 마지막에 무조건 실행됨
}
```

02 오류 메시지를 직접 만드는 형식

```
throw new Exception("사용자가 만든 오류 메시지");
```

03 서식을 지정해서 출력하는 System.out.printf( ) 메소드

```
System.out.printf("서식", 출력할 매개변수…)
```

서식	설명
%d	정수형(int)
%c	문자형(char)
%s	문자열(String)
%x	16진수 정수(int)
%o	8진수 정수(int)
%f	실수형(float, double)
%e	공학 계산용 형식

04 Scanner 사용법

```
Scanner s = new Scanner(System.in);
변수 = s.메소드( )
```

05 표준 입출력과 파일 입출력

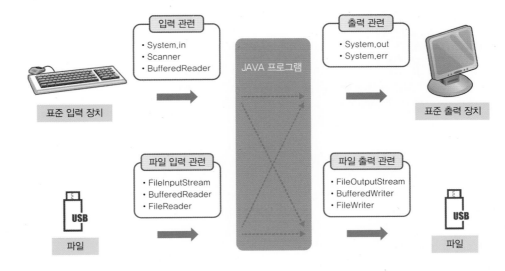

06 파일 입출력의 기본 단계

07 main( ) 메소드의 파라미터 전달

```
JAVA  클래스파일  파라미터1  파라미터2  파라미터3 …
```

파라미터1, 파라미터2, 파라미터3 등은 JAVA 코드 main( ) 메소드의 String[ ] args 배열로 전달된다.
즉 파라미터1은 args[0]으로, 파라미터2는 args[1]로, 파라미터3은 args[2]로 전달된다.

01 JAVA에서 try~catch 문으로 처리할 수 있는 오류는 무엇인가?

① 구문 오류　　　　　　② 오타에 의한 오류　　　　　③ 실행 시 발생하는 오류

02 다음은 예외 처리의 형식이다. 빈칸에 알맞은 말을 넣으시오.

```
    ①    {
    JAVA 코드…
}   ②    (예외 타입 1 e) {
    예외 1 발생 시 이 부분이 실행됨
}   ③    (예외 타입 2 e) {
    예외 2 발생 시 이 부분이 실행됨
}   ④    {
    이 부분은 마지막에 무조건 실행됨
}
```

03 다음 중 예외 타입의 종류가 아닌 것을 모두 고르시오.

① ClassNotFoundException　　　　② RunTimeException

③ IOException　　　　　　　　　④ FileFoundException

⑤ EOFException　　　　　　　　⑥ NullIndexException

04 다음은 오류 코드를 직접 출력한다. 빈칸을 채워 프로그램을 완성하시오.

```
int a = 10, b = 20;
int result;
try {
   if (a < b)
        ①    ("결과가 음수입니다. 그럼 안 돼요. ㅠㅠ");
   result = a - b;
} catch (Exception e) {
   System.out.print("발생 오류 ==> ");
   System.out.println(   ②   );
}
```

05 다음 서식과 그 기능을 바르게 연결하시오.

① %i   a. 8진수 정수(int)

② %c   b. 실수형(float, double)

③ %s   c. 공학 계산용 형식

④ %x   d. 정수형(int)

⑤ %o   e. 문자형(char)

⑥ %f   f. 문자열(String)

⑦ %e   g. 16진수 정수(int)

06 다음 Scanner의 주요 메소드를 각 데이터 형식에 맞게 고르시오.

```
nextByte()      next()        nextLine()      nextFloat()
nextInt()       nextShort()   nextDouble()    nextLong()
```

① 문자열 데이터 입력   ② 실수 데이터 입력   ③ 정수 데이터 입력

07 다음은 키보드의 숫자만 입력받는 프로그램으로, 예를 들어 1good23java4를 입력하면 1234만 받아들이고 나머지 글자는 무시한다. 빈칸을 채워 프로그램을 완성하시오.

```
01  public class Exam {
02
03    public static void main(String[ ] args) throws Exception {
04      String input = "";
05      int key;
06
07      System.out.print("글자 또는 숫자 입력 ==> ");
08      while ((key = System.in.read( )) != 13) {
09        if (          )
10          input += Character.toString((char) key);
11      }
12      System.out.println("입력한 글자중 숫자는 --> " + input);
13    }
14  }
```

글자 또는 숫자 입력 ==> 1good23java4
입력한 글자중 숫자는 --> 1234

08 [실습 10-11]을 수정하여 C:\Windows\win.ini 파일을 읽어 소문자를 모두 대문자로 변경해서 출력하는 프로그램을 작성하시오.

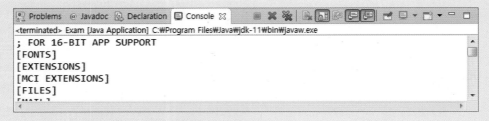

; FOR 16-BIT APP SUPPORT
[FONTS]
[EXTENSIONS]
[MCI EXTENSIONS]
[FILES]

HINT/ 문자열 처리 메소드 중에서 대문자로 변경하는 메소드를 사용한다.

09 연습문제 8번을 수정하여 대문자는 소문자로, 소문자는 대문자로 변경하는 프로그램을 작성하시오. 그 외의 숫자나 특수문자는 모두 *로 표시하시오.

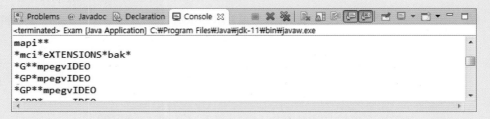

mapi**
*mci*eXTENSIONS*bak*
*G**mpegvIDEO
*GP*mpegvIDEO
*GP**mpegvIDEO

HINT/ [예제 모음 24]를 활용한다.

JAVA의 꽃!
객체지향을
알아보자.

Chapter 11

객체지향
프로그래밍의 기초

JAVA 언어의 가장 큰 특징인 객체지향 프로그래밍에 대해 살펴보자. JAVA를 적극적으로 활용하려면 객체
지향적인 특징을 잘 이해하고 프로그래밍에 적용해야 한다. 객체지향 프로그래밍은 대규모 소프트웨어 개
발에 적합한 프로그래밍 기법으로, JAVA는 대표적인 객체지향 프로그래밍 언어 중 하나이다. 이는 단순한
개념이 아니라 초보자의 입장에서는 어렵게 느껴질 수도 있으므로 11장과 12장에 걸쳐 객체지향 프로그래
밍의 개념과 기법을 차근차근 살펴볼 것이다.

SECTION 01 클래스
SECTION 02 생성자
SECTION 03 인스턴스 변수와 클래스 변수
예제 모음
요약
연습문제

클래스

클래스는 설계도이며, 인스턴스(객체)는 설계도를 통해 제작된 실제 물건이다.

클래스(class)는 JAVA를 처음 공부하는 사람에게 가장 생소하게 느껴지는 개념 중 하나이다. 하지만 클래스의 개념을 알고 JAVA에서 실제로 클래스를 사용하다 보면 오히려 클래스가 없는 프로그래밍이 더 어색하게 느껴질 것이다. 먼저 실제 구현되는 코드를 가지고 클래스에 대해 이해해보자.

1 클래스의 개념

JAVA는 완전한 객체지향 프로그래밍 언어이며, 객체지향 프로그래밍 언어에서 가장 핵심적인 개념이 클래스라고 할 수 있다. 10장까지는 객체지향에 대한 개념을 최대한 배제하고 다른 프로그래밍 언어와 공통되는 내용으로만 구성했다. 하지만 이미 클래스를 계속 사용해왔는데 지금부터 클래스를 제대로 파헤쳐보자.

클래스의 형태

지금까지 작성한 모든 코드는 다음과 같은 형태였다. 즉 코드에 클래스의 개념이 이미 포함되어 있었던 것이다.

```
public class 클래스이름 {
    // 이  부분에 관련 코드 구현
}
```

위 코드에서 public을 지우면 다음과 같은 간단한 형태가 된다.

```
class 클래스이름 {
    // 이  부분에 관련 코드 구현
}
```

TIP/ public은 접근 제어 수식어(access control modifier) 또는 접근 제한자라고 일컫는다. 이에 대해서는 뒤에서 다시 설명할 것이다.

객체지향 프로그래밍의 특징

객체지향 프로그래밍을 지원하는 언어는 대표적으로 JAVA, C#, C++ 등이다. 객체지향 프로그래밍의 특
징은 다음과 같이 몇 가지로 요약되는데, 어렵게 느껴진다면 일단 읽어보고 넘어가자.

- 추상화란 불필요한 정보의 노출을 최소화하고 꼭 필요한 정보만 노출하는 기법으로 캡슐화, 은닉화 등의
용어와 관련이 있다. 자료의 추상화를 위해 구현한 것이 클래스이다.
- 상속이란 기존에 만들어놓은 클래스의 기능을 그대로 물려받아서 사용하는 것을 말한다. 이렇게 하면 기
존의 코드가 재사용되기 때문에 상당히 효율적인 프로그래밍이 가능하다.
- 다형성이란 같은 이름의 기능을 하는 요소를 여러 개 만드는 것을 말한다. 예를 들어 A라는 이름의 메소
드 여러 개가 각각 다른 기능을 하도록 만들 수 있다.
- 동적 바인딩이란 실행할 시점에 동작이 변경될 수 있는 것을 의미하며, 컴파일할 때 동작이 결정되는 정
적 바인딩과 반대되는 개념이다.

클래스 생성하기

클래스는 현실의 '사물'을 컴퓨터 안에서 구현하기 위해 고안된 개념이다. 예를 들어 자동차를
생각해보자. 자동차는 색상, 현재 속도 등의 상태(또는 속성)를 지니고 있으며 엑셀 밟기(속
도 올리기), 브레이크 밟기(속도 내리기) 등의 기능도 할 수 있다. 이것을 클래스 형태로 표현
해보자.

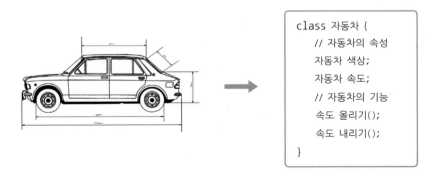

```
class 자동차 {
    // 자동차의 속성
    자동차 색상;
    자동차 속도;
    // 자동차의 기능
    속도 올리기();
    속도 내리기();
}
```

위와 같이 속성과 기능을 갖춘 자동차 클래스가 완성되었다. 이렇게 현실 세계의 다양한 사물
을 클래스로 표현할 수 있다. 이제 자동차 클래스의 개념을 실제 코드로 구현해보자.

우선 자동차의 속성은 지금까지 사용했던 변수처럼 생성하면 되는데 이것을 필드(field)라고 한
다. 또한 자동차의 기능은 지금까지 사용했던 메소드로 구현하면 된다.

```
class Car {
    // 자동차의 필드
    String 색상;
    int 현재_속도;
    // 자동차의 메소드
    void upSpeed(int 증가할_속도량) {
        // 현재 속도에서 증가할_속도량만큼 속도를 올리는 코드
    }
    void downSpeed(int 감소할_속도량) {
        // 현재 속도에서 감소할_속도량만큼 속도를 내리는 코드
    }
}
```

이번에는 자동차 클래스를 완전한 JAVA 코드로 만들어보자.

```
class Car {
    // 자동차의 필드
    String color;
    int speed;
    // 자동차의 메소드
    void upSpeed(int value) {
        speed = speed + value;
    }
    void downSpeed(int value) {
        speed = speed - value;
    }
}
```

필드의 이름과 메소드의 파라미터를 영문 변수명으로 변경했으며, 메소드는 자동차의 속도(speed)를 변경시키는 내용으로 완성했다. 이 코드는 잠시 후 실습에서 사용할 것이다.

> 메 /멘 /토 퀴 /즈   자동차의 속성을 클래스에서는 □□라 하고, 자동차의 기능을 클래스에서는 □□□라 한다.

인스턴스 생성하기

앞에서 자동차 클래스를 완성했다. 하지만 자동차 클래스를 만들었다고 해서 자동차의 실체가 만들어진 것은 아니며 자동차의 '설계도'를 만든 것에 불과하다. 그렇다면 이 설계도를 바탕으

로 실제 자동차를 제작하는 작업을 해야 하는데, 이렇게 해서 생산되는 자동차를 '객체' 또는 '인스턴스'라고 한다.

TIP/ '객체'와 '인스턴스'는 동일한 용어라고 생각하면 되는데 이 책에서는 인스턴스라고 지칭할 것이다.

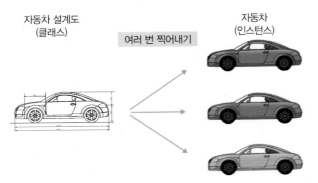

자동차 설계도
(클래스)

여러 번 찍어내기

자동차
(인스턴스)

그림 11-1 클래스와 인스턴스의 개념

자동차 설계도가 완성되면 자동차를 여러 대 생산할 수 있듯이, 클래스를 만들고 나면 인스턴스를 여러 개 만들 수 있다. [그림 11-1]은 설계도(클래스)에 의해 여러 대의 자동차(인스턴스)를 생산해내는 개념을 나타낸 것이다.

다음으로 실제 클래스와 인스턴스의 형식을 살펴보자.

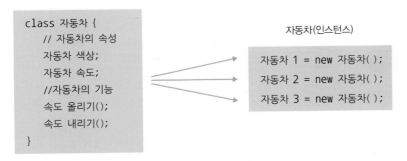

자동차 설계도(클래스)

```
class 자동차 {
    // 자동차의 속성
    자동차 색상;
    자동차 속도;
    //자동차의 기능
    속도 올리기();
    속도 내리기();
}
```

자동차(인스턴스)

```
자동차 1 = new 자동차( );
자동차 2 = new 자동차( );
자동차 3 = new 자동차( );
```

그림 11-2 클래스와 인스턴스의 코드 구성

자동차 3대의 인스턴스 생성을 실제 코드로 만들면 다음과 같다.

```
Car myCar1 = new Car();
Car myCar2 = new Car();
Car myCar3 = new Car();
```

또는 다음과 같이 인스턴스를 먼저 준비한 다음 객체를 대입해도 된다.

```
Car myCar1, myCar2, myCar3;
myCar1 = new Car();
myCar2 = new Car();
myCar3 = new Car();
```

자동차 1(myCar1), 자동차 2(myCar2), 자동차 3(myCar3)의 인스턴스를 생성했다. 이 3개의 인스턴스는 각각 자동차의 색상(color)과 속도(speed) 필드를 가지고 있다. 즉 자동차 1은 파란색에 현재 속도 30km, 자동차 2는 빨간색에 현재 속도 50km, 자동차 3은 노란색에 현재 속도 0km와 같이 완전히 별개의 자동차인 것이다.

인스턴스 필드에 값 대입하기

각 인스턴스는 독립적인 공간을 차지한다. 즉 각 인스턴스에는 별도의 필드가 존재하고 각각에 별도의 값을 대입할 수 있다.

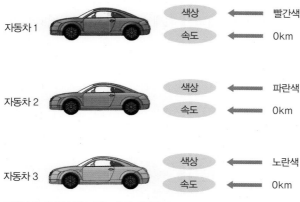

그림 11-3 인스턴스 필드에 값 대입하기

[그림 11-3]을 코드로 표현하면 다음과 같다.

```
myCar1.color = "빨간색";
myCar1.speed = 0;
myCar2.color = "파란색";
myCar2.speed = 0;
myCar3.color = "노란색";
myCar3.speed = 0;
```

TIP/ 처음에는 자동차가 멈춰 있기 때문에 속도를 0으로 초기화했다. 필요하다면 30, 50 등의 값을 대입해도 된다.

앞의 코드를 보면 각 인스턴스의 필드에 '인스턴스이름.필드이름' 형식으로 접근할 수 있다. 각 인스턴스마다 별도의 필드를 가지고 있음을 확인할 수 있다.

메소드 호출하기

Car 클래스에서 메소드는 upSpeed()와 downSpeed()를 만들어놓았다. 메소드도 각 인스턴스마다 별도로 존재한다고 생각하고 사용하면 된다. 메소드의 호출은 '인스턴스이름.메소드이름()' 형식을 사용한다.

```
myCar1.upSpeed(30);
myCar2.upSpeed(60);
```

myCar1은 30으로 속도를 증가시켰고, myCar2는 60으로 속도를 증가시켰다.

TIP/ 실제 메소드는 각 인스턴스별로 존재하지 않고 모든 인스턴스가 공유하는 개념이다. 즉 메소드는 인스턴스의 상태를 저장한 것이 아니라 동작을 표현한 것이기 때문에 공유해도 문제가 없다. 하지만 인스턴스마다 각각의 메소드를 가지고 있다고 생각해도 괜찮다.

2 클래스의 실제 코딩

부분적으로 작성했던 자동차 클래스의 코드를 완성해보자.

실습 11-1 **자동차 클래스 생성 및 사용 예 1**

```
01 class Car {                              ----- Car 클래스를 선언한다.
02     String color;                        ─┐
03     int speed;                            ─┘ 자동차의 색상과 속도 필드를 정의한다.
04
05     void upSpeed(int value) {            ─┐
06         speed = speed + value;            │ 파라미터로 추가 속도(value)를 받아서 현재 속도를
07     }                                    ─┘ 증가시킨다.
08
09     void downSpeed(int value) {          ─┐
10         speed = speed - value;            │ 파라미터로 추가 속도(value)를 받아서 현재 속도를
11     }                                    ─┘ 감소시킨다.
12 }
13
14 public class Ex11_01 {
15     public static void main(String[] args) {
```

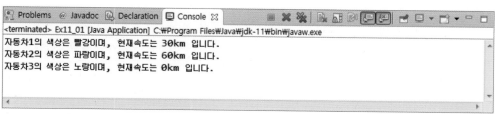

```
16        Car myCar1 = new Car();          ┐   myCar1 인스턴스를 생성하고 색상과 속도를
17        myCar1.color = "빨강";            ┼── 지정한다. 모든 속도는 초기에 0으로 설정한다.
18        myCar1.speed = 0;                ┘
19
20        Car myCar2 = new Car();          ┐   myCar2 인스턴스를 생성하고 색상과 속도를
21        myCar2.color = "파랑";            ┼── 지정한다. 모든 속도는 초기에 0으로 설정한다.
22        myCar2.speed = 0;                ┘
23
24        Car myCar3 = new Car();          ┐   myCar3 인스턴스를 생성하고 색상과 속도를
25        myCar3.color = "노랑";            ┼── 지정한다. 모든 속도는 초기에 0으로 설정한다.
26        myCar3.speed = 0;                ┘
27
28        myCar1.upSpeed(30);              ┐   myCar1의 속도를 30으로
29        System.out.println("자동차1의 색상은 " + myCar1.color +  ┼── 변경하고 자동차의 색상과
          "이며, 현재속도는 " + myCar1.speed + "km 입니다.");       ┘   속도를 화면에 출력한다.
30
31        myCar2.upSpeed(60);              ┐   myCar2의 속도를 60으로
32        System.out.println("자동차2의 색상은 " + myCar2.color +  ┼── 변경하고 자동차의 색상과
          "이며, 현재속도는 " + myCar2.speed + "km 입니다.");       ┘   속도를 화면에 출력한다.
33
34        myCar3.upSpeed(0);               ┐   myCar3의 속도를 0으로
35        System.out.println("자동차3의 색상은 " + myCar3.color +  ┼── 변경하고 자동차의 색상과
          "이며, 현재속도는 " + myCar3.speed + "km 입니다.");       ┘   속도를 화면에 출력한다.
36    }
37 }
```

```
🔲 Problems  @ Javadoc  🔍 Declaration  🖥 Console ⊠        ■ ✖ 🔏  📄 🔒 🖳 🔳🔲🔳  🐾 🗗 ▾ 🗂 ▾ □ □
<terminated> Ex11_01 [Java Application] C:₩Program Files₩Java₩jdk-11₩bin₩javaw.exe
자동차1의 색상은 빨강이며, 현재속도는 30km 입니다.
자동차2의 색상은 파랑이며, 현재속도는 60km 입니다.
자동차3의 색상은 노랑이며, 현재속도는 0km 입니다.
```

그림 11-4 실행 결과

[실습 11-1]은 단순하지만 클래스의 생성과 사용이 잘 표현되어 있다. 코드 자체는 어렵지 않지만 클래스를 처음 접하는 경우 혼란스러울 수도 있을 것이다. 다음과 같은 순서로 클래스를 사용한다고 기억해두자.

단계	작업	형식	예

1단계	클래스 생성하기	class 클래스이름 {
		  // 필드 선언
		  // 메소드 선언
		}
			class Car {
			  String color;
			  void upSpeed ( ) {
			    ~~
			  }
			}

단계	작업	형식	예
2단계	인스턴스 생성하기	클래스이름 변수; 변수 = new 클래스이름();	Car myCar1; myCar1 = new Car( );

단계	작업	형식	예
3단계	인스턴스 필드에 값 대입하기 또는 메소드 호출하기	변수.필드이름 = 값; 변수.메소드();	myCar1.color = "빨강"; myCar1.upSpeed( );

앞으로 다양한 클래스를 만들고 사용할 테지만 위의 순서 및 큰 틀과 많이 다르지 않을 것이다.

> **저자 한마디** ▶ **class 파일**
>
> [실습 11-1]은 소스 파일은 Ex11_01.java 1개이지만 그 안에 Car 클래스와 Ex11_01 클래스 2개가 있다. 그래서 이 파일을 실행하면 2개의 바이트코드 파일, 즉 Car.class와 Ex11_01.class가 생성된다. class 개수만큼 파일이 생성되는 것인데, 단 클래스 안에 클래스를 작성하는 내부 클래스는 외부 클래스 1개만 *.class로 생성된다. 내부 클래스는 12장에서 다시 살펴볼 것이다.

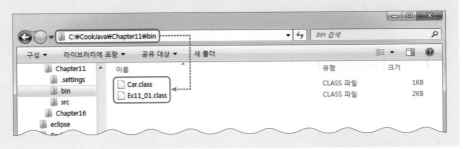

▶ **직접 풀어보기 11-1**

[실습 11-1]은 속도에 제한이 없다. 만약 속도가 200km를 넘으면 최고 200km가 유지되도록 upSpeed( ) 메소드를 수정해보자.

HINT/ if 문으로 속도를 증가시킨 값이 200을 넘는 경우 200을 대입하면 된다.

3 필드와 메소드에 대한 접근 제한

앞의 실습에서 클래스를 이용하여 인스턴스를 만들었다. 그리고 필드나 메소드를 사용하려면 '변수.필드이름'이나 '변수.메소드()'로 접근이 가능했는데 이에 대해 좀 더 자세히 살펴보자.

필드와 메소드에 대한 접근

[실습 11-1]의 29, 32, 35행에서는 직접 myCar1.color나 myCar1.speed에 접근하여 색상과 속도를 출력했다. 이번에는 Car 클래스에 getColor()와 getSpeed() 메소드를 추가하여 이 메소드들이 현재 색상과 속도를 반환하도록 해보자. 코드가 길어지므로 인스턴스는 myCar1 하나만 사용한다.

TIP/ 동일한 이름의 클래스는 같은 패키지 안에 하나만 있어야 한다(패키지는 14장에서 다룰 것이다). 그러므로 다음 실습을 실행하려면 [실습 11-1] 전체를 주석(/* ~~ */)으로 묶는 것이 좋다.

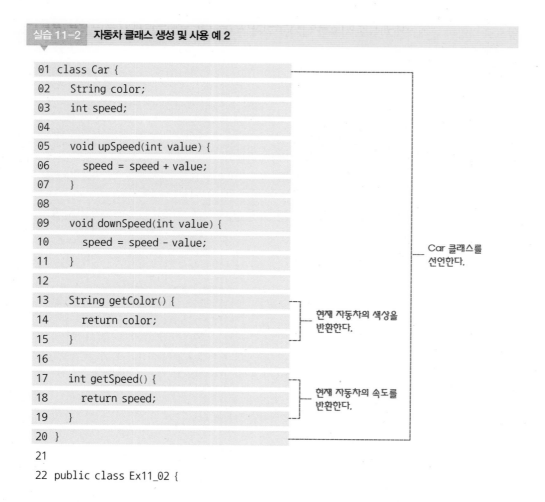

실습 11-2 자동차 클래스 생성 및 사용 예 2

```
01  class Car {
02      String color;
03      int speed;
04
05      void upSpeed(int value) {
06          speed = speed + value;
07      }
08
09      void downSpeed(int value) {
10          speed = speed - value;
11      }
12
13      String getColor() {
14          return color;
15      }
16
17      int getSpeed() {
18          return speed;
19      }
20  }
21
22  public class Ex11_02 {
```

Car 클래스를 선언한다.

현재 자동차의 색상을 반환한다.

현재 자동차의 속도를 반환한다.

```
23    public static void main(String[] args) {
24        Car myCar1 = new Car();
25        myCar1.color = "빨강";
26        myCar1.speed = 0;
27
28        myCar1.upSpeed(30);
29        System.out.println("자동차1의 색상은 " + myCar1.color + "이며, 현재속도는 " + myCar1.
          speed + "km 입니다."); ----- myCar1 자동차의 색상과 속도를 화면에 출력한다.
30        System.out.println("자동차1의 색상은 " + myCar1.getColor() + "이며, 현재속도는 " +
          myCar1.getSpeed() + "km 입니다."); ----- myCar1 자동차의 색상과 속도를 화면에 출력한다.
31    }
32 }
```

그림 11-5 실행 결과

[실습 11-2]는 [실습 11-1]에 Car 클래스의 메소드를 2개 추가했을 뿐이다. 13행의 getColor()
메소드는 현재 인스턴스에 설정된 색상을 반환하고, 17행의 getSpeed() 메소드는 현재 인스
턴스에 설정된 속도를 반환한다. 주의 깊게 살펴볼 부분은 29행과 30행이다. 모두 myCar1의
색상과 속도를 출력하지만, 29행은 직접 color와 speed 필드에 접근했고, 30행은 getColor()
와 getSpeed() 메소드를 호출함으로써 간접적으로 color와 speed 필드에 접근했다. 이 두 가
지 중에서는 30행의 간접적인 접근 방식을 사용하는 것이 바람직하다. 29행처럼 직접 접근하
면 실수로 필드 값을 변경하는 경우 원치 않은 결과가 나올 수 있기 때문이다.

private 접근 제어 수식어

JAVA에서는 필드에 직접 접근하지 못하도록 private 접근 제어 수식어를 제공한다. 필드 앞에
private를 붙이면 클래스 안의 메소드에서는 접근이 가능하지만, 인스턴스를 통해 직접 필드에
접근할 수는 없다.

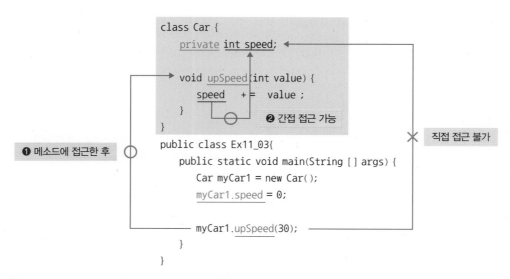

```
class Car {
    private int speed;   ◄─────────────────┐
                                            │
    ┌► void upSpeed(int value) {            │
    │      speed    += value ;              │
    │   }          └──○   ❷ 간접 접근 가능    │
    │ }                                     │
    │ public class Ex11_03{                 │
    │     public static void main(String [ ] args) {  ✕  직접 접근 불가
    │         Car myCar1 = new Car( );      │
    │         myCar1.speed = 0;             │
    │                                       │
    └────── myCar1.upSpeed(30); ────────────┘
        }
    }
```

❶ 메소드에 접근한 후

그림 11-6 필드에 private 접근 제어 수식어를 붙이는 경우

[그림 11-6]에서 speed 필드에 private 접근 제어 수식어를 붙이면 인스턴스인 myCar1을 통해서는 speed 필드에 직접 접근할 수 없다. 이는 프로그램의 오류를 방지하기 위한 코딩 방법으로 권장된다. 하지만 private 필드도 Car 클래스 내부의 upSpeed() 메소드에서는 접근이 가능하므로, main() 함수 본체에서는 myCar1.upSpeed(30)과 같이 메소드에 접근한 후 메소드를 통해 speed 필드에 간접 접근하는 방식으로 코드를 작성하면 된다.

TIP/ 일반적으로 필드에 private을 붙이는 방법을 권장하지만 예외적인 경우도 종종 있다. 이는 뒤에서 자세히 설명할 것이다.

[실습 11-2]의 필드에 private 접근 제어 수식어를 붙여서 코드를 수정해보자.

실습 11-3 private 접근 제어 수식어 사용 예

```
01 class Car {
02         ▣     String color;    ─┐
03     private int speed;          ─┘── 필드에 private 접근 제어 수식어를 붙인다.
04
05     // [실습11-2]의 upSpeed(), downSpeed(), getColor(), getSpeed()와 동일 ─┐
06                                     [실습 11-2]의 메소드와 동일하다. ─┘
07     void setColor(String color) { ─┐
08         this.color = color;        ├── color 필드의 값을 변경시켜 주는 메소드이다.
09     }                              ─┘
10
```

```
11    void setSpeed(int speed) {
12      this.speed = speed;          ┐── speed 필드의 값을 변경시켜 주는 메소드이다.
13    }
14 }
15
16 public class Ex11_03 {
17    public static void main(String[] args) {
18      Car myCar1 = new Car();
19      myCar1.[    ❷    ]("빨강"); // myCar1.color는 오류
20      myCar1.setSpeed(0); // myCar1.speed는 오류
21
22      myCar1.upSpeed(30);
23      System.out.println("자동차1의 색상은 " + myCar1.getColor() + "이며, 현재속도는 " +
           myCar1.getSpeed() + "km 입니다."); ----- myCar1 자동차의 색상과 속도를 화면에 출력한다.
24    }
25 }
```

그림 11-7 실행 결과

2, 3행에서 private 예약어를 사용했다. 필드에 private을 붙이면 클래스 내부의 메소드에서는 접근할 수 있지만 그 외에서는 접근할 수 없다. 이런 경우에는 7행과 11행처럼 set○○○(변경할 값)과 같은 이름으로 값을 변경하는 메소드와 5행의 get○○○()과 같은 이름으로 값을 반환하는 메소드를 만드는 것이 일반적인 코딩 방법이다. 본체 프로그램에서 19, 20행과 같이 '인스턴스이름.set○○○(변경할 값)' 형식으로 메소드를 통해 값을 변경하고, 23행과 같이 '인스턴스이름.get○○○()' 형식으로 값을 얻어오면 된다. 8행과 12행의 this는 자신의 클래스를 가리킨다. 다음 그림을 살펴보자.

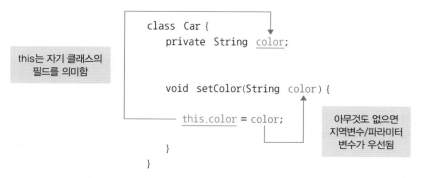

그림 11-8 this의 의미

setColor( ) 메소드 안에는 color라는 변수가 2개 있다. 파라미터 변수 color와 Car 클래스의 필드 color인데, 이 둘은 이름이 같기 때문에 구분하기 위해 Car 클래스의 필드에는 자신의 클래스를 의미하는 this를 붙였다. 아무것도 붙이지 않고 color라고 하면 파라미터 변수를 가리킨다.

public 접근 제어 수식어

public 접근 제어 수식어는 private과 반대로 외부(모든 클래스)에서 접근이 가능하도록 하는 예약어이다. 일반적으로 private은 필드 앞에 붙여서 사용하고, public은 메소드 앞에 붙여서 사용한다. 따라서 필드는 외부에서 함부로 변경할 수 없도록 하고, 외부에 공개된 메소드를 통해 접근하도록 하는 것이다. 앞으로 코딩을 할 때는 다음과 같은 기본적인 원칙을 기억하자.

> **저자 한마디** **default와 protected 접근 제어 수식어**
>
> 자주 사용하지는 않지만 default와 protected 접근 제어 수식어도 있다. 둘 다 같은 패키지 안에서는 접근이 가능하지만, default의 경우 하위 클래스는 접근하지 못하고 protected는 서브 클래스에서 접근이 가능하다. 특별히 필드나 메소드에 아무것도 붙이지 않으면 default가 기본으로 설정된다. 즉 같은 패키지 안에서는 접근이 가능하다. (서브 클래스는 12장에서, 패키지는 14장에서 살펴볼 것이다.)
>
> public, private, default, protected, 4개의 접근 제어 수식어(또는 접근 제한자)를 통해 객체지향 프로그래밍의 특징인 캡슐화와 정보 은닉 등이 구현된다. 참고로 접근 제어 수식어는 public > protected > default > private의 순서로 공개적이다.
>
> 지금까지의 내용을 표로 요약하면 다음과 같다.
>
> | 접근 제어 수식어 | 같은 클래스 | 같은 패키지 | 하위 클래스 | 외부 클래스 |
> | --- | --- | --- | --- | --- |
> | public | 접근 ○ | 접근 ○ | 접근 ○ | 접근 ○ |
> | protected | 접근 ○ | 접근 ○ | 접근 ○ | 접근 × |
> | default | 접근 ○ | 접근 ○ | 접근 × | 접근 × |
> | private | 접근 ○ | 접근 × | 접근 × | 접근 × |

```
필드 : private
메소드 : public
```

[실습 11-3]을 수정하여 Car 클래스 안의 6개 메소드에 public을 모두 붙여서 다시 실행해보자. [실습 11-3]과 동일하게 작동할 것이다.

실습 11-4   public 접근 제어 수식어 사용 예

```
01 class Car {
02    // [실습 11-3]의 6개 메소드 앞에 public을 붙임 ----- 6개 메소드에 public 접근 제어 수식어를 붙인다.
13    }
14 }
15
16 public class Ex11_04 {
17    public static void main(String[] args) {
18    // [실습 11-3]의 main() 메소드와 동일
24    }
25 }
```

그림 11-9 실행 결과

2행에서 모든 메소드에 public을 붙였으므로 모든 클래스에서 이 6개의 메소드에 접근할 수 있게 되었다.

▶ **직접 풀어보기 11-2**

   [실습 11-4]의 6개 메소드 앞에 protected를 붙여서 실행해보자.

private, public 접근 제어 수식어의 활용

private으로 필드에 대한 접근을 제한하면 실수로 잘못된 값을 대입하는 것을 막을 수 있다. 예를 들어 speed 필드에 private 지정자가 없다면 자동차의 속도가 200km를 넘거나 0km 미만이 되는 것을 방지할 수 없다. 하지만 upSpeed()나 downSpeed() 메소드에서 값을 확인하면 이러한 오류를 피할 수 있다.

```
01 class Car {
02     private int speed = 0;              ----- speed 필드에 private을 붙이고 초깃값으로 0을 할당한다.
03
04     public void upSpeed(int value) {
05        if (speed + value > 200)
06           speed = 200;
07        else
08              1                          속도를 올리는 메소드로 최대
09                                         200km로 제한한다.
10        System.out.println("현재 속도 ==>" + getSpeed());
11     }
12
13     public void downSpeed(int value) {
14        if (speed - value < 0)
15           speed = 0;
16        else
17              2                          속도를 내리는 메소드로 최소
18                                         0km로 제한한다.
19        System.out.println("현재 속도 ==>" + getSpeed());
20     }
21
22     public int getSpeed() {
23        return speed;
24     }
25 }
26
27 public class Ex11_05 {
28     public static void main(String[] args) {
29        Car myCar1 = new Car();
30
31        myCar1.upSpeed(100);             처음 0에서 100km로 속도를 올리고,
32        myCar1.upSpeed(150);             추가로 150km를 더 올린다.
33
34        myCar1.downSpeed(50);            속도를 50km 내린 다음 추가로
35        myCar1.downSpeed(160);           160km를 더 내린다.
36     }
37 }
```

정답: 1 speed += value; 2 speed -= value;

```
Problems  @ Javadoc  Declaration  Console ✖
<terminated> Ex11_05 [Java Application] C:₩Program Files₩Java₩jdk-11₩bin₩javaw.exe
현재 속도 ==>100
현재 속도 ==>200
현재 속도 ==>150
현재 속도 ==>0
```

그림 11-10 실행 결과

[실습 11-5]는 private과 public의 좋은 예를 보여준다. 2행에서 speed에 private 접근 제어 수식어를 지정했기 때문에 27~37행 Car 클래스의 myCar1 인스턴스에서 직접 speed 변수를 수정할 수 없다. 그러므로 200km를 넘는 값이나 마이너스 속도를 speed에 입력하는 실수를 미연에 막아준다. speed를 수정하려면 upSpeed()나 downSpeed()를 사용해야 하며, 두 메소드 내부에서 0~200km의 속도만 유지하도록 되어 있다.

생성자

생성자는 클래스의 이름과 동일한 메소드를 말하며, 주로 초기화할 때 사용된다.

[실습 11-1]의 16~18행을 다시 살펴보자.

```
16        Car myCar1 = new Car();
17        myCar1.color = "빨강";
18        myCar1.speed = 0;
```

16행에서 myCar1 인스턴스를 생성한 후, 17행에서 색상을 빨강으로 초기화하고, 18행에서는
속도를 0으로 초기화했다. 그런데 16행에서 인스턴스를 생성하면서 동시에 빨강과 0으로 초기
화하면 어떨까? 코드가 훨씬 간결해지고, 인스턴스를 생성하면서 값을 초기화하기 때문에 필드
에 초깃값을 대입하는 것을 잊어버리는 일도 없을 것이다.

1 생성자의 기본

먼저 생성자의 기본적인 형태를 살펴보자.

```
class 클래스이름 {
    클래스이름() {  // 생성자
       // 이 부분에 초기화할 코드를 입력
    }
}
```

생성자는 클래스와 이름이 동일하다. 예를 들면 Car 클래스는 다음과 같이 생성자를 만들 수
있다.

```
class Car {
   String color;
   int speed;
   Car( ) {  // 생성자
      color = "빨강";
```

```
        speed = 0;
    }
}
```

이제부터는 [실습 11-1]의 16~18행 중에서 16행만 있으면 된다. 즉 인스턴스를 생성하면 자동으로 생성자가 호출된다.

```
Car myCar1 = new Car();
```

메 / 멘 / 토 퀴 / 즈   Car 클래스의 생성자 이름은 □□□( )이다.

기본 생성자

생성자를 사용한 완전한 코드를 살펴보자.

실습 11-6 **생성자 사용 예 1**

```
01 class Car {
02    private String color;
03    private int speed;
04
05    Car() {
06        color = "빨강";
07        speed = 0;
08    }
09
10    public String getColor() {
11        return color;
12    }
13
14    public int getSpeed() {
15        return speed;
16    }
17 }
18
19 public class Ex11_06 {
20    public static void main(String[] args) {
21        Car myCar1 = new Car();
22        Car myCar2 = new Car();
23
```

생성자를 작성하고 색상과 속도의 초깃값을 설정한다.

myCar1과 myCar2 인스턴스를 만든다. 자동으로 생성자가 호출된다.

```
24        System.out.println("자동차1의 색상은 " + myCar1.getColor() +
          "이며, 현재속도는 " + myCar1.getSpeed() + "km 입니다.");
25        System.out.println("자동차2의 색상은 " + myCar2.getColor() +
          "이며, 현재속도는 " + myCar2.getSpeed() + "km 입니다.");
26   }
27 }
```

생성자에 의해 색상과 속도가 모두 초기화되어 있다.

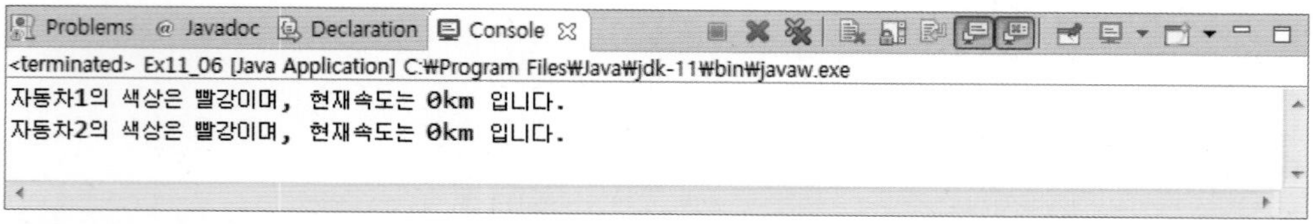

```
Problems  @ Javadoc  Declaration  Console
<terminated> Ex11_06 [Java Application] C:\Program Files\Java\jdk-11\bin\javaw.exe
자동차1의 색상은 빨강이며, 현재속도는 0km 입니다.
자동차2의 색상은 빨강이며, 현재속도는 0km 입니다.
```

그림 11-11 실행 결과

5행의 생성자에 의해 21, 22행에서 자동으로 값이 초기화되었다. 하지만 myCar1과 myCar2
가 모두 빨강과 0으로 초기화되었는데 두 차는 다르기 때문에 다른 초기화가 필요하다.

파라미터가 있는 생성자

생성자도 다른 메소드처럼 파라미터를 사용할 수 있다. [실습 11-6]을 수정하여 파라미터가 있
는 생성자를 사용해보자. 그리고 인스턴스를 만들 때 초깃값을 파라미터로 넘기는 방법을 사용
해보자.

실습 11-7   생성자 사용 예 2

```
01 class Car {
02    private String color;
03    private int speed;
04
05    Car(String color, int speed) {
06        this.color = color;
07        this.speed = speed;
08    }
09
10    // [실습 11-6]의 getColor() , getSpeed()  메소드와 동일
11    }
12 }
13
14 public class Ex11_07 {
15    public static void main(String[] args) {
```

생성자에 2개의 파라미터를 받는다. this를 붙여서 필드와 파라미터 변수를 구분한다.

```
16      Car myCar1 = new Car("빨강", 0);  ┐
17      Car myCar2 = new Car("파랑", 30); ┘─── 인스턴스를 생성할 때 2개의 파라미터를 넘긴다.
18
19      System.out.println("자동차1의 색상은 " + myCar1.getColor() + "이며, 현재속도는 " +
        myCar1.getSpeed() + "km 입니다.");
20      System.out.println("자동차2의 색상은 " + myCar2.getColor() + "이며, 현재속도는 " +
        myCar2.getSpeed() + "km 입니다.");
21  }
22 }
```

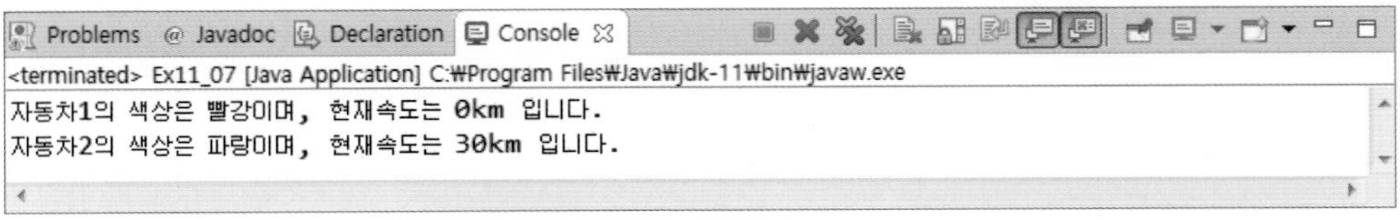

```
Problems   @ Javadoc   Declaration   Console
<terminated> Ex11_07 [Java Application] C:₩Program Files₩Java₩jdk-11₩bin₩javaw.exe
자동차1의 색상은 빨강이며, 현재속도는 0km 입니다.
자동차2의 색상은 파랑이며, 현재속도는 30km 입니다.
```

그림 11-12 실행 결과

5행의 생성자에서 2개의 파라미터를 받도록 설정해놓았다. 그리고 넘겨받은 파라미터 값으로 색상과 속도를 초기화했다. 16, 17행에서 보듯이 Car 인스턴스를 생성할 때는 2개의 파라미터를 넘겨야 하며, 파라미터 없이 Car 인스턴스를 생성하면 오류가 발생한다.

2 메소드 오버로딩

메소드 오버로딩(overloading)은 같은 클래스 내에서 메소드의 이름이 같아도 파라미터의 개수나 데이터 형식만 다르면 여러 개를 선언할 수 있는 것을 말한다. 생성자도 메소드의 일종이므로 메소드 오버로딩을 할 수 있다. 즉 Car 클래스에 다음과 같이 여러 개의 생성자를 만들어 놓을 수 있다.

```
Car() {
}

Car(String color) {
  this.color = color;
}

Car(String color, int speed) {
  this.color = color;
  this.speed = speed;
}
```

이제는 인스턴스를 생성할 때 필요한 생성자를 호출해서 생성하면 된다. 3개의 생성자를 차례로 사용하려면 다음과 같이 한다.

```
Car myCar1 = new Car();
Car myCar2 = new Car("빨강");
Car myCar3 = new Car("파랑", 30);
```

전체 코드를 통해 이해해보자.

실습 11-8   메소드 오버로딩 1

```
01 class Car {
02     private String color;
03     private int speed;
04
05     Car() {
06     }
07
08     Car(String color) {
09         this.color = color;
10     }
11
12     Car(String color, int speed) {
13         this.color = color;
14         this.speed = speed;
15     }
16
17     // [실습 11-6]의 getColor(), getSpeed() 메소드와 동일
18     }
19 }
20
21 public class Ex11_08 {
22     public static void main(String[] args) {
23         Car myCar1 = new Car();
24         Car myCar2 = new Car("빨강");
25         Car myCar3 = new Car("파랑", 30);
26
```

05~15 파라미터 개수가 다른, 동일한 이름의 생성자 3개를 만든다.

23~25 인스턴스를 만들 때 모두 다른 생성자를 호출한다.

```
27        System.out.println("자동차1의 색상은 " + myCar1.getColor() + "이며, 현재속도는 " +
          myCar1.getSpeed() + "km 입니다.");
28        System.out.println("자동차2의 색상은 " + myCar2.getColor() + "이며, 현재속도는 " +
          myCar2.getSpeed() + "km 입니다.");
29        System.out.println("자동차3의 색상은 " + myCar3.getColor() + "이며, 현재속도는 " +
          myCar3.getSpeed() + "km 입니다.");
30    }
31 }
```

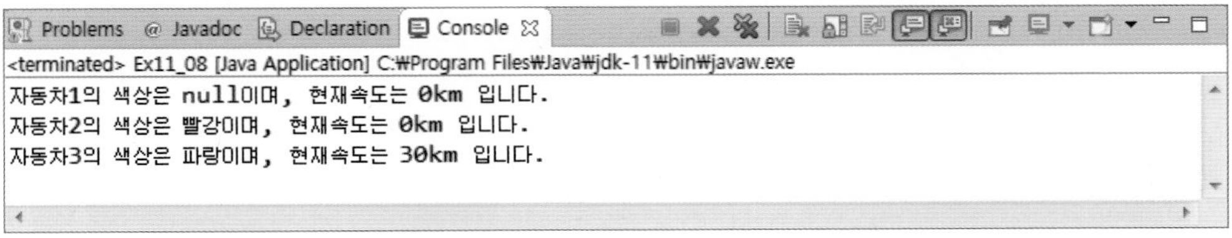

```
Problems  @ Javadoc  Declaration  Console 
<terminated> Ex11_08 [Java Application] C:\Program Files\Java\jdk-11\bin\javaw.exe
자동차1의 색상은 null이며, 현재속도는 0km 입니다.
자동차2의 색상은 빨강이며, 현재속도는 0km 입니다.
자동차3의 색상은 파랑이며, 현재속도는 30km 입니다.
```

그림 11-13 실행 결과

27행의 myCar1이 출력된 결과를 살펴보면 String 데이터 형식은 별도로 초기화하지 않으면
null(널) 값이 들어가고, int형은 0 값으로 별도로 초기화하지 않아도 0 값이 들어가는 것을 확
인할 수 있다.

메 / 멘 / 토 퀴 / 즈   동일한 이름의 메소드를 여러 개 만드는 것을 메소드 □□□□이라고 한다.

생성자뿐 아니라 일반 메소드도 오버로딩을 할 수 있다. 다음 실습은 간단한 더하기 메소드인
데 파라미터의 데이터 형식에 따라서 다른 메소드가 호출된다.

실습 11-9   메소드 오버로딩 2

```
01 class Calc {
02    void addValue (     1     ) {
03        System.out.println("double값 계산 ==> " + (v1 + v2));     double형 2개의 파라미터를
                                                                      받아서 더하는 메소드이다.
04    }
05    void addValue (     2     ) {
06        System.out.println("int값 계산 ==> " + (v1 + v2));        int형 2개의 파라미터를
                                                                      받아서 더하는 메소드이다.
07    }
08 }
09
10 public class Ex11_09 {
```

```
11     public static void main(String[] args) {
12        Calc myCalc = new Calc();
13
14        myCalc.addValue(1.0, 1.0);
15        myCalc.addValue(1, 1);
16     }
17  }
```

double형 및 int형 파라미터를 가지고 addValue() 메소드를 호출한다.

정답. **1** double v1, double v2 **2** int v1, int v2

```
Problems  @ Javadoc  Declaration  Console ⌗              ▣ ✖ ✖ | ▤ ▦ ▨ | ▣ ▣ ▣ | ◲ ◲ ▾ ◳ ▾ ▭ ▭
<terminated> Ex11_09 [Java Application] C:\Program Files\Java\jdk-11\bin\javaw.exe
double값 계산 ==> 2.0
int값 계산 ==> 2
```

그림 11-14 실행 결과

2행과 5행에 같은 이름의 addValue() 메소드가 있지만 파라미터의 형식이 다르기 때문에 여러 개를 만들 수 있다.

▶ 직접 풀어보기 **11-3**

[실습 11-9]를 수정하여 파라미터가 short형 및 float형을 갖는 addValue() 메소드를 추가해보자.

인스턴스 변수와 클래스 변수

인스턴스 변수는 인스턴스를 생성해야 공간이 할당되고, 클래스 변수는 클래스 자체에 변수의 공간이 할당되어 있다.

1 인스턴스 변수

지금까지 사용한 필드는 모두 인스턴스 변수로, 앞에서 살펴본 Car 클래스의 color나 speed 필드도 인스턴스 변수이다. 인스턴스 변수는 인스턴스를 생성해야 비로소 사용할 수 있는 변수인데, 다음 예를 통해 인스턴스 변수의 개념을 파악해보자.

```
class Car {
    String color;  // 필드 : 인스턴스 변수
    int speed;      // 필드 : 인스턴스 변수
}
```

Car 클래스의 2개 필드는 모두 인스턴스 변수이며, 이 두 필드는 클래스 안에 존재하는 것으로 아직 실제 공간이 할당되지는 않았다. 클래스는 설계도에 해당하므로 설계도의 자동차 색상이나 속도가 실제로 존재하지 않는 것과 같은 개념이다.

그렇다면 설계도(클래스)를 이용하여 main( ) 메소드에서 자동차(인스턴스)를 만들어보자.

```
Car myCar1 = new Car();
Car myCar2 = new Car();
```

이제 myCar1은 실체가 있는 자동차가 되고 myCar1 안에 color와 speed의 공간이 만들어진다. 마찬가지로 myCar2도 별도로 color와 speed의 공간이 만들어진다.

[그림 11–15]를 보면 클래스(설계도)에는 실제 인스턴스 변수의 공간이 할당되어 있지 않으며, 인스턴스(자동차)로 만들어져야 인스턴스 변수에 공간이 할당되고 myCar1.color 등으로 사용이 가능해진다. [실습 11–1]부터 [실습 11–9]까지 모두 이런 방식으로 사용한 것이다.

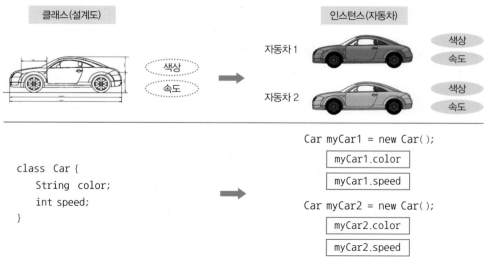

그림 11-15 인스턴스 변수의 개념

2 클래스 변수

클래스 변수는 클래스 안에 공간이 할당된 변수를 말한다. 그래서 클래스 변수는 인스턴스에는 별도의 공간이 할당되지 않고 여러 인스턴스가 클래스 변수의 공간을 같이 사용한다. 다음 그림을 살펴보자.

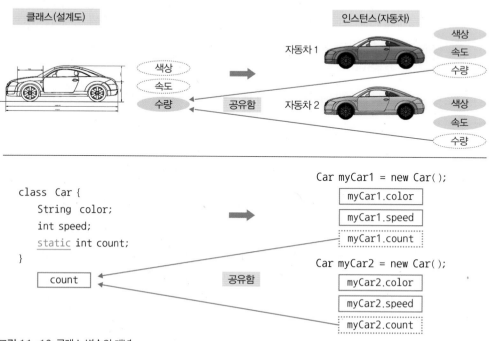

그림 11-16 클래스 변수의 개념

클래스 변수를 만들기 위해서는 필드 앞에 'static' 키워드를 붙이기만 하면 된다. 그러면 그 필드는 클래스 자체에 공간이 생기며, 인스턴스를 생성해도 추가로 공간을 할당하지 않고 클래스에 이미 생성된 공간을 공유한다.

클래스 변수에 접근하려면 다른 인스턴스 변수처럼 myCar1.count로 접근한다. 하지만 인스턴스 내부의 공간이 아닌 클래스의 공간을 사용하므로 myCar1.count와 myCar2.count는 동일한 값을 갖는다.

메/멘/토 퀴/즈　클래스 변수 앞에는 □□□□□□ 키워드를 붙인다.

실습을 통해 이를 확인해보자. [실습 11-10]은 자동차가 몇 대 생산되었는지를 확인하는 프로그램이다.

실습 11-10　**클래스 변수 활용 예**

```
01 class Car {
02     String color;
03     int speed;
04     static int count = 0;          ----- 클래스 변수를 선언하고 0으로 초기화한다.
                                            count는 생산된 자동차의 총대수를 나타낸다.
05
06     Car() {
07         count++;                   ----- 생성자에서 count를 1씩 증가시킨다.
08     }
09 }
10
11 public class Ex11_10 {
12     public static void main(String[] args) {
13         Car myCar1 = new Car();
14         System.out.println("현재 생산된 자동차 숫자 ==> " + myCar1.count);
15
16         Car myCar2 = new Car();
17         System.out.println("현재 생산된 자동차 숫자 ==> " + myCar2.count);
18
19         Car myCar3 = new Car();
20         System.out.println("현재 생산된 자동차 숫자 ==> " + Car.count);
21     }
22 }
```

자동차 인스턴스를 1개씩 만들고, 현재 생산된 자동차의 총대수를 출력한다.

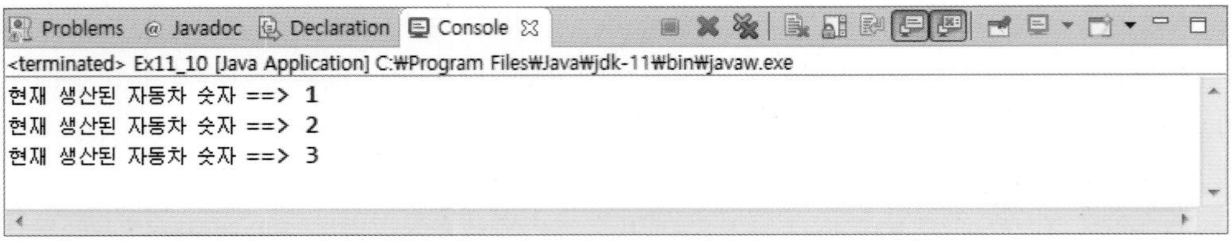

그림 11-17 실행 결과

4행에서 클래스 변수 count를 선언하면 이 변수는 클래스 자체에 공간이 할당된다. 그리고 13, 16, 19행에서 인스턴스를 생성해도 count는 인스턴스에 속하지 않고 클래스에 남아 있는다. 13, 16, 19행에서 인스턴스를 생성할 때 6~8행의 생성자가 호출되며, 생성자에는 count(생산된 자동차의 총대수)를 1씩 증가시킨다.

14행과 17행에서 '인스턴스이름.count'로 클래스 변수에 접근하여 현재의 총대수를 출력했다. 관심 있게 볼 부분은 20행의 '클래스이름.count'이다. 즉 클래스 변수 count에 접근하기 위해 '인스턴스이름.count' 또는 '클래스이름.count' 모두 사용할 수 있다.

▶ 직접 풀어보기 **11-4**

[실습 11-10]에 클래스 변수 CAR_TYPE="승용차"를 추가하고 main() 메소드에서 출력해보자.

3 인스턴스 메소드와 클래스 메소드

필드가 인스턴스 변수와 클래스 변수로 나누어지듯이 메소드도 인스턴스 메소드와 클래스 메소드로 나누어진다. 인스턴스 메소드는 인스턴스를 먼저 생성한 다음 '인스턴스이름.메소드이름()' 방식으로 호출하는 것을 말하며, 지금까지 사용한 메소드는 모두 인스턴스 메소드였다.

클래스 메소드는 메소드 이름 앞에 'static' 키워드를 붙이면 된다. 클래스 메소드는 인스턴스를 생성하지 않고 메소드를 사용하는 데 주로 쓰인다. 즉 인스턴스 메소드는 인스턴스를 생성한 이후에야 호출이 가능하지만, 클래스 메소드는 인스턴스를 생성하기 전에도 '클래스이름.메소드이름()' 형식으로 사용할 수 있다. 실습을 통해 클래스 메소드의 용도를 살펴보자.

실습 11-11 **클래스 메소드 활용 예**

```
01  class Car {
02      String color;
03      int speed;
04      static [ 1 ]  int count = 0;       ─── 클래스 변수를 선언하고 0으로 초기화한다.
                                                직접 접근하지 못하도록 private을 붙인다.
```

```
05
06    Car() {
07       count++;
08    }
09
10        ②      int getCount() {
11       return count;
12    }
13  }
14
15  public class Ex11_11 {
16     public static void main(String[] args) {
17
18        System.out.println("현재 생산된 자동차 숫자 ==> " + Car.getCount());
19
20        Car myCar1 = new Car();
21        System.out.println("현재 생산된 자동차 숫자 ==> " + myCar1.getCount());
22     }
23  }
```

─── static 키워드를 붙여서 클래스 메소드를 생성한다.

클래스 이름을 이용하여 클래스 메소드를 호출한다.

인스턴스 이름을 이용하여 클래스 메소드를 호출한다.

정답. ❶ private ❷ static

```
 Problems  @ Javadoc  Declaration  Console ⊠        ■ ✖ ✖ | 🔒 🔏 🔐 🗗 🗗 | 🗗 🗗 ▾ 🗗 ▾  ▭ ▭
<terminated> Ex11_11 [Java Application] C:\Program Files\Java\jdk-11\bin\javaw.exe
현재 생산된 자동차 숫자 ==> 0
현재 생산된 자동차 숫자 ==> 1
```

그림 11-18 실행 결과

count에 직접 접근하지 못하도록 4행에서 private을 붙였다. 이제 count는 6행의 생성자와 10행의 getCount() 메소드에서만 접근이 가능하다. 10행에서는 static 키워드를 붙여서 getCount() 메소드를 클래스 메소드로 지정했다. 그러므로 인스턴스가 생성되기 전에도 18행에서 getCount() 메소드를 '클래스이름.메소드이름()' 형식으로 호출할 수 있게 되었다. 21행에서는 클래스 메소드를 '인스턴스이름.메소드이름()'으로도 호출이 가능하다는 것을 확인했다.

메/멘/토 퀴/즈   클래스 메소드는 클래스 이름 앞에 □□□□□□ 키워드를 붙인다.

예제 모음 29 클래스의 기본

난이도 ★☆☆

예제 설명 애완동물(Pet) 클래스를 만들어보자.

실행 결과

```
Problems  @ Javadoc  Declaration  Console ✕           ■ ✖ ✖ | ▤ ▥ ▦ | ▣▣ | ⌐ ▭ ▾ ▭ ▾ □ □
<terminated> Problem_29 [Java Application] C:\Program Files\Java\jdk-11\bin\javaw.exe
강아지가 움직입니다.
고양이가 움직입니다.
강아지는 8개월입니다.
고양이는 13개월입니다.
```

예제 모음 30 클래스의 기본-접근 제어 수식어 활용

난이도 ★★☆

예제 설명 애완동물(Pet) 클래스를 만들어보자. 접근 제어 수식어를 활용하여 속성은 외부에서 접근할 수 없도록 하고 메소드에서만 속성에 접근하게 한다.

실행 결과

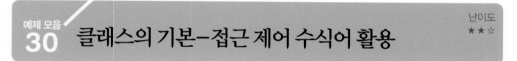

```
Problems  @ Javadoc  Declaration  Console ✕           ■ ✖ ✖ | ▤ ▥ ▦ | ▣▣ | ⌐ ▭ ▾ ▭ ▾ □ □
<terminated> Problem_30 [Java Application] C:\Program Files\Java\jdk-11\bin\javaw.exe
강아지가 움직입니다.
고양이가 움직입니다.
강아지는 8개월입니다.
고양이는 13개월입니다.
```

예제 모음 31 클래스의 기본–생성자, 클래스 변수, 클래스 메소드 활용

예제 설명 애완동물(Pet) 클래스를 만들어보자. 초기에 생성자에서 속성 값을 설정하는 방법을 사용한다.

실행 결과

```
Problems  @ Javadoc  Declaration  Console ✕
<terminated> Problem_31 [Java Application] C:\Program Files\Java\jdk-11\bin\javaw.exe
강아지가 움직입니다.
고양이가 움직입니다.
강아지는 8개월입니다.
고양이는 13개월입니다.
현재 우리집 애완동물 수는 2마리입니다.
```

예제 모음 코드 설명

29 --

```
01  class Pet {
02      String type; // 애완동물 종류
03      int age; // 애완동물 개월 수
04
05      void move() {
06          System.out.println(this.type + "가 움직입니다.");
07      }
08
09      int getAge() {
10          return this.age;
11      }
12  }
13
14  public class Problem_29 {
15
16      public static void main(String[] args) {
17          Pet pet1 = new Pet();
18          pet1.type = "강아지";
19          pet1.age = 8;
20
21          Pet pet2 = new Pet();
22          pet2.type = "고양이";
23          pet2.age = 13;
24
25          pet1.move();
26          pet2.move();
27
28          System.out.println(pet1.type + "는 " + pet1.age + "개월입니다.");
29          System.out.println(pet2.type + "는 " + pet2.age + "개월입니다.");
30      }
31  }
```

- (02~03) 인스턴스 변수로 애완동물의 종류와 개월 수를 선언한다.
- (05~07) 애완동물의 움직임을 설정하는 메소드를 정의한다.
- (09~11) 애완동물의 개월 수를 반환하는 메소드를 정의한다.
- (01~12) 애완동물 클래스를 정의한다.
- (17~19) 애완동물 인스턴스 1을 생성하고 종류에 '강아지', 개월 수에 '8'을 대입한다.
- (21~23) 애완동물 인스턴스 2를 생성하고 종류에 '고양이', 개월 수에 '13'을 대입한다.
- (25~26) 메소드를 호출한다.
- (28~29) 인스턴스 변수의 내용을 출력한다.

30

```
01  class Pet {
02      private String type;
03      private int age;
04
05      public void move() {
06          System.out.println(this.type + "가 움직입니다.");
07      }
08
09      public void setType(String type) {
10          this.type = type;
11      }
12
13      public void setAge(int age) {
14          this.age = age;
15      }
16
17      public String getType() {
18          return this.type;
19      }
20
21      public int getAge() {
22          return this.age;
23      }
24  }
25
26  public class Problem_30 {
27
28      public static void main(String[] args) {
29          Pet pet1 = new Pet();
30          pet1.setType("강아지");
31          pet1.setAge(8);
32
33          Pet pet2 = new Pet();
34          pet2.setType("고양이");
35          pet2.setAge(13);
36
37          pet1.move();
38          pet2.move();
```

인스턴스 변수로 애완동물의
종류와 개월 수를 선언한다.

애완동물의 움직임을 설정하는
메소드를 정의한다.

애완동물의 종류를 설정하는
메소드를 정의한다.

애완동물의 개월 수를 설정하는
메소드를 정의한다.

애완동물의 종류를 반환하는
메소드를 정의한다.

애완동물의 개월 수를 반환하는
메소드를 정의한다.

애완동물
클래스를
정의한다.

애완동물 인스턴스 1을 생성하고
종류에 '강아지', 개월 수에 '8'을
대입한다.

애완동물 인스턴스 2를 생성하고
종류에 '고양이', 개월 수에 '13'을
대입한다.

애완동물의 움직임을 설정하는
메소드를 호출한다.

```
39
40        System.out.println(pet1.getType() + "는 " + pet1.getAge() + "개월입니다.");
41        System.out.println(pet2.getType() + "는 " + pet2.getAge() + "개월입니다.");
42    }
43 }
```

인스턴스 변수의 내용을 출력한다(메소드를 통해 접근).

31

```
01 class Pet {
02     private String type; // 애완동물 종류
03     private int age; // 애완동물 개월수
04     static int count = 0; // 애완동물 수
05
06     Pet(String type, int age) {
07         this.type = type;
08         this.age = age;
09     }
10
11     static int getCount() {
12         return count;
13     }
14
15     public void move() {
16         System.out.println(this.type + "가 움직입니다.");
17     }
18
19     public String getType() {
20         return this.type;
21     }
22
23     public int getAge() {
24         return this.age;
25     }
26 }
27
28 public class Problem_31 {
```

인스턴스 변수로 애완동물의
종류와 개월 수를 선언한다.

클래스 변수로 애완동물의 수를
선언한다.

애완동물의 종류와 개월 수를
설정하는 생성자를 정의한다.

애완동물의 수를 출력하는
클래스 메소드를 정의한다.

애완동물의 움직임을
설정하는 인스턴스
메소드를 정의한다.

애완동물의 종류를 반환하는
인스턴스 메소드를 정의한다.

애완동물의 개월 수를 반환하는
메소드를 정의한다.

애완동물
클래스를
정의한다.

```
29
30    public static void main(String[] args) {
31        Pet pet1 = new Pet("강아지", 8);                              ----- 애완동물 인스턴스 1을 생성하고 종류에 '강아지',
                                                                            개월 수에 '8'을 대입한다.
32        Pet.count++;                                               ----- 애완동물의 수(클래스 변수)를 증가시킨다.
33        Pet pet2 = new Pet("고양이", 13);                           ----- 애완동물 인스턴스 2를 생성하고 종류에 '고양이',
                                                                            개월 수에 '13'을 대입한다.
34        Pet.count++;                                               ----- 애완동물의 수(클래스 변수)를 증가시킨다.
35
36        pet1.move();                                               ─┐─ 애완동물의 움직임을 설정하는 메소드를 호출한다.
37        pet2.move();                                               ─┘
38
39        System.out.println(pet1.getType() + "는 " + pet1.getAge() + "개월입니다.");
40        System.out.println(pet2.getType() + "는 " + pet2.getAge() + "개월입니다.");
                                                                     인스턴스 변수의 내용을 출력한다(인스턴스 메소드를 통해 접근).
41        System.out.println("현재 우리집 애완동물 수는 " + Pet.getCount() + "마리입니다.");
                                                                     클래스 변수의 내용을 출력한다(클래스 메소드를 통해 접근).
42    }
43 }
```

01 클래스의 기본(자동차의 예)

① 클래스 구현

```java
class Car {
   // 자동차의 필드
   String color;
   int speed;
   // 자동차의 메소드
   void upSpeed(int value) {
      speed = speed + value;
   }
}
```

② 인스턴스 생성

```java
Car myCar1 = new Car( );
Car myCar2 = new Car( );
Car myCar3 = new Car( );
```

③ 필드에 값 대입

```java
myCar1.color = "빨간색";
myCar1.speed = 0;
myCar2.color = "파란색";
myCar2.speed = 0;
myCar3.color = "노란색";
myCar3.speed = 0;
```

④ 메소드 호출

```java
myCar1.upSpeed(30);
myCar2.upSpeed(60);
```

02 private 접근 제어 수식어

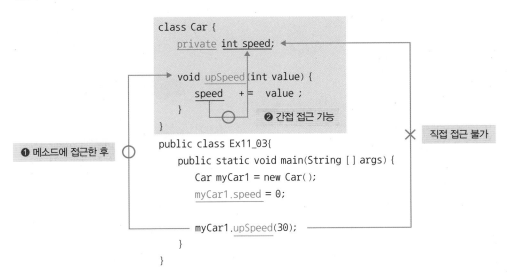

03 접근 제어 수식어

일반적으로 필드는 private 접근 제어 수식어를, 메소드는 public 접근 제어 수식어를 붙여서 사용한다.

04 생성자(자동차 클래스의 예)

① 기본 형식

```
class Car {
  String color;
  int speed;
  Car( ) {  // 생성자
    color = "빨강";
    speed = 0;
  }
}
```

② 생성자는 파라미터를 가질 수 있다.

05 메소드 오버로딩

같은 클래스 내에서 메소드의 이름이 같아도 파라미터의 개수나 데이터 형식만 다르면 여러 개를 선언할 수 있는 것을 말한다. 생성자도 메소드의 일종이므로 메소드 오버로딩을 할 수 있다.

06 변수의 종류

① 인스턴스 변수

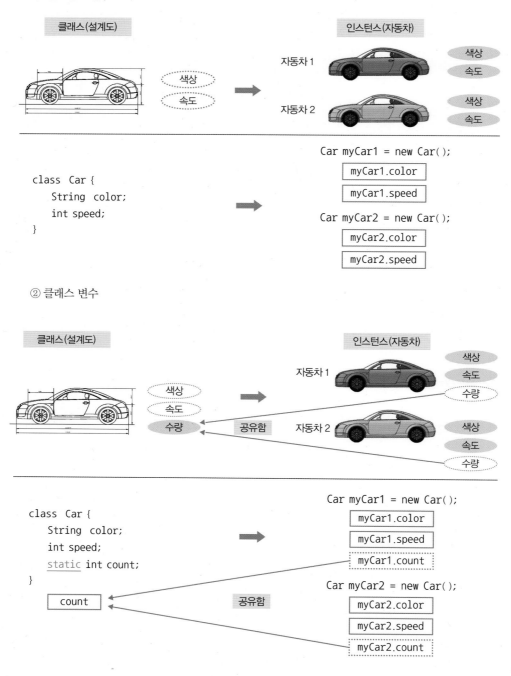

② 클래스 변수

07 메소드의 종류

인스턴스 메소드는 인스턴스를 먼저 생성한 다음 '인스턴스이름.메소드이름()' 방식으로 호출하는 것이며, 클래스 메소드는 메소드 이름 앞에 'static' 키워드를 붙이면 된다. 클래스 메소드는 인스턴스를 생성하지 않고도 메소드를 사용하기 위한 용도로 주로 쓰인다. 즉 인스턴스 메소드는 인스턴스를 생성한 이후에야 호출이 가능하지만, 클래스 메소드는 인스턴스를 생성하기 전에도 '클래스이름.메소드이름()' 형식으로 사용할 수 있다.

연습문제

01 다음은 자동차 클래스를 구현한 코드이다. 코드를 보고 빈칸에 알맞은 말을 넣으시오.

```
class Car {
    String color;
    int speed;
    void upSpeed(int value) {
        speed = speed + value;
    }
}
```

① 속성을 나타내는 color, speed 등을 [   ]라 하고, 기능을 나타내는 upSpeed(), downSpeed()
를 [   ]라 한다.

② 다음은 자동차 인스턴스를 생성하는 코드이다.

```
Car thisCar = [          ] ;
```

③ 다음은 앞에서 생성한 인스턴스의 필드에 값을 대입하는 코드이다.

```
[          ]  =  "RED";
[          ]  = 100;
```

④ 다음은 앞에서 생성한 자동차의 속도를 50km 가속하는 코드이다.

```
[          ] (50) ;
```

02 클래스의 생성과 사용 단계를 차례대로 나열하시오.

① 인스턴스의 생성

② 필드, 메소드의 활용

③ 클래스 선언

03 다음 4행의 코드를 3행의 코드로 변경하시오(인스턴스 선언과 동시에 객체를 생성한다).

```
Car myCar1, myCar2, myCar3;
myCar1 = new Car();
myCar2 = new Car();
myCar3 = new Car();
```

04 다음 코드는 오류가 발생한다. 오류가 발생하는 행 번호를 밝히고 그 이유를 간단히 설명하시오.

```
01 class Car {
02    private int speed;
03
04    void upSpeed(int value ) {
05      speed += value ;
06    }
07 }
08
09 public class Exam{
10    public static void main(String[] args) {
11      Car myCar1 = new Car();
12      myCar1.speed = 0;
13
14      myCar1.upSpeed(30);
15    }
16 }
```

05 다음은 인스턴스 변수에 파라미터로 받은 값을 대입하는 내용이다. 빈칸에 알맞은 말을 넣으시오.

```
class Book {
  private Integer page;

  void setPage(Integer page) {
    [        ] = page;
  }
}
```

06 다음 접근 제어 수식어 중에서 서브 클래스에서 접근이 가능한 것을 2개 고르시오.

① public   ② protected   ③ default   ④ private

07 다음은 생성자가 포함된 클래스이다. 틀린 부분을 찾고 그 이유를 간단히 설명하시오.

```
class Book {
   String color;
   int Book( ) {
      color = "빨강";
      return 0;
   }
}
```

08 생성자에 대한 설명 중 틀린 것을 고르시오.

① 생성자는 여러 개 있어도 된다. 단, 파라미터의 개수나 데이터 형식이 달라야 한다.

② 생성자는 return 문을 포함할 수 없다.

③ 생성자는 직접 호출할 수 없다.

④ 생성자는 메소드 오버로딩을 구현할 수 없다.

09 다음 빈칸에 알맞은 말을 넣으시오.

① [   ]은 같은 클래스 내에서 메소드의 이름이 같아도 파라미터의 개수나 데이터 형식만 다르면 여러 개를 선언할 수 있는 것을 말한다.

② [   ]는 인스턴스를 생성해야 비로소 사용할 수 있는 변수이고, [   ]는 클래스 안에 공간이 할당된 변수를 말한다. 그래서 클래스 변수는 인스턴스에는 별도의 공간이 할당되지 않고 여러 인스턴스가 클래스 변수의 공간을 같이 사용한다.

10 다음 중 인스턴스를 생성하지 않아도 접근이 가능한 것을 고르시오.

① 클래스 변수   ② 클래스 메소드   ③ 인스턴스 변수   ④ 인스턴스 메소드

Chapter 12
객체지향 프로그래밍의 응용

11장에서는 클래스의 개념을 파악하고 그 용도를 살펴보았다. 이 장에서는 클래스의 상속에 대해 알아본 다음 오버라이딩, 추상 클래스, 인터페이스 등 객체지향 프로그래밍을 위한 응용 학습을 할 것이다.

SECTION 01 클래스의 상속
SECTION 02 추상 클래스
SECTION 03 인터페이스

예제 모음

요약

연습문제

클래스의 상속

클래스의 상속은 기존의 클래스가 가지고 있는 것을 물려받아서 새로운 클래스를 만드는 것을 말한다.

클래스의 상속(inheritance)은 기존의 클래스가 가지고 있는 필드와 메소드를 그대로 물려받은 새로운 클래스를 만드는 것을 말하며, 필요한 경우 새로운 클래스에서 추가로 필드나 메소드를 만들어서 사용해도 된다.

1 상속의 개념

승용차 클래스와 트럭 클래스를 만든다고 가정해보자. 앞에서 배운 내용을 바탕으로 다음과 같이 각각의 클래스를 만들 수 있다.

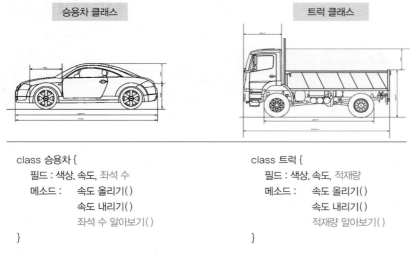

```
class 승용차 {
    필드 : 색상, 속도, 좌석 수
    메소드 :   속도 올리기( )
              속도 내리기( )
              좌석 수 알아보기( )
}
```

```
class 트럭 {
    필드 : 색상, 속도, 적재량
    메소드 :   속도 올리기( )
              속도 내리기( )
              적재량 알아보기( )
}
```

그림 12-1 승용차와 트럭 클래스의 개념

특별히 문제가 있어 보이지 않는다. 그런데 생각해보면 승용차와 트럭은 많은 공통점을 가지고 있다. 필드의 색상과 속도가 동일하고, 메소드의 속도 올리기()와 속도 내리기()가 동일하다. 차이점이라면 승용차는 좌석 수 필드가 필요하고 트럭은 적재량 필드가 필요하며, 각각을 알아내는 좌석 수 알아보기() 메소드와 적재량 알아보기() 메소드가 있어야 한다는 것이다.

그렇다면 승용차와 트럭에 대한 각각의 클래스를 만드는 것보다 승용차와 트럭의 공통된 특징을

'자동차'라는 클래스로 만든 다음, 승용차와 트럭은 '자동차' 클래스의 특징을 그대로 물려받고 각각에 필요한 필드와 메소드만 추가하면 상당히 효율적이지 않을까? 다음 그림을 한번 보자.

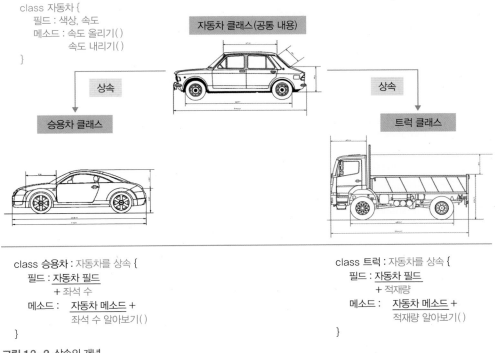

그림 12-2 상속의 개념

[그림 12-2]에서는 승용차와 트럭의 공통되는 필드인 색상과 속도, 공통되는 메소드인 속도 올리기()와 속도 내리기()를 자동차 클래스에 정의했다. 그리고 자동차 클래스를 상속받아서 승용차와 트럭 클래스를 만들었다. 승용차 클래스는 자동차 클래스의 필드와 메소드를 그대로 이어받고 좌석 수 필드와 좌석 수 알아보기() 메소드를 추가했다. 마찬가지로 트럭 클래스도 자동차 클래스의 필드와 메소드를 그대로 이어받고 적재량 필드와 적재량 알아보기() 메소드를 추가했다.

이렇게 공통적인 내용을 자동차 클래스에 두고 상속을 받음으로써 일관되고 효율적인 프로그래밍이 가능해진다. 이때 상위 클래스인 자동차 클래스를 '슈퍼 클래스' 또는 '부모 클래스'라 하고, 하위 클래스인 승용차와 트럭 클래스는 '서브 클래스' 또는 '자식 클래스'라 한다.

상속을 구현하는 문법에는 extends를 사용한다.

```
class 서브 클래스 extends 슈퍼 클래스 {
    // 이곳에 서브 클래스의 내용을 코딩
}
```

클래스 상속의 코딩

[그림 12-2]를 완전한 코드로 구현해보자.

```
01 class Car {
02     String color;
03     int speed;
04
05     void upSpeed(int value) {
06         speed = speed + value;
07     }
08
09     void downSpeed(int value) {
10         speed = speed - value;
11     }
12 }
13
14 class Sedan extends Car {
15     int seatNum;
16
17     int getSeatNum() {
18         return seatNum;
19     }
20 }
21
22 class Truck extends Car {
23     int capacity;
24
25     int getCapacity() {
26         return capacity;
27     }
28 }
29
30 public class Ex12_01 {
31     public static void main(String[] args) {
32
33         Sedan sedan1 = new Sedan();
34         Truck truck1 = new Truck();
```

슈퍼 클래스인 Car 클래스를 만든다. 기존 방식과 다르지 않다.

서브 클래스인 Sedan 클래스를 만든다. extends 키워드로 Car를 상속받고, 추가로 Car 클래스에는 없는 seatNum 필드와 getSeatNum() 메소드를 구현한다.

서브 클래스인 Truck 클래스를 만든다. extends 키워드로 Car를 상속받고, 추가로 Car 클래스에는 없는 capacity 필드와 getCapacity() 메소드를 구현한다.

승용차 인스턴스와 트럭 인스턴스를 생성한다.

```
35
36        sedan1.upSpeed(300);                            ┐── 승용차와 트럭의 속도를 올린다.
37        truck1.upSpeed(100);                            ┘
38
39        sedan1.seatNum = 5;
40        truck1.capacity = 50;
41
42        System.out.println("승용차 속도는 " + sedan1.speed + "km,
          좌석수는 " + sedan1.getSeatNum() + "개 입니다");        ┐── 승용차의 속도, 좌석 수를
                                                                     출력하고, 트럭의 속도와
43        System.out.println("트럭 속도는 " + truck1.speed + "km,    적재량을 출력한다.
          적재량은 " + truck1.getCapacity() + "톤 입니다");      ┘
44    }
45 }
```

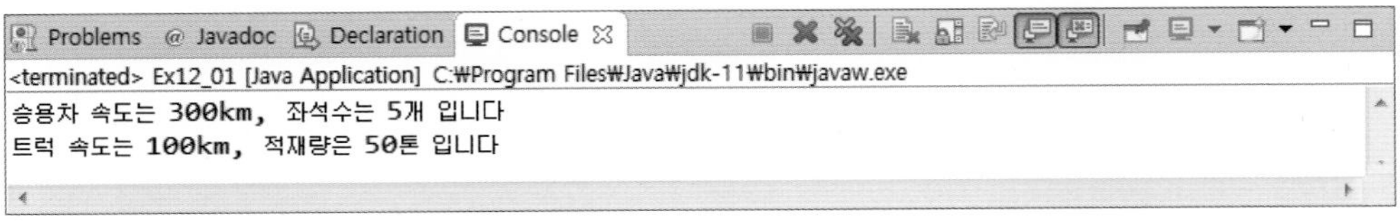

그림 12-3 실행 결과

[실습 12-1]은 상속의 기본적인 내용을 잘 보여준다. 먼저 1~12행에서 자동차(Car) 클래스를 슈퍼 클래스로 만든다. 슈퍼 클래스는 특별히 지정하는 것이 없고 일반 클래스와 동일한 형식으로 만든다. 그리고 14행과 22행에서 Car 클래스를 상속받아 승용차(Sedan)와 트럭(Truck) 클래스를 생성한다. 상속을 위한 문법에 extends를 사용하면 이제 Sedan과 Truck 클래스는 슈퍼 클래스인 Car 클래스의 필드와 메소드를 모두 가지게 된다.

그리고 36, 37행에서 Sedan과 Truck 클래스에 없는 upSpeed() 메소드를 사용할 수 있으며, 42, 43행에서 Sedan과 Truck 클래스에 없는 speed 필드를 출력할 수 있다. 39행에서는 Sedan에서 추가한 좌석 수(seatNum) 필드를 사용하고, 40행에서는 Truck에서 추가한 적재량(capacity) 필드를 사용했다. 42행에서는 Sedan에 추가한 getSeatNum() 메소드를 사용할 수 있고, 43행에서는 Truck에 추가한 getCapacity() 메소드를 사용할 수 있다.

메/멘/토 퀴/즈   서브 클래스에서 슈퍼 클래스를 상속받으려면 □□□□□□□ 키워드를 사용한다.

2 생성자의 상속

슈퍼 클래스와 서브 클래스에서 생성자의 관계를 살펴보자. 서브 클래스의 인스턴스를 생성하면 먼저 슈퍼 클래스의 생성자를 호출한 다음 서브 클래스의 생성자를 호출한다.

서브 클래스의 생성자

```
class 슈퍼 클래스 {
   슈퍼 클래스() {
       // 슈퍼 클래스 생성자 내용
   }
}

class 서브 클래스 extends 슈퍼 클래스 {
   서브 클래스() {
       // 서브 클래스 생성자 내용
   }
}
```

위와 같은 상속 구조로 클래스가 구성되었다면 다음과 같이 인스턴스를 생성한다.

```
서브 클래스 인스턴스 이름 = new 서브 클래스();
```

인스턴스가 생성되면 자동으로 먼저 '슈퍼 클래스 생성자 내용'이 실행되고, 다음으로 '서브 클래스 생성자 내용'이 호출된다. 간단한 실습을 통해 이를 확인해보자.

실습 12-2 생성자 호출 순서의 예

```
01 class Car {
02    Car() {                                            ┐
03        System.out.println("슈퍼 클래스 생성자 호출~~");   ├── 슈퍼 클래스의 생성자이다.
04    }                                                  ┘
05 }
06
07 class Sedan extends Car {
08    Sedan() {                                          ┐
09        System.out.println("서브 클래스 생성자 호출~~");   ├── 서브 클래스의 생성자이다.
10    }                                                  ┘
```

```
11 }
12
13 public class Ex12_02 {
14    public static void main(String[] args) {
15
16        Sedan sedan1 = new Sedan();  ----- 서브 클래스의 인스턴스를 생성한다.
17    }
18 }
```

```
Problems  @ Javadoc  Declaration  Console ✕
<terminated> Ex12_02 [Java Application] C:₩Program Files₩Java₩jdk-11₩bin₩javaw.exe
슈퍼 클래스 생성자 호출~~
서브 클래스 생성자 호출~~
```

그림 12-4 실행 결과

결과를 보면 예상대로 슈퍼 클래스인 Car() 생성자가 호출된 다음 서브 클래스인 Sedan() 클래스가 호출되었다.

여러 개의 생성자가 있을 때 슈퍼 클래스의 생성자 호출

파라미터만 다르다면 생성자를 여러 개 만들 수 있다. 이번에는 슈퍼 클래스에 여러 개의 생성자가 있을 때 호출되는 순서를 살펴보고, 강제로 슈퍼 클래스의 생성자를 호출하는 super() 메소드도 확인해보자.

실습 12-3 여러 생성자 호출의 예

```
01 class Car {
02    Car() {
03        System.out.println("슈퍼 클래스 생성자 호출(파라미터 없음)");   ┐ 슈퍼 클래스의 파라미터가
04    }                                                                  ┘ 없는 생성자이다.
05
06    Car(String str) {
07        System.out.println("슈퍼 클래스 생성자 호출 ==> " + str);      ┐ 슈퍼 클래스의 파라미터가
08    }                                                                  ┘ 있는 생성자이다.
09 }
10
11 class Sedan extends Car {
```

```
12    Sedan(String str) {
13
14        System.out.println("서브 클래스 생성자 호출 ==> " + str);
15    }
16 }
17
18 public class Ex12_03 {
19    public static void main(String[] args) {
20
21        Sedan sedan1 = new Sedan("여기요~~"); ----- 서브 클래스의 인스턴스를 만든다.
22    }
23 }
```

서브 클래스의 파라미터가 있는 생성자이다.

```
Problems  @ Javadoc  Declaration  Console ✕
<terminated> Ex12_03 [Java Application] C:\Program Files\Java\jdk-11\bin\javaw.exe
슈퍼 클래스 생성자 호출(파라미터 없음)
서브 클래스 생성자 호출 ==> 여기요~~
```

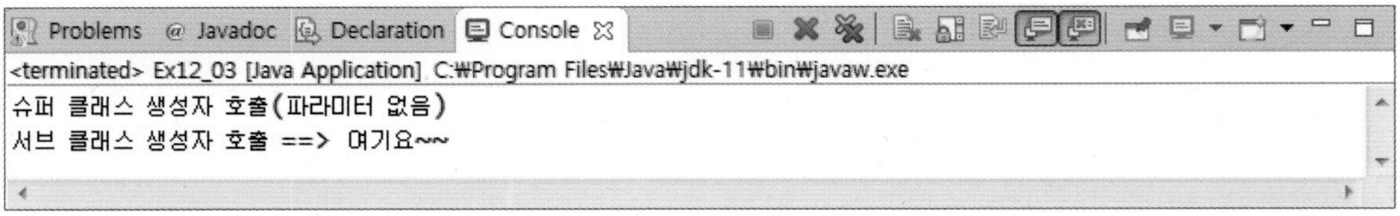

그림 12-5 실행 결과

1~9행의 슈퍼 클래스에는 생성자를 2개 만들었는데, 파라미터가 없는 Car( ) 생성자와 파라미터가 있는 Car(String str) 생성자이다. 11~16행의 서브 클래스에는 파라미터가 있는 Sedan(String str) 생성자만 있다. 21행에서는 인스턴스를 생성했다. 결과 화면을 보면 먼저 슈퍼 클래스의 파라미터가 없는 생성자가 호출된 다음에 서브 클래스의 생성자가 호출되었다.

여기서 강제로 슈퍼 클래스의 Car(String str) 생성자를 호출하려면 super( ) 메소드를 사용한다. 즉 [실습 12-3]의 13행에 다음과 같이 한 행을 추가한다.

```
super(str);
```

다음과 같이 슈퍼 클래스의 Car(String str) 생성자가 먼저 호출된다.

```
슈퍼 클래스 생성자 호출 ==> 여기요~~
서브 클래스 생성자 호출 ==> 여기요~~
```

super( )를 사용할 때 주의할 점은 서브 클래스의 생성자 코드 중에서 첫 번째 행에 나와야 한다는 것이다. 즉 14행 다음에 super( )를 사용하면 컴파일 오류가 발생하여 실행되지 않는다.

▶ 직접 풀어보기 **12-1**

[실습 12-3]에서 슈퍼 클래스의 파라미터가 없는 생성자를 강제로 호출하려면 13행에 어떤 코드를 추가해야 할까?

메/멘/토 퀴/즈   슈퍼 클래스의 생성자를 강제로 호출하려면 □□□□□()를 사용한다.

3 상속의 제한과 오버라이딩

상속의 제한

슈퍼 클래스의 필드와 메소드는 기본적으로 서브 클래스에 상속된다. 하지만 슈퍼 클래스 중에서 일부를 서브 클래스로 상속하지 않으려면 private 접근 제어 수식어를 사용한다. private으로 지정된 필드나 메소드는 서브 클래스로 상속되지 않는다. 다음 실습을 통해 이를 살펴보자.

실습 12-4   상속을 제한하는 private의 예

```
01 class Car {
02     private String color;            색상과 속도 필드를 지정하는데 색상은 private으로
03     int speed;                       지정한다.
04 }
05
06 class Sedan extends Car {
07     void setSpeed(int speed) {
08         this.speed = speed;          3행의 speed를 상속받았으므로 변경할 수 있다.
09     }
10
11     /* (오류)
12     void setColor(String color) {
13         this.color = color;          2행의 color는 상속받지 못하므로 오류가 발생한다.
14     }
15     */
16 }
17
18 public class Ex12_04 {
19     public static void main(String[] args) {
20
```

```
21      Sedan sedan1 = new Sedan();
22
23      sedan1.setSpeed(300);  ----- 서브 클래스의 메소드를 호출한다.
24      System.out.println("승용차 속도 ==> " + sedan1.speed);  ----- 상속받은 speed 필드에
25    }                                                              직접 접근한다.
26 }
```

그림 12-6 실행 결과

2행의 private으로 지정된 필드는 아예 상속되지 않기 때문에 6행의 Sedan 클래스에는 color 필드 자체가 존재하지 않는다. 그러므로 13행에서 color 필드에 접근하면 오류가 발생한다. 3행의 speed 필드는 상속되므로 8행에서 speed 필드에 접근하는 데는 문제가 없다. 상속은 되지만 클래스나 패키지 외에는 접근하지 못하도록 설정하는 것은 protected 접근 제어 수식 어이다. protected는 자신의 클래스 또는 패키지에서만 접근이 가능하다.

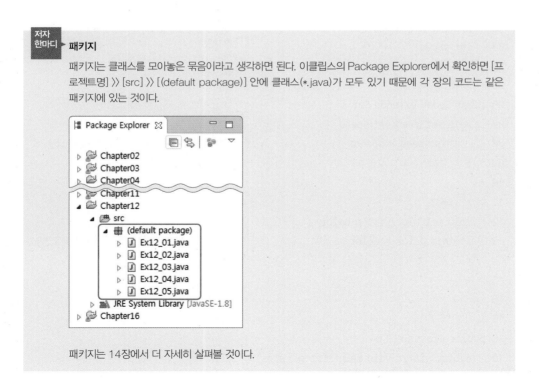

> **저자 한마디 ▶ 패키지**
>
> 패키지는 클래스를 모아놓은 묶음이라고 생각하면 된다. 이클립스의 Package Explorer에서 확인하면 [프로젝트명] 》 [src] 》 [(default package)] 안에 클래스(*.java)가 모두 있기 때문에 각 장의 코드는 같은 패키지에 있는 것이다.
>
> 패키지는 14장에서 더 자세히 살펴볼 것이다.

```
01 class Car {
02       ■      String color;        ----- 색상 필드를 protected로 지정한다.
03    int speed;
04 }
05
06 class Sedan extends Car {
07    void setSpeed(int speed) {
08       this.speed = speed;
09    }
10
11    void setColor(String color) {
12       this.color = color;          ── 2행의 color를 상속받았으므로 변경할 수 있다.
13    }
14 }
15
16 public class Ex12_05 {
17    public static void main(String[] args) {
18
19       Sedan sedan1 = new Sedan();
20
21       sedan1.setSpeed(300);
22       sedan1.setColor("빨강");        ----- 서브 클래스의 메소드를 호출한다.
23       System.out.println("승용차 속도 ==> " + sedan1.speed);
24       System.out.println("승용차 색상 ==> " +    ■2■     );  ----- 상속받은 color 필드에
25    }                                                            직접 접근한다.
26 }
```

정답. ■ protected ■ sedan1.color

```
Problems  @ Javadoc  Declaration  Console ✕
<terminated> Ex12_05 [Java Application] C:\Program Files\Java\jdk-11\bin\javaw.exe
승용차 속도 ==> 300
승용차 색상 ==> 빨강
```

그림 12-7 실행 결과

2행의 protected를 사용하면 상속이 가능하다. 하지만 public과 달리 protected는 같은 클래스나 패키지에서만 접근할 수 있다. 24행에서 color에 접근 가능한 것은 같은 패키지 안에 클

래스(Car, Sedan, Ex12_05)가 존재하기 때문이다.

메소드 오버라이딩

메소드 오버라이딩(overriding)은 상위 클래스의 메소드를 하위 클래스에서 재정의하는 것을 말한다. 메소드 오버라이딩을 보여주는 다음 그림에서 트럭은 속도에 제한이 없지만, 승용차는 안전상의 이유로 속도가 최대 150km로 제한되어야 한다고 가정해보자.

TIP / 오버라이딩은 다른 말로 '재정의'라고도 한다.

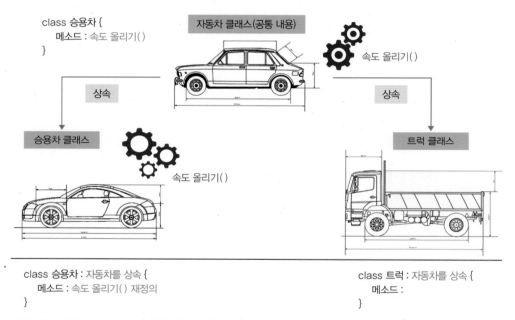

그림 12-8 메소드 오버라이딩의 개념(다른 필드나 메소드는 생략함)

슈퍼 클래스(자동차)를 상속받은 서브 클래스(승용차, 트럭)는 속도 올리기() 메소드를 상속받기 때문에 원칙적으로 속도 올리기() 메소드를 다시 만들 필요가 없다. 트럭은 자동차의 속도 올리기()를 그대로 사용하면 되지만 승용차의 경우 속도의 제한이 필요하다. 즉 자동차의 속도 올리기()와 내용이 다르다면 승용차 클래스에서 속도 올리기()를 다시 만들어 사용해야 한다. 이렇게 슈퍼 클래스에 존재하는 메소드를 서브 클래스에서 다시 만들어 사용하는 것을 오버라이딩 또는 재정의라고 하는 것이다.

```
01 class Car {
02     int speed = 0;                                    ----- 속도 필드를 0으로 초기화한다.
03
04     void upSpeed(int speed) {
05         this.speed += speed;
06         System.out.println("현재속도(슈퍼클래스) : " + this.speed);
07     }
08 }
09
10 class Sedan extends Car {
11     void upSpeed(int speed) {
12
13         this.speed += speed;
14         if (this.speed > 150)
15             this.speed = 150;
16         System.out.println("현재속도(서브클래스) : " + this.speed);
17     }
18 }
19
20 class Truck extends Car {
21 }
22
23 public class Ex12_06 {
24     public static void main(String[] args) {
25
26         Truck truck1 = new Truck();
27         Sedan sedan1 = new Sedan();
28
29         System.out.print("트럭 → ");
30         truck1.upSpeed(200);
31
32         System.out.print("승용차 → ");
33         sedan1.upSpeed(200);
34     }
35 }
```

Car 클래스에서 속도 올리기() 메소드를 만든다.

Sedan 클래스에서 속도 올리기() 메소드를 오버라이딩한다. 최고 속도 150km 이상은 안 되도록 설정한다.

Truck 클래스는 Car 클래스를 그대로 상속한다.

Truck 클래스의 인스턴스에서 속도를 200km로 올린다.

Sedan 클래스의 인스턴스에서 속도를 200km로 올린다.

그림 12-9 실행 결과

11행에서 서브 클래스(Sedan)의 upSpeed( ) 메소드를 다시 만들었다. 그리고 33행에서 Sedan 인스턴스의 upSpeed( )를 호출하니 11행의 재정의된 upSpeed( ) 메소드가 호출되었다. 20행의 서브 클래스(Truck)은 아무것도 없으므로 슈퍼 클래스(Car)의 메소드를 모두 그대로 상속받는다. 그리고 30행에서 Truck 인스턴스의 upSpeed( )를 호출하니 4행 슈퍼 클래스(Car)의 upSpeed( ) 메소드가 호출되었다.

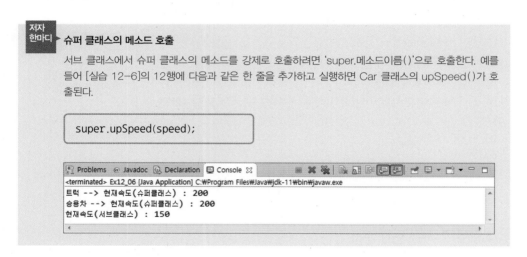

저자 한마디 ▶ 슈퍼 클래스의 메소드 호출

서브 클래스에서 슈퍼 클래스의 메소드를 강제로 호출하려면 'super.메소드이름( )'으로 호출한다. 예를 들어 [실습 12-6]의 12행에 다음과 같은 한 줄을 추가하고 실행하면 Car 클래스의 upSpeed( )가 호출된다.

```
super.upSpeed(speed);
```

메/멘/토 퀴/즈   슈퍼 클래스의 메소드를 서브 클래스에서 재정의하는 것을 메소드 □□□□□이라 한다.

▶ **직접 풀어보기 12-2**

[실습 12-6]에서 슈퍼 클래스에 downSpeed( ) 메소드를 만들고 오버라이딩을 해보자. 오버라이딩한 downSpeed( )가 0 미만의 속도로는 내려가지 않도록 한다.

메소드 오버라이딩의 제한 : final

슈퍼 클래스에서 메소드의 오버라이딩을 막으려면 메소드 앞에 'final' 키워드를 붙인다. 이렇게 하면 이후로 해당 메소드는 서브 클래스에서 오버라이딩을 할 수 없고 슈퍼 클래스에서 정의한 대로 사용해야 한다.

만약 final을 필드 앞에 붙이면 그 필드의 내용을 변경할 수 없다. 일반적으로 final을 붙이는 필드는 상수처럼 고정된 형태이며, 주로 static과 함께 클래스 변수를 상수처럼 지정하는 데 사용된다.

TIP/ 메소드에 final을 붙이면 마지막 메소드가 되므로 상속을 할 수 없다. 또한 필드에 final을 붙이면 마지막 변수 값을 갖기 때문에 변경할 수 없다고 이해하면 된다.

실습 12-7 **final 사용 예**

```
01  class Car {
02      int speed = 0;
03
04      final void upSpeed(int speed) {          ----- 슈퍼 클래스의 upSpeed() 메소드를 final로 지정한다.
05          this.speed += speed;
06      }
07  }
08
09  class Sedan extends Car {
10      final static String CAR_TYPE="승용차";      ----- 클래스 변수 CAR_TYPE을 final로 지정하여 변경하지
                                                          못하도록 한다.
11
12  //    void upSpeed(int speed) {              ┐
13  //        재정의한 메소드 내용                   ├ 슈퍼 클래스의 upSpeed()를 오버라이딩하면 오류가
14  //    }                                      ┘  발생한다.
15  }
16
17  public class Ex12_07 {
18      public static void main(String[] args) {
19
20          System.out.println("Sedan 클래스 타입 —>" + Sedan.CAR_TYPE);  ┐
                    별도의 인스턴스 없이 Sedan.CAR_TYPE으로 클래스 변수를 사용한다. ┘
21      }
22  }
```

```
Problems  @ Javadoc  Declaration  Console ⊠
<terminated> Ex12_07 [Java Application] C:\Program Files\Java\jdk-11\bin\javaw.exe
Sedan 클래스 타입 -->승용차
```

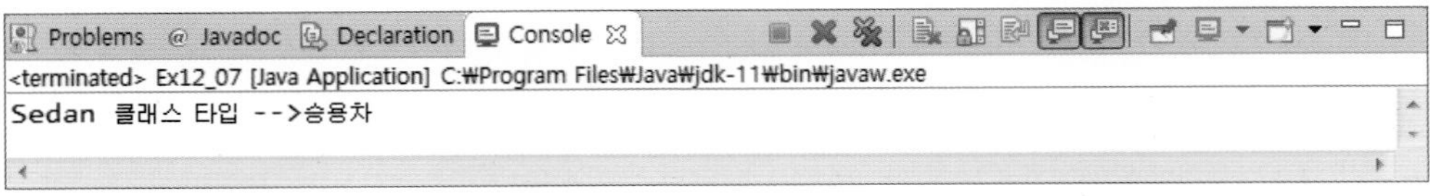

그림 12-10 실행 결과

4행에서는 슈퍼 클래스(Car)의 upSpeed( ) 메소드를 오버라이딩하지 못하도록 final을 붙였다. 이는 주로 중요한 메소드를 슈퍼 클래스에 만들어놓고 모든 서브 클래스에서 변경 없이 그대로 실행하고자 하는 경우이다. 또한 10행에서 final static을 붙인 것은 상수처럼 클래스 변수를 사용하는 경우이다. 그래서 필드 이름은 대개 대문자로 만든다.

JAVA에서 제공되는 수학 계산을 위한 Math 클래스의 PI(원주율)는 다음과 같이 정의되어 있다.

```
public final static double PI = 3.141592653589793;
```

예를 들어 반지름이 5인 원의 면적을 구하려면 다음과 같이 코드를 사용한다.

```
double area, radius = 5;
area = radius * radius * Math.PI;
```

메/멘/토 퀴/즈 메소드를 오버라이딩하지 못하도록 하거나 필드를 상수화하는 키워드는 □□□□□ 이다.

추상 클래스

추상 클래스는 직접 인스턴스를 생성할 수 없는 클래스를 말하며, 서브 클래스에서 상속을 받아 사용해야 한다.

1 추상 클래스

추상 클래스의 개념

추상 클래스(abstract class)는 일반 클래스와 인스턴스를 생성할 수 없다. 따라서 추상 클래스를 사용하려면 먼저 서브 클래스에서 추상 클래스를 상속받은 후 서브 클래스의 인스턴스를 생성해야 한다. 다음 그림을 보자.

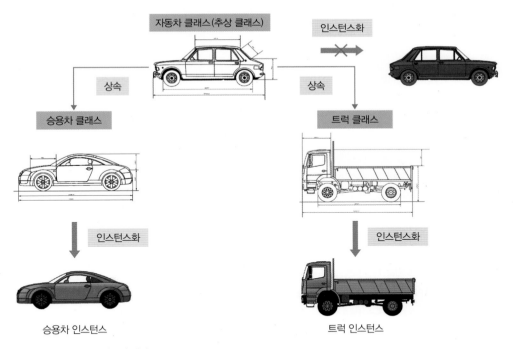

그림 12-11 추상 클래스의 개념

자동차 클래스를 추상 클래스로 지정하면 자동차 클래스로 직접 인스턴스를 만들 수 없으며 자동차 클래스는 슈퍼 클래스의 역할만 담당한다. 그리고 추상 클래스를 만들기 위해서는 클래스 이름 앞에 abstract 키워드를 사용하면 된다.

```
abstract class 클래스이름 {
    // 필드 및 메소드 정의
}
```

추상 클래스의 구현

간단한 추상 클래스를 만드는 실습을 살펴보자.

실습 12-8 **추상 클래스의 예 1**

```
01  abstract class Car {                           ----- 클래스에 abstract를 붙여 추상 클래스로 지정한다.
02      int speed = 0;
03      String color;
04
05      void upSpeed(int speed) {
06          this.speed += speed;
07      }
08  }
09
10  class Sedan extends Car {
11  }
12
13  class Truck extends Car {
14  }
15
16  public class Ex12_08 {
17      public static void main(String[] args) {
18
19          // Car car1 = new Car();                ----- 추상 클래스 Car는 인스턴스를 만들 수 없다.
20          Sedan sedan1 = new Sedan();
21          System.out.println("승용차 인스턴스 생성~~");     추상 클래스를 상속받은 Sedan, Truck
22          Truck truck1 = new Truck();              클래스는 인스턴스를 만들 수 있다.
23          System.out.println("트럭 인스턴스 생성~~");
24      }
25  }
```

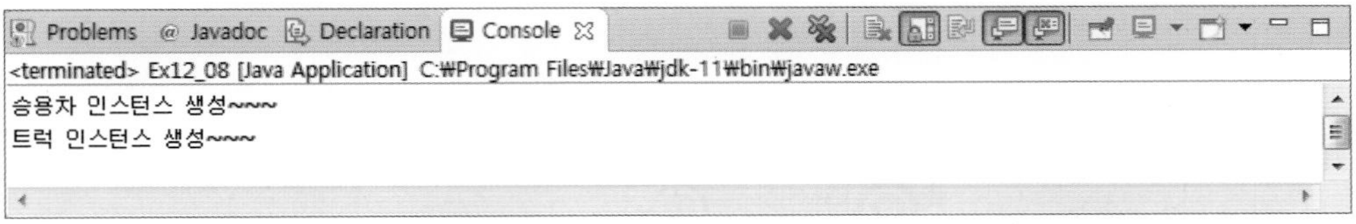

그림 12-12 실행 결과

추상 클래스로 만든 Car 클래스는 더 이상 인스턴스를 직접 생성할 수 없다. 현실에서도 승용차, 트럭 등은 자동차 회사에서 생산하지만 '자동차'라는 추상적인 개념의 차는 생산하지 않는 것처럼, [실습 12-8]에서 직접 인스턴스를 생성하지 못하도록 Car 클래스를 추상 클래스로 만든 것은 적절한 방법이라고 볼 수 있다.

> 메 /멘 /토 퀴 /즈　□□ 클래스는 직접 인스턴스를 만들 수 없으며 상속을 통해서만 가능하다.

2 추상 메소드

추상 메소드의 개념

메소드 앞에 abstract를 붙인 추상 메소드(abstract method)는 본체 코드가 존재하지 않는다. 즉 본체가 없는 껍데기 메소드라고 보면 된다. 추상 메소드를 만드는 형식을 다음과 같다.

```
abstract 반환형메소드이름(파라미터) ;
```

예를 들어 upSpeed()를 추상 메소드로 정의하면 다음과 같다.

```
abstract void upSpeed(int speed) ;
```

그런데 본체 코드가 없다면 추상 메소드의 작동은 어떻게 될까? 추상 메소드의 목적은 상속받은 서브 클래스에서 오버라이딩하여 사용하도록 하는 데 있다. 즉 슈퍼 클래스에서는 추상 메소드로 메소드의 껍데기만 만들어놓고, 실제 내용은 각각의 서브 클래스에서 채워넣는 방식이다.

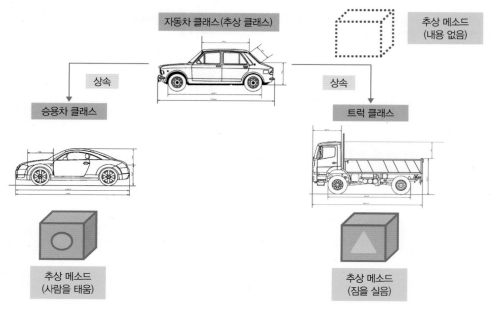

그림 12-13 추상 메소드의 개념

승용차는 '사람을 태우는 동작'을 하고 트럭은 '짐을 싣는 동작'을 한다. '동작한다()'라는 메소드 이름은 동일하지만 실제로 작동하는 내용이 완전히 다르다. 이렇게 서로 다른 내용을 슈퍼 클래스인 자동차 클래스에 코딩해놓을 수 없기 때문에, 자동차 클래스에는 빈 껍데기인 '동작한다 ()' 추상 메소드만 만들어두고 실제 각 클래스에서 오버라이딩하여 내용을 채우는 방식을 사용하는 것이다.

```java
abstract class 자동차 {  // 추상 클래스
    abstract 동작한다() ;  // 추상 메소드
}


class 승용차 extends 자동차 {
    동작한다() { // 오버라이딩
        /* 사람을 태우는 동작을 코딩 */
    }
}


class 트럭 extends 자동차 {
    동작한다() { // 오버라이딩
        /* 짐을 싣는 동작을 코딩 */
    }
}
```

참고로 추상 메소드가 하나라도 들어 있는 클래스는 무조건 추상 클래스로 지정해야 한다. 그렇다면 동작한다( ) 메소드를 슈퍼 클래스에 만들지 않고 서브 클래스인 자동차와 트럭 클래스에서 그냥 생성해도 될까? 물론 그래도 된다. 하지만 추상 메소드로 만드는 목적은 '자동차 클래스를 상속받은 서브 클래스들은 반드시 동작한다( ) 메소드를 만들어야 한다'는 의미를 내포하고 있다. 즉 추상 클래스의 상속을 받은 서브 클래스는 추상 메소드를 오버라이딩하지 않으면 문법적인 오류가 발생하므로 반드시 모든 추상 메소드를 오버라이딩하여 그 내용을 다시 의무적으로 채워야 한다.

> **메 / 멘 / 토 퀴 / 즈** 추상 메소드는 메소드 앞에 □□□□□□□□ 키워드를 사용한다.

추상 메소드의 구현

앞에서 설명한 내용을 그대로 코드로 구현해보자.

> **실습 12-9** **추상 클래스의 예 2**

```
01  abstract class Car {
02    int speed = 0;
03    String color;
04
05    void upSpeed(int speed) {
06      this.speed += speed;
07    }
08
09    [ 1 ]    void work();
10  }
11
12  class Sedan extends Car {
13    void work() {
14      System.out.println("승용차가 사람을 태우고 있습니다.");
15    }
16  }
17
18  class Truck extends Car {
19    void work() {
20      System.out.println("트럭이 짐을 싣고 있습니다.");
21    }
```

9행 우측 설명: work() 메소드를 추상 메소드로 지정한다. 이 추상 메소드로 인해 1행에서 Car 클래스는 반드시 추상 클래스로 지정해야 한다.

13~15행 우측 설명: 서브 클래스에서는 반드시 추상 메소드를 오버라이딩해야 한다. 그리고 각각의 서브 클래스에 필요한 내용으로 메소드를 채운다.

19~21행 우측 설명: 서브 클래스에서는 반드시 추상 메소드를 오버라이딩해야 한다. 그리고 각각의 서브 클래스에 필요한 내용으로 메소드를 채운다.

```
22  }
23
24  public class Ex12_09 {
25      public static void main(String[] args) {
26
27          Sedan sedan1 = new Sedan();
28          sedan1.work();                    ----- 오버라이딩된 메소드를 호출한다.
29          Truck truck1 = new Truck();
30          truck1.    2    ;                 ----- 오버라이딩된 메소드를 호출한다.
31      }
32  }
```

정답. **1** abstract **2** work()

그림 12-14 실행 결과

코드를 통해 추상 메소드의 사용법과 용도를 확인할 수 있다. 한 가지 더 기억해야 할 점은 추상 클래스에 필드, 일반 메소드, 추상 메소드가 모두 존재할 수 있다는 것이다. 단, 인스턴스로 만들지 못할 뿐이다.

▶ 직접 풀어보기 **12-3**

[실습 12-9]에서 추상 메소드 upSpeed()를 만들고 오버라이딩해보자. 오버라이딩할 때 Sedan의 최대 속도는 150km, Truck의 최대 속도는 130km로 제한한다.

인터페이스

인터페이스는 추상 클래스와 거의 비슷하며 다중 상속을 위해 사용하기도 한다.

인터페이스(interface)는 앞에서 배운 추상 클래스와 비슷한 개념이지만 조금 다른 특성이 있다.

1 인터페이스의 개념

인터페이스도 추상 클래스와 마찬가지로 직접 인스턴스를 생성할 수 없다. 둘의 차이점이라면 인터페이스는 필드, 추상 메소드를 가질 수 있지만 추상 클래스와 달리 일반 메소드, 생성자를 가질 수 없다는 것이다. 또한 필드도 static final을 붙인 상수화한 필드만 사용할 수 있으며 반드시 초기화해야 한다.

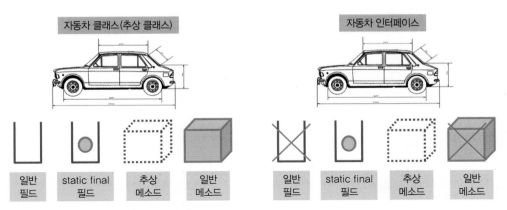

그림 12-15 추상 클래스와 인터페이스의 비교

인터페이스의 형태는 다음과 같다. 즉 class 대신 interface 키워드를 사용한다.

```
interface 인터페이스이름 {
    // static final 필드 및 추상 메소드 정의
}
```

자동차 인터페이스를 사용한다면 다음과 같이 구현한다. 슈퍼 클래스를 상속받기 위해 extends 대신 implements 키워드를 사용한다.

```
interface 자동차 {
    abstract 동작한다() ;  // 추상 메소드
}


class 승용차 implements 자동차 {
    동작한다() { // 오버라이딩
        /* 사람을 태우는 동작을 코딩 */
    }
}


class 트럭 implements 자동차 {
    동작한다() { // 오버라이딩
        /* 짐을 싣는 동작을 코딩 */
    }
}
```

인터페이스를 상속받는 것도 추상 클래스를 상속받는 것과 크게 다르지 않다. 또한 자동차 인터페이스의 동작한다() 추상 메소드 앞 abstract는 생략해도 된다.

TIP/ 인터페이스에 들어가는 메소드는 추상 메소드밖에 없기 때문에 abstract를 생략해도 당연히 추상 메소드로 인식한다. 또한 인터페이스는 implements 키워드를 사용한다는 의미에서 클래스처럼 '상속받는다'라고 표현하기보다는 주로 '구현한다'라고 표현한다.

2 인터페이스 구현

이제 [실습 12-9]를 인터페이스로 변경하여 구현해보자.

실습 12-10   인터페이스의 예

```
01  interface Car {
02      static final int CAR_COUNT = 0;
03
04      abstract void work();
05  }
06
07  class Sedan implements Car {
08      public void work() {
09          System.out.println("승용차가 사람을 태우고 있습니다.");
10      }
```

인터페이스를 만든다. 2행의 CAR_COUNT 필드는 static final int로 지정한다.

Car 인터페이스를 implements로 구현한다.

인터페이스의 추상 메소드를 완성할 때는 public 키워드를 붙인다.

```
11 }
12
13 class Truck implements Car {    ----- Car 인터페이스를 implements로 구현한다.
14    public void work() {         ----- 인터페이스의 추상 메소드를 완성할 때는 public 키워드를 붙인다.
15       System.out.println("트럭이 짐을 싣고 있습니다.");
16    }
17 }
18
19 public class Ex12_10 {
20    public static void main(String[] args) {
21
22       // [실습12-9]의 27~30행과 동일
23    }
24 }
```

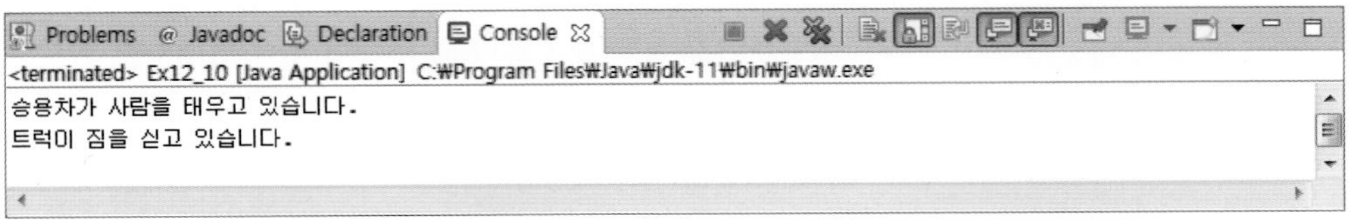

Problems
@ Javadoc
Declaration
Console
<terminated> Ex12_10 [Java Application] C:₩Program Files₩Java₩jdk-11₩bin₩javaw.exe
승용차가 사람을 태우고 있습니다.
트럭이 짐을 싣고 있습니다.

그림 12-16 실행 결과

1행에서 인터페이스를 만들 때 void, int 등의 반환형은 지정하지 않는다. 그리고 2행에서 CAR_COUNT는 final 클래스 변수로 지정되었으므로 Car.CAR_COUNT와 같이 직접 접근이 가능하지만 값을 변경할 수는 없다. 7행과 13행에서 클래스를 상속받는 extends 키워드 대신에 인터페이스는 implements 키워드를 사용해야 한다.

TIP/ 인터페이스에 들어가는 필드는 당연히 static final 필드로 인식하므로 2행을 'int CAR_COUNT=0;'이라고 해도 된다. 즉 static final을 생략해도 되는 것이다.

메/멘/토 퀴/즈 □□□□□는 추상 클래스와 비슷하지만 추상 메소드와 static final 필드만 가질 수 있다.

3 다중 상속

다중 상속은 여러 개의 클래스에서 상속받는 것을 의미한다. 다중 상속을 나타낸 다음 그림을 보자.

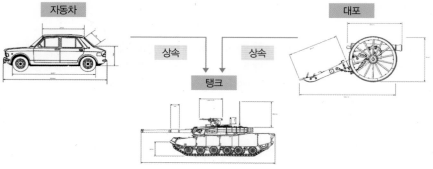

그림 12-17 다중 상속의 개념

탱크는 자동차처럼 움직이기도 하고 대포처럼 포탄을 발사하는 기능을 가지고 있다.

> 탱크 = 자동차 + 대포

따라서 [그림 12-17]처럼 2개의 슈퍼 클래스인 자동차와 대포를 이용하여 서브 클래스인 탱크를 만드는 것이 다중 상속이다. 즉 여러 개의 슈퍼 클래스를 통해 하나의 서브 클래스를 만드는 것이다. 이를 코드로 표현하면 다음과 같다.

```
class 자동차 {
    동작한다();
}

class 대포 {
    발사한다();
}

class 탱크 extends 자동차, 대포{
    동작한다() {    // 오버라이딩
        /* 탱크가 움직이는 코드를 구현 */
    }
    발사한다() {    // 오버라이딩
        /* 탱크에서 대포를 발사하는 코드를 구현 */
    }
}
```

위 코드처럼 탱크 클래스를 생성할 때 2개 클래스(자동차 클래스, 대포 클래스)의 상속을 받도록 구현하면 되지만 JAVA는 다중 상속을 허용하지 않는다. 따라서 그 대안으로 인터페이스가 다중 상속을 허용한다. 위의 탱크 클래스를 인터페이스로 구현하면 다음과 같다.

```
interface 자동차 {
    동작한다();
}

interface 대포 {
    발사한다();
}

class 탱크 implements 자동차, 대포{
    동작한다() {    // 오버라이딩
        /* 탱크가 움직이는 코드를 구현 */
    }
    발사한다() {    // 오버라이딩
        /* 탱크에서 대포를 발사하는 코드를 구현 */
    }
}
```

다중 상속을 완전한 JAVA 코드로 만들어보자.

실습 12-11 인터페이스 다중 상속의 예

```
01  interface Car {
02      void work();
03  }
04
05  [ 1 ]          Cannon {
06      void fire();
07  }
08
09  class Tank [ 2 ]    Car, Cannon {
10      public void work() {
            인터페이스의 추상 메소드를 완성할 때는 public 키워드를 붙인다.
11          System.out.println("탱크가 앞으로 굴러갑니다.");
12      }
13
14      public void fire() {
            인터페이스의 추상 메소드를 완성할 때는 public 키워드를 붙인다.
15          System.out.println("탱크에서 대포를 발사합니다.");
16      }
17  }
```

Car 인터페이스를 만든다. 메소드가 모두 추상 메소드이므로 abstract를 생략해도 된다.

Cannon 인터페이스를 만든다. 메소드가 모두 추상 메소드이므로 abstract를 생략해도 된다.

Car와 Cannon 인터페이스를 다중 상속 개념으로 구현한다.

```
18
19  public class Ex12_11 {
20    public static void main(String[] args) {
21      Tank tank1 = new Tank();
22      tank1.work();
23      tank1.fire();
24    }
25  }
```

정답. **1** interface **2** implements

```
Problems  @ Javadoc  Declaration  Console ☒
<terminated> Ex12_11 [Java Application] C:₩Program Files₩Java₩jdk-11₩bin₩javaw.exe
탱크가 앞으로 굴러갑니다.
탱크에서 대포를 발사합니다.
```

그림 12-18 실행 결과

메/멘/토 퀴/즈   클래스는 다중 상속을 할 수 없지만 □□□□□는 다중 상속이 가능하다.

▶ 직접 풀어보기 **12-4**

[실습 12-11]에서 기관총(MachineGun) 인터페이스와 shoot( ) 추상 메소드를 만들어보자. 그리고 탱크 클래스에 추가로 다중 상속이 되도록 한다.

4 일반 클래스, 추상 클래스, 인터페이스의 비교

지금까지 살펴본 일반 클래스, 추상 클래스, 인터페이스를 비교하면 [그림 12-19]와 같이 정리할 수 있다. 일반 클래스는 추상 메소드를 제외한 모든 내용을 포함할 수 있으며, 직접 인스턴스로도 만들 수 있고 상속을 통해 인스턴스로도 만들 수 있다.

TIP/ 추상 메소드가 들어 있는 클래스는 자동으로 추상 클래스가 되기 때문에 일반 클래스에는 추상 메소드가 있으면 안 된다.

추상 클래스는 추상 메소드를 비롯한 모든 내용을 포함할 수 있지만 직접 인스턴스로 만들 수는 없으며, 반드시 서브 클래스에서 상속을 받은 다음 인스턴스로 만들어야 한다. 인터페이스는 추상 메소드와 static final 필드만 허용되며, 역시 직접 인스턴스로 만들 수 없고 서브 클래스에서 상속을 받은 다음 인스턴스로 만들어야 한다. 또한 인터페이스는 다중 상속이 가능하다.

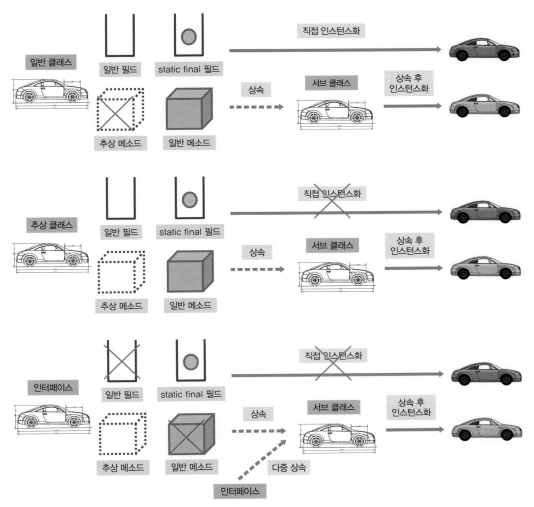

그림 12-19 일반 클래스, 추상 클래스, 인터페이스의 비교

클래스의 응용–상속

예제 설명　애완동물(Pet) 클래스를 상속받는 강아지(Dog) 클래스와 새(Bird) 클래스를 만들어보자.

실행 결과

```
Problems  @ Javadoc  Declaration  Console 
<terminated> Problem_32 [Java Application] C:\Program Files\Java\jdk-11\bin\javaw.exe
애완동물이 움직입니다.
애완동물이 움직입니다.
강아지의 이름은 누렁이고,  몸무게는 10Kg입니다.
새의 종류는 앵무새고,  날 수 있습니다
```

클래스의 응용–메소드 오버라이딩

예제 설명　슈퍼 클래스인 애완동물(Pet) 클래스를 상속받는 강아지(Dog) 클래스와 새(Bird) 클래스를 만들어보자.

실행 결과

```
Problems  @ Javadoc  Declaration  Console 
<terminated> Problem_33 [Java Application] C:\Program Files\Java\jdk-11\bin\javaw.exe
슈퍼클래스 move()  :  애완동물이 움직입니다.
서브클래스 move()  :  새가 날아갑니다.
```

예제 모음
34 클래스의 응용 – 다중 상속

예제 설명 포유류(Mammal)와 어류(Fish)의 두 가지 슈퍼 클래스가 필요한 고래(Whale) 클래스를 만들어보자.

- -

실행 결과

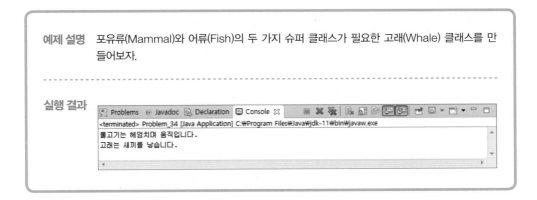

32

```
01  class Pet {
02      int age; // 애완동물 개월수
03
04      public void move() {
05          System.out.println("애완동물이 움직입니다.");
06      }
07  }
08
09  class Dog extends Pet {
10      String name; // 강아지 이름
11      int weight; // 강아지 무게
12
13      int getWeight() {
14          return weight;
15      }
16  }
17
18  class Bird extends Pet {
19      String type; // 새 종류
20      boolean flightYN; // 날 수 있는지 여부
21
22      boolean getFlight() {
23          return flightYN;
24      }
25  }
26
27  public class Problem_32 {
28
29      public static void main(String[] args) {
30          Dog dog1 = new Dog();
31          dog1.age = 25;
32          dog1.name = "누렁이";
33          dog1.weight = 10;
34
```

01~07: 애완동물의 움직임을 설정하는 메소드를 정의한다(공통적인 메시지 출력). → 애완동물 클래스(슈퍼 클래스)를 정의한다.

10~11: 강아지 클래스에 강아지 이름, 무게의 인스턴스 변수를 선언한다.

13~15: 강아지 클래스에 인스턴스 메소드를 정의한다.

09~16: 애완동물 클래스를 상속받는 강아지 클래스(서브 클래스)를 정의한다.

19~20: 새 클래스에 새 종류, 날 수 있는지 여부의 인스턴스 변수를 선언한다.

22~24: 새 클래스에 인스턴스 메소드를 정의한다.

18~25: 애완동물 클래스를 상속받는 새 클래스(서브 클래스)를 정의한다.

30~33: 강아지 인스턴스 1을 생성하고 인스턴스 변수에 값을 대입한다.

```
35        Bird bird1 = new Bird();
36        bird1.age = 5;                              ── 새 인스턴스 1을 생성하고 인스턴스 변수에
37        bird1.type = "앵무새";                          값을 대입한다.
38        bird1.flightYN = true;
39
40        dog1.move();                               ── 메소드를 호출한다. 이때 상속받은 애완동물
41        bird1.move();                                 클래스의 메소드가 호출된다.
42
43        System.out.println("강아지의 이름은 " + dog1.name + "고, 몸무게는 " + dog1.getWeight()
          + "Kg입니다.");           ----- 강아지의 이름과 몸무게를 출력한다.
44        System.out.println("새의 종류는 " + bird1.type + "고, 날 수 " + (bird1.getFlight() ?
          "있" : "없") + "습니다");    ----- 새의 종류와 날 수 있는지 여부를 출력한다. 3항 연산자를 사용하여
                                          getFlight() 메소드의 반환 값에 따라서 다른 값을 출력한다.
45   }
46 }
```

33 --

```
01 class Pet {
02    int age; // 애완동물 개월수
03
04    public void move() {                                        애완동물 클래스
05        System.out.println("슈퍼클래스 move() : 애완동물이 움직입니다.");    ── (슈퍼 클래스)를
06    }                                                            정의한다.
07 }
08
09 class Dog extends Pet {          ── 애완동물 클래스를 상속받는 강아지 클래스
10 }                                   (서브 클래스)를 정의한다.
11
12 class Bird extends Pet {                                          애완동물
13    public void move() {                          move()            클래스를
14        System.out.println("서브클래스 move() : 새가 날아갑니다.");  메소드를  상속받는
15    }                                             오버라이딩   새 클래스
16 }                                                한다.      (서브 클래스)
                                                             를 정의한다.
17
18 public class Problem_33 {
19    public static void main(String[] args) {
20        Dog dog1 = new Dog();          ── 강아지 인스턴스와 새 인스턴스를 생성한다.
21        Bird bird1 = new Bird();
```

```
22
23        dog1.move();      ──── 강아지 인스턴스의 move() 메소드를 호출한다. 상속받은 Pet 클래스의 move()
                                  메소드가 호출된다.
24        bird1.move();     ──── 새 인스턴스의 move() 메소드를 호출한다. 오버라이딩한 move() 메소드가 호출된다.
25    }
26 }
```

34

```
01 interface Mammal { // 포유류          ┐
02    abstract void bear();  // 새끼를 낳음  ├── 포유류 인터페이스를 정의하고
03 }                                     ┘   추상 메소드 bear()를 선언한다.
04
05 abstract class Fish { // 어류           ┐
06    void swim() {                       │
07        System.out.println("물고기는 헤엄치며 움직입니다.");  ├── 어류 추상 클래스를 정의하고
08    }                                   │   swim() 메소드를 정의한다.
09 }                                      ┘
10
11 class Whale  extends Fish implements Mammal {   ┐
12    public void bear() {              ┐          │   다중 상속을 받는
13        System.out.println("고래는 새끼를 낳습니다.");  │ bear()  │   고래 클래스를
14    }                                 │ 메소드를 ├── 정의한다.
15 }                                    ┘ 오버라이딩 ┘
                                          한다.
16
17 public class Problem_34 {
18    public static void main(String[] args) {
19        Whale  whale1 = new Whale();   ──── 고래 인스턴스를 선언한다.
20
21        whale1.swim();                 ┐── 고래 인스턴스의 메소드를 호출한다.
22        whale1.bear();                 ┘
23    }
24 }
```

01 클래스의 상속

공통적인 내용을 자동차 클래스에 두고 상속을 받음으로써 일관되고 효율적인 프로그래밍이 가능해진다.

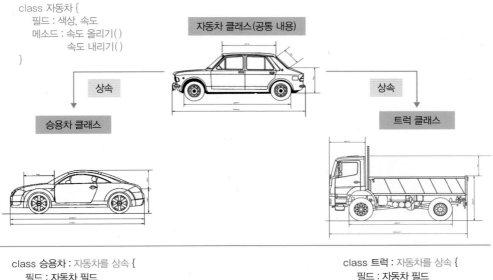

```
class 자동차 {
    필드 : 색상, 속도
    메소드 : 속도 올리기( )
            속도 내리기( )
}
```

자동차 클래스(공통 내용)

상속 → 승용차 클래스

상속 → 트럭 클래스

```
class 승용차 : 자동차를 상속 {
    필드 : 자동차 필드
          + 좌석 수
    메소드 :  자동차 메소드 +
            좌석 수 알아보기( )
}
```

```
class 트럭 : 자동차를 상속 {
    필드 : 자동차 필드
          + 적재량
    메소드 :  자동차 메소드 +
            적재량 알아보기( )
}
```

02 extends

상속을 구현하는 문법에는 extends를 사용한다.

```
class 서브 클래스 extends 슈퍼 클래스 {
    // 이곳에 서브 클래스의 내용을 코딩
}
```

03 supers

슈퍼 클래스의 생성자를 호출하려면 super( ) 메소드를 사용한다.

04 상속 제한

슈퍼 클래스의 필드와 메소드는 기본적으로 서브 클래스에 상속된다. 하지만 슈퍼 클래스 중에서 일부를 서브 클래스로 상속하지 않으려면 private 접근 제어 수식어를 사용한다. 또한 protected를 사용하면 상속이 가능한데, public과 달리 같은 클래스나 패키지에서만 접근할 수 있다.

05 메소드 오버라이딩

메소드 오버라이딩은 상위 클래스의 메소드를 하위 클래스에서 재정의하는 것을 말한다.

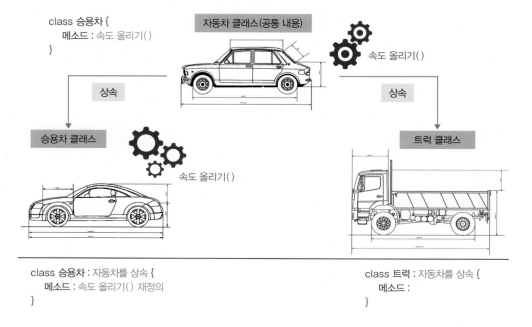

```
class 승용차 {
    메소드 : 속도 올리기( )
}
```

자동차 클래스(공통 내용)

속도 올리기( )

상속

상속

승용차 클래스

속도 올리기( )

트럭 클래스

```
class 승용차 : 자동차를 상속 {
    메소드 : 속도 올리기( ) 재정의
}
```

```
class 트럭 : 자동차를 상속 {
    메소드 :
}
```

06 오버라이딩 제한

슈퍼 클래스에서 메소드의 오버라이딩을 막으려면 메소드 앞에 final 키워드를 붙인다. 이렇게 하면 이후로 해당 메소드는 서브 클래스에서 오버라이딩을 할 수 없고 슈퍼 클래스에서 정의한 대로 사용해야 한다.

07 추상 클래스

추상 클래스는 일반 클래스와 인스턴스를 생성할 수 없다. 따라서 추상 클래스를 사용하려면 먼저 서브 클래스에서 추상 클래스를 상속받은 후 서브 클래스의 인스턴스를 생성해야 한다.

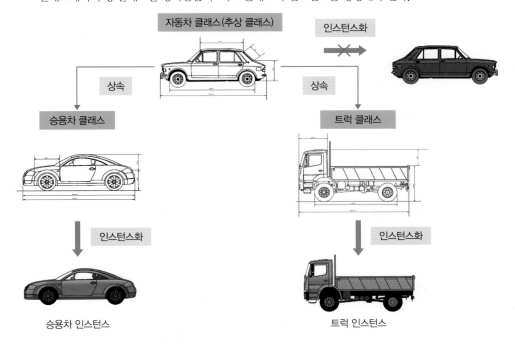

08 추상 메소드

메소드 앞에 abstract를 붙인 추상 메소드는 본체 코드가 존재하지 않는다. 즉 본체가 없는 껍데기 메소드라고 보면 된다.

```
abstract 반환형메소드이름(파라미터) ;
```

09 인터페이스

인터페이스는 추상 클래스와 마찬가지로 직접 인스턴스를 생성할 수 없다. 둘의 차이점이라면 인터페이스는 필드, 추상 메소드를 가질 수 있지만 추상 클래스와 달리 일반 메소드, 생성자를 가질 수 없다는 것이다. 또한 필드도 static final을 붙인 상수화한 필드만 사용할 수 있으며 반드시 초기화해야 한다.

10 다중 상속

JAVA는 클래스의 다중 상속을 허용하지 않는다. 따라서 그 대안으로 인터페이스가 다중 상속을 허용한다.

연습문제

IT COOKBOOK

01 다음은 상속을 구현하는 코드이다. 빈칸에 알맞은 말을 넣으시오.

```
class 서브 클래스 [        ] 슈퍼 클래스 {
    // 이곳에 서브 클래스의 내용을 코딩
}
```

02 다음 코드는 어떤 출력 결과가 나오는가?

```
01 class Book {
02    Book() {
03       System.out.println("Book 클래스 생성자 ~~");
04    }
05 }
06
07 class ComputerBook extends Book {
08    ComputerBook() {
09       System.out.println("ComputerBook 클래스 생성자 ~~");
10    }
11 }
12
13 public class Exam {
14    public static void main(String[] args) {
15       ComputerBook sedan1 = new ComputerBook();
16    }
17 }
```

468 / 자바 프로그래밍 for Beginner

03 연습문제 2번의 코드를 수정하여 다음과 같은 결과가 나오도록 Book 클래스와 ComputerBook 클래스를 완성하시오. 단, Book 클래스의 생성자는 2개, ComputerBook 클래스의 생성자는 1개로 한다.

```
public class Exam {
    public static void main(String[] args) {
        ComputerBook sedan1 = new ComputerBook("굿 자바");
    }
}
```

출력 결과

```
Book 클래스 생성자 ~ (파라미터 없음)
Book 클래스 생성자 —>굿 자바
ComputerBook 클래스 생성자 ~
```

04 다음 빈칸에 알맞은 말을 넣으시오.

① 상속을 제한하려면 필드나 메소드 앞에 [   ] 접근 제어 수식어를 사용한다. 그러나 상속을 허용하고 클래스나 패키지에서만 접근이 가능하도록 하려면 [   ] 접근 제어 수식어를 사용한다.

② 슈퍼 클래스에 존재하는 메소드를 서브 클래스에서 다시 만들어 사용하는 것을 [   ] 또는 재정의라고 한다. 이러한 [   ]을 막으려면 메소드 앞에 [   ] 키워드를 붙인다.

05 다음은 추상 클래스와 추상 메소드를 구현하는 코드이다. 빈칸에 알맞은 말을 넣으시오.

```
[          ] class 추상 클래스 {
    [          ] 추상 메소드();
}
```

06 다음은 인터페이스에 대한 설명이다. 빈칸에 알맞은 말을 넣으시오.

> 인터페이스는 ① 와 마찬가지로 직접 인스턴스를 생성할 수 없다. 둘의 차이점이
> 라면 인터페이스는 필드, 추상 메소드를 가질 수 있지만 추상 클래스와 달리 일반 메소드,
> ② 를 가질 수 없다는 것이다. 또한 필드도 ③ 을 붙인 상수화한 필드만 사용
> 할 수 있으며 반드시 초기화해야 한다.

07 다음 코드가 작동하도록 인터페이스 2개(Animal, Fish)와 클래스 1개(Whale)를 완성하시오.

```
public class Exam {
    public static void main(String[] args) {
        Whale tank1 = new Whale();
        tank1.bear();
        tank1.swim();
    }
}
```

출력 결과

> 고래는 새끼를 낳습니다.
> 고래는 물속에서 삽니다.

멋있는
윈도 창이 나오는
프로그램을
만들자!

Chapter 13
GUI 프로그래밍

지금까지는 텍스트 환경에서 값을 입력하고 결과를 확인했는데, 이 장에서는 GUI 환경에서 프로그램을 작성하는 방법을 알아볼 것이다. 대표적인 GUI 응용 프로그램으로는 Windows의 메모장, 계산기, 그림판 등을 들 수 있으며, 스윙을 통해 이와 비슷한 Windows용 응용 프로그램을 제작하는 방법을 학습할 것이다. 이 장에서 다루는 레이아웃, 컴포넌트, 이벤트 처리, 메뉴, 툴바 등은 실무에서 응용할 수 있는 것이다.

SECTION 01 GUI 화면 구성
SECTION 02 GUI 이벤트 처리
SECTION 03 GUI 메뉴와 툴바
예제 모음
요약
연습문제

GUI 화면 구성

GUI는 그래픽 환경의 화면을 만드는 것을 말한다. 일반적으로 사용하는 Windows 프로그램은 대부분 GUI 응용 프로그램이다.

GUI는 graphic user interface의 약자로 TUI(text user interface)와 반대되는 개념이다. 지금까지 우리가 작성한 프로그램은 모두 텍스트 모드에서 입출력이 되었기 때문에 TUI 응용 프로그램이라고 볼 수 있다. 반면 GUI 응용 프로그램은 키보드뿐 아니라 마우스 사용을 지원하며, 화려하고 다양한 화면과 더불어 사용자가 자유롭게 화면을 작동할 수 있다.

1 기본 GUI 화면

AWT와 스윙

JAVA는 GUI 응용 프로그램 작성을 지원하기 위해 AWT(Abstract Windowsing Toolkit)와 스윙(Swing) 라이브러리를 제공한다. AWT는 초창기 JAVA부터 제공되었으며, 오래되었기 때문에 성능이나 화면 출력 등이 운영체제마다 다르게 나오는 문제가 있다. 이를 개선한 것이 스윙으로, 모든 운영체제에 통일된 화면을 제공하고 AWT보다 성능도 좋다. 현재는 대부분 스윙 라이브러리를 사용하여 GUI 프로그래밍을 제작한다.

이 장에서는 주로 스윙 라이브러리를 활용하여 GUI 프로그램을 실습해볼 것이다. 이론적인 설명보다 실습을 통해 직접 화면을 만들면서 이해해보자.

기본 GUI 화면 만들기

우선 기본적인 Windows 화면을 만들어보자. 다음은 [실습 13-1]의 결과 화면으로, 이 빈 화면이 가장 기본적인 JFrame이라는 객체이다. 이 프레임 안에 버튼, 레이블, 텍스트 상자, 체크박스 등의 컴포넌트를 붙여가는 것이다.

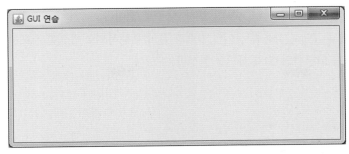

그림 13-1 기본적인 GUI 화면 출력

실습 13-1   기본 GUI 화면

```
01 import javax.swing.JFrame;  ----- 스윙 관련 JFrame 클래스를 임포트한다.
02
03 public class Ex13_01 {
04     static class MyGUI extends JFrame {
05         MyGUI() {
06             setDefaultCloseOperation(JFrame.EXIT_ON_CLOSE);
```
            Windows 오른쪽 위의 [X] 버튼을 누르면 프로그램이 종료되게 한다.
```
07             setTitle("GUI 연습");
```
            Windows의 제목을 출력하는데 이는
            생략 가능하다.
```
08
09             // 이 부분에 버튼, 레이블, 체크박스 등을 코딩함
```
            Windows에 추가할 버튼, 레이블 등을 이 부분에 코딩하게 될 것이다.
```
10
11             setSize(500, 500);
```
            Windows의 크기를 지정한다. 가로 500,
            세로 500 픽셀 크기로 지정했다.
```
12             setVisible(true);  ----- Windows가 화면에 보이게 한다.
13         }
14     }
15
16     public static void main(String[] args) {
17         new MyGUI();
```
            main( ) 메소드에서 MyGUI 클래스를 생성한다. 결국 5~13행의
            MyGUI( ) 생성자가 실행되므로 Windows 창이 출력된다.
```
18     }
19 }
```

MyGUI
인스턴스가
만들어지면
자동으로
생성자가
호출되므로
생성자 안에
GUI와 관련된
모든 내용을
코딩하면
된다.

JFrame을
상속받는
MyGUI
클래스를
만든다.
또한
생성자도
만든다.

[실습 13-1]은 앞으로 이 책에서 만들 Windows의 틀로 사용될 것이다. 특히 4~14행의 MyGUI 클래스는 변경하지 않고 그대로 사용할 것이며, 9행과 같이 부분적으로 필요한 컴포넌트(버튼, 레이블, 체크박스 등)를 코딩하면 GUI 화면을 완성할 수 있다.

2 레이아웃

레이아웃의 종류

이제 버튼, 레이블, 체크박스 등의 컴포넌트를 Windows에 만들 차례이다. 컴포넌트를 만들기 전에 어떤 방식으로 배치할 것인지 결정해야 하는데 이를 레이아웃이라고 한다. JAVA의 화면 레이아웃은 FlowLayout, BorderLayout, GridLayout, CardLayout 등 네 가지가 있다.

각 레이아웃의 기본적인 형태는 다음 그림과 같다.

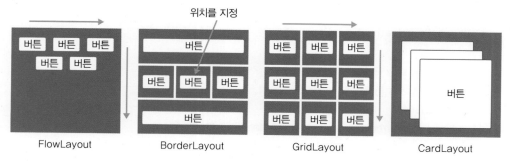

그림 13-2 레이아웃의 종류

[그림 13-2]에서는 모두 '버튼'으로 나타냈지만 버튼 이외에 레이블, 체크박스, 이미지 등 다른 컴포넌트도 같은 방식으로 레이아웃을 적용할 수 있다.

- FlowLayout : 화면의 왼쪽 위부터 오른쪽으로 차례로 배치한다. 한 줄이 꽉 차면 다음 줄로 내려가서 배치한다. 배치할 때 각 행은 기본 값으로 가운데 정렬을 한다.
- BorderLayout : 화면을 동, 서, 남, 북, 중앙, 5개로 분할하여 배치한다. 배치할 컴포넌트는 컴포넌트가 들어갈 위치를 5개 중 하나로 지정해야 한다.
- GridLayout : 행과 열의 개수대로 2차원 행렬로 나눈 뒤 왼쪽에서 오른쪽, 위에서 아래로 차례로 배치한다.
- CardLayout : 화면에 컴포넌트를 꽉 채워서 배치한 다음 그 뒤에 겹쳐서 계속 배치하는 방식이다.

Windows에 레이아웃을 설정하려면 다음과 같은 형식을 사용한다.

```
컨테이너.setLayout(new 레이아웃종류());
```

여기서 컨테이너(Container)를 전체 Windows인 JFrame으로 하려면 그냥 this라고 쓰면 된다. 그리고 그 외에 다른 컨테이너에 지정하려면 컨테이너 인스턴스를 지정한다. 일단 컨테이너는 다른 컴포넌트를 배치하는 저장 공간 정도로 생각한다.

> **메/멘/토 퀴/즈** 화면의 컴포넌트를 배치하는 방식을 결정하는 네 가지 레이아웃은 무엇인가?

FlowLayout

FlowLayout은 다음과 같은 세 가지 형식으로 사용할 수 있다.

```
• FlowLayout();
• FlowLayout(정렬방식);
• FlowLayout(정렬방식, 수평간격, 수직간격);
```

정렬 방식은 FlowLayout.LEFT, FlowLayout.RIGHT, FlowLayout.CENTER가 있는데 기본 값은 가운데 정렬인 CENTER이다. 수평 간격과 수직 간격은 컴포넌트와 컴포넌트 사이의 떨어진 간격을 픽셀 값으로 나타내며, 기본 값은 5로 설정되어 있다. 다음 실습을 통해 이를 살펴보자.

TIP/ 이 장에서는 GUI 화면이 결과로 나오므로 결과 화면을 미리 보고 나서 코드를 확인하는 방식으로 학습하면 더 도움이 될 것이다.

> **실습 13-2** **FlowLayout의 예**

```
01 import java.awt.*;          ┐── AWT와 Swing 관련 클래스를 모두 임포트한다.
02 import javax.swing.*;       ┘
03
04 public class Ex13_02 {
05    static class MyGUI extends JFrame {
06       MyGUI() {
07          setDefaultCloseOperation(JFrame.EXIT_ON_CLOSE);
08          setTitle("FlowLayout 연습");
09
```

```
10        this.setLayout(new FlowLayout());
```

Windows의 레이아웃을 FlowLayout으로 설정한다. this는 현재 Windows 자체인 JFrame을 의미한다.
생성자의 파라미터를 생략하면 기본 정렬은 FlowLayout.CENTER, 수직 및 수평 간격은 5픽셀이 된다.

```
11

12        JButton btn1 = new JButton("버튼1");
13        this.add(btn1);
```

버튼 컴포넌트인 JButton을 생성하면서 버튼의
글자는 '버튼1'로 지정한다. 생성한 버튼을 this
(자체 Windows)에 부착한다.

```
14

15        JButton btn2 = new JButton("버튼2");
16        this.add(btn2);

17

18        JButton btn3 = new JButton("버튼3");
19        this.add(btn3);

20

21        JButton btn4 = new JButton("버튼4");
22        this.add(btn4);

23

24        JButton btn5 = new JButton("버튼5");
25        this.add(btn5);

26

27        setSize(256, 256);
28        setVisible(true);
```

Windows 크기를 256×256으로 하고 화면이
보이도록 설정한다.

```
29    }
30  }

31

32  public static void main(String[] args) {
33    new MyGUI();
34  }
35 }
```

12행에서 버튼을 생성하기 위해 JButton을 사용했다. JButton 등의 컴포넌트를 생성하는 방법
은 잠시 후에 다시 살펴보겠다. 지금은 레이아웃 학습을 위해 잠깐 사용해보는 정도로 넘어가자.

▶ 직접 풀어보기 **13-1**

[실습 13-2]의 10행을 다음과 같이 고쳐서 실행하고 그 결과를 확인해보자. 그리고 최대화 버튼을 눌
러서 결과 Windows의 크기를 최대로 변경해보자.

```
this.setLayout(new FlowLayout(FlowLayout.RIGHT, 20,20));
```

BorderLayout

BorderLayout은 다음과 같은 두 가지 형식으로 사용할 수 있다.

```
• BorderLayout();
• BorderLayout(수평간격, 수직간격);
```

주의할 점은 BorderLayout에 배치될 컴포넌트는 동, 서, 남 ,북, 중앙 중에서 한 곳을 지정하여 배치해야 한다는 것이다. 예를 들어 버튼은 다음과 같은 방식으로 위치를 지정한다.

```
this.add(btn1, BorderLayout.위치);
```

위치는 EAST, WEST, NORTH, SOUTH, CENTER 중 하나를 사용한다.

실습 13-3 **BorderLayout의 예**

```
01  import java.awt.*;
02  import javax.swing.*;
03
04  public class Ex13_03 {
05    static class MyGUI extends JFrame {
06      MyGUI() {
07        setDefaultCloseOperation(JFrame.EXIT_ON_CLOSE);
08        setTitle("BorderLayout 연습");
09
10        this.setLayout(new BorderLayout(10, 10));
```
　　　　Windows의 레이아웃을 BorderLayout으로 설정한다. 수평 및 수직 간격은 10으로 설정한다.
```
11
12        JButton btn1 = new JButton("버튼1");
```

```
13        this.add(btn1, BorderLayout.NORTH);  ─┐
14
15        JButton btn2 = new JButton("버튼2");
16        this.add(btn2, BorderLayout.WEST);
17
18        JButton btn3 = new JButton("버튼3");
19        this.add(btn3, BorderLayout.CENTER);   ── 버튼을 부착하면서 위치 다섯 곳을 지정한다.
20
21        JButton btn4 = new JButton("버튼4");
22        this.add(btn4, BorderLayout.EAST);
23
24        JButton btn5 = new JButton("버튼5");
25        this.add(btn5, BorderLayout.SOUTH);  ─┘
26
27        setSize(256, 256);
28        setVisible(true);
29     }
30   }
31
32   public static void main(String[] args) {
33      new MyGUI();
34   }
35 }
```

▶ 직접 풀어보기 **13-2**

[실습 13-3]에서 중앙의 버튼3과 남쪽의 버튼5를 제거하고 실행하면 어떤 모양이 되는지 확인해 보자.

GridLayout

GridLayout은 다음과 같은 세 가지 형식으로 사용할 수 있다.

```
· GridLayout();
· GridLayout(행, 열);
· GridLayout(행, 열, 수평간격, 수직간격);
```

생성자의 파라미터가 없으면 1행짜리이고 간격은 0으로 설정된다. 그리고 배치되는 순서는 왼쪽에서 오른쪽으로 채운 다음, 위에서 아래로 내려가는 방식이다. 다음 실습을 통해 살펴보자.

실습 13-4 **GridLayout의 예**

```
01  import java.awt.*;
02  import javax.swing.*;
03
04  public class Ex13_04 {
05    static class MyGUI extends JFrame {
06      MyGUI() {
07        setDefaultCloseOperation(JFrame.EXIT_ON_CLOSE);
08        setTitle("GridLayout 연습");
09
10        this.setLayout(    1    );
11
12        JButton[] btn = new JButton[9];
13
14        for (    2    ) {
15          btn[i] = new JButton("버튼" + (i + 1));
16          this.add(btn[i]);
17        }
18
19        setSize(256, 256);
20        setVisible(true);
21      }
22    }
23
24    public static void main(String[] args) {
25      new MyGUI();
26    }
27  }
```

Windows의 레이아웃을 GridLayout으로 설정한다.
3행 3열에 수평 및 수직 간격은 10으로 설정한다.

9개짜리 JButton 배열을 만든다.

9개의 버튼 배열을 반복문으로 추가한다.

12~17행에서 JButton이 동일하게 9개 나오기 때문에 배열과 반복문을 이용하여 코드를 간단하게 만들었다.

CardLayout

CardLayout은 다음과 같은 두 가지 형식으로 사용할 수 있다.

- CardLayout();
- CardLayout(수평간격, 수직간격);

파라미터가 없으면 간격이 0으로 설정된다. 간단한 실습을 통해 이를 살펴보자.

실습 13-5 **CardLayout의 예**

```
01  import java.awt.*;
02  import javax.swing.*;
03
04  public class Ex13_05 {
05    static class MyGUI extends JFrame {
06      MyGUI() {
07        setDefaultCloseOperation(JFrame.EXIT_ON_CLOSE);
08        setTitle("CardLayout 연습");
09
10        this.setLayout(new CardLayout(10, 10));
11
12        JButton btn1 = new JButton("버튼1");
13        this.add(btn1);
14
```

10: ——— Windows의 레이아웃을 CardLayout으로 설정한다. 수평 및 수직 간격은 10으로 설정한다.

12~13: ——— 3개의 버튼을 배치한다.

```
15          JButton btn2 = new JButton("버튼2");
16          this.add(btn2);                              ─ 3개의 버튼을 배치한다.
17
18          JButton btn3 = new JButton("버튼3");
19          this.add(btn3);
20
21          setSize(256, 256);
22          setVisible(true);
23      }
24  }
25
26  public static void main(String[] args) {
27      new MyGUI();
28  }
29 }
```

CardLayout에 배치한 결과 첫 번째 버튼만 보인다. 나머지 2개 버튼은 첫 번째 버튼 뒤에 가려져 있다고 보면 된다.

레이아웃이 없는 경우

레이아웃 없이 사용하려면 다음과 같이 레이아웃에 null 값을 설정한다.

```
this.setLayout(null);
```

이후로 배치될 컴포넌트는 절대 위치로 지정해야 한다. 즉 각 컴포넌트의 시작X, 시작Y, 폭, 높이를 setBounds() 메소드로 지정한다. 예를 들어 버튼을 (50,50) 위치에 폭 70, 높이 60으로 배치하려면 다음과 같이 작성한다.

```
JButton btn1 = new JButton("버튼1");
btn1.setBounds(50, 50, 70, 60);
this.add(btn1);
```

setBounds(시작X, 시작Y, 폭, 높이) 메소드는 컴포넌트가 배치될 위치와 크기를 설정한다. 실습을 통해 살펴보자.

TIP/ JAVA에서 Windows의 좌표는 왼쪽 상단이 (0,0)으로 시작된다.

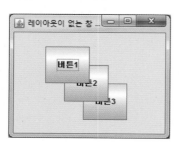

```
01  import java.awt.*;
02  import javax.swing.*;
03
04  public class Ex13_06 {
05      static class MyGUI extends JFrame {
06          MyGUI() {
07              setDefaultCloseOperation(JFrame.EXIT_ON_CLOSE);
08              setTitle("레이아웃이 없는 창 연습");
09
10              this.setLayout(null);                    ----- 레이아웃을 null 값으로 설정한다.
11
12              JButton btn1 = new JButton("버튼1");
13              btn1.setBounds(50, 50, 70, 60);
14              this.add(btn1);
15
16              JButton btn2 = new JButton("버튼2");
17              btn2.setBounds(80, 80, 70, 60);          ----- 3개의 버튼을 배치한다.
18              this.add(btn2);
19
20              JButton btn3 = new JButton("버튼3");
21              btn3.setBounds(110, 110, 70, 60);
22              this.add(btn3);
23
24              setSize(256, 256);
25              setVisible(true);
26          }
27      }
28
29      public static void main(String[] args) {
30          new MyGUI();
31      }
32  }
```

▶ 직접 풀어보기 **13-3**

[실습 13-6]을 수정하여 다음과 같이 출력되게 해보자.

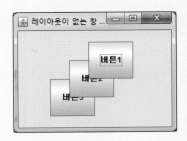

> 메 /멘 /토 퀴 /즈 레이아웃이 없는 JFrame에는 setLayout( ) 메소드의 파라미터에 □□□□ 값을 주
> 면 된다.

3 컴포넌트

버튼, 레이블, 체크박스 등을 통틀어서 컴포넌트(Component)라고 하는데 컴포넌트를 활용하는 방법을 살펴보자.

스윙 컴포넌트 상속 구조

스윙에서 제공되는 컴포넌트는 JComponent의 상속을 받는 구조이다. 따라서 JComponent의 메소드와 필드를 잘 파악한다면 나머지 컴포넌트도 공통으로 적용되기 때문에 하위 컴포넌트는 어려울 것이 없다.

JComponent의 간단한 상속 구조는 다음 그림과 같다.

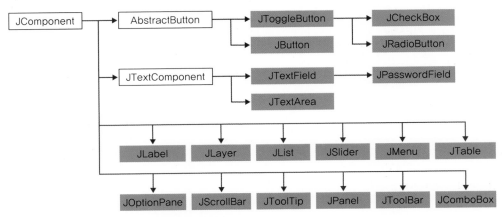

그림 13-3 스윙 컴포넌트의 상속 관계(일부는 생략함)

[그림 13-3]에서 녹색으로 표시된 것이 실제로 사용할 컴포넌트이다. 스윙의 컴포넌트는 앞에 'J'가 붙고 모두 JComponent의 상속을 받으므로 JComponent의 메소드와 속성을 파악할 필요가 있다.

JComponent의 메소드

컴포넌트의 모양, 크기 및 위치, 상태와 관련된 메소드는 [표 13-1], [표 13-2], [표 13-3]에 정리했다.

표 13-1 컴포넌트의 모양을 설정하는 메소드

메소드	설명
void setBorder(Border) Border getBorder()	컴포넌트의 테두리를 설정하거나 가져온다.
void setBackground(Color) Color getBackground()	컴포넌트의 배경색을 설정하거나 가져온다.
void setForeground(Color) Color getForekground()	컴포넌트의 전경색을 설정하거나 가져온다.
void setOpaque(boolean) Boolean isOpaque()	컴포넌트의 불투명을 설정하거나 불투명 상태를 확인한다.
void setFont(Font) Font getFont()	컴포넌트의 글꼴을 설정하거나 가져온다.
void SetCursor(Cursor) Cursor getCursor()	컴포넌트에 마우스 커서를 가져갔을 때 보이는 커서 모양을 설정하거나 가져온다.

표 13-2 컴포넌트의 크기 및 위치를 설정하는 메소드

메소드	설명
void setPreferredSize(Dimension) int getWidth() int getHeight()	컴포넌트의 크기를 설정하거나 폭과 높이를 확인한다.
void setLocation(int,int) int getX() int getY()	컴포넌트의 위치를 지정하거나 현재 X, Y 위치를 확인한다.
Point getLocationOnScreen()	전체 화면에서 컴포넌트의 좌표를 확인한다.

표 13-3 컴포넌트의 상태를 설정하는 메소드

메소드	설명
void setVisible(boolean) boolean isVisible()	컴포넌트를 보일지 여부를 설정하거나 상태를 확인한다.
void setEnable(boolean) boolean isEnable()	컴포넌트의 활성화 여부를 설정하거나 상태를 확인한다.

컴포넌트의 사용은 어렵지 않으니 직접 실습을 통해 확인해보자.

실습 13-7 스윙 컴포넌트 사용 예

```
01 import java.awt.*;
02 import javax.swing.*;
03
04 public class Ex13_07 {
05    static class MyGUI extends JFrame {
06       MyGUI() {
07          setDefaultCloseOperation(JFrame.EXIT_ON_CLOSE);
08          setTitle("컴포넌트 연습 1");
09
10          Container c = this.getContentPane();
11          c.setBackground(Color.YELLOW);
12
13          this.setLayout(new FlowLayout());
14
15          JButton btn1 = new JButton("버튼1");
16          btn1.setBackground(Color.BLACK);
17          btn1.setForeground(Color.MAGENTA);
18          this.add(btn1);
19
20          JButton btn2 = new JButton("버튼2");
21          btn2.setFont(new Font("맑은고딕", Font.BOLD, 30));

22          btn2.setCursor(new Cursor(Cursor.WAIT_CURSOR));

23          btn2.setToolTipText("이 버튼은 크게 보여요~");
```

Windows 배경색을 노란색으로 하기 위해 페인(pane)을 getContentPane()으로 구한다 (잠시 후에 설명할 것이다).

레이아웃을 FlowLayout으로 설정한다.

버튼1의 배경색은 검은색으로, 전경색(글자색)은 연분홍색으로 설정한다.

버튼1을 표현한다.

버튼2의 폰트는 맑은고딕 볼드체로 하고 크기는 30으로 설정한다.

버튼2 위에 마우스 커서를 놓으면 회전 모양의 커서(WAIT_CURSOR)로 변경되도록 설정한다.

버튼2 위에 마우스 커서를 놓으면 툴팁이 출력되도록 설정한다.

```
24        this.add(btn2);
25
26        JButton btn3 = new JButton("버튼3");
27        btn3.setEnabled(false);           ----- 버튼3을 사용하지 못하도록 설정한다.
28        this.add(btn3);
29
30        setSize(256, 256);
31        setVisible(true);
32      }
33    }
34
35    public static void main(String[] args) {
36      new MyGUI();
37    }
38  }
```

버튼의 다양한 설정을 적용해보았다. [실습 13-7]에서는 버튼만 사용했지만, [그림 13-3]에 나온 대부분의 컴포넌트도 동일한 효과를 낼 수 있다.

▶ **직접 풀어보기 13-4**

[실습 13-7]을 수정하여 버튼 외에 다른 컴포넌트를 사용해보자.

 페인

[실습 13-7]의 10행에서 Container 형식의 인스턴스 변수 c를 JFrame(=this)의 getContentPane() 메소드로 추출해서 사용했다. 이것을 페인(pane)이라고 부르는데, 사전적 의미대로 '유리판' 정도로 생각 하면 된다. 이는 JFrame 위에 살짝 덮인 유리판의 개념으로, 페인을 사용한 이유는 11행에서 바탕화면의 색상을 노란색으로 변경하기 위해서이다. 이렇게 구한 페인은 JFrame을 의미하는 this 대신 사용할 수 있 다. 즉 13행이나 18행을 다음과 같이 수정해도 된다.

```
c.setLayout(new FlowLayout());
c.add(btn1);
```

프로그래머에 따라서 페인을 구해 사용하기도 하고, 직접 JFrame(=this)을 사용하기도 하므로 기억해 두 는 것이 좋다.

AbstractButton

[그림 13-3]에서 AbstractButton의 서브 클래스로 JToggleButton, JButton, JCheckBox,

JRadioButton이 있다. 이미 버튼은 다뤄보았으니 다른 컴포넌트도 거의 비슷하게 사용할 수 있을 것이다.

다음 실습에서는 이미지를 활용한다. 이미지를 사용하려면 먼저 ImageIcon 인스턴스를 준비해야 하고, 문법은 다음과 같은 형식을 사용한다.

```
ImageIcon 이미지변수 = new ImageIcon(이미지파일);
```

실습을 통해 확인해보자.

TIP/ [실습 13-8]을 수행하려면 프로젝트 폴더 안에 image 폴더를 만들고 java1.png, java2.png 파일을 미리 준비해야 한다. 필자는 C:\CookJava\Chapter13\image\ 폴더를 만들었다.

실습 13-8 **JToggleButton, JButton, JCheckBox, JRadioButton 사용 예**

```
01 import java.awt.*;
02 import javax.swing.*;
03
04 public class Ex13_08 {
05   static class MyGUI extends JFrame {
06     MyGUI() {
07       setDefaultCloseOperation(JFrame.EXIT_ON_CLOSE);
08       setTitle("컴포넌트 연습 2");
09
10       this.setLayout(new FlowLayout());
11
12       ImageIcon img1 = new ImageIcon("image/java1.png");
13       ImageIcon img2 = new ImageIcon("image/java2.png");
14
15       JButton btn1 = new JButton("버튼1", img1);
```

이미지 아이콘 2개를 준비한다. 이는 15행과 19행에서 사용한다.

버튼에 이미지와 문자가 모두 나타나도록 설정한다.

```
16          this.add(btn1);
17

18          JLabel lbl1 = new JLabel("레이블1입니다.");          레이블에 문자 또는 이미지가
19          JLabel lbl2 = new JLabel(img2);                     표현되도록 설정한다.
20          this.add(lbl1);
21          this.add(lbl2);
22

23          JCheckBox chk1 = new JCheckBox("C++");              체크박스 3개를 준비하고, 세 번째
24          JCheckBox chk2 = new JCheckBox("Java");             체크박스는 체크가 되도록 true로
25          JCheckBox chk3 = new JCheckBox("C#", true);         설정한다.
26          this.add(chk1);
27          this.add(chk2);
28          this.add(chk3);
29

30          JRadioButton rdo1 = new JRadioButton("고래");        버튼 그룹을 준비하고 라디오 버튼
31          JRadioButton rdo2 = new JRadioButton("상어");        3개를 버튼 그룹에 포함한다.
32          JRadioButton rdo3 = new JRadioButton("새우");
33          this.add(rdo1);
34          this.add(rdo2);
35          this.add(rdo3);
36

37          ButtonGroup grp = new ButtonGroup();
38          grp.add(rdo1);
39          grp.add(rdo2);
40          grp.add(rdo3);
41

42          setSize(200, 300);
43          setVisible(true);
44      }
45  }
46

47  public static void main(String[] args) {
48      new MyGUI();
49  }
50 }
```

12, 13행의 이미지 아이콘은 이미지가 버튼이나 레이블에 표시되도록 미리 준비한 것이다. 15
행에서는 문자와 이미지가 모두 표현되는 버튼을 설정했다. 만약 이미지만 보이게 하고 싶다면
19행처럼 파라미터를 이미지 아이콘 하나만 넘기면 된다. 23~25행에서는 체크박스를 표현했

는데 따로 켜기와 *끄기*를 설정했다. 25행에서는 미리 'C#' 체크박스가 켜지도록 true를 함께 파라미터로 사용했다. 30~32행에서는 라디오 버튼을 3개 만들었는데, 라디오 버튼의 특성상 3개 중 하나만 선택되어야 한다. 이 상태로 두면 3개를 모두 선택할 수 있기 때문에, 37행에서 버튼 그룹을 만들고 38~40행에서 3개의 라디오 버튼을 버튼 그룹에 포함했다. 그래서 라디오 버튼의 고래, 상어, 새우 중 하나만 선택 가능하다.

JTextComponent

[그림 13-3]을 보면 JTextComponent의 서브 클래스로 JTextField, JTextArea, JPasswordField가 있다. JTextField는 한 줄의 문자열을 입력하는 데, JTextArea는 여러 줄의 문자열을 입력하는 데, JPasswordField는 비밀번호를 입력하는 데 사용한다. 이에 대한 활용은 다음 실습을 통해 확인해보자.

실습 13-9 **JTextField, JTextArea, JPasswordField 사용 예**

```
01  import java.awt.*;
02  import javax.swing.*;
03
04  public class Ex13_09 {
05    static class MyGUI extends JFrame {
06      MyGUI() {
07        setDefaultCloseOperation(JFrame.EXIT_ON_CLOSE);
08        setTitle("컴포넌트 연습 3");
09
10        this.setLayout(new FlowLayout());
11
12        JTextField txt1 = new JTextField(10);   ----- 한 줄을 입력하기 위한 텍스트 필드를 준비한다.
                                                         10은 초기의 열 크기를 나타낸다.
13        this.add(txt1);
14
```

```
15          JTextArea txt2 = new JTextArea(5, 10);  ----- 여러 줄을 입력하기 위한 텍스트 영역을 준비
                                                          한다. 5는 행의 수, 10은 열의 수를 나타낸다.
16          this.add(txt2);

17          this.add(new JScrollPane(txt2));  ----- 텍스트 영역에 스크롤바를 부착한다. 입력하는
                                                    행이 5가 넘으면 스크롤바가 표시된다.
18
                                                    한 줄을 입력하지만 입력 내용이
19          JPasswordField txt3 = new JPasswordField(10);  ----- 보이지 않는 비밀번호 필드를
                                                                 준비한다.
20          this.add(txt3);

21

22          setSize(200, 200);

23          setVisible(true);

24      }

25  }

26

27  public static void main(String[] args) {

28      new MyGUI();

29  }

30  }
```

17행에서 텍스트 영역에 스크롤바를 부착했다. 스크롤바를 부착하지 않으면 텍스트 영역에서 5행이 넘어가더라도 화면에 표시되지 않는다. 텍스트 영역과 함께 자주 사용되므로 잘 기억해 두기 바란다.

메/멘/토 퀴/즈   JTextComponent의 서브 클래스 3개는 무엇인가?

JList, JComboBox

JList와 JComboBox는 여러 개의 목록 중에서 선택할 수 있으나, JList는 하나 이상을 선택할 수 있고 JComboBox는 하나만 선택할 수 있다는 것이 차이점이다. 두 컴포넌트 모두 여러 개의 목록이 필요하므로 문자열 배열과 함께 다음과 같은 형식으로 주로 사용된다.

```
String [] 배열변수 = { 목록을 나열 };
JList 리스트변수 = new JList(배열변수); 또는
JComboBox 콤보박스변수 = new JComboBox(배열변수)
```

코드를 통해 살펴보면 어렵지 않을 것이다.

실습 13-10   **JList, JComboBox 사용 예**

```
01  import java.awt.*;
02  import javax.swing.*;
03
04  public class Ex13_10 {
05    static class MyGUI extends JFrame {
06      MyGUI() {
07        setDefaultCloseOperation(JFrame.EXIT_ON_CLOSE);
08        setTitle("컴포넌트 연습 4");
09
10        this.setLayout(new FlowLayout());
11
12        String[] pet = { "고양이", "강아지", "토끼", "코알라", "송아지" };
13
14        JList list = new JList(pet);
15        this.add(list);
16
17        JComboBox combo = new JComboBox(pet);
18        this.add(combo);
19
20        setSize(200, 200);
21        setVisible(true);
22      }
23    }
24
25    public static void main(String[] args) {
26      new MyGUI();
27    }
28  }
```

12행 ──┐ 리스트에 출력할 문자열 배열을 준비한다. ──┘

14행, 17행 ──┐ JList, JComboBox를 생성하면서 12행의 문자열을 지정한다. ──┘

JList는 처음부터 전체가 모두 보이도록 펼쳐져 있고, JComboBox는 접힌 상태에서 클릭할 때 펴진다는 것이 다르다. 또한 JList는 Shift 나 Ctrl 키와 마우스를 클릭하면 여러 개의 항목을 선택할 수 있으나, JComboBox는 한 번에 하나의 항목만 선택할 수 있다.

▶ 직접 풀어보기 **13-5**

[실습 13-10]에서 pet 배열의 수를 10개 이상으로 변경해보자. 그리고 JList에 스크롤바가 나타나도록 해보자.

HINT/ [실습 13-9]의 17행을 참조한다.

GUI 이벤트 처리

이벤트는 마우스 클릭, 키보드 입력, 마우스 드래그 등을 말하며, 이러한 이벤트가 발생하는 경우를 프로그래밍해두는 것을 '이벤트 처리 프로그래밍'이라 한다.

앞에서는 버튼, 체크박스, 콤보박스 등의 컴포넌트를 가지고 GUI 화면을 구성하는 방법을 익혔다. 하지만 지금까지 만든 GUI 화면은 모두 빈 껍질만 만들어놓은 것으로 버튼을 눌러도 아무런 작동을 하지 않는데, 이제 버튼을 눌렀을 때 특정한 작동을 하도록 코딩해보자. 즉 빈 껍질이 살아 움직이도록 만드는 것이다.

1 이벤트 처리의 기본

이벤트의 개념은 조금 복잡할 수 있으니 우선 간단한 예를 통해 개념을 파악하자. 버튼을 생각해보자. 버튼을 만든 이유는 그냥 두려는 것이 아니라, 사용자가 버튼을 마우스로 클릭하거나 키보드로 누름으로써 어떤 작동을 하기 위한 것이다. 이렇게 마우스로 클릭하거나 키보드로 누르는 작동을 통틀어서 '이벤트(event)'라고 한다.

한편 이벤트는 프로그램을 실행하면 자동으로 실행되는 것이 아니라 사용자가 마우스를 클릭하거나 키보드를 누를 때까지 '기다리고' 있어야 한다. 이처럼 사용자가 마우스를 클릭하거나 키보드를 누를 때까지 기다리는 것을 '리스너(listener)'라고 한다. 'listener'의 사전적 의미가 '청취자'이듯이, 이는 JAVA 프로그램을 처음 실행하면 자동으로 실행되는 것이 아니라 버튼이 클릭될 때까지 기다리는 부분이다. 그리고 버튼이 클릭되는 순간에 리스너 부분의 코드가 실행된다. 다음 그림을 보자.

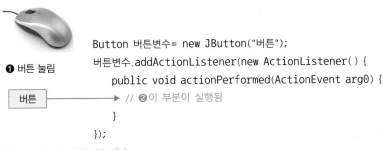

❶ 버튼 눌림

```
Button 버튼변수= new JButton("버튼");
버튼변수.addActionListener(new ActionListener( ) {
    public void actionPerformed(ActionEvent arg0) {
        // ❷이 부분이 실행됨
    }
});
```

그림 13-4 리스너의 작동 개념

❶ 버튼이 눌리면 ❷ 부분이 실행되므로 버튼이 눌릴 때 실행될 코드를 ❷에 코딩해놓으면 된다. 나머지 addActionLister() 메소드, new ActionListener() 생성자, actionPerformed() 메소드 등은 버튼과 관련된 코딩에서는 거의 고정적으로 나오는 코드이므로 그대로 사용하면 된다.

버튼이 눌리는 이벤트

버튼이 눌릴 때 버튼의 색상이 변경되는 코딩을 실습해보자.

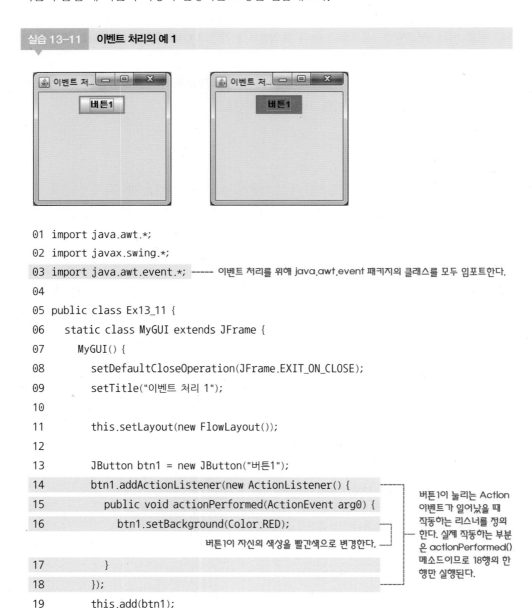

```
01  import java.awt.*;
02  import javax.swing.*;
03  import java.awt.event.*;  ----- 이벤트 처리를 위해 java.awt.event 패키지의 클래스를 모두 임포트한다.
04
05  public class Ex13_11 {
06      static class MyGUI extends JFrame {
07          MyGUI() {
08              setDefaultCloseOperation(JFrame.EXIT_ON_CLOSE);
09              setTitle("이벤트 처리 1");
10
11              this.setLayout(new FlowLayout());
12
13              JButton btn1 = new JButton("버튼1");
14              btn1.addActionListener(new ActionListener() {
15                  public void actionPerformed(ActionEvent arg0) {
16                      btn1.setBackground(Color.RED);
                         버튼1이 자신의 색상을 빨간색으로 변경한다.
17                  }
18              });
19              this.add(btn1);
```

버튼1이 눌리는 Action 이벤트가 일어났을 때 작동하는 리스너를 정의한다. 실제 작동하는 부분은 actionPerformed() 메소드이므로 18행의 한 행만 실행된다.

```
20
21        setSize(200, 200);
22        setVisible(true);
23    }
24  }
25
26  public static void main(String[] args) {
27      new MyGUI();
28  }
29 }
```

[실습 13–11]은 가장 기본적인 이벤트 리스너의 작동 형식이다. 이 형식을 잘 기억해두면 좀
더 복잡한 이벤트나 코드도 쉽게 이해할 수 있을 것이다.

 리스너 인터페이스

JAVA는 리스너 인터페이스를 제공한다. 12장에서 학습했듯이 인터페이스는 실제 내용이 없고 반드시
implements로 상속받아 추상 메소드를 완성해서 사용해야 한다. 예를 들어 자주 사용되는 액션 리스너는
다음과 같은 형태로 되어 있다.

```
interface ActionListener {
    public void actionPerformed(ActionEvent e);
}
```

[실습 13–11]에서 14~18행의 구조를 좀 더 살펴보자. addActionListener( ) 메소드는 파라미터로
ActionListener 인터페이스를 가지므로 14~18행은 다음과 같이 작성해도 된다.

```
ActionListener act = new ActionListener() {
    public void actionPerformed(ActionEvent arg0) {
        btn1.setBackground(Color.RED);
    }
};
btn1.addActionListener(act);
```

즉 addActionListener( )의 파라미터로 리스너 인터페이스를 통째로 넣어도 되고, 리스너 인터페이스를
밖으로 빼서 먼저 만든 다음 그 변수만 넘겨도 동일한 결과가 나온다. [실습 13–11]처럼 메소드 안에 클래
스나 인터페이스를 통째로 넣은 것을 '익명 내부 클래스(anonymous inner class)'라고 한다.

2 이벤트의 종류

앞에서 버튼을 누르는 이벤트를 살펴보았는데 이 외에도 마우스를 눌렀을 때, 마우스가 움직일 때, 키보드를 눌렀을 때, 키보드를 떼었을 때 등 다양한 이벤트가 있다. 자주 활용되는 이벤트는 다음 표와 같다.

표 13-4 스윙의 주요한 이벤트

이벤트	관련 컴포넌트	설명
ActionEvent	JButton JMenuItem JList JTextField	마우스 또는 키보드로 버튼을 눌렀을 때 발생 메뉴 아이템이 선택되었을 때 발생(메뉴는 잠시 후에 배운다) 리스트의 아이템이 선택되었을 때 발생 Enter 키를 입력했을 때 발생
KeyEvent	모든 컴포넌트	키보드를 누르면 작동
MouseEvent	모든 컴포넌트	마우스를 누를 때 마우스를 뗄 때 마우스를 클릭할 때 마우스 커서가 올라갈 때 마우스 커서가 내려갈 때
FocusEvent	모든 컴포넌트	컴포넌트에 포커스가 이동될 때
TextEvent	JTextField JTextArea JPasswordField	텍스트가 변경될 때

마우스 이벤트

[표 13-4]의 마우스와 관련된 MouseEvent는 MouseListener 인터페이스를 사용한다. MouseListener 인터페이스는 mousePressed(), mouseReleased(), mouseClicked(), mouseEntered(), mouseExited() 등 5개의 추상 메소드를 갖는다. 즉 5개의 추상 메소드를 모두 코드에서 완성해야 하는데 실습을 통해 이를 확인해보자. 다음은 마우스를 클릭할 때마다 클릭한 X, Y 좌표가 텍스트 필드에 채워지는 코딩이다.

실습 13-12   이벤트 처리의 예 2

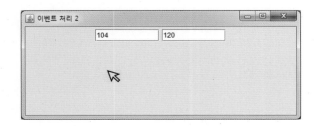

```
01 import java.awt.*;
02 import javax.swing.*;
03 import java.awt.event.*;
04
05 public class Ex13_12 {
06   static class MyGUI extends JFrame {
07     MyGUI() {
08       setDefaultCloseOperation(JFrame.EXIT_ON_CLOSE);
09       setTitle("이벤트 처리 2");
10       this.setLayout(new FlowLayout());
11
12       JTextField txtX = new JTextField(10);
13       JTextField txtY = new JTextField(10);
14       this.add(txtX);
15       this.add(txtY);
16
17       this.addMouseListener(new MouseListener() {
18         public void mouseClicked(MouseEvent e) {
19           txtX.setText(Integer.toString(e.getX()));
20           txtY.setText(Integer.toString(e.getY()));
21         }
22         public void mouseEntered(MouseEvent e) {
23         }
24         public void mouseExited(MouseEvent e) {
25         }
26         public void mousePressed(MouseEvent e) {
27         }
28         public void mouseReleased(MouseEvent e) {
29         }
30       });
31
32       setSize(500   , 200);
33       setVisible(true);
34     }
35   }
36
37   public static void main(String[] args) {
38     new MyGUI();
39   }
40 }
```

12~13행 X 좌표와 Y 좌표가 채워질 텍스트 필드를 준비한다.

17행 마우스 이벤트의 리스너를 JFrame (=this)에 부착한다.

18~21행 mouseClicked() 메소드는 마우스를 클릭하면 수행된다. 19행의 파라미터인 e의 getX() 메소드는 클릭한 지점의 X 좌표를 반환한다. 이 값을 텍스트 필드에 문자열로 썼다.

22~29행 나머지 마우스 관련 메소드도 MouseListener 인터페이스의 추상 메소드이므로 반드시 코딩을 해야 한다. 내용은 비어 있어도 상관없다.

▶ 직접 풀어보기 **13-6**

[실습 13-12]를 수정하여 마우스를 눌렀을 때는 X 좌표가, 마우스를 떼었을 때는 Y 좌표가 써지도록 해보자.

메 /멘/토 퀴/즈 | MouseListener 인터페이스의 추상 메소드 5개는 무엇인가?

키보드 이벤트

키보드와 관련된 KeyEvent는 KeyAdapter 클래스를 사용한다. KeyAdapter 클래스는 keyPressed(), keyReleased(), keyTyped() 등 3개의 메소드를 갖는데 이 메소드를 오버라이딩해서 사용하면 된다. 다음은 텍스트 필드에 숫자만 입력받고, [Enter]를 누르면 입력한 숫자가 텍스트 영역에 차례대로 쌓이는 코딩이다.

실습 13-13 | **이벤트 처리의 예 3**

```
01  import java.awt.*;
02  import javax.swing.*;
03  import java.awt.event.*;
04
05  public class Ex13_13 {
06      static class MyGUI extends JFrame {
07          MyGUI() {
08              setDefaultCloseOperation(JFrame.EXIT_ON_CLOSE);
09              setTitle("이벤트 처리 3");
10              this.setLayout(new FlowLayout());
11
12              JTextField txt = new JTextField(10);
13              JTextArea area = new JTextArea(10, 10);
```

텍스트 필드와 텍스트 영역을 준비한다.

```
14        this.add(txt);
15        this.add(area);
16
17        txt.addKeyListener(new KeyAdapter() {
18          public void keyReleased(KeyEvent e) {
19            int key = e.getKeyCode();          ── 눌린 키의 정수 값을 key 변수에
                                                      저장한다.
20
21            if (key == KeyEvent.VK_ENTER) {
22              String str = txt.getText();
23              area.setText(area.getText() + str + '\n');
24              txt.setText("");
25            }
```

눌린 키가 Enter 라면 텍스트 필드의 내용을 텍스트 영역에 추가한다. 23행에서
맨 뒤에 '\n'을 추가하여 줄바꿈이 되게 하고, 24행에서 텍스트 필드를 지운다.

```
26
27            if (!(key >= KeyEvent.VK_0 && key <= KeyEvent.VK_9)) {
28              String str = txt.getText();
29              int strlen = str.length();
30              if (strlen != 0)
31                txt.setText(str.substring(0, strlen - 1));
32            }
```

눌린 키가 0~9가 아니면 글자의 개수를 하나 줄여서 다시 쓴다.

```
33          }
34        });
35
36        setSize(200, 200);
37        setVisible(true);
38      }
39    }
40
41    public static void main(String[] args) {
42      new MyGUI();
43    }
44  }
```

텍스트 필드에서
키보드를 누르면
작동하는
KeyAdapter
클래스를
코딩한다.
키를 떼면
작동하는
keyReleased()
메소드를
오버라이딩한다.

27~32행은 숫자를 누르면 그냥 넘어가기 때문에 입력한 숫자 값이 원래대로 텍스트 필드에 쓰
인다. 하지만 영문이나 기호를 쓰는 경우에는 텍스트 필드의 길이에서 하나를 줄인 문자열을
다시 쓰는 것이다. 그러므로 맨 마지막에 입력한 문자가 지워지는 효과가 나타나 결국 텍스트

필드에는 숫자만 쓰인다.

▶ 직접 풀어보기 **13-7**

[실습 13-13]을 수정하여 영문 대문자와 소문자만 입력받도록 해보자.

메/멘/토 퀴/즈 | KeyAdapter 클래스의 메소드 3개는 무엇인가?

GUI 메뉴와 툴바

대부분의 응용 프로그램 상단에는 메뉴와 툴바가 부착된다. 스윙에서도 메뉴와 툴바를 지원하므로 좀 더 완성도 높은 GUI 응용 프로그램을 만들어보자.

대부분의 GUI 응용 프로그램에서는 메뉴와 툴바를 사용한다. 메뉴와 툴바가 없으면 그 응용 프로그램을 어떻게 사용하는지 알기가 어렵기 때문에 완성도 높은 GUI 응용 프로그램이라면 메뉴를 만들 필요가 있다.

1 메뉴

메뉴에서 사용되는 클래스는 JMenuBar, JMenu, JMenuItem이 있다. 메뉴에 대한 용어는 다음 그림과 같다.

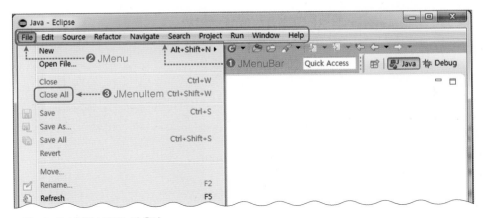

그림 13-5 이클립스의 메뉴와 용어

먼저 ❶ JMenuBar를 만들어놓고, 필요한 만큼 상위 메뉴에 해당하는 ❷ JMenu(File, Edit 등)를 추가한다. 그리고 각 JMenu에 항목인 ❸ JMenuItem을 추가한다. 이때 메뉴를 클릭하면 작동하는 코드는 JMenuItem 부분에 코딩하면 된다(잠시 후에 코드를 통해 살펴보자).

즉 다음과 같은 순서로 코딩하면 된다. 메뉴를 만들 때 거의 정형화된 형태이니 기억해두면 편리하다.

```
// 메뉴바, 메뉴(상위 메뉴), 메뉴 아이템(하위 메뉴)을 준비
JMenuBar 메뉴바 = new JMenuBar();
JMenu 상위 메뉴= new JMenu("상위 메뉴");
JMenuItem 하위 메뉴 = new JMenuItem("하위 메뉴");

// 화면에 나타나도록 메뉴바→상위 메뉴→하위 메뉴 순서로 연결한다
setJMenuBar(메뉴바);
메뉴바.add(상위 메뉴);
상위 메뉴.add(하위 메뉴);

// 메뉴 아이템(하위 메뉴)을 클릭하면 작동하는 리스너를 코딩한다
하위 메뉴.addActionListener(new ActionListener() {
    public void actionPerformed(ActionEvent arg0) {
        // 여기에 하위 메뉴 선택 시에 작동할 내용을 코딩
    }
});
```

다음은 메뉴의 아이템을 클릭하면 레이블의 글자가 바뀌는 기능을 구현하는 프로그램이다.

실습 13-14 메뉴 구현

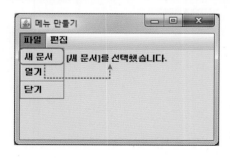

```
01  import java.awt.*;
02  import javax.swing.*;
03  import java.awt.event.*;
04
05  public class Ex13_14 {
06      static class MyGUI extends JFrame {
07          MyGUI() {
08              setDefaultCloseOperation(JFrame.EXIT_ON_CLOSE);
09              setTitle("메뉴 만들기");
```

```
10        this.setLayout(new FlowLayout());
11
12        JLabel lbl = new JLabel("이 글자가 바뀝니다");
13        this.add(lbl);
14
15        JMenuBar menuBar = new JMenuBar();
16
17        JMenu fileMenu = new JMenu("파일");
18        JMenu editMenu = new JMenu("편집");
19
20        JMenuItem newItem = new JMenuItem("새 문서");
21        JMenuItem openItem = new JMenuItem("열기");
22        JMenuItem closeItem = new JMenuItem("닫기");
23
24        setJMenuBar(menuBar);
25
26        menuBar.add(fileMenu);
27        menuBar.add(editMenu);
28
29        fileMenu.add(newItem);
30        fileMenu.add(openItem);
31        fileMenu.addSeparator();
32        fileMenu.add(closeItem);
33
34        newItem.addActionListener(new ActionListener() {
35            public void actionPerformed(ActionEvent arg0) {
36                lbl.setText("[새 문서]를 선택했습니다.");
37            }
38        });
39
40        openItem.addActionListener(new ActionListener() {
41            public void actionPerformed(ActionEvent arg0) {
42                lbl.setText("[열기]를 선택했습니다.");
43            }
44        });
45
46        closeItem.addActionListener(new ActionListener() {
47            public void actionPerformed(ActionEvent arg0) {
48                System.exit(0);
```

메뉴바, 메뉴, 메뉴 아이템을 준비한다.

메뉴바를 JFrame에 부착한다.

상위 메뉴에 해당하는 메뉴 2개를 메뉴바에 부착한다.

하위 메뉴에 해당하는 메뉴 아이템을 '파일' 메뉴에 부착한다. 31행을 구분하기 위한 분리선을 추가한다.

'새 문서' 메뉴 아이템을 선택하면 작동하는 리스너를 코딩한다. 36행에서 간단히 레이블의 글자를 바꾸는 기능을 추가했다.

'닫기' 메뉴 아이템을 선택하면 응용 프로그램이 종료된다.

```
49            }
50         });
51
52         setSize(300, 200);
53         setVisible(true);
54      }
55   }
56
57   public static void main(String[] args) {
58      new MyGUI();
59   }
60 }
```

2 툴바

툴바도 메뉴와 비슷한 개념이지만 좀 더 간단하다. 메뉴가 JMenuBar, JMenu, JMenuItem, 이렇게 세 단계라면 툴바는 JToolBar와 아이템, 두 단계만 있다. 여기서 아이템은 버튼, 레이블, 텍스트 필드 등 스윙 컴포넌트를 대부분 사용할 수 있다.

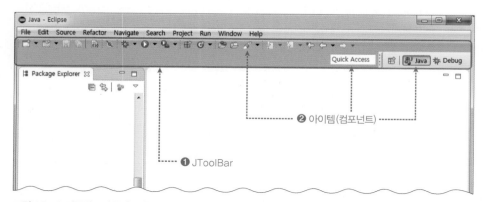

그림 13-6 이클립스의 툴바와 용어

먼저 ❶ JToolBar를 만들어놓고, 필요한 만큼 ❷ 아이템(버튼, 텍스트 필드 등)을 추가한다. 최종적으로 툴바의 아이템을 클릭하면 실제 작동하는 코드는 컴포넌트 부분에 코딩하면 된다(잠시 후에 코드를 통해 살펴보자).

즉 다음과 같은 순서로 코딩하면 된다. 툴바도 거의 정형화된 형태이므로 기억해두면 편리하다.

```
// 툴바, 아이템(컴포넌트)을 준비
JToolBar 툴바 = new JToolBar();
JButton 아이템 = new JButton("아이템");

// 화면에 나타나도록 툴바→컴포넌트 순서로 연결한다
add(툴바, 툴바위치);
툴바.add(아이템);

// 아이템(컴포넌트)을 클릭하면 작동하는 리스너를 코딩한다
컴포넌트.addActionListener(new ActionListener() {
  public void actionPerformed(ActionEvent arg0) {
    // 여기에 아이템을 클릭했을 때 작동할 내용을 코딩
  }
});
```

이 또한 실습을 통해 확인해보면 별로 어렵지 않을 것이다.

실습 13-15 **툴바 구현**

```
01 import java.awt.*;
02 import javax.swing.*;
03 import java.awt.event.*;
04
05 public class Ex13_15 {
06   static class MyGUI extends JFrame {
07     MyGUI() {
08       setDefaultCloseOperation(JFrame.EXIT_ON_CLOSE);
09       setTitle("툴바 만들기");
10       this.setLayout(new FlowLayout());
11
```

```
12          JToolBar toolBar = new JToolBar();

13

14          JButton newItem = new JButton("새 문서");
15          JButton openItem = new JButton("열기");
16          JButton closeItem = new JButton(new ImageIcon("image/exit.png"));

17                                                       툴바와 아이템으로 사용할 버튼을 3개 준비한다.

18          add(toolBar, BorderLayout.NORTH);  ───  툴바를 JFrame에 부착한다. 초기 툴바의 위치는 상단
                                                     (북쪽)에 둔다. 동, 서, 남, 북, 중앙 중에서 지정한다.
19          toolBar.add(newItem);
20          toolBar.add(openItem);                   툴바 아이템 3개를 툴바에
21          toolBar.addSeparator(new Dimension(20,10));  부착한다. 21행을 구분하기
22          toolBar.add(closeItem);                  위한 분리선을 추가한다.

23

24          JLabel lbl = new JLabel("이 글자가 바뀝니다");
25          this.add(lbl);

26

27          // 세 버튼의 리스너 코딩([실습13-14]의 34~50행과 동일)  ───  각 아이템(버튼)을 누르면 작동하는
                                                                         리스너는 [실습 13-14]와 동일하다.
28

29          setSize(300, 200);
30          setVisible(true);
31      }

32   }

33

34   public static void main(String[] args) {
35       new MyGUI();
36   }
37 }
38      }
39   }

40

41   public static void main(String[] args) {
42       new MyGUI();
43   }
44 }
```

TIP/ 14~16행의 버튼은 [실습 13-14]의 메뉴 아이템과 동일한 기능을 하도록 만들었다. 그래서 버튼의 변수 이름도 [실습 13-14]와 동일하게 했다.

21행의 addSeparator()만 사용하면 너무 작아서 간격이 표시 나지 않기 때문에 Dimension (폭,높이)를 사용하여 간격을 넓혔다. 이 실습에서는 아이템으로 버튼만 사용했으나 [그림 13-6]의 다양한 컴포넌트를 사용할 수도 있다.

▶ 직접 풀어보기 **13-8**

[실습 13-14]와 [실습 13-15]를 합쳐서 메뉴와 툴바가 모두 표현되도록 해보자.

GUI-레이아웃

난이도
★ ★ ☆

예제 설명   GridLayout으로 이미지 버튼을 배열해보자.

실행 결과

GUI-이벤트

난이도
★ ★ ★

예제 설명   [예제 모음 35]와 동일하게 GridLayout으로 이미지 버튼을 배열해보자. 단, 키보드를 누를 때마다 이미지가 랜덤으로 섞여서 배치되게 한다.

실행 결과

예제 설명 [예제 모음 35]와 동일하게 GridLayout으로 이미지 버튼을 배열해보자. 단, 키보드를 누를 때마다 이미지가 랜덤으로 섞여서 배치되고, 추가로 메뉴를 선택해도 이미지가 섞이게 한다.

실행 결과

35

```
01  import java.awt.GridLayout;
02
03  import javax.swing.ImageIcon;
04  import javax.swing.JButton;
05  import javax.swing.JFrame;
06
07  public class Problem_35 {
08    static class MyGUI extends JFrame {
09      MyGUI() {
10        setDefaultCloseOperation(JFrame.EXIT_ON_CLOSE);
11        setTitle("Android 이미지");
12
13        this.setLayout(new GridLayout(3, 3, 10, 10));
```

Windows의 레이아웃을 GridLayout으로 설정한다. 3행 3열에 수평 및 수직 간격은 10으로 설정한다.

```
14
15        String[] imageName =
16          { "eclair.jpg", "froyo.jpg", "gingerbread.jpg",
17            "honeycomb.jpg", "icecream.jpg","jellybean.jpg",
18            "kitkat.jpg", "lollipop.jpg", "marshmallow.jpg" };
```

이미지 파일 이름 9개를 배열로 지정한다.

```
19        ImageIcon[] img = new ImageIcon[9];
20        JButton[] btn = new JButton[9];
```

이미지 아이콘 및 버튼 배열 9개를 준비한다.

```
21
22        for (int i = 0; i < 9; i++) {
23          img[i] = new ImageIcon("image/android/" + imageName[i]);
24          btn[i] = new JButton(img[i]);
25          this.add(btn[i]);
26        }
```

9개의 버튼 배열에 이미지를 반복문으로 추가한다.

```
27
28        setSize(256, 256);
29        setVisible(true);
30      }
31    }
32
```

```
33    public static void main(String[] args) {
34        new MyGUI();
35    }
36 }
```

36 --

```
01 import java.awt.GridLayout;
02 import java.awt.event.KeyAdapter;
03 import java.awt.event.KeyEvent;
04 import javax.swing.ImageIcon;
05 import javax.swing.JButton;
06 import javax.swing.JFrame;
07
08 public class Problem_36 {
09    static  String[] imageName =
10        { "eclair.jpg", "froyo.jpg", "gingerbread.jpg",
11            "honeycomb.jpg", "icecream.jpg","jellybean.jpg",
12            "kitkat.jpg", "lollipop.jpg", "marshmallow.jpg" };
13    static ImageIcon[] img = new ImageIcon[9];
14    static JButton[] btn = new JButton[9];
15
16    static class MyGUI extends JFrame {
17
18      MyGUI() {
19        setDefaultCloseOperation(JFrame.EXIT_ON_CLOSE);
20        setTitle("랜덤 이미지");
21
22        this.setLayout(new GridLayout(3, 3, 10, 10));
23
24        this.addKeyListener(new KeyAdapter() {
25          public void keyPressed(KeyEvent e) {
26            getContentPane().removeAll();
27            int randNum[] = makeRandom();
```

관련 배열을 전역 변수
(클래스 변수)로
지정한다.

makeRandom( ) 메소드로 0~8의 서로
다른 숫자가 저장된 배열을 반환받는다.

기존 화면에 배치된
버튼을 모두 제거한다.

모든
키를
누르면
작동
한다.

현재 창
(this)에서
키보드를
누르면
작동하도록
키보드
이벤트를
처리한다.

```java
28              for (int i = 0; i < 9; i++) {
29                  img[i] = new ImageIcon("image/android/" +
                        imageName[randNum[i]]);
30                  btn[i] = new JButton(img[i]);
31                  MyGUI.this.add(btn[i]);
32              }
33              validate();
34          }
35      });
36
37      setSize(256, 256);
38      setVisible(true);
39  }
40 }
41
42  public static int[] makeRandom() {
43      int[] rand = { -1, -1, -1, -1, -1, -1, -1, -1, -1 };
44      int i, k, num;
45      char dupl = 'N';
46      for (i = 0; i < 9;) {
47          num = (int) ((Math.random() * 9));
48
49          for (k = 0; k < 9; k++)
50              if (rand[k] == num)
51                  dupl = 'Y';
52
53          if (dupl == 'N')
54              rand[i++] = num;
55          else
56              dupl = 'N';
57      }
58      return rand;
59  }
60
61  public static void main(String[] args) {
62      new MyGUI();
63  }
64 }
```

29 (주석) imageName[randNum[i]]는 randNum 배열의 내용(0~8이 랜덤으로 섞여 있음)을 이미지 이름 배열의 첨자로 사용한다.

33 (주석) ----- 화면을 새로 고침하는 효과이다.

(우측 주석) 9회 반복하여 이미지 버튼을 만들고 레이아웃에 부착한다.

(우측 주석) 모든 키를 누르면 작동한다.

(우측 주석) 현재 창(this)에서 키보드를 누르면 작동하도록 키보드 이벤트를 처리한다.

42~59 (우측 주석) 임의의 9개 숫자 0~8을 중복 없이 랜덤으로 추출하는 메소드이다 (관련 설명은 [예제 모음 25]를 참조한다).

37 ---

```java
01 import java.awt.GridLayout;
02 import java.awt.Robot;
03 import java.awt.event.ActionEvent;
04 import java.awt.event.ActionListener;
05 import java.awt.event.KeyAdapter;
06 import java.awt.event.KeyEvent;
07 import javax.swing.ImageIcon;
08 import javax.swing.JButton;
09 import javax.swing.JFrame;
10 import javax.swing.JMenu;
11 import javax.swing.JMenuBar;
12 import javax.swing.JMenuItem;
13
14 public class Problem_36 {
15    static  String[] imageName =
16          { "eclair.jpg", "froyo.jpg", "gingerbread.jpg",
17            "honeycomb.jpg", "icecream.jpg","jellybean.jpg",
18            "kitkat.jpg", "lollipop.jpg", "marshmallow.jpg" };
19    static ImageIcon[] img = new ImageIcon[9];
20    static JButton[] btn = new JButton[9];
21
22    static class MyGUI extends JFrame {
23
24      MyGUI() {
25         setDefaultCloseOperation(JFrame.EXIT_ON_CLOSE);
26         setTitle("메뉴 처리");
27
28         JMenuBar menuBar = new JMenuBar();
29         JMenu myMenu = new JMenu("내 메뉴");
30
31         JMenuItem mixItem = new JMenuItem("이미지 섞기");
32         JMenuItem closeItem = new JMenuItem("닫기");
33
34         setJMenuBar(menuBar);
35         menuBar.add(myMenu);
36
```

메뉴바, 메뉴, 메뉴 아이템을 준비한다.

----- 메뉴바를 JFrame에 부착한다.

----- 상위 메뉴에 해당하는 메뉴를 메뉴바에 부착한다.

```
37        myMenu.add(mixItem);
38        myMenu.add(closeItem);
39
40        mixItem.addActionListener(new ActionListener() {
41          public void actionPerformed(ActionEvent arg0) {
42            try {
43              Robot robot = new Robot();
44              robot.keyPress(KeyEvent.VK_SPACE);
45            } catch (Exception e) {
46            }
47          }
48        });
49
50        closeItem.addActionListener(new ActionListener() {
51          public void actionPerformed(ActionEvent arg0) {
52            System.exit(0);
53          }
54        });
55
56        //// 이하로 [예제 모음 36]의 22행부터 동일함
57
```

하위 메뉴에 해당하는 메뉴 아이템을 '내 메뉴' 메뉴에 부착한다.

강제로 키보드를 누르는 이벤트를 발생시킨다. 결국 메뉴를 선택해도 스페이스바를 누른 효과와 동일하다.

'이미지 섞기' 메뉴 아이템을 선택하면 작동하는 리스너를 코딩한다.

요약

01 GUI의 개요

JAVA에서는 GUI 응용 프로그램의 작성을 지원하기 위해 AWT와 스윙 라이브러리를 제공한다. AWT의 문제점을 개선한 스윙은 모든 운영체제에 통일된 화면을 제공하고, AWT보다 성능도 향상되었기 때문에 현재는 주로 스윙 라이브러리를 사용하여 GUI 프로그래밍을 제작한다.

02 JFrame

비어 있는 기본 GUI 화면은 JFrame이라는 기본 객체를 사용해서 시작한다.

03 레이아웃

JAVA의 화면 레이아웃은 FlowLayout, BorderLayout, GridLayout, CardLayout 등 네 가지가 있다.

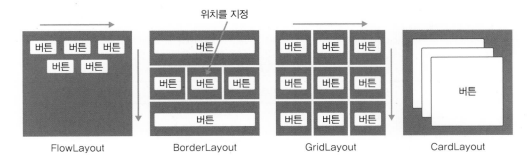

04 JComponent 상속 구조

스윙에서 제공하는 컴포넌트는 JComponent의 상속을 받는 구조로 되어 있다.

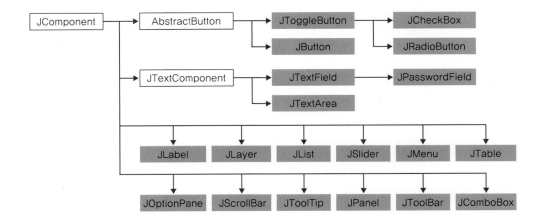

05 리스너의 개념

사용자가 마우스를 클릭하거나 키보드를 누를 때까지 기다리는 것을 리스너(listener)라고 한다. 'listener'의 사전적 의미가 '청취자'이듯이, 이는 JAVA 프로그램을 처음 실행하면 자동으로 실행되는 것이 아니라 버튼이 클릭될 때까지 기다리는 부분이다.

❶ 버튼 눌림

버튼

```
Button 버튼변수= new JButton("버튼");
버튼변수.addActionListener(new ActionListener( ) {
    public void actionPerformed(ActionEvent arg0) {
        // ❷이 부분이 실행됨
    }
});
```

06 스윙의 주요 이벤트

이벤트	관련 컴포넌트	설명
ActionEvent	JButton JMenuItem JList JTextField	마우스 또는 키보드로 버튼을 눌렀을 때 발생 메뉴 아이템이 선택되었을 때 발생(메뉴는 잠시 후에 배운다) 리스트의 아이템이 선택되었을 때 발생 Enter 키를 입력했을 때 발생
KeyEvent	모든 컴포넌트	키보드를 누르면 작동
MouseEvent	모든 컴포넌트	마우스를 누를 때 마우스를 뗄 때 마우스를 클릭할 때 마우스 커서가 올라갈 때 마우스 커서가 내려갈 때
FocusEvent	모든 컴포넌트	컴포넌트에 포커스가 이동될 때
TextEvent	JTextField JTextArea JPasswordField	텍스트가 변경될 때

07 스윙 메뉴의 코드 형태

```
// 메뉴바, 메뉴(상위 메뉴), 메뉴 아이템(하위 메뉴)을 준비
JMenuBar 메뉴바 = new JMenuBar();
JMenu 상위 메뉴= new JMenu("상위 메뉴");
JMenuItem 하위 메뉴 = new JMenuItem("하위 메뉴");
```

```
// 화면에 나타나도록 메뉴바→상위 메뉴→하위 메뉴 순서로 연결한다
setJMenuBar(메뉴바);
메뉴바.add(상위 메뉴);
상위 메뉴.add(하위 메뉴);

// 메뉴 아이템(하위 메뉴)을 클릭하면 작동하는 리스너를 코딩한다
하위 메뉴.addActionListener(new ActionListener() {
    public void actionPerformed(ActionEvent arg0) {
        // 여기에 하위 메뉴 선택 시에 작동할 내용을 코딩
    }
});
```

08 스윙 툴바의 코드 형태

```
// 툴바, 아이템(컴포넌트)을 준비
JToolBar 툴바 = new JToolBar();
JButton 아이템 = new JButton("아이템");

// 화면에 나타나도록 툴바→컴포넌트 순서로 연결한다
add(툴바, 툴바위치);
툴바.add(아이템);

// 아이템(컴포넌트)을 클릭하면 작동하는 리스너를 코딩한다
컴포넌트.addActionListener(new ActionListener() {
    public void actionPerformed(ActionEvent arg0) {
        // 여기에 아이템을 클릭했을 때 작동할 내용을 코딩
    }
});
```

01 다음 빈칸에 알맞은 말을 넣으시오.

> JAVA는 GUI 응용 프로그램 작성을 지원하기 위해 　①　 와 　②　 라이브러리를 제
> 공한다. 　①　 는 초창기 JAVA부터 제공되었으며, 오래되었기 때문에 성능이나 화면 출력
> 등이 운영체제마다 다르게 나오는 문제가 있다. 이를 개선한 　②　 은 모든 운영체제에 통
> 일된 화면을 제공한다.

02 다음은 기본 GUI를 만드는 코드이다. 빈칸을 채워 완성하시오.

```java
public class Exam {
    static class SwingGUI extends      ①       {
        SwingGUI() {
            setSize(200, 200);
            setVisible(true);
        }
    }

    public static void main(String[] args) {
           ②
    }
}
```

03 다음은 각각 어떤 레이아웃에 대한 설명인가?

① 행과 열의 개수대로 2차원 행렬로 나눈 뒤 왼쪽에서 오른쪽, 위에서 아래로 차례로 배치한다.

② 화면에 컴포넌트를 꽉 채워서 배치한 다음 그 뒤에 겹쳐서 계속 배치하는 방식이다.

③ 화면의 왼쪽 위부터 오른쪽으로 차례로 배치한다. 한 줄이 꽉 차면 다음 줄로 내려가서 배치한다. 배
치할 때 각 행은 기본 값으로 가운데 정렬을 한다.

④ 화면을 동, 서, 남, 북, 중앙으로 분할하여 배치한다. 배치할 컴포넌트는 컴포넌트가 들어갈 위치를
5개 중 하나로 지정해야 한다.

04 다음과 같이 GridLayout이 나오도록 코드를 작성하시오.

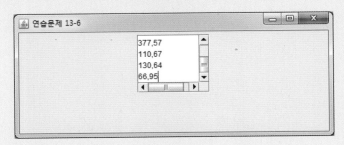

05 컴포넌트의 모양을 설정하는 다음 메소드에 대한 설명으로 맞는 것을 각각 고르시오.

```
setBorder(Border)       setBackground(Color)      setForeground(Color)
setOpaque(boolean)      setFont(Font)             setCursor(Cursor)
```

① 컴포넌트에 커서를 가져갔을 때 보이는 커서 모양을 설정하거나 가져온다.

② 컴포넌트의 전경색을 설정하거나 가져온다.

③ 컴포넌트의 불투명을 설정하거나 불투명 상태를 확인한다.

④ 컴포넌트의 테두리를 설정하거나 가져온다.

⑤ 컴포넌트의 배경색을 설정하거나 가져온다.

⑥ 컴포넌트의 글꼴을 설정하거나 가져온다.

06 [실습 13-12]를 수정하여 마우스를 클릭하면 좌표가 TextArea에 누적되도록 하시오.

07 [실습 13-13]을 수정하여 소문자를 입력하고 [Enter] 키를 누르면 대문자로 변경해서 누적되도록 하시오.

이제
전문 개발자의
지식에 도전하자!

Chapter 14

고급 프로그래머로
나아가기

이 장에서는 본격적으로 고급 프로그래밍을 배우기 위해 알아둬야 할 몇 가지 내용을 소개할 것이다. 초보자에게는 아직 어려울 수 있지만 실무에서는 자주 사용하는 개념이니 잘 이해해야 한다.

SECTION 01 패키지
SECTION 02 JAVA 클래스 라이브러리
SECTION 03 스레드

예제 모음
요약
연습문제

패키지

패키지는 서로 관련 있는 클래스 파일을 모아놓은 장소를 말한다.

지금까지 프로그램을 작성할 때 하나의 JAVA 소스(*.java)에 코딩하고, 컴파일된 결과인 클래스 파일(*.class)도 대부분 하나만 만들어 사용했다. 하지만 실무에서 큰 프로젝트를 작업할 때는 여러 명의 프로그래머가 각자의 *.java 파일을 코딩하고, 그 결과 여러 개의 클래스 파일이 생긴다. 그런데 서로 다른 프로그래머가 작성한 파일 이름이 같은 경우가 생길 수 있다. 예를 들어 프로그래머 A도 Car.java를 만들고 프로그래머 B도 Car.java를 만들었다고 가정해보자. 이때 문제가 없도록 하기 위해 패키지를 만들어 프로그램을 작성하는데, 이는 폴더와 파일의 관계라고 생각하면 이해하기 쉽다.

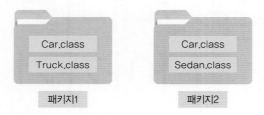

그림 14-1 패키지의 개념

[그림 14-1]처럼 폴더 및 파일과 동일한 개념으로 패키지와 클래스를 표현할 수 있다. 폴더가 구분되어 있다면 서로 다른 폴더에 동일한 이름의 파일이 있어도 상관없는 것처럼, 패키지로 구분되어 있다면 서로 다른 클래스 파일의 이름이 같아도 문제가 없다. 클래스 파일에 '패키지이름.클래스이름'으로 접근하면 명확하게 구분되기 때문이다. 즉 왼쪽은 '패키지1.Car', 오른쪽은 '패키지2.Car'로 이름이 같은 Car.class를 구분하여 사용할 수 있다.

1 패키지 생성

이클립스에서 패키지를 생성해보자.

❶ 먼저 이클립스에서 'Chapter14'라는 새로운 프로젝트를 생성한다.

❷ 'Package Explorer'의 [Chapter14]-[src]에서 마우스 오른쪽 버튼을 클릭하여 [New]-[Package]를 선택한다.

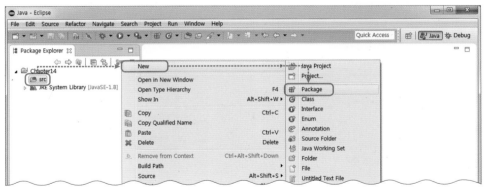

그림 14-2 패키지 생성

❸ 패키지 이름을 입력하고 [Finish]를 클릭한다. 여기서는 'pack1'이라고 입력했다.

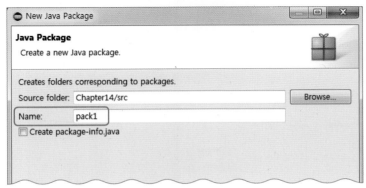

그림 14-3 패키지 이름 입력

❹ 같은 방식으로 pack2 패키지를 만든다. 최종적으로 2개의 패키지가 만들어진 것을 확인할
수 있다.

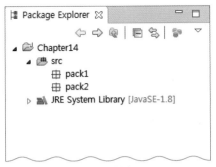

그림 14-4 2개의 패키지 확인

❺ 이제 [그림 14-1]과 동일하게 만들기 위해 [pack1] 패키지에서 마우스 오른쪽 버튼을 클릭
하여 [New]-[Class]를 선택한다.

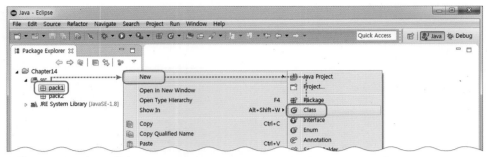

그림 14-5 Java Class 추가 1

❻ [Java Class] 창에서 Package가 pack1인 것을 확인한 다음 Name에 'Car'를 입력하며,
'public static void…' 체크박스에 체크하고 [Finish]를 클릭한다.

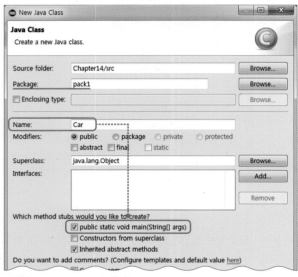

그림 14-6 Java Class 추가 2

❼ 같은 방식으로 pack1 패키지에 Truck.java를 만들고 pack2 패키지에는 Car.java와
Sedan.java를 만든다. 최종적으로 다음 그림과 같이 4개의 JAVA 파일이 추가되었다.

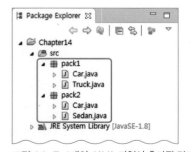

그림 14-7 4개의 JAVA 파일이 추가된 결과

❽ [pack1]의 [Car.java]를 선택하고, 이클립스 메뉴 [Run]-[Run]을 선택하여 실행한다. 결과는 아무것도 나오지 않는다.

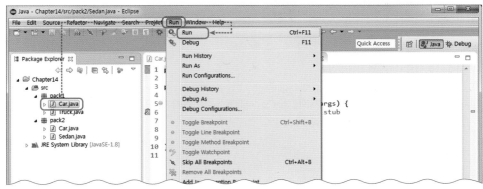

그림 14-8 JAVA 파일 실행

❾ 파일 탐색기에서 Chapter14 폴더를 찾아보면 src 폴더와 bin 폴더 아래에 각 패키지별로 파일이 분리되어 있는 것을 확인할 수 있다. src 폴더에는 *.java 파일이, bin 폴더에는 컴파일된 *.class 파일이 들어 있다.

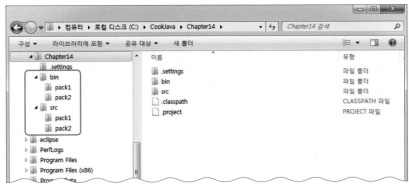

그림 14-9 패키지로 분리된 폴더

[그림 14-8]과 [그림 14-9]에서 확인할 수 있듯이 하나의 프로젝트(Chapter14) 안에 패키지가 다르다면 동일한 JAVA 파일(*.java)과 클래스 파일(*.class)이 존재할 수 있다.

2 다른 패키지의 클래스 활용

11장에서 클래스를 만들거나 12장에서 상속을 학습할 때 패키지를 고려하지 않은 것은 같은 패키지 안에 모든 클래스가 들어 있었기 때문이다. 이번에는 다른 패키지의 클래스를 상속받기 위해 다음 그림과 같은 상속 관계를 만들어보자.

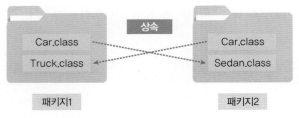

그림 14-10 다른 패키지의 클래스 상속

패키지1의 Truck 클래스는 패키지2의 Car 클래스를, 패키지2의 Sedan 클래스는 패키지1의 Car 클래스를 상속받도록 해보자.

각 패키지의 Car.java 코딩

pack1 패키지의 Car.java와 pack2 패키지의 Car.java 파일을 코딩해보자. main() 메소드가 제거되었으므로 실행하지는 않는다.

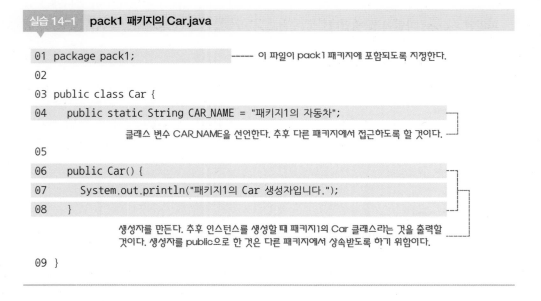

JAVA 파일을 패키지에 포함하려면 1행에 'package 패키지이름'을 쓴다. 이 JAVA 파일은 해당 패키지 폴더에 있어야 하는데, 예를 들어 [실습 14-1]의 Car.java는 C:\CookJava\Chapter14\src\pack1\ 폴더에 저장되어 있어야 한다.

TIP/ 이클립스를 사용하면 JAVA 파일을 생성할 때 [그림 14-7]과 같이 지정된 패키지 폴더에 자동으로 저장된다.

pack2 패키지의 Car.java도 거의 동일한 코드로 코딩한다.

```
01 package pack2;
02
03 public class Car {
04     public static String CAR_NAME = "패키지2의 자동차";
05
06     public Car() {
07         System.out.println("패키지2의 Car 생성자입니다.");
08     }
09 }
```

다른 패키지의 클래스 사용하기

[그림 14-10]과 같이 서로 다른 패키지의 클래스를 상속받도록 해보자. 먼저 Truck 클래스는 패키지2의 Car 클래스를 상속받도록 한다.

실습 14-3   pack2 패키지의 Car를 상속받은 Truck 클래스 1

```
01 package pack1;
02
03 public class Truck extends pack2.Car {  ----- 패키지2가 Car 클래스를 상속받는다. '패키지이름.
                                                   클래스이름'으로 상속받으면 된다.
04     Truck() {
05         System.out.println("패키지1의 Truck 생성자입니다.");
06     }
07
08     public static void main(String[] args) {
09         Truck truck1 = new Truck();  ----- Truck 인스턴스를 생성한다. 슈퍼 클래스인 패키지2의 Car()
                                               생성자를 호출한 다음 4행의 Truck() 생성자를 호출한다.
10         System.out.println(Car.CAR_NAME);
                Car 클래스의 클래스 변수 CAR_NAME을 출력한다. Car 클래스에 아무것도
                붙이지 않았으므로 현재 패키지인 pack1의 Car 클래스를 의미한다.
11         System.out.println(pack2.Car.CAR_NAME);
                pack2.Car로 패키지2의 Car 클래스를 명시한다. 따라서
                pack2의 Car 클래스에 있는 CAR_NAME을 출력한다.
12     }
13 }
```

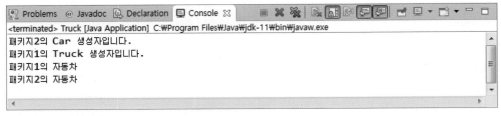

그림 14-11 실행 결과

3행에서 pack2.Car는 패키지2의 Car 클래스를 상속시킨 것이다. 여기서 그냥 Car만 쓴다면 현재 패키지1의 Car 클래스가 상속될 것이다.

▶ 직접 풀어보기 **14-1**

  [그림 14-10]의 Sedan 클래스가 패키지1의 Car 클래스를 상속받도록 Sedan.java를 완성해보자.

3 import 문

앞에서 '패키지이름.클래스이름'으로 다른 패키지의 클래스를 직접 접근했다. 그런데 import 문을 사용하면 특별히 패키지 이름을 붙이지 않더라도 임포트한 패키지의 클래스를 사용할 수 있다. import 문의 형식은 다음과 같다.

```
import 패키지이름.클래스이름;
```

[실습 14-3]을 수정하여 Car 클래스가 기본적으로 패키지2의 클래스가 되도록 코딩해보자.

실습 14-4 **pack2 패키지의 Car를 상속받은 Truck 클래스 2**

```
01  package pack1;
02
03    ■    pack2.Car;          ----- 패키지2의 Car 클래스를 임포트한다.
04
05  public class Truck extends Car {  ----- 상속을 Car 클래스로만 지정한다.
06     Truck() {
07        System.out.println("패키지1의 Truck 생성자입니다.");
08     }
09
10     public static void main(String[] args) {
11        Truck truck1 = new Truck();
```

```
12          System.out.println(Car.CAR_NAME);  ──── Car 클래스의 클래스 변수 CAR_NAME을 출력하기
                                                      위해 Car 클래스에 아무것도 붙이지 않는다.
13          System.out.println(      2      .CAR_NAME);
                    pack2.Car로 패키지2의 Car 클래스를 명시한다. 따라서
                    pack2의 Car 클래스에 있는 CAR_NAME을 출력한다.

14    }
15 }
```

그림 14-12 실행 결과

3행에서 패키지2의 Car 클래스를 임포트하면 그 이후에는 Car 클래스만 표기해도 패키지2의 Car 클래스를 의미하게 된다. 그러므로 5행에서 상속한 Car 클래스도 패키지2의 Car 클래스를 의미한다. 12행에서 Car.CAR_NAME도 패키지2의 클래스 변수를 의미한다. 13행과 같이 직접 pack2를 명시하여 패키지2를 명시해도 된다.

패키지2에는 Car 클래스 외에 Sedan 클래스도 있다. 두 클래스를 임포트하기 위해 따로따로 작성한다.

```
import pack2.Car;
import pack2.Sedan;
```

더 편리한 방법으로 pack2 패키지의 모든 클래스를 한 번에 임포트하기 위해 다음과 같이 *를 사용할 수도 있다.

```
import pack2.*;
```

JAVA 클래스 라이브러리

JAVA에서 제공하는 클래스 라이브러리는 자주 사용되는 클래스를 JDK에서 미리 만들어서 제공하는 것을 말한다.

JAVA에서는 미리 만들어서 제공하는 여러 개의 클래스가 있는데 이런 클래스를 활용하여 프로그램을 더욱 빨리 완성할 수 있다. 이미 앞에서 우리는 JAVA에서 제공하는 클래스를 종종 사용했다. [실습 2-2]에서 값을 입력받기 위해 java.util.Scanner 클래스를 사용했고, [실습 10-9]에서는 파일을 이용하여 입력하기 위해 java.io.FileInputStream을 임포트해서 사용했다.

1 JAVA 패키지

JAVA에서는 프로그래머가 편리하게 사용할 수 있도록 상당히 많은 JAVA 클래스 라이브러리를 패키지로 묶어서 제공한다. 그러므로 JAVA에서 제공하는 패키지를 잘 기억해두면 실무 프로그램을 작성할 때 많은 도움이 된다.

TIP/ JAVA에서 제공하는 기본 패키지를 'JAVA API'라고도 부르며 'java.패키지명'으로 표현한다. 추가로 확장된 패키지는 'javax.패키지명'으로 제공되기도 한다.

많이 사용되는 패키지를 [표 14-1]에 정리했다.

표 14-1 자주 사용되는 JAVA 패키지와 클래스

패키지	포함된 클래스	포함된 클래스의 예
java.lang	기본 클래스로 수학, 문자열, 입출력 관련 클래스	Integer, String, StringBuilder, Math
java.awt	Windows 화면 출력 관련 클래스	Canvas, CheckBox, Button
java.io	입출력 관련 클래스	FileReader, BufferedReader, InputStream
java.net	네트워크 프로그래밍 관련 클래스	Socket, ServerSocket
java.nio	새로운 입출력 관련 클래스	Buffer, IntBuffer
java.util	유틸리티 관련 클래스	ArrayList, Stack, Timer
java.time	날짜, 시간 관련 클래스	Clock, YearMonth, Duration
javax.crypto	암호화 관련 확장 클래스	Cipher, KeyGenerator, Mac
javax.imageIO	이미지 입출력 관련 확장 클래스	ImageReader, ImageWriter
javax.swing	스윙 Windows 화면 출력 관련 확장 클래스	JButton, JCheckBox, JFrame

TIP/ JAVA에서 제공되는 패키지 목록을 자세히 알고 싶다면 http://docs.oracle.com/javase/8/docs/api/index.html을 참조한다. 제공 패키지와 클래스에 대한 수백 쪽 이상의 설명이 사전처럼 잘 정리되어 있다.

JAVA 프로그램을 작성할 때 JAVA 패키지의 정확한 클래스명을 임포트하려면 다음과 같이 작성한다. 예를 들어 FileReader와 관련된 클래스는 다음과 같은 형식이다.

```
import java.io.FileReader;
```

만약 java.io 패키지의 모든 클래스를 임포트하려면 *를 사용한다.

```
import java.io.*;
```

> **저자 한마디** ▶ **서브 패키지**
>
> 어떤 패키지 아래의 패키지를 다시 포함할 수 있는데 이러한 패키지를 서브 패키지라고 부른다. 예를 들어 java.util 패키지 외에 java.util.function, java.util.stream 등의 서브 패키지가 있다. 주의할 점은 다음과 같이 임포트한다고 해서 java.util 패키지의 서브 패키지도 임포트되지는 않는다는 것이다.
>
> ```
> import java.util.*;
> ```
>
> 필요한 경우 다음과 같이 서브 패키지를 별도로 임포트해야 한다.
>
> ```
> import java.util.*;
> import java.util.function.*;
> import java.util.stream.*;
> ```

2 래퍼 클래스

래퍼 클래스(Wrapper Class)는 기본형 데이터 형식을 클래스 형태로 제공하는 클래스를 말한다. 예를 들어 int형 데이터는 Integer 클래스로 제공되고, double형 데이터는 Double 클래스로 제공된다. 이러한 래퍼 클래스의 장점은 래퍼 클래스의 다양한 메소드와 필드를 사용할 수 있다는 것이다. 래퍼 클래스는 java.lang 패키지에서 제공된다.

TIP/ java.lang 패키지는 내부에서 임포트해주기 때문에 별도로 임포트할 필요가 없다.

기본 데이터 형식과 래퍼 클래스는 다음과 같이 대응된다.

표 14-2 기본 데이터 형식과 래퍼 클래스

기본 데이터 형식	래퍼 클래스
byte	Byte
char	Character
short	Short
int	Integer
long	Long
float	Float
double	Double

각 래퍼 클래스에는 자주 사용되는 클래스 메소드가 몇 가지 있다. 예를 들어 문자열을 숫자로 변환하기 위해 다음과 같이 작성한다.

```
기본데이터형식 var = 래퍼클래스.valueOf(문자열)
```

즉 다음과 같은 형식을 사용할 수 있다.

```
byte var = Byte.valueOf("100");
short var = Short.valueOf("100");
int var = Integer.valueOf("100");
long var = Long.valueOf("100");
float var = Float.valueOf("100");
double var = Double.valueOf("100");
```

기본 데이터 형식과 래퍼 클래스는 잘 호환되어 다음과 같은 두 가지 방식을 동일하게 정수로 처리할 수 있다.

```
int value1 = 100;
Integer value2 = 200;  // 또는 new Integer(200)

value1 = value2;
```

다른 점이라면 value1은 기본형 데이터이지만 value2는 인스턴스이므로 Integer 클래스의 메소드를 모두 사용할 수 있다는 것이다. 예를 들어 value1과 value2를 문자열로 변환하려면 다음과 같이 처리해야 한다.

```
String str1 = Integer.toString(value1);  // 클래스 메소드
String str2 = value2.toString();         // 인스턴스 메소드
```

value1은 정수라 메소드를 사용할 수 없으므로 Integer 클래스의 클래스 메소드인 toString (문자열)을 사용하여 문자열로 변환했다. value2는 Integer 클래스의 인스턴스이므로 Integer 클래스의 인스턴스 메소드인 toString()을 사용했다.

래퍼 클래스를 활용하는 간단한 실습을 해보자.

실습 14-5 래퍼 클래스 활용 예

```
01  public class Ex14_05 {
02      public static void main(String[] args) {
03
04          Integer int1 = new Integer(100);
05          Double dbl1 = new Double(3.14);
06          Character chr1 = new Character((char) 65);
07
08          System.out.println(int1.toString());

09          System.out.println(Integer.toHexString(100));
10          System.out.println(Integer.toOctalString(100));
11          System.out.println(dbl1.longValue());
12          System.out.println(chr1.charValue());

13          System.out.println(Float.MAX_VALUE);

14          System.out.println(Double.parseDouble("3.14"));

15      }
16  }
```

Integer, Double, Character형 래퍼 클래스 인스턴스를 생성한다.

Integer형 인스턴스의 인스턴스 메소드 toString()을 사용한다. 정수를 문자열로 변환한다.

Integer형 클래스 메소드를 사용한다. 16진수와 8진수로 100을 출력한다.

Character형 인스턴스의 인스턴스 메소드 charValue()를 사용한다. 문자를 출력한다.

Float형 클래스의 클래스 변수를 사용한다. float형의 최댓값을 출력한다.

Double형 클래스의 클래스 메소드 parseDouble()을 사용한다. 문자열을 double형으로 변환한다.

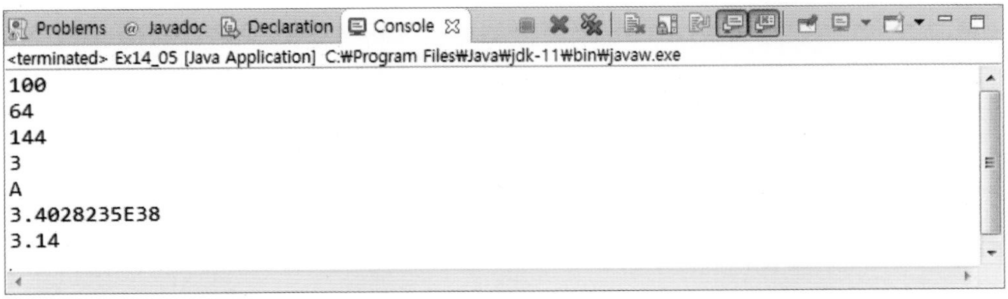

```
Problems  @ Javadoc  Declaration  Console ☒
<terminated> Ex14_05 [Java Application] C:\Program Files\Java\jdk-11\bin\javaw.exe
100
64
144
3
A
3.4028235E38
3.14
```

그림 14-13 실행 결과

3 Math 클래스

Math 클래스는 수학의 다양한 수식 및 계산을 구현한 클래스이다. Math 클래스는 대부분 클래스 메소드를 가지고 있어서 별도의 인스턴스를 생성하기보다는 직접 클래스 메소드를 호출하는 용도로 사용된다. Math 클래스에서 자주 사용되는 클래스 메소드는 다음과 같다.

표 14-3 Math 클래스의 자주 사용되는 클래스 메소드

클래스 메소드	설명
abs(숫자)	숫자의 절댓값을 반환한다. 숫자는 double, int, float, long형의 데이터가 올 수 있다.
ceil(double형), floor(double형)	double형 숫자의 올림값, 내림값을 반환한다.
cos(double형), sin(double형), tan(double형)	코사인, 사인, 탄젠트 값을 반환한다.
max(숫자, 숫자), min(숫자, 숫자)	최댓값, 최솟값을 반환한다. 숫자는 double, int, float, long형의 데이터가 올 수 있다.
pow(double형, double형)	첫 번째 숫자를 두 번째 숫자로 제곱한 값을 반환한다.
random()	0.0부터 1.0 미만의 double형 숫자를 반환한다.
round(숫자)	반올림한 숫자를 반환한다. 숫자가 double형이면 long을, float형이면 int를 반환한다.
sqrt(double형)	제곱근을 반환한다.

Math 클래스를 활용하여 5개의 숫자를 정렬하는 코드를 작성해보자.

실습 14-6   **Math 클래스 활용 예**

```
01 public class Ex14_06 {
02     public static void main(String[] args) {
03
04         Integer s[] = { 9, 3, 7, 2, 5 };        ----- 정수형 배열 5개를 설정하고 초깃값을 입력한다.
05         Integer maxVal, minVal;                 ┐  최댓값, 최솟값을 잠시 저장할 변수 2개와 반복문을
06         int i, k;                               ┘  위한 변수 2개를 선언한다.
07
08         System.out.print("정렬 전 ==> ");
09         for (i = 0; i < 5; i++)                 ┐  정렬 전의 값을 출력한다.
10             System.out.print(s[i] + " ");       ┘
11
```

```
12        for (i = 0; i < 4; i++)
13            for (k = i; k < 5; k++) {
14                maxVal =        ①        (s[i], s[k]);
15                minVal = Math.min(s[i], s[k]);
16                s[i] = minVal;
17                    ②        = maxVal;
18            }
19
20        System.out.print("\n정렬 후 ==> ");
21        for (i = 0; i < 5; i++)
22            System.out.print(s[i] + "  ");
23    }
24 }
```

— 모든 값을 2개씩 비교하여 작은 값을 앞으로 이동시킨다.

— 정렬 후의 값을 출력한다.

정답 ① Math.max ② s[k]

Problems @ Javadoc Declaration Console ☒
```
<terminated> Ex14_06 [Java Application] C:\Program Files\Java\jdk-11\bin\javaw.exe
정렬 전 ==> 9   3   7   2   5
정렬 후 ==> 2   3   5   7   9
```
그림 14-14 실행 결과

12~18행은 선택 정렬 방식을 코딩한 것인데, 그림으로 표현하면 [그림 14-15]와 같이 반복된다.

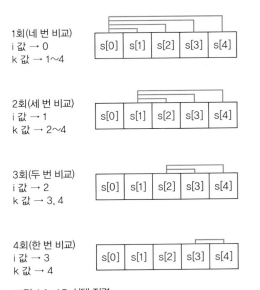

1회(네 번 비교)
i 값 → 0
k 값 → 1~4

2회(세 번 비교)
i 값 → 1
k 값 → 2~4

3회(두 번 비교)
i 값 → 2
k 값 → 3, 4

4회(한 번 비교)
i 값 → 3
k 값 → 4

그림 14-15 선택 정렬

14장 고급 프로그래머로 나아가기 / 535

1회에는 먼저 s[0]과 s[1]을 비교하여 큰 값을 maxVal에, 작은 값을 minVal에 임시로 넣어둔다(14, 15행). 앞쪽의 s[0]에는 minVal을, 뒤쪽의 s[1]에는 maxVal을 넣는다(16, 17행). 그리고 s[0]과 s[2]를, 그다음에는 s[0]과 s[3]을, 마지막으로 s[0]과 s[4]를 처리한다. 결국 맨 앞의 s[0]에는 5개의 값 중에서 가장 작은 값이 대입된다.

2회에는 s[1]~s[4] 중에서 가장 작은 값이 s[1]에 저장되고, 3회에는 s[2]~s[4] 중에서 가장 작은 값이 s[2]에 저장되며, 4회에는 s[3], s[4] 중에서 가장 작은 값이 s[3]에 저장된다. 따라서 최종 결과를 보면 작은 순서로 정렬되어 있다.

▶ 직접 풀어보기 **14-2**

[실습 14-6]의 데이터 개수를 10개로 늘리고 큰 순서대로 정렬되도록 코드를 수정해보자.

SECTION 03 스레드

스레드는 하나의 프로그램에서 여러 개를 동시에 처리하는 기능을 말한다.

우리가 일반적으로 사용하는 프로그램은 한 프로그램에서 하나씩 순차적으로 처리되는 방식이다. 즉 작업 1과 작업 2를 처리할 때 프로그램에서는 작업 1이 완료된 뒤 작업 2가 처리된다. 하지만 스레드(thread)는 작업 1과 작업 2가 동시에 처리될 수 있도록 해준다.

1 스레드의 개념

먼저 스레드의 개념과 작동 방식을 알아보자. 다음 그림은 일반 프로그램과 스레드를 사용한 프로그램의 차이를 보여준다.

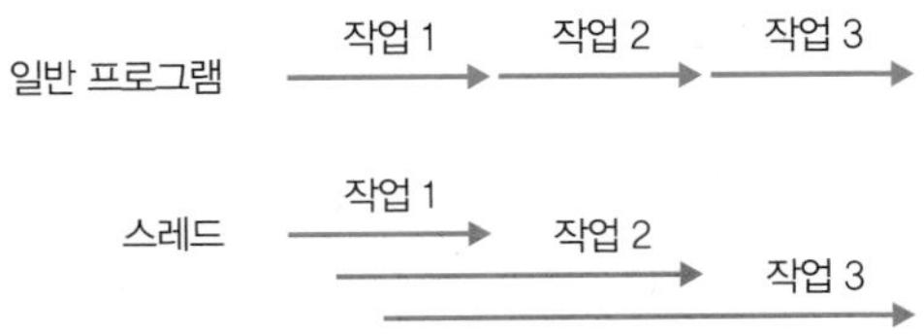

그림 14-16 일반 프로그램과 스레드의 차이

일반 프로그램에서는 각 작업이 끝난 후 다음 작업이 진행되지만, 스레드의 경우 동시에 여러 작업이 진행될 수 있다. 스레드의 활용은 다양한데, 예를 들어 게임을 진행하면서(작업 1) 동시에 음악을 플레이하고(작업 2) 점수도 증가시킬 수 있다(작업 3).

2 스레드 구현

작업이 3개인 일반 프로그램

자동차 3대가 움직이는 일반 프로그램을 작성해보자.

실습 14-7 **일반 프로그램에서 3대의 자동차 작동하기**

```
01 public class Ex14_07 {
02     public static void main(String[] args) {
03
```

```
04      class Car {
05          String carName;
06
07          Car(String carName) {
08              this.carName = carName;
09          }
10
11          public void run() {
12              for (int i = 0; i < 3; i++) {
13                  try {
14                      Thread.sleep(10);
```

Thread.sleep(밀리초)는 잠깐 실행을 지정한 밀리초(1/1000초)만큼 멈춘다.

```
15                      System.out.println(carName + "~~ 달립니다.");
16
17                  } catch (Exception e) {
18                  }
19              }
20          }
21      }
22
23      Car car1 = new Car("$자동차1");
24      car1.run();
25
26      Car car2 = new Car("@자동차2");
27      car2.run();
28
29      Car car3 = new Car("*자동차3");
30      car3.run();
31  }
32 }
```

Car 클래스를 만든다. 5행에서 자동차 이름 인스턴스 변수를, 7~9행에서 생성자를 만든다.

run() 메소드를 만든다. 이 메소드는 자동차가 달리고 있다는 메시지를 3회 반복해서 출력한다.

자동차 인스턴스를 만들고 run() 메소드를 호출한다.

🔲 Problems @ Javadoc 🔍 Declaration 📋 Console ✕   ■ ✖ ✖ | 📑 📰 📷 🔡🔡 | ⬚ ⬚ ▾ ⬚ ▾ ⬚ ⬚
<terminated> Ex14_07 [Java Application] C:₩Program Files₩Java₩jdk-11₩bin₩javaw.exe
$자동차1~~ 달립니다.
$자동차1~~ 달립니다.
$자동차1~~ 달립니다.
@자동차2~~ 달립니다.
@자동차2~~ 달립니다.
@자동차2~~ 달립니다.
*자동차3~~ 달립니다.
*자동차3~~ 달립니다.
*자동차3~~ 달립니다.

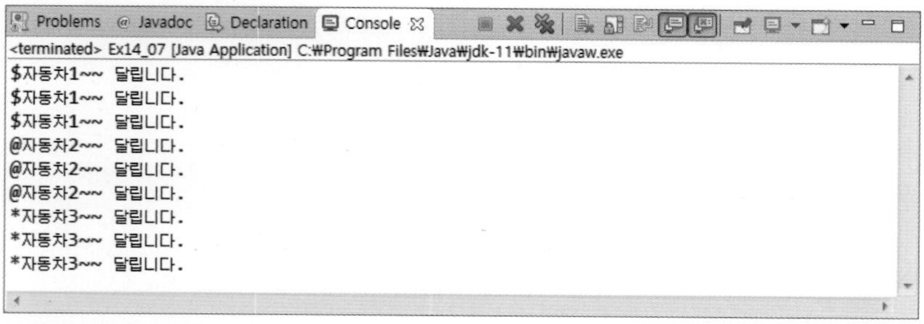

그림 14-17 실행 결과

TIP/ 14행의 Thread.sleep( ) 메소드는 반드시 필요한 것은 아니지만, 너무 빨리 진행되는 것을 방지하기 위해 넣은 것이다.

이 프로그램은 자동차 인스턴스를 생성한 후 run( ) 메소드를 실행한다. run( ) 메소드는 자동차가 달린다는 메시지를 3회 출력하는 기능을 한다. 결국 자동차1이 3회, 자동차2가 3회, 자동차3이 3회 달린다는 메시지가 순차적으로 출력된다. 이는 [그림 14-16]의 일반 프로그램에 해당한다.

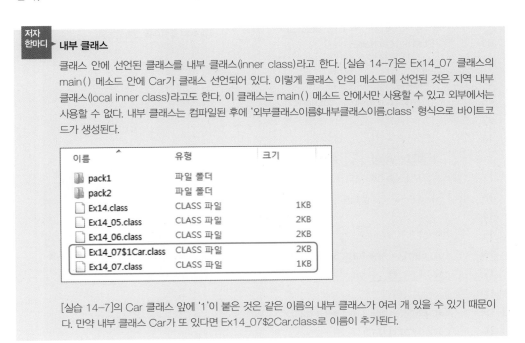

저자 한마디 ▶ **내부 클래스**

클래스 안에 선언된 클래스를 내부 클래스(inner class)라고 한다. [실습 14-7]은 Ex14_07 클래스의 main( ) 메소드 안에 Car가 클래스 선언되어 있다. 이렇게 클래스 안의 메소드에 선언된 것은 지역 내부 클래스(local inner class)라고도 한다. 이 클래스는 main( ) 메소드 안에서만 사용할 수 있고 외부에서는 사용할 수 없다. 내부 클래스는 컴파일된 후에 '외부클래스이름$내부클래스이름.class' 형식으로 바이트코드가 생성된다.

[실습 14-7]의 Car 클래스 앞에 '1'이 붙은 것은 같은 이름의 내부 클래스가 여러 개 있을 수 있기 때문이다. 만약 내부 클래스 Car가 또 있다면 Ex14_07$2Car.class로 이름이 추가된다.

스레드를 이용한 프로그램

스레드를 이용하려면 Thread 클래스를 상속받아야 한다. 그리고 내부에 run( ) 메소드를 만들어야 하는데, start( ) 메소드를 호출하면 자동으로 run( )이 작동하여 실행된다.

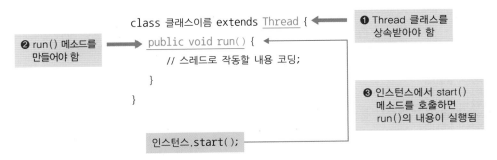

그림 14-18 스레드의 생성과 작동

[그림 14-18]을 참조하여 [실습 14-7]을 스레드로 작동하는 코드로 변경해보자.

실습 14-8 스레드로 3대의 자동차 작동하기

```
01  public class Ex14_08 {
02    public static void main(String[] args) {
03
04      class Car extends [ 1 ] {                Car 클래스를 만든다. 스레드를 사용하기 위해
05        String carName;                        Thread 클래스를 상속받는다.
06
07        Car(String carName) {
08          this.carName = carName;
09        }
10
11        public void [ 2 ] () {                 스레드에서 작동할 run() 메소드를 만든다.
12          // [실습 14-7]의 12~19행과 동일          메소드의 내용은 [실습 14-7]과 동일하다.
13        }
14      }
15
16      Car car1 = new Car("$자동차1");            자동차 인스턴스를 만들고 start() 메소드를
17      car1.[ 3 ]();                            호출한다. start()를 호출하면 Thread
18                                               클래스의 run() 메소드가 실행된다.
19      Car car2 = new Car("@자동차2");
20      car2.start();
21
22      Car car3 = new Car("*자동차3");
23      car3.start();
24    }
25  }
```

정답: **1** Thread **2** run **3** start

정답: **1** Thread **2** run **3** start

```
🔧 Problems  @ Javadoc  🔍 Declaration  🖥 Console ⛶      ■ ✖ ✖ | 📋 🔳 🔳 🖵 🖵 | 🖵 🖵 ▾ 🗂 ▾ ═ ═
<terminated> Ex14_08 [Java Application] C:\Program Files\Java\jdk-11\bin\javaw.exe
*자동차3~~ 달립니다.
@자동차2~~ 달립니다.
$자동차1~~ 달립니다.
@자동차2~~ 달립니다.
$자동차1~~ 달립니다.
*자동차3~~ 달립니다.
*자동차3~~ 달립니다.
@자동차2~~ 달립니다.
$자동차1~~ 달립니다.
```

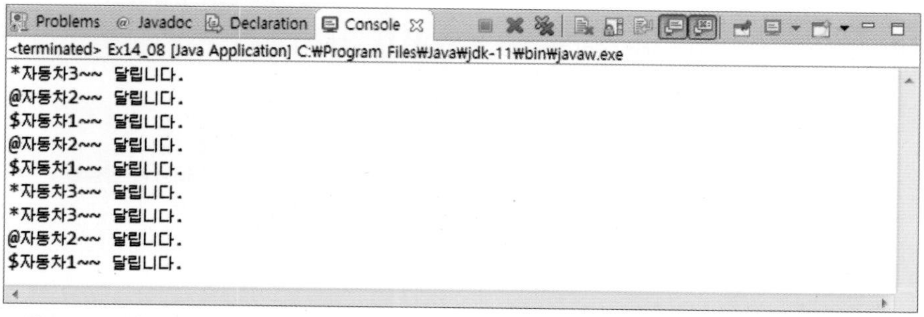

그림 14-19 실행 결과

4행에서 Thread 클래스를 상속받았다. 주의할 점은 11행의 public void run() 메소드인데, 스레드를 상속받는 클래스에서는 이 메소드를 필수로 만들어야 한다. [실습 14-7]에도 동일한 메소드가 있는데 [실습 14-7]의 run() 메소드는 필자가 임의로 만든 것이다. 즉 [실습 14-7]은 스레드를 이용한 프로그램이 아니므로 run()이 아니라 다른 어떤 이름으로 만들어도 상관없다. 하지만 [실습 14-8]에서는 스레드를 상속받았으므로 public void run()으로 메소드 이름이 고정되어 있으며 이를 변경하면 안 된다.

17행에서는 직접 run()을 호출하면 스레드로 작동하는 것이 아니라 [실습 14-7]과 같이 순차적으로 실행된다. 그러므로 17행에서 start()로 호출해야만 스레드로 작동하여 결과가 [그림 14-16]의 아래쪽 그림처럼 작동하는 것이다. 출력되는 자동차의 순서는 실행할 때마다 바뀔 수 있다.

▶ 직접 풀어보기 **14-3**

[실습 14-8]을 수정하여 자동차를 5대 생성해보자. 그리고 run() 메소드에서 자동차가 달린다는 것을 5회 출력해보자.

3 인터페이스를 이용한 스레드 구현

앞에서 Thread 클래스를 상속받는 스레드를 구현했다. 만약 Thread 클래스 외에 상속받을 클래스가 또 있는 경우, JAVA는 클래스의 다중 상속을 허용하지 않으므로 Thread 클래스를 상속받을 수 없다. 이럴 때는 Runnable 인터페이스를 이용한다. 예를 들어 자동차의 상속을 받는 트럭 클래스를 스레드로 구현하려면 다음 그림과 같이 한다.

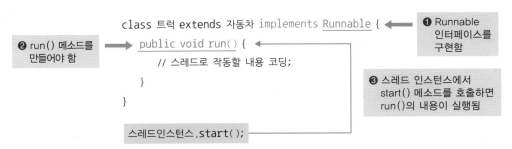

그림 14-20 Runnable 인터페이스를 이용한 스레드의 생성과 작동

[그림 14-20]은 [그림 14-18]과 거의 비슷한데 Runnable 인터페이스를 사용한 것이다. 또한 트럭 인스턴스에서 직접 start()를 사용할 수 없으며 추가로 스레드 인스턴스를 생성해야 한다. 실습을 통해 이를 확인해보자.

Runnable 인터페이스를 이용한 구현

[실습 14-8]을 Runnable 인터페이스를 이용하여 변경해보자. 이번에는 트럭 클래스를 스레드로 구현할 것이다.

실습 14-9 **Runnable 인터페이스로 3대의 자동차 작동하기**

```
01 public class Ex14_09 {
02   public static void main(String[] args) {
03
04     class Car {
05       String carName;
06     }
07
08     class Truck extends Car implements Runnable {
09       Truck(String carName) {
10         this.carName = carName;
11       }
12
13       public void run() {
14         // [실습 14-7]의 12~19행과 동일
15       }
16     }
17
18     Truck car1 = new Truck("$트럭1");
19     Thread  truck1 = new Thread(car1);
20     truck1.start();
21
22     Truck car2 = new Truck("@트럭2");
23     Thread  truck2 = new Thread(car2);
24     truck2.start();
25
26     Truck car3 = new Truck("*트럭3");
27     Thread  truck3 = new Thread(car3);
28     truck3.start();
29   }
30 }
```

Car 클래스를 만든다. Truck 클래스의 슈퍼 클래스로 사용할 것이다.

Car 클래스를 상속받아서 Truck 클래스를 만든다. 스레드를 사용하기 위해 Runnable 인터페이스를 구현한다.

스레드에서 작동할 run() 메소드를 만든다. 메소드의 내용은 [실습 14-7]과 동일하다.

18행에서 트럭 인스턴스를 만들고, 19행에서 Thread 인스턴스를 생성하면서 동시에 이 트럭 인스턴스(car1)를 초깃값으로 사용한다. 20행에서 Thread 인스턴스의 start() 메소드를 호출하면 Truck 클래스의 run() 메소드가 실행된다.

```
Problems  @ Javadoc  Declaration  Console ⌗       ■ ✖ ✖ | ⟲ ⟲ ⟲ | ⟲ ⟲ | ⟲ ⟲ ▾ ⟲ ▾ ⟲ ⟲
<terminated> Ex14_09 [Java Application] C:₩Program Files₩Java₩jdk-11₩bin₩javaw.exe
*트럭3~~ 달립니다.
@트럭2~~ 달립니다.
$트럭1~~ 달립니다.
@트럭2~~ 달립니다.
$트럭1~~ 달립니다.
*트럭3~~ 달립니다.
@트럭2~~ 달립니다.
$트럭1~~ 달립니다.
*트럭3~~ 달립니다.
```

그림 14-21 실행 결과

예제 설명 [실습 14-6]을 버블 정렬로 정렬해보자([그림 14-15]의 선택 정렬과 비교해본다).

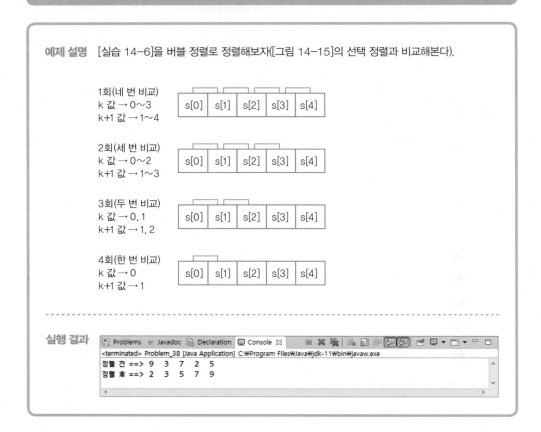

1회(네 번 비교)
k 값 → 0~3
k+1 값 → 1~4

2회(세 번 비교)
k 값 → 0~2
k+1 값 → 1~3

3회(두 번 비교)
k 값 → 0,1
k+1 값 → 1,2

4회(한 번 비교)
k 값 → 0
k+1 값 → 1

실행 결과

Problems @ Javadoc Declaration 🖳 Console ✖

<terminated> Problem_38 [Java Application] C:\Program Files\Java\jdk-11\bin\javaw.exe
정렬 전 ==> 9 3 7 2 5
정렬 후 ==> 2 3 5 7 9

예제 모음
39

버블 정렬-효율성 고려

예제 설명 [예제 모음 38]의 버블 정렬은 어느 정도 정렬되어 있는 데이터를 상당히 효율적으로 처리할 수 있다. 이 예제에서는 최악의 경우 4회를 처리해야 하지만 최상의 경우(이미 정렬되어 있는 경우) 1회의 처리만으로 프로그램을 종료할 수 있다. 선택 정렬은 데이터의 정렬 여부와 상관 없이 항상 4회를 비교해야만 종료된다.

실행 결과

```
Problems  @ Javadoc  Declaration  Console ✕
<terminated> Problem_39 [Java Application] C:\Program Files\Java\jdk-11\bin\javaw.exe
정렬 전 ==> 9  3  7  2  5
총 회전수 : 4
정렬 후 ==> 2  3  5  7  9
```

```
Problems  @ Javadoc  Declaration  Console ✕
<terminated> Problem_39 [Java Application] C:\Program Files\Java\jdk-11\bin\javaw.exe
정렬 전 ==> 3  2  5  9  7
총 회전수 : 2
정렬 후 ==> 2  3  5  7  9
```

```
Problems  @ Javadoc  Declaration  Console ✕
<terminated> Problem_39 [Java Application] C:\Program Files\Java\jdk-11\bin\javaw.exe
정렬 전 ==> 2  3  5  7  9
총 회전수 : 1
정렬 후 ==> 2  3  5  7  9
```

예제 설명 3개의 프로그래스바가 동시에 작동하는 GUI 응용 프로그램을 작성해보자. 처음에는 50%, 10%, 30% 지점에서 출발하지만, 각 프로그래스바에서 한 회당 추가되는 값은 1, 3, 2이다.

실행 결과

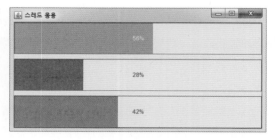

38

```
01 public class Problem_38 {
02    public static void main(String[] args) {
03
04       Integer s[] = { 9, 3, 7, 2, 5 };
05       Integer maxVal, minVal;
06       int i, k;
07
08       System.out.print("정렬 전 ==> ");
09       for (i = 0; i < 5; i++)
10          System.out.print(s[i] + "  ");
11
12       for (i = 0; i < 4; i++)
13          for (k = 0; k < 4 - i; k++) {
14             if (s[k] > s[k + 1]) {
15                maxVal = Math.max(s[k], s[k + 1]);
16                minVal = Math.min(s[k], s[k + 1]);
17                s[k] = minVal;
18                s[k + 1] = maxVal;
19             }
20          }
21
22       System.out.print("\n정렬 후 ==> ");
23       for (i = 0; i < 5; i++)
24          System.out.print(s[i] + "  ");
25    }
26
27 }
```

- 04 ----- 정수형 배열 5개를 설정하고 초깃값을 입력한다.
- 05, 06 ---- 최댓값과 최솟값을 잠시 저장할 변수 2개와 반복문을 위한 변수 2개를 선언한다.
- 09, 10 ---- 정렬 전의 값을 출력한다.
- 12~20 ---- 모든 값을 2개씩 비교하여 가장 큰 값이 맨 뒤로 가게 한다.
- 22 ---- 정렬 후의 값을 출력한다.

39

```
01  public class Problem_39 {
02    public static void main(String[] args) {
03
04      Integer s[] = { 2, 3, 5, 7, 9 };
05      Integer maxVal, minVal;
06      int i, k;
07      int count = 0;
08      boolean changeYN = false;
09
10      System.out.print("정렬 전 ==> ");
11      for (i = 0; i < 5; i++)
12        System.out.print(s[i] + "  ");
13
14      for (i = 0; i < 4; i++) {
15        count++;
16        for (k = 0; k < 4 - i; k++) {
17          if (s[k] > s[k + 1]) {
18            changeYN = true;

19            maxVal = Math.max(s[k], s[k + 1]);
20            minVal = Math.min(s[k], s[k + 1]);
21            s[k] = minVal;
22            s[k + 1] = maxVal;
23          }
24        }
25        if (changeYN)
26          changeYN = false;
27        else
28          break;
29      }
30
31      System.out.print("\n총 회전수 : " + count);
32      System.out.print("\n정렬 후 ==> ");
33      for (i = 0; i < 5; i++)
34        System.out.print(s[i] + "  ");
35    }
36
37  }
```

07~08행 설명: 몇 번 회전했는지 셀 변수와 값이 교환되었는지 체크하는 변수이다.

15행 설명: 바깥 for 문을 한 번 돌면 1회전씩 값을 증가시킨다.

18행 설명: 17행의 if 문 안으로 들어온다는 것은 데이터가 정렬되어 있지 않았다는 의미이며, 값이 교환되었다는 것을 체크한다.

값이 교환되었다면 다시 changeYN을 true로 변경하고 다음 회전을 수행한다. 만약 값이 회전 동안에 한 번도 교환되지 않았다면 이미 값이 정렬되어 있는 것이므로 더 이상 수행하지 않고 for 문을 빠져나간다.

31행 설명: 총 회전 수를 출력한다.

40 ---

```
01  import java.awt.Color;
02  import java.awt.GridLayout;
03  import javax.swing.JFrame;
04  import javax.swing.JProgressBar;
05
06  public class Problem_40 {
07      static class MyGUI extends JFrame implements Runnable {
```
스레드를 사용하기 위해 Runnable 인터페이스를 사용한다.

```
08          JProgressBar bar1, bar2, bar3;
```
----- 3개의 프로그래스바 변수를 선언한다.

```
09
10          MyGUI() {
11              setDefaultCloseOperation(JFrame.EXIT_ON_CLOSE);
12              setTitle("스레드 응용");
13
14              this.setLayout(new GridLayout(3, 1, 10, 10));
```
----- 3행 1열의 GridLayout으로 설정한다.

```
15
16              bar1 = new JProgressBar();
17              bar1.setValue(50); // 초깃값
18              bar1.setStringPainted(true);
```
첫 번째 프로그래스바를 설정한다. 17행에서는 초깃값을 설정하고, 18행에서는 현재 값을 프로그래스바의 중앙에 글자로 나타나게 한다.

```
19              bar2 = new JProgressBar();
20              bar2.setValue(10); // 초깃값
21              bar2.setForeground(Color.RED);
22              bar2.setStringPainted(true);
23              bar3 = new JProgressBar();
24              bar3.setValue(30); // 초깃값
25              bar3.setForeground(Color.GREEN);
```
3개의 프로그래스바를 다른 색상으로 지정한다.

```
26              bar3.setStringPainted(true);
27
28              MyGUI.this.add(bar1);
29              MyGUI.this.add(bar2);
30              MyGUI.this.add(bar3);
31              setSize(512, 256);
32              setVisible(true);
33          }
34
35          @Override
```

```
36      public void run() {
37        for (int i = 0; i < 100; i++) {
38          try {
39            Thread.sleep(100);
40            bar1.setValue(bar1.getValue() + 1);
41            bar2.setValue(bar2.getValue() + 3);
42            bar3.setValue(bar3.getValue() + 2);
43          } catch (Exception e) {
44          }
45        }
46
47      }
48    }
49
50    public static void main(String[] args) {
51      MyGUI mygui = new MyGUI();
52      Thread th = new Thread(mygui);
53      th.start();
54    }
55  }
```

bar1은 1씩, bar2는 3씩, bar3은 2씩 값이 증가한다.

스레드에서 작동할 run() 메소드를 만든다.

MyGUI 인스턴스를 만들고, MyGUI 인스턴스를 Thread 클래스의 인스턴스를 생성하면서 초깃값으로 대입했다. 그리고 Thread 인스턴스의 start() 메소드를 호출하면 트럭 클래스의 run() 메소드가 실행된다.

요약

01 패키지의 개념

패키지로 구분되어 있다면 각 클래스 파일의 이름이 같아도 상관없다. 클래스 파일에 '패키지이름.클래스이름'으로 접근하면 명확하게 구분되기 때문이다.

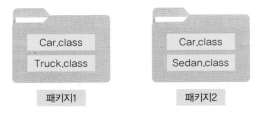

패키지1   패키지2

02 import 문

import 문을 사용하면 특별히 패키지 이름을 붙이지 않더라도 임포트한 패키지의 클래스를 사용할 수 있다.

```
import 패키지이름.클래스이름;
```

03 JAVA 패키지

패키지	포함된 클래스	포함된 클래스의 예
java.lang	기본 클래스로 수학, 문자열, 입출력 관련 클래스	Integer, String, StringBuilder, Math
java.awt	Windows 화면 출력 관련 클래스	Canvas, CheckBox, Button
java.io	입출력 관련 클래스	FileReader, BufferedReader, InputStream
java.net	네트워크 프로그래밍 관련 클래스	Socket, ServerSocket
java.nio	새로운 입출력 관련 클래스	Buffer, IntBuffer
java.util	유틸리티 관련 클래스	ArrayList, Stack, Timer
java.time	날짜, 시간 관련 클래스	Clock, YearMonth, Duration
javax.crypto	암호화 관련 확장 클래스	Cipher, KeyGenerator, Mac
javax.imageIO	이미지 입출력 관련 확장 클래스	ImageReader, ImageWriter
javax.swing	스윙 Windows 화면 출력 관련 확장 클래스	JButton, JCheckBox, JFrame

04 기본 데이터 형식과 래퍼 클래스

기본 데이터 형식	래퍼 클래스
byte	Byte
char	Character
short	Short
int	Integer
long	Long
float	Float
double	Double

05 Math 클래스

클래스 메소드	설명
abs(숫자)	숫자의 절댓값을 반환한다. 숫자는 double, int, float, long형의 데이터가 올 수 있다.
ceil(double형), floor(double형)	double형 숫자의 올림값, 내림값을 반환한다.
cos(double형), sin(double형), tan(double형)	코사인, 사인, 탄젠트 값을 반환한다.
max(숫자, 숫자), min(숫자, 숫자)	최댓값, 최솟값을 반환한다. 숫자는 double, int, float, long형의 데이터가 올 수 있다.
pow(double형, double형)	첫 번째 숫자를 두 번째 숫자로 제곱한 값을 반환한다.
random()	0.0부터 1.0 미만의 double형 숫자를 반환한다.
round(숫자)	반올림한 숫자를 반환한다. 숫자가 double형이면 long을, float형이면 int를 반환한다.
sqrt(double형)	제곱근을 반환한다.

06 스레드의 개념

일반 프로그램 → 작업 1 → 작업 2 → 작업 3

스레드 → 작업 1 → 작업 2 → 작업 3

07 스레드의 생성과 작동

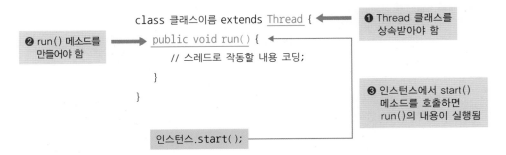

연습문제

01 다음 빈칸에 알맞은 말을 넣으시오.

> 폴더가 구분되어 있다면 각 폴더에 동일한 이름의 파일이 여러 개 있어도 상관없듯이, ①
> 로 구분되어 있다면 각 ② 파일의 이름이 같아도 상관없다.

02 다음 클래스가 포함된 패키지를 각각 고르시오.

java.lang	java.awt	java.io	java.net	java.nio
java.util	java.time	javax.crypto	javax.imageIO	javax.swing

① 입출력 관련 클래스

② 날짜, 시간 관련 클래스

③ 수학, 문자열, 입출력 관련 클래스

④ 네트워크 프로그래밍 관련 클래스

⑤ 암호화 관련 확장 클래스

03 다음 기본 데이터 형식의 래퍼 클래스를 밝히시오.

① int   ② long   ③ float   ④ double

⑤ byte   ⑥ char   ⑦ short

04 다음 Math 클래스의 메소드에 대한 설명을 각각 고르시오.

> pow(double형, double형)   cos(double형)   round(숫자)   abs(숫자)
>
> max(숫자, 숫자)   sqrt(double형)   random()   ceil(double형)

① 반올림한 숫자를 반환한다.

② 제곱근을 반환한다.

③ 첫 번째 숫자를 두 번째 숫자로 제곱한 값을 반환한다.

④ 0.0부터 1.0 미만의 double형 숫자를 반환한다.

⑤ 숫자의 절댓값을 반환한다.

⑥ double형 숫자의 올림값을 반환한다.

⑦ 코사인 값을 반환한다.

⑧ 최댓값을 반환한다.

05 [예제 모음 40]을 수정하여 퍼센트가 변할 때마다 프로그래스바의 색상이 랜덤으로 변하게 하시오.

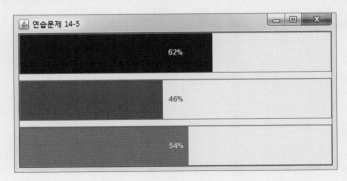

HINT/ Random 클래스를 활용한다.

Chapter 15
실전 프로젝트

이 장에서는 지금까지 단편적으로 배웠던 내용을 종합하여 2개의 프로젝트를 수행할 것이다. 앞에서 다룬 실습보다 코드가 더 길지만 대부분 이미 배운 내용이므로 차근차근 살펴보면 문제없이 프로젝트를 수행할 수 있을 것이다.

SECTION 01 친구 연락처 관리 프로그램
SECTION 02 사진 처리 프로그램

친구 연락처 관리 프로그램

파일 입출력 메소드를 사용하여 파일 내용을 읽고 쓰는 연락처 관리 프로그램을 작성해본다.

1 프로그램의 개요

연락처를 파일에 저장해두고 필요할 때마다 꺼내서 보거나 삭제하는 연락처 관리 프로그램이다. 프로그램을 실행하면 1~4번 항목이 나오는데 4개의 숫자 중 하나를 입력하면 해당 작업이 실행된다. 처음에는 입력된 연락처가 없을 테니 2번을 눌러 필요한 연락처를 반복해서 입력한다. 이때 입력한 내용은 'c:₩temp₩juso.txt'에 저장되게 한다. 또한 현재 저장된 연락처를 확인해보고 필요 없는 연락처를 삭제할 수도 있다. 프로그램을 마치려면 4번의 끝내기를 선택한다.

TIP/ c:₩temp₩ 폴더가 없다면 Windows 파일 탐색기를 실행하여 미리 만들어둔다.

프로그램 초기 화면

연락처 등록 화면

저장된 연락처 보기

연락처 삭제 후 현재 연락처 출력

그림 15-1 [친구 연락처 관리] 실행 화면

2 프로그램 구현 방법

이 프로그램은 다음 사항을 고려하여 작성할 것이다.

- 친구의 연락처는 파일에 저장하여 프로그램을 종료해도 기록이 남게 한다. → 파일 처리를 위해 FileReader, FileWriter, BufferedReader, BufferedWriter 클래스를 사용한다.
- 연락처를 출력, 입력, 삭제하는 기능은 별도의 메소드로 작성하고, 네 가지 중 하나를 선택할 수 있는 메뉴 화면도 별도의 메소드로 작성한다.
- main() 메소드에서는 while 문을 사용하여 사용자가 종료를 선택할 때까지 반복하는 기능을 넣고, 사용자의 입력에 따라 별도의 메소드를 각각 호출한다. → while 문, switch~case 문을 사용한다.

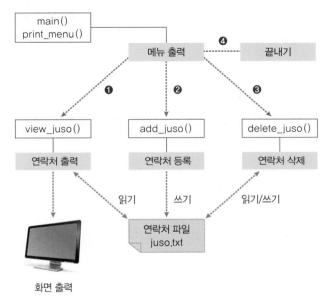

그림 15-2 프로그램의 전체 흐름도

3 프로그램 코딩

선언부

본격적으로 메소드를 프로그래밍하기 전에 전체 프로그램에서 필요한 클래스나 메소드를 준비한다.

```
01  public class HandPhone {
02      static String fname = "c:₩₩temp₩₩juso.txt";
03
04      static class address {
05          String name;
```

```
06      String age;
07      String phone;
08
09      address(String s1, String s2, String s3) {
10        this.name = s1;
11        this.age = s2;
12        this.phone = s3;
13      }
14    }
15
16    public static void main(String[] args) {
17    }
18
19    static void print_menu() {
20    }
21
22    static void view_juso() {
23    }
24
25    static void add_juso() {
26    }
27
28    static void delete_juso() {
29    }
30
31  }
```

❶ 1~31행

HandPhone 클래스 전체 범위로, 소스코드는 HandPhone.java가 되고 컴파일 결과는 HandPhone.class가 된다.

❷ 2행

사용자가 입력한 정보를 'c:₩temp₩juso.txt' 파일에 저장하기 위해 파일명을 변수에 고정한다.

❸ 4~14행

연락처 클래스를 정의한다. 연락처는 이름, 나이, 전화번호로 구성했는데 필요하다면 주소나 이메일 등을 추가해도 된다. 여기서 나이(age)를 문자열로 한 이유는, 단지 기록을 위한 것일 뿐 숫자로 다루는 과정이 없기 때문이다.

❹ 16, 17행

메인 메소드를 구현한다.

❺ 19~29행

프로그램에서 사용될 4개의 메소드를 준비한다. print_menu() 메소드는 초기의 메뉴 화면을 출력하고, view_juso() 메소드는 현재 저장된 c:\temp\juso.txt 파일에서 연락처를 읽어 화면에 출력한다. 또한 add_juso() 메소드는 새로 입력하는 연락처를 c:\temp\juso.txt 파일에 저장하고, delete_juso() 메소드는 사용자가 선택한 연락처를 파일에서 삭제한다.

main 메소드

main() 메소드에서는 사용자의 선택에 따라 해당 기능을 하는 각각의 메소드를 호출한다.

```java
01 public static void main(String[] args) {
02     Scanner sc = new Scanner(System.in);
03     String select = "";
04     System.out.printf(" \n### 친구 연락처 관리 ### \n");
05
06     while (select != "4") {
07         print_menu();
08         select = sc.next();
09
10         switch (select) {
11         case "1":
12             view_juso();
13             break;
14         case "2":
15             add_juso();
16             break;
17         case "3":
18             delete_juso();
19             break;
20         case "4":
21             return;
22         default:
23             System.out.printf("\n 잘못 입력했어요. 다시 선택하세요.\n");
24         }
25     }
26 }
```

❶ 3행

사용자가 선택하는 번호를 저장하기 위해 select 변수를 선언하고, 초깃값으로 "4"(종료)가
아닌 아무 값이나 넣는다. 여기서는 그냥 " "를 넣었다.

❷ 6행

사용자가 입력한 값이 "4"가 아닌 동안에는 계속 반복한다.

❸ 7, 8행

7행에서는 사용자에게 보여줄 메뉴를 출력하고, 8행에서는 사용자로부터 1~4의 입력 값을
받는다.

❹ 10~24행

사용자가 입력한 값에 따라 각각 다른 기능을 하는 메소드를 호출한다. 사용자가 4를 입력하
면 21행의 return 문에 의해 프로그램이 종료된다. 또한 사용자가 1~4 이외의 값을 입력하
면 23행의 오류 메시지를 출력하고 다시 6행으로 가서 처음부터 반복한다.

초기 메뉴 출력

사용자가 무엇을 입력해야 할지 설명해주는 메뉴를 출력한다.

```
01  // 처음에 사용자의 선택을 위한 메뉴 출력
02  static void print_menu() {
03     System.out.printf("₩n");
04     System.out.printf("1. 연락처 출력 ₩n");
05     System.out.printf("2. 연락처 등록 ₩n");
06     System.out.printf("3. 연락처 삭제 ₩n");
07     System.out.printf("4. 끝내기 ₩n");
08  }
```

3~7행에서 사용자가 선택할 수 있는 메뉴를 화면에 도움말로 출력한다. 사용자는 이 메뉴 화
면을 보고 원하는 기능을 선택한다.

연락처 출력

사용자가 1번을 선택하면 연락처 파일에 입력된 내용을 읽어와 출력한다.

```
01  // 연락처 파일에서 기존 입력된 내용을 읽어서 출력
02  static void view_juso() throws IOException {
03      String str = "";
04
05      // 처음에 fname 파일이 없으면 빈 파일 생성
06      File f = new File(fname);
07      if (!f.exists()) {
08          BufferedWriter bw = new BufferedWriter(new FileWriter(fname));
09          bw.close();
10      }
11
12      BufferedReader br = new BufferedReader(new FileReader(fname));
13      int i;
14
15      // 기존의 연락처를 모두 읽어서 출력
16      for (i = 1;; i++) // i는 계속 1씩 증가하는 무한 루프
17      {
18          if (!br.ready()) // 파일을 읽을 수 없으면
19              break;
20          else {
21              str = br.readLine();
22              System.out.printf("%2d: %s\n", i, str);
23          }
24      }
25      // i가 1이면 실제 파일에는 내용이 없음
26      if (i == 1)
27          System.out.printf("\n ** 연락처 파일에 전화번호가 하나도 없어요. **\n");
28
29      br.close();
30  }
```

❶ 2행

파일 관련 예외 처리를 위해 throws IOException을 추가한다.

❷ 6~10행

6행에서 juso.txt 파일에 접근한다. 만약 이 프로그램을 처음 실행한다면 아직 juso.txt 파일이 존재하지 않을 테니 8, 9행에서 비어 있는 파일을 생성한다. 즉 쓰기용으로 잠깐 열었다가 닫으면 빈 파일이 생성된다.

❸ 12, 29행

juso.txt 파일을 읽기용으로 열고 닫는다.

❹ 16~24행

for 문에는 초깃값과 증가 값만 있을 뿐 조건식이 없으므로 무한 루프를 돈다. 18행에서 파일의 끝을 만나면(파일을 읽을 준비가 되지 않았으면) 무한 루프를 빠져나온다. 22행에서 연락처의 순번(i)과 내용을 함께 출력한다. 이때 juso.txt 파일에 저장된 내용이 하나도 없다면 i 값이 1인 상태로 for 문을 빠져나온다.

❺ 26, 27행

i 값이 1이면 27행에서 전화번호가 하나도 없다는 메시지를 출력한다. 이 내용은 없어도 되지만 사용자의 편의를 위해 추가했다.

연락처 추가

사용자가 2번을 선택하면 연락처를 추가로 등록할 수 있다.

```
01 // 친구 연락처를 추가
02 static void add_juso() throws IOException {
03     Scanner sc = new Scanner(System.in);
04     address adr = new address("", "", "");
05
06     String wstr = "";
07
08     // 파일을 추가 모드로 열기
09     BufferedWriter bw = new BufferedWriter(new FileWriter(fname, true));
10
11     System.out.printf("이름을 입력 ==> ");
12     adr.name = sc.nextLine();
13     System.out.printf("나이를 입력 ==> ");
14     adr.age = sc.nextLine();
15     System.out.printf("전화번호를 입력 ==> ");
16     adr.phone = sc.nextLine();
17
18     // 입력된 3개의 값을 하나의 문자열로 만듦
19     wstr = adr.name + "\t" + adr.age + "\t" + adr.phone;
20
21     bw.write(wstr); // 파일에 문자열 쓰기
22     bw.newLine();
```

```
23
24    bw.close();
25  }
```

❶ 4행

주소를 입력받기 위한 adr 인스턴스 변수를 선언하고 모두 공백으로 초기화한다.

❷ 9행

추가(Append) 모드로 juso.txt 파일을 연다. FileWriter(파일명, true) 형식으로 파일을 열면 된다.

❸ 11~16행

연락처를 등록하기 위해 우선 인스턴스 변수(4행에서 선언)에 이름, 나이, 전화번호를 각각 입력받는다.

❹ 19행

입력된 값들을 모두 한 줄의 문자열(wstr)로 만든다.

❺ 21, 22행

wstr을 파일에 쓰고 한 행을 넘긴다.

연락처 삭제

사용자가 3번을 선택하면 기존의 연락처를 삭제한다. 연락처를 삭제하기 위해 기존의 연락처를 juso.txt 파일에서 문자열 배열에 읽어오되 삭제를 지정한 행은 빼놓고 읽어오는 방법을 사용했다. 그리고 새로 읽어들인 문자열 배열의 내용을 다시 juso.txt 파일에 쓰면 사용자가 지정한 행이 삭제되는 효과가 나타난다.

```
01  // 연락처 파일에서 선택한 연락처를 제거
02  static void delete_juso() throws IOException {
03      Scanner sc = new Scanner(System.in);
04      // 연락처 파일의 내용 전체를 저장하기 위한 문자열 배열
05      String[] read_str = new String[50]; // 최대 연락처 개수를 50개로 가정
06      String str = "";
07      int del_line, i, count = 0;
08
09      BufferedReader br = new BufferedReader(new FileReader(fname));
10
11      // 연락처 파일이 없으면 돌아간다.
```

```
12    if (!br.ready()) {
13       System.out.printf("₩n!! 연락처 파일이 없습니다. !!₩n");
14       return;
15    }
16
17    System.out.printf("₩n삭제할 행 번호는 ? ");
18    del_line = sc.nextInt();
19
20    for (i = 0; i < 50; i++) // 파일에 있는 동안에 수행, 단 최대 50개
21    {
22       if ((str = br.readLine()) == null)
23          break;
24
25       if (i + 1 != del_line) // 삭제하는 행이 아니라면 추가
26       {
27          read_str[count] = str;
28          count++;
29       } else
30          System.out.printf("%d 행이 삭제되었습니다. ₩n", del_line);
31    }
32
33    br.close();
34
35    // 파일을 쓰기 모드로 열고 새로운 내용을 쓴다.
36    BufferedWriter bw = new BufferedWriter(new FileWriter(fname));
37
38    for (i = 0; i < count; i++) {
39       bw.write(read_str[i]);
40       bw.newLine();
41    }
42
43    bw.close();
44 }
```

❶ 5행

juso.txt 파일의 내용을 전부 읽어오기 위해 50행의 배열을 선언한다. 이때 사용자의 최대 연락처 개수가 50개라고 가정한다.

❷ 12~15행

처음 프로그램을 실행하면 juso.txt 파일이 아직 존재하지 않는다. 그런 상태에서 3번을 입

력하여 연락처를 삭제하면 삭제할 내용이 없으므로 파일이 없다는 메시지를 출력하고 메소드를 빠져나간다.

❸ 17, 18행

사용자가 삭제하는 행의 번호를 del_line 변수에 입력받는다.

❹ 20~31행

반복해서(최대 50번) juso.txt 파일의 내용을 read_str 변수에 저장한다. 파일의 끝인 경우에는 readLine()이 null을 반환하므로 for 문을 빠져나온다. 먼저 22행에서 한 줄을 읽어 str 변수에 저장한 다음, 25행에서 읽어온 행(i가 0부터 시작하므로 i+1번째 행)이 사용자가 지정한 행(del_line)이 아니라면 read_str 배열에 정상적으로 저장하고, 만약 사용자가 지정한 행이라면 read_str 배열에 저장하지 않고 30행에서 행이 삭제되었다는 메시지만 출력한다. 또한 28행에서는 read_str 배열에 몇 개를 읽어왔는지 개수를 센다. 그리고 33행에서 읽기용으로 연 파일을 닫는다. 이렇게 되면 현재 read_str 배열에는 사용자가 입력한 행을 제외한 juso.txt의 모든 내용이 저장된 상태이다.

❺ 36행

다시 juso.txt를 쓰기용으로 열면 파일의 기존 내용이 모두 사라진다.

❻ 38~41행

읽어들인 내용(read_str 배열)을 읽은 개수(count)만큼 juso.txt에 새로 기록한다. 그러면 사용자가 지정한 행을 제외한 내용이 juso.txt 파일에 새로 기록되므로 사용자가 지정한 행이 삭제되는 효과가 나타난다.

전체 소스

```
001 import java.io.BufferedReader;
002 import java.io.BufferedWriter;
003 import java.io.File;
004 import java.io.FileReader;
005 import java.io.FileWriter;
006 import java.io.IOException;
007 import java.util.Scanner;
008
009 public class HandPhone {
010     static String fname = "c:\\temp\\juso.txt";
011
```

```java
012  static class address {
013     String name;
014     String age;
015     String phone;
016
017     address(String s1, String s2, String s3) {
018        this.name = s1;
019        this.age = s2;
020        this.phone = s3;
021     }
022  }
023
024  public static void main(String[] args) throws IOException {
025     Scanner sc = new Scanner(System.in);
026     String select = "";
027     System.out.printf(" \n### 친구 연락처 관리 ### \n");
028
029     while (select != "4") {
030        print_menu();
031        select = sc.next();
032
033        switch (select) {
034        case "1":
035           view_juso();
036           break;
037        case "2":
038           add_juso();
039           break;
040        case "3":
041           delete_juso();
042           break;
043        case "4":
044           return;
045        default:
046           System.out.printf("\n 잘못 입력했어요. 다시 선택하세요.\n");
047        }
048     }
049  }
050
```

```
051    // 처음에 사용자의 선택을 위한 메뉴 출력
052    static void print_menu() {
053        System.out.printf("\n");
054        System.out.printf("1. 연락처 출력 \n");
055        System.out.printf("2. 연락처 등록 \n");
056        System.out.printf("3. 연락처 삭제 \n");
057        System.out.printf("4. 끝내기 \n");
058    }
059
060    // 연락처 파일에서 기존 입력된 내용을 읽어서 출력
061    static void view_juso() throws IOException {
062        String str = "";
063
064        // 처음에 fname 파일이 없으면 빈 파일 생성
065        File f = new File(fname);
066        if (!f.exists()) {
067            BufferedWriter bw = new BufferedWriter(new FileWriter(fname));
068            bw.close();
069        }
070
071        BufferedReader br = new BufferedReader(new FileReader(fname));
072        int i;
073
074        // 기존의 연락처를 모두 읽어서 출력
075        for (i = 1;; i++) // i는 계속 1씩 증가하는 무한 루프
076        {
077            if (!br.ready()) // 파일을 읽을 수 없으면
078                break;
079            else {
080                str = br.readLine();
081                System.out.printf("%2d:  %s\n", i, str);
082            }
083        }
084        // i가 1이면 실제 파일에는 내용이 없음
085        if (i == 1)
086            System.out.printf("\n ** 연락처 파일에 전화번호가 하나도 없어요. **\n");
087
088        br.close();
089    }
```

```java
090
091    // 친구 연락처를 추가
092    static void add_juso() throws IOException {
093        Scanner sc = new Scanner(System.in);
094        address adr = new address("", "", "");
095
096        String wstr = "";
097
098        // 파일을 추가 모드로 열기
099        BufferedWriter bw = new BufferedWriter(new FileWriter(fname, true));
100
101        System.out.printf("이름을 입력 ==> ");
102        adr.name = sc.nextLine();
103        System.out.printf("나이를 입력 ==> ");
104        adr.age = sc.nextLine();
105        System.out.printf("전화번호를 입력 ==> ");
106        adr.phone = sc.nextLine();
107
108        // 입력된 3개의 값을 하나의 문자열로 만듦
109        wstr = adr.name + "\t" + adr.age + "\t" + adr.phone;
110
111        bw.write(wstr); // 파일에 문자열 쓰기
112        bw.newLine();
113
114        bw.close();
115    }
116
117    // 연락처 파일에서 선택한 연락처를 제거
118    static void delete_juso() throws IOException {
119        Scanner sc = new Scanner(System.in);
120        // 연락처 파일의 내용 전체를 저장하기 위한 문자열 배열
121        String[] read_str = new String[50]; // 최대 연락처 개수를 50개로 가정
122        String str = "";
123        int del_line, i, count = 0;
124
125        BufferedReader br = new BufferedReader(new FileReader(fname));
126
127        // 연락처 파일이 없으면 돌아간다.
128        if (!br.ready()) {
```

```java
129        System.out.printf("\n!! 연락처 파일이 없습니다. !!\n");
130        return;
131    }
132
133    System.out.printf("\n삭제할 행 번호는 ? ");
134    del_line = sc.nextInt();
135
136    for (i = 0; i < 50; i++) // 파일에 있는 동안에 수행, 단 최대 50개
137    {
138        if ((str = br.readLine()) == null)
139            break;
140
141        if (i + 1 != del_line) // 삭제하는 행이 아니라면 추가
142        {
143            read_str[count] = str;
144            count++;
145        } else
146            System.out.printf("%d 행이 삭제되었습니다. \n", del_line);
147    }
148
149    br.close();
150
151    // 파일을 쓰기 모드로 열고 새로운 내용을 쓴다.
152    BufferedWriter bw = new BufferedWriter(new FileWriter(fname));
153
154    for (i = 0; i < count; i++) {
155        bw.write(read_str[i]);
156        bw.newLine();
157    }
158
159    bw.close();
160 }
161
162 }
```

▶ **직접 풀어보기 15-1**

학과와 생일도 관리할 수 있도록 '친구 연락처 관리'를 수정해보자.

사진 처리 프로그램

바이너리 파일의 입출력을 응용하여 간단한 이미지 뷰어/변환 프로그램을 작성해본다.

1 프로그램의 개요

여기서 구현할 사진 처리 프로그램은 주어진 사진 파일의 이미지를 반전시키고, 사진의 모양을 거울과 같이 반전시키는 기능을 구현한 간단한 이미지 처리 프로그램이다. 또한 원본 사진과 처리 결과 사진을 화면에 출력해볼 것이다. 이 프로그램은 아주 간단한 처리를 수행하지만 이를 바탕으로 이미지 편집이나 영상 처리와 관련된 프로그램의 작성도 충분히 가능할 것이다.

TIP/ 여기서 구현하는 사진 처리 프로그램은 '디지털 영상 처리' 분야의 내용을 함축적으로 요약한 것이다. JAVA 언어를 더 깊이 공부하다 보면 이와 관련된 책이나 자료를 접할 기회가 있을 것이다.

우선 이 프로그램에는 다음과 같은 제약 사항이 있다.

- 기존에 잘 알려진 이미지 파일이 아닌 간단한 8bit(1byte) 그레이(Gray) 이미지로, 512×512 픽셀 크기의 raw 파일만을 처리한다.
- 프로그램에서 처리할 원본 사진 파일은 'c:\temp\prince.raw'로 고정했으며, 변환이 완료되고 사용자가 저장한 사진 파일의 이름은 'result.raw'로 고정했다.

TIP/ 한빛 홈페이지(www.hanbit.co.kr/src/4406)에 prince.raw 외에 여러 개의 raw 이미지를 올려놓았으니 필요하면 소스에서 파일 이름만 바꿔 코딩하면 된다.

일반적으로 알려진 이미지 파일은 jpg, png, bmp, gif 등의 확장자를 사용한다. 하지만 이러한 이미지 파일은 구조가 복잡하기 때문에 코드에서 별도의 라이브러리 없이 사용하기가 어렵다. 그러므로 JAVA 코드에서 직접 조작하기 쉽도록 가장 단순한 사진 파일 포맷인 raw 파일을 사용한다.

여기서 사용할 사진 파일인 *.raw는 512×512 픽셀 크기의 그레이 이미지이다. raw 파일은 가장 단순한 형식의 이미지 파일로, 별도의 헤더 정보 없이 각 픽셀이 바로 영상 값을 갖는 파일을 말한다. raw 파일을 포토샵(또는 페인트샵)에서 읽으려면 사용자가 raw 파일의 픽셀 크기를 미리 알고 있어야 한다.

이 프로그램의 실행 화면은 [그림 15-3]과 같다. 앞에서 배웠던 GUI를 적극 활용하여 완전한 윈도 응용 프로그램으로 메뉴도 작성해서 사용한다.

메뉴에 나와 있듯이 각 메뉴를 선택하면 prince. raw 파일에 이미지 처리가 진행되고, 결과의 저장 및 프로그램의 종료도 이루어진다. 처리한 결과는 c:₩temp₩result.raw 파일로 생성된다.

그림 15-3 사진 처리 프로그램 실행 화면

원본 사진

반전된 사진

좌우 대칭 사진

상하 대칭 사진

그림 15-4 사진 처리 프로그램으로 실행된 결과 이미지

2 프로그램 구현 방법

먼저 이 프로그램에서 사용하는 prince.raw 파일의 구조를 확인할 필요가 있다. [그림 15-5]를 살펴보자.

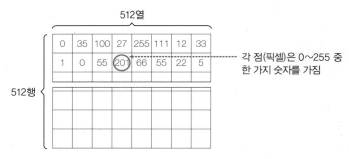

그림 15-5 raw 사진 파일 구조

512×512의 이미지 파일에서 각각의 점(픽셀)은 0~255의 값을 갖는다. 0에 가까울수록 검은색에 가까운 회색이 되고, 255에 가까울수록 흰색에 가까운 회색이 된다. 예를 들어 모든 값이 0으로 채워지면 완전히 검은 이미지가 되고, 모든 값이 255로 채워지면 아무것도 없는 하얀 이미지가 된다.

여기서는 이 사진 파일을 네 가지 형태로 변환할 것이다. 각각의 처리 방식을 메소드와 함께 살펴보자. 또한 사진 파일을 처리하기 위해 사진 파일과 크기가 동일한 배열을 2개 선언할 것이다.

프로그램을 통해 사진 파일을 처리하는 과정은 [그림 15-6]과 같다. [그림 15-6]을 잘 이해하면 프로그래밍이 그리 어렵지 않다. 먼저 loadImage() 메소드가 원본 사진 파일인 prince.raw를 512×512 메모리인 inImage 배열에 불러들인다. 그리고 그림에는 표현되지 않았지만 사용자가 처리할 방법을 [그림 15-3]과 같이 메뉴에서 선택한다. 선택한 메뉴에 따라서 영상 처리 메소드인 equal(), negative(), mirror1(), mirror2()가 작동한다. 각 메소드의 기능을 간단히 살펴보면 다음과 같다(상세한 내용은 잠시 후에 설명할 것이다).

- equal() : inImage 배열의 내용을 동일하게 outImage에 넣는다.
- negative() : inImage 배열의 값을 '255 – 원래 값'으로 만든다. 그러면 색상이 반전된 영상이 된다.
- mirror1() : inImage 배열의 위치가 좌우 대칭이 되도록 outImage에 넣는다.
- mirror2() : inImage 배열의 위치가 상하 대칭이 되도록 outImage에 넣는다.

또한 위의 메소드가 처리되면서 displayImage()도 함께 실행되도록 함으로써 outImage 배열의 내용을 화면에 출력하여 사용자가 눈으로 확인할 수 있게 한다.

마지막으로 사용자가 메뉴의 [저장]을 선택하면 결과가 result.raw 파일로 저장되도록 처리한다.

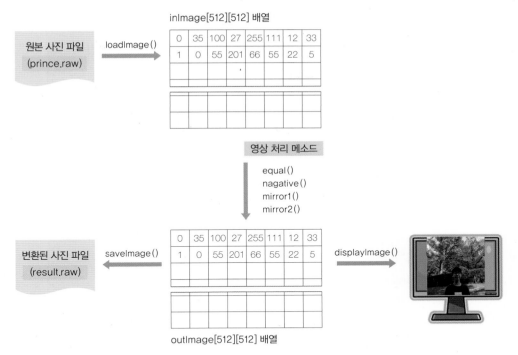

그림 15-6 프로그램 전체 구조도

3 프로그램 코딩 : 전체 틀 작성

사진 처리 프로그램의 코딩을 자세히 살펴보자.

이미지 배열을 선언하고 사진 파일을 배열에 불러오기 : loadImage()

본격적인 프로그래밍 전에 전체 프로그램에서 사용할 변수나 메소드를 선언해야 한다.

```
01  public class Photo extends JFrame {
02     static int[][] inImage = new int[512][512];
03     static int[][] outImage = new int[512][512];
04
05     Container contentPane;
06
07     public static void main(String[] args) throws Exception {
08
09        loadImage();
10        new Photo();
11     }
```

```
12
13    static public void loadImage()  throws Exception {
14       int i, k;
15
16       File inFp; // 파일 핸들
17       FileInputStream inFs; // 파일 스트림 핸들
18       inFp = new File("c:\\temp\\prince.raw");
19
20       // 읽어올 파일 스트림
21       inFs = new FileInputStream(inFp.getPath());
22
23       // 파일 —> 메모리
24       for (i = 0; i < 512; i++) {
25          for (k = 0; k < 512; k++) {
26             inImage[i][k] = inFs.read();
27             outImage[i][k] = inImage[i][k];
28          }
29       }
30       inFs.close();
31    }
32
33    Photo() {
34    }
35 }
```

❶ 2, 3행

입력과 출력 배열을 원본 사진과 동일한 512×512 크기로 설정한다. 각 이미지의 픽셀은 0~255의 값을 가지므로 데이터 형식을 int로 지정한다(short로 해도 된다).

❷ 5행

윈도 창을 출력할 컨테이너 변수를 준비한다.

❸ 7~11행

메인 함수로 이미지 파일을 메모리로 불러오고 Photo() 생성자를 실행한다.

❹ 13~31행

이미지 파일을 메모리로 불러온다. 18행에서 파일을 'c:\temp\prince.raw'로 고정한다. 24, 25행에서 이미지의 크기인 512×512번을 반복하여 inImage 메모리로 파일의 내용을 불러온다.

⑤ 33, 34행

생성자 메소드이다. 자세한 내용은 잠시 후에 살펴본다.

윈도 창 생성 및 이미지의 화면 출력

```
01   // 생성자-메뉴 추가, 패널 부착
02   Photo() {
03     setTitle("사진 처리 프로그램");
04     setDefaultCloseOperation(JFrame.EXIT_ON_CLOSE);
05
06     contentPane = getContentPane();
07
08     // 메뉴 추가
09     addMenu();
10
11     // 패널 추가
12     DrawImage panel = new DrawImage();
13     contentPane.add(panel, BorderLayout.CENTER);
14
15     // 윈도 창의 메뉴나 틀의 폭까지 고려해서 크기 조절
16     setSize(8 + 512 + 8, 25 + 31 + 512 + 8);
17     setVisible(true);
18
19     displayImage();
20   }
21
22   // 패널 —> 입,출력 이미지 출력
23   class DrawImage extends JPanel {
24     public void paintComponent(Graphics g) {
25       super.paintComponent(g);
26       int R, G, B;
27       int i, k;
28       for (i = 0; i < 512; i++) {
29         for (k = 0; k < 512; k ++) {
30           R = G = B = (int) outImage[i][k];
31           g.setColor(new Color(R, G, B));
32           g.drawRect(k, i, 1, 1);
33         }
34       }
```

```
35      }
36    }
37
38    void displayImage() {
39        Graphics g = contentPane.getGraphics();
40        contentPane.paintAll(g);
41    }
42
43    public void addMenu() {
44
45 }
```

❶ 2~20행

생성자에서 메뉴를 추가하고 윈도 창에 패널을 부착한다. 3행에서는 윈도 창의 타이틀을 표시하고, 4행에서는 종료 버튼을 누르면 프로그램을 종료하기 위해 추가했다. 12행에서 DrawImage 타입의 panel 인스턴스를 생성하고, 13행에서 윈도 창에 패널을 부착했다. DrawImage 클래스는 23~36행에서 정의했는데 outImage의 내용을 화면에 출력하는 기능을 한다. 16행에서 윈도 창의 위아래 틀, 메뉴나 제목의 크기까지 고려하여 크기를 설정하고, 17행에서 화면에 나타나게 한다. 19행에서는 윈도 창을 새로 고침 하여 다시 화면에 출력하는 효과를 낸다.

❷ 23~36행

outImage 배열의 내용을 화면에 출력한다. 26행에서 R, G, B 변수를 준비하고, 28~34행에서 outImage의 픽셀 하나하나를 화면에 반복해서 출력한다. setColor()는 화면에 출력할 색상을 설정하고, drawRect()는 화면에 픽셀을 출력하는 기능을 한다. 30행에서 R, G, B를 모두 같은 값으로 하면 그레이 색상이 된다.

❸ 38~41행

outImage의 내용이 변경될 때마다 이 메소드를 호출하여 화면에 변경된 내용을 출력한다.

❹ 43~45행

사진을 처리할 메뉴 및 메뉴를 선택할 때 발생하는 이벤트를 처리할 리스너를 만든다. 잠시후에 이를 확인해보자.

지금까지의 코드를 실행하면 다음과 같이 출력된다. 아직 메뉴가 준비되지 않았지만 원본 사진은 잘 출력된다.

그림 15-7 메뉴 추가 이전의 실행 화면

메뉴 생성 및 이벤트 리스너 추가

메뉴를 추가하고, 메뉴를 선택했을 때 실행할 이벤트 리스너를 생성한다.

```
01  public void addMenu() {
02      JMenuBar menuBar = new JMenuBar();
03      setJMenuBar(menuBar);
04      JMenu photoMenu = new JMenu("사진 처리");
05      menuBar.add(photoMenu);
06
07      JMenuItem equalAction = new JMenuItem("동일한 사진");
08      JMenuItem negativeAction = new JMenuItem("반전된 사진");
09      JMenuItem mirror1Action = new JMenuItem("좌우 대칭 사진");
10      JMenuItem mirror2Action = new JMenuItem("상하 대칭 사진");
11      JMenuItem saveAction = new JMenuItem("저장");
12      JMenuItem exitAction = new JMenuItem("Exit");
13
14      photoMenu.add(equalAction);
15      photoMenu.add(negativeAction);
16      photoMenu.add(mirror1Action);
17      photoMenu.add(mirror2Action);
18      photoMenu.addSeparator();
```

```java
19    photoMenu.add(saveAction);
20    photoMenu.add(exitAction);
21
22    // 동일 이미지 처리
23    equalAction.addActionListener(new ActionListener() {
24        public void actionPerformed(ActionEvent arg0) {
25            equal();
26        }
27    });
28
29    // 반전 영상 처리
30    negativeAction.addActionListener(new ActionListener() {
31        public void actionPerformed(ActionEvent arg0) {
32            negative();
33        }
34    });
35
36    // 좌우 대칭 처리
37    mirror1Action.addActionListener(new ActionListener() {
38        public void actionPerformed(ActionEvent arg0) {
39            mirror1();
40        }
41    });
42
43    // 상하 대칭 처리
44    mirror2Action.addActionListener(new ActionListener() {
45        public void actionPerformed(ActionEvent arg0) {
46            mirror2();
47        }
48    });
49
50    // 파일 저장
51    saveAction.addActionListener(new ActionListener() {
52        public void actionPerformed(ActionEvent arg0) {
53            saveImage();
54        }
55    });
56
57    exitAction.addActionListener(new ActionListener() {
```

```
58        public void actionPerformed(ActionEvent arg0) {
59            System.exit(0);
60        }
61    });
62 }
63
64 void equal() {
65 }
66
67 void negative() {
68 }
69
70 void mirror1() {
71 }
72
73 void mirror2() {
74 }
75
76 public void saveImage() {
77 }
```

❶ 1~62행

메뉴를 추가하고, 각 메뉴를 선택했을 때 실행할 리스너를 생성한다.

❷ 2~20행

2~5행에서는 '사진 처리'라는 상위 메뉴를 만들고, 7~20행에서는 6개의 메뉴를 준비한다. 14~20행에서는 6개의 메뉴를 상위 메뉴인 '사진 처리' 메뉴에 부착한다.

❸ 23~61행

각 메뉴를 선택했을 때 처리할 리스너를 각각 준비한다. 23~27행은 '동일한 사진' 메뉴를 선택하면 처리되는 이벤트 리스너이다. 나머지도 같은 개념으로 반복된다.

❹ 64~77행

실제 사진을 처리할 메소드를 미리 준비해둔다.

지금까지의 코드를 실행하면 다음과 같이 메뉴가 출력된다.

그림 15-8 메뉴가 추가된 실행 화면

4 프로그램 코딩 : 영상 처리 핵심 알고리즘 구현

영상 처리(이미지를 동일하게 처리) : equal( )

입력 사진 배열(inImage)과 출력 사진 배열(outImage)를 동일하게 처리한다.

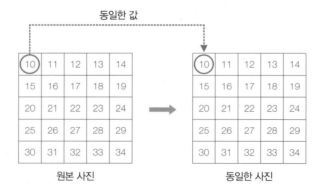

그림 15-9 동일 이미지 처리의 개념도

[그림 15-9]는 5×5 픽셀이므로 5×5=25번을 반복해야 한다. 여기서 처리할 prince.raw 이미지는 512×512 픽셀이므로 코드에서는 512×512=262144번을 반복해야 한다.

```
01  void equal() {
02      int i, k;
03      for (i = 0; i < 512; i++)
```

```
04      for (k = 0; k < 512; k++)
05          outImage[i][k] = inImage[i][k];
06
07    displayImage();
08 }
```

❶ 3~5행

512×512번 반복하여 모든 픽셀을 하나씩 처리한다. 5행에서 outImage에 inImage의 동일한 값을 대입한다. 결국 inImage와 outImage는 [그림 15-9]와 동일하게 된다.

❷ 7행

변경된 outImage를 다시 화면에 출력한다.

영상 처리(이미지의 반전 처리) : negative()

사진을 반전시키려면 이미지 값(0~255)을 거꾸로(255~0) 만든다. 즉 다음과 같이 값을 바꾸면 된다.

```
0  → 255
1  → 254
2  → 253
     ⋮
253 → 2
254 → 1
255 → 0
```

이를 구현하는 공식은 '반전된 색상=255-기존 색상'이다. 예를 들어 기존 값이 10이면 255-10=245이므로 반전된 색상은 245이다.

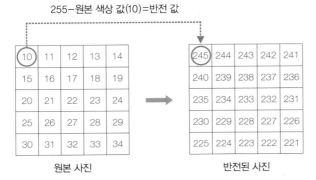

그림 15-10 반전 이미지 처리의 개념도

```
01  void negative() {
02     int i, k;
03     for (i = 0; i < 512; i++)
04        for (k = 0; k < 512; k++)
05           outImage[i][k] = 255 - inImage[i][k];
06
07     displayImage();
08  }
```

그레이 이미지를 반전시키기 위해 5행에서 픽셀 값을 '255-원본 색상 값'으로 처리한다.

영상 처리(이미지를 좌우 대칭 처리) : mirror1( )

이미지를 좌우 대칭으로 변경하는 방식은 다음 그림과 같다.

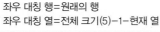

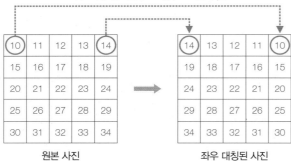

그림 15-11 이미지 좌우 대칭 처리의 개념도

[그림 15-11]을 보면 0행 0열의 위치가 0행 4열로 변환되었다. 그러므로 행은 원래의 행과 동일하고 열만 '전체 크기-1-현재 열'로 계산하면 된다.

```
01  void mirror1() {
02     int i, k;
03     for (i = 0; i < 512; i++)
04        for (k = 0; k < 512; k++)
05           outImage[i][k] = inImage[i][511 - k];
06
07     displayImage();
08  }
```

이미지를 좌우 대칭으로 변경하기 위해 5행에서 행(i)에 대한 것은 그대로 두고 열(k)에 대한 것을 '전체 크기-1-현재 열'의 위치로 이동한다. 이 이미지의 열 크기가 512이므로 변환될 outImage의 k 값은 원본 이미지 inImage의 '512-1-k'를 사용한 것이다.

영상 처리(이미지를 상하 대칭 처리) : mirror2( )

이미지를 상하 대칭으로 변경하는 방식은 다음 그림과 같다.

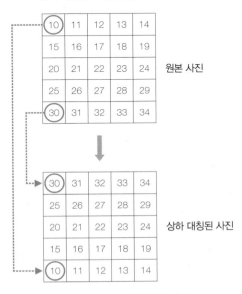

그림 15-12 이미지 상하 대칭 처리의 개념도

[그림 15-12]를 보면 0행 0열의 위치가 4행 0열로 변환되었다. 그러므로 행은 '전체 크기-1-현재 행'으로 계산하고 열은 그대로 두면 된다.

```
01  void mirror2() {
02    int i, k;
03    for (i = 0; i < 512; i++)
04      for (k = 0; k < 512; k++)
05        outImage[i][k] = inImage[511 - i][k];
06
07    displayImage();
08  }
```

이미지를 상하 대칭으로 변경하기 위해 5행에서 열(k)에 대한 것은 그대로 두고 행(i)에 대한 것을 '전체 크기−1−현재 행'의 위치로 이동한다. 이 이미지의 행 크기가 512이므로 변환될 outImage의 i 값은 원본 이미지 inImage의 '512−1−I'를 사용한 것이다.

처리 결과 이미지 저장 : saveImage()

[그림 15−6]을 보면 saveImage() 메소드는 출력 배열인 outImage의 내용을 파일에 저장한다.

```
01  public void saveImage() {
02    int i, k;
03
04    String newFname = "c:\temp\result.raw";
05    File outFp; // 파일 핸들
06    FileOutputStream outFs; // 파일 스트림 핸들
07
08    outFp = new File(newFname);
09
10    // 저장할 파일 스트림
11    try {
12      outFs = new FileOutputStream(outFp.getPath());
13
14      // 메모리 —> 파일
15      for (i = 0; i < 512; i++) {
16        for (k = 0; k < 512; k++) {
17          outFs.write(outImage[i][k]);
18        }
19      }
20      outFs.close();
21      JOptionPane.showMessageDialog(null, "파일 저장 성공", "파일 저장",
          JOptionPane.INFORMATION_MESSAGE);
22
23    } catch (Exception e) {
24      // TODO Auto-generated catch block
25      e.printStackTrace();
26    }
27
28  }
```

❶ 4행

저장되는 파일을 'c:₩temp₩result.raw'로 고정한다.

❷ 5~8행

저장할 파일의 스트림을 준비한다.

❸ 14~19행

메모리의 내용을 512×512번 파일에 쓴다. 결국 메모리의 내용이 모두 파일로 저장된다.

❹ 20, 21행

파일을 닫고 파일이 저장되었다는 메시지를 출력한다.

전체 소스

```
001 import java.awt.BorderLayout;
002 import java.awt.Color;
003 1import java.awt.Container;
004 import java.awt.Graphics;
005 import java.awt.event.ActionEvent;
006 import java.awt.event.ActionListener;
007 import java.io.File;
008 import java.io.FileInputStream;
009 import java.io.FileOutputStream;
010
011 import javax.swing.JFrame;
012 import javax.swing.JMenu;
013 import javax.swing.JMenuBar;
014 import javax.swing.JMenuItem;
015 import javax.swing.JOptionPane;
016 import javax.swing.JPanel;
017
018 public class Photo extends JFrame {
019     static int[][] inImage = new int[512][512];
020     static int[][] outImage = new int[512][512];
021
022     Container contentPane;
023
024     public static void main(String[] args) throws Exception {
025
026         loadImage();
027
```

```
028        new Photo();
029    }
030
031    static public void loadImage() throws Exception {
032        int i, k;
033
034        File inFp; // 파일 핸들
035        FileInputStream inFs; // 파일 스트림 핸들
036        inFp = new File("c:₩₩temp₩₩prince.raw");
037
038        // 읽어올 파일 스트림
039        inFs = new FileInputStream(inFp.getPath());
040
041        // 파일 —> 메모리
042        for (i = 0; i < 512; i++) {
043            for (k = 0; k < 512; k++) {
044                inImage[i][k] = inFs.read();
045                outImage[i][k] = inImage[i][k];
046            }
047        }
048        inFs.close();
049    }
050
051    // 생성자-메뉴 추가, 패널 부착
052    Photo() {
053        setTitle("사진 처리 프로그램");
054        setDefaultCloseOperation(JFrame.EXIT_ON_CLOSE);
055
056        contentPane = getContentPane();
057
058        // 메뉴 추가
059        addMenu();
060
061        // 패널 추가
062        DrawImage panel = new DrawImage();
063        contentPane.add(panel, BorderLayout.CENTER);
064
065        // 입,출력 중 높은 이미지를 최대 높이로 처리
066        setSize(8 + 512 + 8, 25 + 31 + 512 + 8);
067        setVisible(true);
068
```

```
069        displayImage();
070    }
071
072    // 패널 → 입,출력 이미지 출력
073    class DrawImage extends JPanel {
074        public void paintComponent(Graphics g) {
075            super.paintComponent(g);
076            int R, G, B;
077            int i, k;
078            for (i = 0; i < 512; i++) {
079                for (k = 0; k < 512; k++) {
080                    R = G = B = (int) outImage[i][k];
081                    g.setColor(new Color(R, G, B));
082                    g.drawRect(k, i, 1, 1);
083                }
084            }
085
086        }
087    }
088
089    void displayImage() {
090        Graphics g = contentPane.getGraphics();
091        contentPane.paintAll(g);
092    }
093
094    public void addMenu() {
095        JMenuBar menuBar = new JMenuBar();
096        setJMenuBar(menuBar);
097        JMenu photoMenu = new JMenu("사진 처리");
098        menuBar.add(photoMenu);
099
100        JMenuItem equalAction = new JMenuItem("동일한 사진");
101        JMenuItem negativeAction = new JMenuItem("반전된 사진");
102        JMenuItem mirror1Action = new JMenuItem("좌우 대칭 사진");
103        JMenuItem mirror2Action = new JMenuItem("상하 대칭 사진");
104        JMenuItem saveAction = new JMenuItem("저장");
105        JMenuItem exitAction = new JMenuItem("Exit");
106
107        photoMenu.add(equalAction);
108        photoMenu.add(negativeAction);
109        photoMenu.add(mirror1Action);
```

```
110    photoMenu.add(mirror2Action);
111    photoMenu.addSeparator();
112    photoMenu.add(saveAction);
113    photoMenu.add(exitAction);
114
115    // 동일 이미지 처리
116    equalAction.addActionListener(new ActionListener() {
117      public void actionPerformed(ActionEvent arg0) {
118        equal();
119      }
120    });
121
122    // 반전 영상 처리
123    negativeAction.addActionListener(new ActionListener() {
124      public void actionPerformed(ActionEvent arg0) {
125        negative();
126      }
127    });
128
129    // 좌우 대칭 처리
130    mirror1Action.addActionListener(new ActionListener() {
131      public void actionPerformed(ActionEvent arg0) {
132        mirror1();
133      }
134    });
135
136    // 상하 대칭 처리
137    mirror2Action.addActionListener(new ActionListener() {
138      public void actionPerformed(ActionEvent arg0) {
139        mirror2();
140      }
141    });
142
143    // 파일 저장
144    saveAction.addActionListener(new ActionListener() {
145      public void actionPerformed(ActionEvent arg0) {
146        saveImage();
147      }
148    });
149
150    exitAction.addActionListener(new ActionListener() {
```

```
151    public void actionPerformed(ActionEvent arg0) {
152        System.exit(0);
153    }
154   });
155  }
156
157  void equal() {
158    int i, k;
159    for (i = 0; i < 512; i++)
160      for (k = 0; k < 512; k++)
161        outImage[i][k] = inImage[i][k];
162
163    displayImage();
164  }
165
166  void negative() {
167    int i, k;
168    for (i = 0; i < 512; i++)
169      for (k = 0; k < 512; k++)
170        outImage[i][k] = 255 - inImage[i][k];
171
172    displayImage();
173  }
174
175  void mirror1() {
176    int i, k;
177    for (i = 0; i < 512; i++)
178      for (k = 0; k < 512; k++)
179        outImage[i][k] = inImage[i][511 - k];
180
181    displayImage();
182  }
183
184  void mirror2() {
185    int i, k;
186    for (i = 0; i < 512; i++)
187      for (k = 0; k < 512; k++)
188        outImage[i][k] = inImage[511 - i][k];
189
190    displayImage();
191  }
```

```
192
193    public void saveImage() {
194       int i, k;
195
196       String newFname = "c:₩₩temp₩₩result.raw";
197       File outFp; // 파일 핸들
198       FileOutputStream outFs; // 파일 스트림 핸들
199
200       outFp = new File(newFname);
201
202       // 저장할 파일 스트림
203       try {
204          outFs = new FileOutputStream(outFp.getPath());
205
206          // 메모리 —> 파일
207          for (i = 0; i < 512; i++) {
208             for (k = 0; k < 512; k++) {
209                outFs.write(outImage[i][k]);
210             }
211          }
212          outFs.close();
213          JOptionPane.showMessageDialog(null, "파일 저장 성공", "파일 저장",
                 JOptionPane.INFORMATION_MESSAGE);
214
215       } catch (Exception e) {
216          // TODO Auto-generated catch block
217          e.printStackTrace();
218       }
219
220    }
221
222 }
```

▶ 직접 풀어보기 **15-2**

사진 처리 프로그램에 '사진 밝게', '사진 어둡게' 메뉴를 추가하고, 이 메뉴를 선택하면 사진이 밝아지거나 어두워지게 해보자.

HINT/ 픽셀 값에 적당한 값(예 : 50)을 더하면 영상이 밝아지고, 적당한 값을 빼면 영상이 어두워진다. 단, 픽셀 값은 0~255를 벗어나면 안 된다.

찾아보기

ㄱ ㄴ

가비지 컬렉터(garbage collector) 28
가상 머신 31
가전제품 25
간략화 319
감소 연산자 137
값의 전달(call by value) 330
강제 형 변환(casting) 133, 135
객체 393
객체지향 29, 390
객체지향 언어 28
거짓(false) 119
계산 값 105
계산기 프로그램 58
곱하기 132
공백 문자 308
공학 계산 114
공학 계산용 형식 357
관계 연산자 140
괄호 135
구문 오류 350
구조적인 프로그래밍 29
구현한다 454
그래프(graph) 285
그레이 색상 578
그레이(Gray) 이미지 572
그린(Green) 25
글꼴 56
기능 391
나누기 132
나머지 값 132
내부 클래스(inner class) 397, 539
논리 연산자 143
논리 오른쪽 시프트 연산자 >>> 154
논리형 304
누적 값 204

ㄷ ㄹ ㅁ

다중 분기 179
다중 상속 456
다형성(polymorphism) 29, 391
단항 연산자 156
대입 연산자(=) 103, 104, 132, 137
더하기 132
데스크톱 응용 프로그램 30
데이터 형식 99, 100, 106, 322
동시에 처리 537
동적 메모리 할당 25
동적 바인딩 391
동적 할당 280
래퍼 클래스(Wrapper Class) 531
레이블 250
레이아웃 474
리스너(listener) 493
리스너 인터페이스 495
링크 65
마스크(mask) 150
만약 168
매개변수(parameter) 320
매개변수 전달 331, 333
멀티스레드 프로그래밍 30
메뉴 501
메모리(RAM) 311
메소드 66, 87, 302, 313, 391, 398, 432, 435
메소드 오버라이딩(overriding) 442
메소드 오버로딩(overloading) 409
메소드 호출 395
메인 메소드 47
멤버 함수(member function) 87, 302
모듈화 319
모바일 앱 30

무치형 329
무한 루프 222, 237, 245
문자 스트림 363
문자열 91, 120, 302
문자열(String) 357
문자열형 94
문자형 115
문자형(char) 357
미러사이트 53

ㅂ

바깥 for 문 211
바로가기 아이콘 59
바이너리 파일 572
바이트(byte) 106, 108
바이트 스트림 363
바이트코드 29, 66
반복문 194, 244, 268
반복문(for, while) 140
반환 값 322, 328
배열 266
배열의 초기화 271
버튼 486
버퍼(buffer) 359
변수 63, 103, 265
변환 108
변환표 111
보수 연산자 151
부모 클래스 433
부정 144
불(Boole) 119
블록 223
비트(bit) 106
비트 연산자 146
비트 논리곱 146, 150
비트 논리곱 연산자 146
비트 논리합 148

비트 논리합 연산자 146
비트 배타적 논리합 151
비트 배타적 논리합 연산자 146, 149
비트 부정 151
비트 부정 연산자 146, 151
빌드 65, 72, 209
빌드(컴파일) 56
빌드(=컴파일+링크) 67
빼기 132

상속(inheritance) 29, 391, 432
상속 관계 525
상속의 제한 439
상수(숫자) 105
상수화 453
상태 391
생성자의 상속 436
생존 범위 325
서버용 25
서브 클래스 433, 447, 449
서블릿(survlet) 30
서식 87, 88
서식 문자 95
선마이크로시스템스 25
선택 정렬 535
설계도 393
세미콜론(;) 98, 196, 220, 235
소수점 94, 113, 133
소스코드 45, 207
소프트웨어 24
속성 87, 302, 391
수정 용이 319
수직 간격 480
수평 간격 480
쉼표(,) 219, 282

슈퍼 클래스 433, 437, 446, 449
스레드(thread) 30, 537
스윙(Swing) 472
스택 283, 290
스트림(stream) 363
시스템 변수 37
실수 90
실수형(float, double) 357
실수형 변수 97, 99
실행 65
실행 방법 66
실행 시 오류 351
쓰레기(garbage) 값 204

아스키코드(ASCII) 115, 362
악성 코드 25
안드로이드 25, 28
안쪽 for 문 211
애플릿(applet) 27, 30
역슬래시(\) 96
연결 리스트(linked list) 285
연산자 132
연산자 우선순위 134, 156
영상 처리 572
예외 처리(exception handling) 350, 351
예외 타입 354
예외 타입 e 353
오라클 27
오류 65, 100
오류의 원인 351
오류 표시 204
오른쪽 시프트 연산자 146, 153
오버라이딩 449, 450
오버로딩 411
오크(Oak) 25

오픈 소스 라이브러리(open source library) 30
외부 클래스 397
왼쪽 시프트 연산자 146, 152
우선순위 133
워크스페이스 55
유니코드 116
이벤트(event) 493
이식성 28
이중 분기 179
이클립스(Eclipse) 52, 53, 73
인스턴스 392, 393, 452
인스턴스 메소드 416
인스턴스 변수 325, 413
인터페이스 453, 458
일반 메소드 452
일반 클래스 458
임베디드 프로그램 30
임포트 529

자동 완성 기능 362
자료 구조 285
자릿수 93
자식 클래스 433
작은따옴표(' ') 91
재사용성 319
재정의 442
저장 72
전기 스위치 107
전역변수 325
전치 감소 연산자 139
전치 증가 연산자 138
접근 제어 수식어 399
정밀도 114
정보 은닉 402
정수(decimal) 88

정수형(int) 357
정수형 배열 266
정수형 변수 97, 99
제임스 고슬링(James Gosling) 25
조건문(if) 140
조건 삼항 연산자 156
조건식 172, 196, 199, 234
주소 값(address) 330
주소의 전달(call by reference) 330
줄바꿈 170
중괄호({ }) 47, 170, 196, 200, 234
중첩 if 문(중복 if 문) 175
증가 연산자 137
증감식 196, 199
증감 연산자 195
지역 내부 클래스(local inner class) 539
지역변수 325
진수 106

참(true) 119
첨자 264
초기화 204, 270, 279, 406
초깃값 196, 197, 202, 220
최댓값 359
추상 메소드(abstract method) 449, 452, 496
추상 클래스(abstract class) 447, 458
추상화(abstraction) 29, 391
출력(standard output) 356
캐스트(cast) 136
캐스팅 119
캐스팅 연산자 100
캡슐화(encapsulation) 29, 402

커피 자판기 316
컴파일 65
컴파일 오류 438
컴포넌트 472, 474, 483
컴퓨터 24
코드 43
코딩 61
콘솔(console) 356
큐(queue) 285
큰따옴표(" ") 87, 91
클래스(class) 29, 46, 390
클래스 객체 332
클래스 메소드 416
클래스 변수 325
클래스의 생성 87
클래스 이름 62

툴바 504
트리(tree) 285
파라미터 378
파일 522
파일 입출력 363
파일 처리 559
팝(pop) 283
패키지 398, 440, 522
편집기 56
포인터 28
폴더 522
폴더 및 검색 옵션 41
표준 입력(standard input) 356
표준 입출력 장치 364
푸시(push) 283
프로그래머 24
프로그래밍 언어(programming language) 24
프로그램 24

프로그램 종료 252
프로젝트 87
프로젝트 생성 59
프로젝트 이름 60
필드(field) 87, 302, 391, 398, 406, 432, 435, 452
한글 363
함수(function) 87, 302
확장명 42
환경 변수 37
후치 감소 연산자 139
후치 증가 연산자 138
흐름 제어 168

abstract 447, 454
AbstractButton 486
abs(숫자) 534
ActionEvent 496
actionPerformed( ) 494
addActionListener( ) 495
addActionLister( ) 494
addSeparator( ) 506
Apache Commons 30
args 배열 378
Arguments 378
ArithmeticException 354
ArrayIndexOutOfBoundsException 352
AWT(Abstract Windowsing Toolkit) 472
Basic 25
bin 폴더 66, 525
boolean 119
BorderLayout 474, 477
break 레이블문 249
break 문 244

BufferedReader 363, 365, 368, 369

BufferedWriter 363, 371

ButtonGroup 488

byte 112

Byte 532

byte형 372

C D

C 25, 26

C# 25

C++ 25, 26, 28

C 언어 29

CardLayout 474, 480

Cassandra 프로젝트 30

catch 353

ceil(double형) 534

CENTER 475, 477

char 116

Character 532

charAt(위치) 304

char형 메소드 329

Class 61

class 파일 397

Close All 74

Close Project 74

compareTo() 309

Console 69, 76

Container 486

contains() 309

continue 문 248

Copy 70

copy 명령어 374

cos(double형) 534

default 402

Delete project 75

Dimension 506

double 101, 114, 115

Double 532

do~while 문 241

drawRect() 578

E F

EAST 477

eclipse 54

endsWith() 304

equals() 310, 312

extends 433, 453, 455

false 140, 145

FileInputStream 363, 365, 366

FileOutputStream 363, 371, 372

FileReader 363, 365, 369, 531

FileWriter 363, 372

File 클래스 371

final 444

finally 353

float 98, 101, 114

Float 532

float형 메소드 329

floor(double형) 534

FlowLayout 474, 475

FocusEvent 496

for (;;) 237

format 87

for 문 194, 211, 234, 268

for 문 활용 203

for 문의 기본 구조 197

G H I

getBackground() 484

getBorder() 484

getContentPane() 486

getCursor() 484

getFont() 484

getForekground() 484

getHeight() 484

getLocationOnScreen() 484

getMessage() 354

getWidth() 484

getX() 484

getY() 484

Google Guava 30

GridLayout 474, 478

GUI 472

GUI 프로그래밍 472

Hadoop 30

hasNextLine() 371

HTML 27

if~else 문 171

if 문 168

ImageIcon 487

implements 453, 455, 495

import 173, 528

Import 75

Import Projects 75

indexOf() 305

instanceof 156

int 98, 112

Integer 532

Integer.BYTES 속성 275

IOException 클래스 80

isEnable() 484

isOpaque() 484

isVisible() 484

J

JAVA 24

JAVA API 530

java.awt 530

javac 40

JAVAC.EXE 45
JAVA EE 27
JAVA.EXE 45
JAVA_HOME 36, 38
java.io 530, 531
java.lang 530
JAVA ME 27
java.net 530
java.nio 530
JAVA SE 27, 33
java.time 530
java.util 530
java.util.Scanner 530
javax.crypto 530
javax.imageIO 530
javax.swing 530
JAVA 바이트코드 376
JAVA 코드 66
JAVA 클래스 라이브러리 530
JAVA 패키지 530
JAVA 프로그래머 52
JAVA 프로그램 52
JButton 485
JCheckBox 488
JComboBox 490
JComponent 483
JDK(JAVA development kit) 8,
    29, 32, 33, 36
JFrame 486
JLabel 488
JList 490
JMenu 501
JMenuBar 501
JMenuItem 501
JPasswordField 489
JRadioButton 487, 488
JRE(JAVA runtime environment)
    29, 36

JSP(JAVA Server Pages) 30
JTextArea 489
JTextComponent 489
JTextField 489
JToolBar 504
JVM(Java Virtual Machine) 29,
    31

K L M N

KeyAdapter 498
KeyEvent 496, 498
keyPressed() 498
keyReleased() 498
keyTyped() 498
lastIndexOf() 305
LEFT 475
length 274
length() 302
Linux 31
Lisp 25
long 112
Long 532
Lucene 30
Mac 31
Mars 53
Math 클래스 446, 534
max(숫자, 숫자) 534
min(숫자, 숫자) 534
mouseClicked() 496
mouseEntered() 496
MouseEvent 496
mouseExited() 496
MouseListener 496
mousePressed() 496
mouseReleased() 496
new ActionListener() 생성자 494
new 연산자 311

next() 358, 359
nextByte() 358
nextDouble() 358
nextFloat() 358
nextInt() 195, 208, 358
nextLine() 358, 359
nextLong() 358
nextShort() 358
NORTH 477
notepad 43
null 값 481

O P R

OFF 106
ON 106
Package Explorer 73
Paste 70
Path 36, 39
Perl 25
pow(double형, double형) 534
private 399, 400, 403, 417, 439
Project name 60
protected 402, 440, 441
public 402, 403
public class 46
random() 534
raw 파일 572
read() 366
readLine() 368, 369
Remove All Terminated
    Launches 76
Remove Launch 76
replace() 306
return 값 253
return 문 252, 562
RIGHT 475
round(숫자) 534

run() 539
Run Configurations 378
Runnable 인터페이스 541
RunTimeException 354

S

Save All 63
Scanner 173, 356, 358, 365, 370
Scanner 클래스 67, 68, 207
setBackground(Color) 484
setBorder(Border) 484
setBounds() 481
setColor() 578
SetCursor(Cursor) 484
setEnable(boolean) 484
setFont(Font) 484
setForeground(Color) 484
setLocation(int,int) 484
setOpaque(boolean) 484
setPreferredSize(Dimension) 484
setVisible(boolean) 484
short 112
Short 532
Show line numbers 55
sin(double형) 534
SOUTH 477
split() 306
Spring 30
sqrt(double형) 534
src 70
src 폴더 66, 525
start() 539, 541
startsWith() 304
static 322, 415, 416, 445
static final 453, 455

String 120
String[] args 배열 376
String 클래스 120, 311
substring() 306
super() 437
Surround with try/catch 362
switch~case 179, 240
switch 문 290
System.in 370
System.in.read() 360, 372
System.out 86
System.out.print() 86
System.out.printf() 86, 93, 195, 356
System.out.println() 64, 86

T U V W

tan(double형) 534
TextEvent 496
throw 355
toLowerCase() 308
toString() 533
toUpperCase() 308
trim() 308
true 140, 145
try~catch 350
TUI(text user interface) 472
type 명령어 367
Unix 31
void 329
void형 메소드 329
WEST 477
while (true) 237
while 문 234
Windows 25, 31
write() 371
Write Once, Run Anywhere 25

기 타

1차 연산자 156
2진수 107, 109
2차원 배열 276
3차원 이상의 배열 281
8진수 정수(int) 357
10진수 107, 109
16진수 107, 109, 110
16진수 정수(int) 357
32비트 32
64비트 32
^ 146
− 132
−− 137
−= 137
! 143
!= 140
?: 156
() [] 156
* 132
*= 137
/ 132
/= 137
₩' 95
₩" 95
₩₩ 95
& 146
&& 143
% 132
%= 137
+ 72, 132
++ 68, 137
+= 137
〈 140
《 146
<= 140
= 132

== 140, 310

⟩ 140

⟩= 140

⟩⟩ 146

| 146

|| 143

~ 146

(AND) 143

₩b 95

/ by zero 354

%c 91, 357

(char) 119

.class 45

*.class 29, 376, 522

*.class 파일 209, 525

%d 87, 88, 91, 357

%e 357

%f 91, 357

(float) 136

(int) 100, 136

*.java 29, 522

*.java 파일 525

₩n 95

(NOT) 143

%o 91, 357

(OR) 143

₩r 95

%s 91, 357

₩t 95

[Terminate] 버튼 222

%x 91, 357

+ 누르기 66

%숫자d 218

== 연산자 141

Ctrl + Shift + O 173

Tab 96